Inhaltsübersicht

Vorwort

Frauen-Charaktere

Aszendent Steinbock	9 - 25
Aszendent Wassermann	27 - 43
Aszendent Fische	45 - 60
Aszendent Widder	61 - 77
Aszendent Stier	79 - 95
Aszendent Zwilling	97 - 113
Aszendent Krebs	115 - 130
Aszendent Löwe	131 - 147
Aszendent Jungfrau	149 - 164
Aszendent Waage	165 - 180
Aszendent Skorpion	181 - 197
Aszendent Schütze	199 - 215

Männer-Charaktere

Aszendent Steinbock	217 - 231
Aszendent Wassermann	233 - 251
Aszendent Fische	253 - 272
Aszendent Widder	273 - 292
Aszendent Stier	293 - 311
Aszendent Zwilling	313 - 332
Aszendent Krebs	333 - 351
Aszendent Löwe	353 - 371
Aszendent Jungfrau	373 - 391
Aszendent Waage	393 - 411
Aszendent Skorpion	413 - 431
Aszendent Schütze	433 - 451

Nachwort	453
Über den Autor	455
Aszendenten-Tabelle	456

Walter Rotter

Charaktere erkennen - Menschen verstehen

Walter Rotter

Charaktere erkennen Menschen verstehen

... miteinander glücklich sein ...

SILBERSCHNUR

ISBN 978-3-89845-112-3

1. Auflage 2005
2. Auflage 2008
3. Auflage 2008

Gestaltung & Satz: XPresentation, Boppard
Druck: Finidr, s.r.o. Cesky Tesin

Verlag "Die Silberschnur" GmbH · Steinstraße 1 · 56593 Güllesheim

www.silberschnur.de
Email: info@silberschnur.de

Vorwort

Sehr verehrte Leserinnen, sehr verehrte Leser,

lange habe ich überlegt, wann bzw. zu welchem Zeitpunkt ich dieses Buch schreiben soll. Zunächst wollte ich noch fünf Jahre warten, doch dann kamen mir Zweifel - was ist, wenn mir etwas zustößt oder etwas Unvorhergesehenes passiert?

Nachdem mir auch immer mehr Freunde, Bekannte und auch Klienten geraten hatten, nicht mehr zu warten, sondern das Buch jetzt zu schreiben, habe ich mich kurzfristig entschlossen, dieser Bitte nachzukommen und das Buch zu Papier zu bringen.

Eine besondere (positive) Beeinflussung habe ich von Frau Franziska Krattinger, selbst Buchautorin, und auch von Herrn Huber, dem Verleger des Buches, erhalten. Dafür bin ich sehr dankbar, war dies für mich doch der letzte Anstoß, nicht mehr länger zu warten.

Sie haben nun das Buch aufgeschlagen und fragen sich sicher gespannt, was Sie erwartet, was es Ihnen bringt und was Sie mit dem Inhalt anfangen können.

Mit diesem Buch möchte ich deutlich machen, dass im Leben insgesamt der Charakter das Maß aller Dinge ist. - Wie komme ich darauf? Ich habe mittlerweile über drei Jahrzehnte, genau 35 Jahre lang, Menschen studiert, analysiert und charakterlich definiert.

Ich unterteile die Charaktere in 144 männliche und 144 weibliche Typen, wobei der Geburtstag und die Geburtsstunde Ihren Wesenskern (Charakter und Prägung) bestimmen. Als Ausgangspunkt habe ich demnach diese Daten zur Definition herangezogen. Doch um Ihre Gedanken, die nun wahrscheinlich aufkommen, gleich im Keim zu ersticken: Meine Methode hat nichts mit Astrologie zu tun. Vielmehr sind es tief greifende Erkenntnisse aus Studien, Erfahrungen und Forschungen im Grundverhalten, den Sehnsüchten und den Wünschen der Menschen.

Was will ich mit meinem Buch erreichen? - Die Leser haben die Chance zu erfahren, wie Sie mit Ihren Mitmenschen umgehen müssen bzw. wie diese behandelt, geführt, angesprochen und geliebt werden möchten. Denn der Zugang zu vielen Menschen wird erleichtert, wenn man die richtige Sprache benutzt und somit den Menschen im Herzen berühren kann. Es soll ein Buch sein, das Vorurteile und Vorbehalte abbaut und stattdessen hilft, die einzelnen Charaktere genau zu erkennen sowie ihr Verhalten zu begreifen, um ein harmonisches Miteinander leben zu können.

Lassen Sie sich überraschen, denn dies ist ein Buch, mit dessen Hilfe Sie viele Menschen im Herzen berühren können - und es wird einmalig werden ...

Ich wünsche Ihnen nun viel Freude beim Lesen und täglichen Dazulernen.

Herzlichst
Ihr Walter Rotter

Frauen-Charaktere

STEINBOCK

Aszendent Steinbock

Eine ganz besondere Frau und ein ganz besonderes Wesen. Sensibilität, Sicherheit, Wärme und Zuneigung sind die entscheidenden Elemente in ihrem Leben.

Eine großartige, bodenständige immer zuverlässige und loyale Frau, so könnte man sie im Berufsleben bezeichnen. Sie wird oft völlig falsch eingeschätzt, weil sie nicht sofort Feuer und Flamme fängt oder weil sie sich zunächst bedeckt und reserviert verhält. Aber das trügt, denn sie ist eben ein vorsichtiger und auf Sicherheit bedachter Mensch. Schnellschüsse und überzogene, überschnelle Entscheidungen sind nicht ihr Ding, sie braucht etwas länger, weil sie eben tiefgründig ist und immer auf der sicheren Seite sein will.

Es gibt im Beruf wie auch in der Familie kaum eine zuverlässigere Frau als die doppelte Steinbock-Frau. Sie liebt ihre Arbeit genauso wie ihre Familie. Sie gibt immer das Beste. Eines jedoch muss man bei ihr beachten: Die Sprache, mit der man sie bedient, muss angemessen und fair sein. Laute Töne, lautes Anschreien oder gar Bevormundung und Kontrolle sind bei ihr fehl am Platz. Bei einem derartigen Verhalten macht sie zu, ihre Leistung fällt ab, die Bereitschaft, ihre Leistung abzurufen, funktioniert nicht mehr, sie wird traurig, vielleicht auch eingeschnappt und ist zutiefst verletzt. Das liegt einfach an ihrer hohen Sensibilität und ihrer großen Verletzbarkeit.

Die Steinbock-Steinbock-Frau legt viele Dinge auf die Goldwaage und zieht sich einen Schuh an, der ihr überhaupt nicht gehört oder passt. Hier hat sie eine unglaubliche Entwicklungsmöglichkeit. Sie muss etwas diplomatischer und lockerer werden, muss lernen, alles nicht so ernst zu sehen und vor allen Dingen nicht alles persönlich zu nehmen.

Wärme und Zuneigung ist die Triebfeder ihres Lebens. Sie liebt ein wärmendes Heim, ist eine überaus fürsorgliche Mutter und tut für ihre Lieben alles – manchmal des Guten zu viel. Sie gibt mehr als sie nimmt. Hier stimmt oft das Verhältnis nicht. Darauf sollte sie in Zukunft ein wenig achten.

Fleiß und Freude am Leben und Arbeiten ist der Steinbock-Steinbock-Frau ebenfalls in die Wiege gelegt.

In der Gesellschaft passt sie sich an; sie muss nicht unbedingt das Sagen ha- ben und freut sich, wenn man ihr Komplimente macht. Bescheidenheit ist für sie nicht nur ein großes Wort, vielmehr zeichnet sie auch aus. Sie ist insgesamt für die Gesellschaft ein sehr wertvoller und wunderbarer Mensch.

Sie sollte lediglich versuchen, ihre Lockerheit und Gelassenheit weiterzuentwickeln – denn sie ist eine wunderbare Persönlichkeit.

WASSERMANN

Aszendent Steinbock

Zwei Prägungen, die sich herausragend ergänzen und so nebenbei auch noch sehr viel Know-how und sagenhafte Talente mit sich bringen. Die Wassermann-Steinbock-Frau gehört mit zur Spitzenriege bei den Frauen. Darauf kann sie stolz sein. Die Wassermann-Prägung aus dem Geburtsdatum sorgt für das Pläneschmieden, die Steinbock-Prägung aus der Geburtsstunde ist für die kontinuierliche Durchführung zuständig.

Bei ihr gibt es keine Rücksichtslosigkeit, sondern Transparenz und Ausdauer – das sind ihre Erfolgsgaranten. Höhenflüge und Utopien gibt es bei ihr ebenfalls nicht, dazu ist sie viel zu nüchtern und außerdem viel zu realistisch. Das hemmt zwar dann und wann die schnelle Umsetzung, aber dafür ist sie immer auf der richtigen Seite und die Fehlerquote ist minimal.

Überall, wo es um Menschen geht und wo geholfen werden kann, da ist die Wassermann-Steinbock-Frau immer anzutreffen.

Ihre große Stärke ist ihre Intellektualität, ihr Tiefgang sowie ihr großes Allgemeinwissen, das aus ihrem vielen Lesen entstanden ist. Lesen ist für sie wie ihr tägliches Brot, Lesen ist für sie wie eine Sucht. Schon als Kind hatte sie diese Neigung. Deshalb ist sie auch nicht oberflächlich und gibt sich mit unzureichenden Aussagen nicht zufrieden - sehr zum Leidwesen ihrer Kolleginnen und Kollegen. Oft kann es für ihre Umwelt belastend werden, wenn die Wassermann-Steinbock-Frau immer und immer wieder alles hinterfragt. Aber das geht bei ihr nicht anders; erst wenn ihr etwas nachvollziehbar und realistisch erscheint, gibt sie sich zufrieden.

Ehrgeiz, Geradlinigkeit und Loyalität sind weitere Eckpfeiler ihres Charakters, nicht zu vergessen ihre hohe Sensibilität und auch ihre Unnahbarkeit in bestimmten Situationen. Die Sprache ist ein weiterer Faktor in ihrem Leben. Sie legt Wert auf eine gehobene Sprache und kann mit Witzen und dergleichen nichts anfangen. Es kann schon mal vorkommen, dass sie sich zurückzieht, wenn ihr die Person und die Art, wie jemand auftritt, nicht gefällt. Anstand und gute Kinderstube setzt sie eben grundsätzlich voraus. So ist die Diplomatie einer ihrer Schwachpunkte, hier kann sie sich noch weiterentwickeln: Man muss nicht alles auf die Goldwaage legen und sollte daran denken, dass weniger manchmal mehr ist.

Im Beruf steht sie ausschließlich in Führungspositionen, insbesondere in Bereichen, in denen Menschen im Vordergrund stehen: Ob sie nun als Ärztin, Staatsanwältin oder Chirurgin arbeitet, ist ihr egal, Hauptsache sie hat es mit Menschen zu tun und steht auch in der Öffentlichkeit.

Kultur und Geschichte ist ihr Hobby und ihr Steckenpferd.

Für ihre Familie ist sie ein Juwel, sie ist gut durchorganisiert und hat meistens auch eine Haushaltsgehilfin im Haus.

Sie ist eine ganz besondere Frau mit unzähligen Neigungen, Talenten und Fähigkeiten, weswegen die Auswahl ihrer Partner stark begrenzt ist ...

FISCHE

Aszendent Steinbock

Ein wunderbarer, menschlicher, liebenswerter Charakter mit vielen Fähigkeiten und Möglichkeiten. Das zeigt sie allerdings nicht sofort und wird dadurch oft völlig falsch eingeordnet und eingeschätzt.

Die Fische-Steinbock-Frau ist warmherzig, führungsorientiert und überwiegend vorsichtig. Sie mag keine Schnellschüsse, sondern wägt die Dinge wohl ab und will alles auf der sicheren Seite haben. Risiken sind ihr ein Greuel.

Sie arbeitet gerne und viel, Fleiß gehört zu ihren Wesenszügen. Wichtig ist ihr dabei, dass man ihr Vertrauen schenkt, sie frei wirken lässt und sich mit Bevormundung und Kontrolle zurückhält. Denn hier ist sie sehr empfindlich, zu oft legt sie die Dinge auf die Goldwaage und zieht sich Schuhe an, die ihr überhaupt nicht gehören. Das hängt mit ihrer hohen Sensibilität und ihrem Gerechtigkeitssinn zusammen: Sie will jedem und allen alles recht machen, was kaum möglich sein dürfte ...

Die Fische-Steinbock-Frau sollte also mehr Souveränität entwickeln und die Dinge immer wieder gelassener sehen und so nehmen wie sie wirklich sind. Denn sie hat sich wirklich nichts vorzuwerfen: Stets ist sie für andere da, gibt und leistet Hilfe, wenn sie nötig ist, ohne ein Dankeschön zu erwarten.

Im Beruf, insbesondere wenn sie Führungsaufgaben bekleidet, kann man sich auf sie zu hundert Prozent verlassen. Es ist für sie selbstverständlich, immer das Beste zu geben und mit herausragenden Leistungen zu glänzen.

Lob und Anerkennung bedeuten ihr viel, sie sind der Antrieb und die Motivation, um weitere Leistungen bei ihr abzurufen. Kritik sollte man bei ihr vorsichtig und mit viel Feingefühl verpackt übermitteln. Denn hier hat sie eine stark verletzbare Seite, mit der sie nicht so souverän umgehen kann. Dies wiederum hat mit ihrem Gerechtigkeitssinn, ihrer Feinfühligkeit und dem Tiefgang ihrer Seele zu tun.

Die Fische-Steinbock-Frau empfindet sehr tief und bewertet immer aus dem Herzen, was oft eine gewisse Lockerheit nicht ermöglicht.

Die Fische-Steinbock-Frau ist eine großartige Frau, auf die man sich in jeder Beziehung verlassen kann. Man sollte nur versuchen, immer den richtigen und angemessenen Ton bei ihr zu finden. Denn hier ist sie äußerst empfindlich und verletzbar. Der Ton macht eben bei ihr nicht nur die Musik, sondern bestimmt auch ihr Wohlbefinden.

Als Hausfrau und Mutter ist sie ein Juwel für die Familie. Sie liest ihren Familienmitgliedern jeden Wunsch von den Augen ab und engagiert sich immer aus tiefstem Herzen. Freunde und Bekannte lieben sie aufgrund ihrer Menschlichkeit, ihrer Güte und ihrer steten Hilfsbereitschaft.

WIDDER

Aszendent Steinbock

Ein ganz außergewöhnlicher Charakter, der ein hohes Maß an Feingefühl benötigt, um verstanden zu werden. Diesem Frauencharakter kommt kaum ein anderer gleich.

Die Widder-Steinbock-Frau ist zunächst verhalten, introvertiert und abwartend. Sie ist keine Schnellentscheiderin, sondern bei ihr geht alles zunächst durch den Magen, dann durch den Verstand und dann gibt es immer noch eine Sicherheitsschleuse.

Sie überlässt nichts dem Zufall, sondern geht immer auf die sichere Seite des Lebens. Das macht sie für viele Menschen undurchsichtig. Bei ihr muss man sich anstrengen, wenn man sie erreichen will, und sich die Worte gut überlegen, die man ihr entgegenbringt. Denn Sicherheit und Vertrauen ist ihr Ziel, und wer sich nicht daran hält, wird es an ihrem Verhalten spüren.

Die Widder-Steinbock-Frau ist sehr ehrgeizig, teilweise verbissen und nicht locker genug. Vieles legt sie auf die Goldwaage und belastet sich damit. Sie zieht sich oft Schuhe an, die ihr gar nicht gehören. Hier hat sie einen enormen Bedarf an persönlicher Entwicklung und Wachstum. Ihre Sensibilität macht ihr oft einen Strich durch die Rechnung, weil sie vieles oft viel zu persönlich sieht.

Ihre Stärken liegen in ihrem enormen Fleiß und in ihrer Zielstrebigkeit. Ihr ist nichts zu viel. Wichtig dabei ist, dass man ihr viel Freiraum und Verantwortung überträgt. Besonders zu beachten ist bei ihr, ihr unter keinen Umständen mit Kontrolle oder gar mit Bevormundung zu begegnen. Das mag die Widder-Steinbock-Frau gar nicht, und unter solchen Bedingungen wird sie nirgendwo lange bleiben. Einengung ist für sie etwas ganz Schlimmes. Das mag sie nicht und kann auch nicht damit umgehen.

Niveau und Stil sind Elemente, die sie für ein schöneres Leben nicht nur braucht, sondern ohne die es keine Basis für eine harmonische Zusammenarbeit gibt.

Als Mutter und Hausfrau ist die Widder-Steinbock-Frau nahezu perfekt. Die Familie steht bei ihr an erster Stelle. Dort hat sie das Sagen, und man erkennt überall sofort ihre perfekte Handschrift.

Wärme und Zuneigung sind für sie wichtig und notwendig. Damit füllt sie ihre Akkus auf, um für weitere Großtaten gerüstet zu sein ...

Oft wirkt die Widder-Frau mit Steinbock-Aszendent arrogant und äußerst zurückgezogen auf andere. Das ist in Wirklichkeit aber nicht der Fall. Es ist eine reine Schutzmaßnahme, die sie intuitiv aufbaut. Sie geht erst einmal auf Distanz, um dann aus sicherer Warte ihre Entscheidung zu treffen.

Als Partnerin, Kollegin oder auch als Führungskraft ist sie immer loyal und treu.

Auf sie kann man sich immer verlassen, nie ist man bei ihr verlassen, und das wird immer eine ihrer herausragendsten Eigenschaften bleiben ...

STIER

Aszendent Steinbock

Eine sensible, bodenständige und auf Harmonie bedachte ebenso wie auf Erfolg ausgerichtete Frau. Geben und Nehmen stellt bei ihr kein Gleichgewicht dar, sondern sie gibt viel und nimmt wenig. Das kann und wird auf Dauer nicht gut gehen. Es wird der Punkt kommen, an dem sie spürt, dass dieses Verhalten sie auf Dauer nicht mehr befriedigt. Dann könnte sie traurig, ärgerlich und in letzter Konsequenz auch depressiv werden.

Die Stier-Steinbock-Frau sollte lernen, rechtzeitig gegenzusteuern, indem sie lernt, auch mal Nein zu sagen, und auch den Mut aufbringt, sich in gewissen Situationen besser zu positionieren und auch ihren Standpunkt deutlich und mit Durchsetzungskraft zu vertreten. Sie wird dann schnell spüren, dass es ihr besser geht und sich insgesamt Ausgeglichenheit und ein deutlich verbessertes Wohlbefinden einstellt.

Auch ihre Belastungen und Sorgen sollte sie nicht immer verbergen, sondern sich öffnen und sich die Dinge von der Seele reden. Oft öffnet sie sich viel zu spät, daran leidet sie dann sehr.

Organisieren und Dinge auf den Weg bringen ist eine ihrer größten Fähigkeiten. Niemand kann das besser als die Stier-Steinbock-Frau. Denn alles, was sie tut, macht sie immer mit Herzblut. Deshalb ist bei ihr der richtige Ton im Umgang das Maß aller Dinge. Im Prinzip kann man sie ausschließlich mit der Sprache führen und begeistern ... Durch ihre Sensibilität ist sie unheimlich abhängig von einem fairen und angemessenen Umgangston.

In ihrer Tätigkeit ist sie loyal, geradlinig und absolut zuverlässig. Alles, was sie beginnt, wird immer perfekt erledigt. Sie ist sehr treu und aufgeschlossen, dabei aber auch für Anerkennung sehr dankbar.

Im privaten Bereich gibt es kaum eine bessere Gastgeberin als die Stier-Aszendent-Steinbock-Frau. Alles, was sie tut, macht sie aus Liebe zum Detail.

Nach Ehrlichkeit braucht man bei ihr nicht zu fragen, das ist für sie eine Selbstverständlichkeit.

Sie hat immer hochgesteckte Ziele und ist bereit, mit der ihr zur Verfügung stehenden Kraft diese auch in die Tat umzusetzen. Was sie überhaupt nicht mag, ist Oberflächlichkeit und ein niveauloser Umgang. Bevormundung und Kontrolle entziehen ihr das Vertrauen, das sie braucht, um erfolgreich arbeiten zu können.

Insgesamt ist sie ein wunderbarer Charakter mit außerordentlichen Anlagen und einer extrem hohen Zielstrebigkeit.

ZWILLING

Aszendent Steinbock

Obwohl die beiden Prägungen dieses Charakters sehr unterschiedlich sind, gibt es dennoch einen Konsens und einen stabilisierenden Faktor: Der Steinbock-Aszendent kann den oft ruhelosen und rastlosen Zwilling-Charakter gut stabilisieren und ausgleichend auf ihn wirken. Ehrgeiz, Disziplin und Durchhaltevermögen werden dadurch gestärkt und der Charakter erhält eine ausgeglichene Konstanz und Wertigkeit. Besonders stark ausgeprägt ist bei der Zwilling-Steinbock-Frau Treue und Zuverlässigkeit.

Insgesamt sollte sie lockerer und gelassener werden, denn es besteht bei ihr die Gefahr, dass der Ernst des Lebens aufgrund ihrer generellen Einstellung etwas Überhand nimmt ... Das verhält sich so: Im Grundsatz ist die Zwilling-Frau eine lebenslustige, sehr aktive und in ihren Handlungen schnelle und manchmal auch unüberlegte Frau. Oft wird sie dann in ihren Entscheidungen unsicher, baut Zweifel auf und fällt in alte Muster zurück. Bei bestimmten Anlässen wirkt sie dann sogar unnahbar, zieht sich zurück und ist zum Teil nicht wiederzuerkennen. Auf der anderen Seite zeigt der Steinbock-Einfluss oft das Gegenteil: Offen, freundlich, hilfsbereit und zu allen Späßen bereit. Hier sollte die Zwilling-Steinbock-Frau ansetzen. Durch mentales Training, Suggestion und Meditation findet sie zu ihrer inneren Mitte und somit zu einer ausgewogenen Stimmung. Ihr Potenzial ist groß, und beim richtigen Einsatz ihrer persönlichen Möglichkeiten ist es der Garant für nachhaltigen Erfolg auf allen Ebenen.

Im Beruf ist die Zwilling-Steinbock-Frau sehr ehrgeizig und strebt grundsätzlich den Wunsch an, selbstständig und auf Vertrauen basierend ihre Aufgaben zu erfüllen.

Vertrauen ist das Schlüsselwort; ohne Vertrauen ist bei ihr keine große Arbeitsleistung möglich, weil sie sonst ihre Energien für andere Dinge wie Ärger, Unzufriedenheit und Wut vergeudet. Also sollte man bei ihr immer darauf achten, eine ausgewogene, gute Stimmung, ein besonders gutes Arbeitsklima und einen einvernehmlichen Umgangston zu erreichen.

Als Mutter und Hausfrau ist sie fürsorglich, immer um ihre Lieben besorgt und eine großartige Gastgeberin und ausgezeichnete Köchin. Gäste und Freunde kommen gerne zu ihr, weil sie immer für eine Überraschung - ein besonderes Menü oder einen ausgefallenen Nachtisch - bereit ist.

Die Zwilling-Steinbock-Frau achtet auf eine gute Figur und treibt regelmäßig Sport. Auch auf Ernährung achtet sie, um eine gute Gesundheit zu bewahren.

Sie ist sensibel und oft nicht sehr diplomatisch. Oft gilt für sie das Sprichwort: "Weniger ist mehr", denn sie überlegt erst und spricht dann und nicht umgekehrt. Sie ist eine bodenständige, geradlinige Frau mit Herzenswärme, mit dem Wunsch nach Zufriedenheit und Glücklichsein. Wer sie einmal gewonnen hat, verliert sie so schnell nicht wieder ...

KREBS

Aszendent Steinbock

Die Frau mit dieser Charakter-Prägung ist hochsensibel, unnahbar und vorsichtig. Sie baut ein Schutzschild um sich herum auf, um einen gewissen Abstand herstellen zu können. Sie ist kein Schnellzünder, sondern bleibt zunächst immer auf der sicheren Seite ... Sie lehnt Risiken von Grund auf ab und braucht eine gewisse Annäherung und Aufwärmphase, bis sie sich einigermaßen öffnen kann. Vertrauensverhältnisse mit ihr brauchen Zeit, weil sie stets etwas misstrauisch ist ... Wenn sie aber diese Abtastphase erst überwunden hat und sich sicher ist, kann man sich zu 100 Prozent auf sie verlassen.

Ihre Umgangsformen sind immer loyal und fair. Ihre Arbeitsweise ist geradlinig und zielstrebig. Kritik und Niederlagen muss man ihr schonend und mit viel Feingefühl beibringen. Hier macht der Ton die Musik. Mit einer ungerechtfertigten oder auch überzogenen Kritik kann man sie zutiefst verletzen und auf Dauer auch die Zusammenarbeit zerstören. Oft legt sie auch alles auf die Goldwaage, wobei sie sich selbst verletzt, indem sie sich einen Schuh anzieht, der ihr gar nicht gehört. Hier muss sie an sich arbeiten, mehr Diplomatie in ihr Leben bringen und vieles einfach lockerer und gelassener sehen. Dadurch verbessert sie ihre Kritikfähigkeit und schont somit auch ihre Gesundheit und ihr körperliches Wohlbefinden.

Als Arbeitskollegin ist die Krebs-Steinbock-Frau eine geschätzte und faire Partnerin. Auf ihre Arbeitsleistung ist immer Verlass.

Im privaten Bereich ist sie immer ein Gewinn für die Familie. Ihre Familie geht ihr über alles. Dort fühlt sie sich wohl und dort holt sie sich die Kraft, die sie braucht, um glücklich zu sein. Dass sie eine besondere Gastgeberin ist, braucht man nicht zusätzlich zu erwähnen ...

Harmonie und Feingefühl sind ihr Lebenselexier. Sie ist eine strebsame, immer auf dem Boden der Tatsachen bleibende Frau. Sie ist ein Gewinn für jeden Menschen.

LÖWE

Aszendent Steinbock

Eine Frau mit zwei extrem unterschiedlichen Grundcharakterzügen. Es ist nicht ganz einfach, diese beiden Prägungen unter einen Hut zu bringen. Auf der einen Seite ist sie stolz und erfolgsorientiert, auf der anderen Seite ist sie nüchtern, sachlich und zum Teil auch abwartend.

Überdurchschnittlich entwickelt ist ihr Ehrgeiz, was sich insbesondere in beruflichen Erfolgen ausdrückt. So scheut sie keine Mühen, um mit Ausdauer und Beharrlichkeit die höchsten Ziele zu erreichen. Es fällt ihr auch nicht schwer, zu gewissen Zeiten enthaltsam zu leben. In der Konsequenz zählt für sie eben nur die erbrachte Leistung.

Natürlich liebt die Löwe-Steinbock-Frau auch den Mittelpunkt, aber das ist bei ihr nicht vorrangig. Dennoch hat sie die Spitze immer im Visier, denn ein hoher Anspruch an die Dinge des Lebens ist ihr ein Bedürfnis.

Auch im Beruf strebt sie die Spitze bzw. Führungsaufgaben an. Ihren Job macht sie mit Begeisterung und mit vollem Engagement, Voraussetzung ist allerdings eine gute menschliche und auch sprachliche Führung durch ihre Vorgesetzten. Denn hier ist bei ihr schon Fingerspitzengefühl gefragt. Mehr noch, sie ist abhängig von einem betont zwischenmenschlichen Führungsstil. Autoritäres Führungsverhalten wäre bei ihr der sofortige Ausstieg aus dem Unternehmen. Die Löwe-Steinbock-Frau ist eine Frau der leisen Töne. Sie ist im Prinzip sprachlich zu führen und bringt dann ihre höchsten Leistungen. Alle, die mit ihr arbeiten, können sich blind aus sie verlassen. Ihr Wort ist wie ein schriftlicher Vertrag.

In manchen Dingen ist sie auch unnahbar und stark sicherheitsorientiert. Das behindert sie manchmal in ihren Entscheidungen und lässt sie auch dann und wann den Kürzeren ziehen. Hier hat sie starken Entwicklungsbedarf, insbesondere im Ausüben von Diplomatie und Souveränität. Hier liegt noch ein enormes Wachstumspotenzial.

Die Löwe-Steinbock-Frau muss lernen, ihr Potenzial freizulegen, indem sie diverse Gebrauchs- und Verhaltensmuster aus der Vergangenheit (Kindheits-Ich) ändert. Mentales Training und das Feststellen der Ich-Bereiche ist der Weg dahin.

Ansonsten hat sie eine gut funktionierende, sensible Innenwelt mit dem Hang zur Tiefe und somit zur leichten Verletzbarkeit. Manche Vorgänge sieht sie zu eng und ist nicht gelassen genug. Dadurch belastet sie sich selbst und bringt sich in Selbstzweifel.

Als Mutter und Hausfrau ist sie großartig, unheimlich beliebt bei ihren Gästen und Freunden. Sie lässt sich immer etwas einfallen, was Gäste und Freunde mit Begeisterung aufnehmen.

Wenn die Menschen das Wesen und die Gefühle der Löwe-Steinbock-Frau begreifen und auch verstehen, haben sie mit ihr nicht nur einen treuen Partner, sondern auch eine immer zuverlässige Freundin und Kollegin, in guten und in schlechten Zeiten ...

JUNGFRAU

Aszendent Steinbock

Die Jungfrau mit Steinbock-Aszendent ist eine ehrgeizige und sicherlich auch sparsame Frau. Geld und Sicherheit spielen bei ihr eine wichtige und entscheidende Rolle. Sie ist glücklich und zufrieden, wenn sie wieder eine neues Aktienpaket gekauft hat oder auf eines ihrer Sparbücher Geld eingezahlt hat.

Dass sie über besondere geistige Qualitäten verfügt, zudem noch sehr fleißig ist und außerdem viel Ausdauer besitzt, ist jedem, der sie kennt, hinlänglich bekannt ... Sie muss nur darauf achten, dass sie sich auch etwas gönnt und die ganze Sache nicht übertreibt ...

Von ihrer Prägung her ist die Jungfrau-Steinbock-Frau dazu bestimmt zu dienen, soziale Hilfe zu leisten und immer auf der sicheren Seite zu stehen. Nur muss sie auch davon ausgehen, dass sie nichts mitnehmen kann und dass mit zunehmendem Alter die Leistungsfähigkeit ganz natürlich nachlässt. Deshalb ist ihr anzuraten, sich etwas mehr zu gönnen, mehr auszuspannen und sich vor allem mehr zu regenerieren. Denn sie neigt dazu, ihren Körper auszubeuten, ohne ihm die notwendige Erholung zu gönnen. Das rächt sich meistens erst dann, wenn es zu spät ist. Hier muss sie unbedingt ihre Gebrauchs- und Verhaltensmuster ändern, persönliche Veränderung und Entwicklung annehmen und Wachstum anstreben.

Es gibt auch Tage und Momente, da ist die Jungfrau mit Steinbock-Aszendent traurig, erschöpft und leicht depressiv. Dies sind alles Ergebnisse ihres überzogenen Fleißes, ihrer unglaublichen Sparsamkeit und ihres unermüdlichen Einsatzes für die Menschheit ...

Die Jungfrau-Steinbock-Frau ist ein tief greifender, empfindsamer Mensch, geprägt von einer hochsensiblen Innenwelt. Nicht immer alles auf die Goldwaage legen – das könnte eine Devise für die Zukunft sein. Lockerheit und Gelassenheit bringen sie genauso schnell zum Ziel ...

Ansonsten ist sie eine wunderbare Hausfrau und Mutter mit unendlichen Fähigkeiten in der Kochkunst, aber auch hier sollte sie andere teilhaben lassen und Hilfe annehmen ... Ihre unmittelbaren Angehörigen und auch Freunde erkennen schnell, dass man bei ihr nicht helfen muss, und ziehen sich alle schnell aus der Schusslinie zurück ... Die Konsequenz ist dann, dass sie alles alleine macht, und es kommt der Tag, an dem ihr alles über den Kopf wächst und sie auch mal genervt und ärgerlich reagiert. Das ist eigentlich nur verständlich, aber sie kann das ändern, indem sie mit anderen teilt und auch andere in ihre Aufgaben, ihre Arbeit mit einbindet.

Wer Sie als Partnerin und Freundin gewonnen hat, kann sich glücklich schätzen, denn er hat damit auch eine faire, zuverlässige und treue Frau für das ganze

Leben. Es gibt kaum eine Frau, die sich so in den Dienst der Menschheit stellt, wie die Jungfrau-Steinbock-Frau, und darauf kann sie auch stolz sein ...

WAAGE

Aszendent Steinbock

Eine sehr interessante, niveauvolle und sensible Frau mit dem Hang zur Unnahbarkeit. Die Waage-Steinbock-Frau gehört nicht zu den Frauen, die sofort Feuer fangen und den Dingen offen gegenüber stehen. Vielmehr ist sie eine Frau, die zunächst zurückhaltend und abwartend ist, bevor sie sich in den Vordergrund stellt. Das ist ihr nicht wichtig. Wichtiger ist es ihr zu prüfen, ob sich ein Engagement lohnt bzw. ob es Sinn macht, sich in Szene zu setzen. Sie ist nicht bereit, ins Leere zu laufen oder eine brotlose Kunst zu betreiben. Dafür ist sie sich viel zu schade. Ihre Fähigkeiten sind sehr vielfältig, nur dass man diese zunächst nicht erkennt.

Die Waage-Steinbock-Frau in ihrer Gefühlswelt zu begreifen, ist nicht ganz einfach, weil sie zum einen sehr dominant ist, zum anderen wiederum sehr verhalten wirkt. Das hat mit ihrer Prägung zu tun. Durch ihren Geburtstag und ihre Geburtsstunde hat sie zwei ganz unterschiedliche Prägungen erhalten. Aus dem Waage-Zeichen ist sie offen, ehrgeizig, dominant, aus dem Steinbock-Einfluss gerade das Gegenteil, nämlich zurückhaltend und abwartend.

Es ist für sie oft auch gar nicht so einfach, diese beiden Charakterzüge in Einklang zu bringen. Deshalb ist es wichtig, hier an ihren Gebrauchs- und Verhaltensmustern zu arbeiten und bei beiden weiteres Wachstum zu fördern.

Der Ton macht bei ihr die Musik. Wer sie nicht begreift in ihrer Art, wird an ihr scheitern. Denn Druck, Bevormundung und Kontrolle sind die Elemente, die sie nicht mag, und wer das nicht begreift, hat bei ihr im Prinzip verloren, egal ob beruflich oder privat.

Die Waage-Steinbock-Frau legt die Messlatte hoch und erwartet von ihrer Umgebung eine niveauvolle Ansprache, den richtigen Ton und einen angemessenen Umgang.

Kritik sollte man bei ihr vorsichtig und überlegt anbringen, denn die nimmt sie oft zu persönlich und belastet sich damit unnötig. Hier hat sie Bedarf an Entwicklung und Veränderung ... Es ist ihr anzuraten, dass sie etwas für sich und ihr Wohlbefinden tut.

Oft zieht sie sich einen Schuh an, der ihr überhaupt nicht gehört, und belastet sich unnötig damit.

Die Familie bedeutet ihr sehr viel, sie ist eine großartige Gastgeberin und eine bezaubernde Köchin.

Was sie überhaupt nicht mag, sind arrogante Menschen; mit solchen steht sie auf Kriegsfuß.

Die Waage-Steinbock-Frau ist eine Kunstgenießerin, sie ist sehr kulturell veranlagt, geht gerne ins Theater und hat einen hohen Anspruch an alle Dinge des Lebens. Sie ist tiefgründig und besitzt eine starke Intuition und Vorausahnung.

Unterem Strich ist sie eine starke, liebevolle, loyale und gut aussehende Frau, mit dem Bedürfnis verstanden und geliebt zu werden, denn Wärme und Zuneigung bestimmen ihr Lebensgefühl ...

SKORPION

Aszendent Steinbock

Dieser Charakter ist so einmalig wie gegensätzlich. Geprägt wird er von einer außergewöhnlichen Sensibilität. Bei der Skorpion-Steinbock-Frau hat man zuweilen das Gefühl, dass sie über Dinge “zwischen Himmel und Erde” Bescheid weiß, die den Normalsterblichen nicht zugänglich sind ... Denn wer scheut weder Tod noch Teufel und lebt das Leben bis an sämtliche Grenzen: der Skorpion.

Diese Frau will und kann sich durchsetzen. Was sie unternimmt, macht sie ganz oder gar nicht. Mit Leidenschaft, Zähigkeit und Ehrgeiz nimmt sie jede Herausforderung an. Sie ist mit Gaben ausgerüstet, die sie bei Krisen und Problemen nachhaltig einsetzen kann. Sie ist eine Kämpfernatur, die niemals aufgibt. Sie ist grundehrlich und geradlinig und ihre Pläne und Aufgaben zieht sie bis zum Ende konsequent durch.

Ein Wesensmerkmal von der Skorpion-Steinbock-Frau ist es, dass sie allen Dingen auf den Grund gehen will. Es hat deshalb wenig Sinn, ihr etwas vormachen zu wollen. Sie verfügt zudem über eine starke Intuition, mit der sie Abläufe und Dinge vorhersehen oder gar vorherfühlen kann. Damit ist sie den meisten ihrer Mitmenschen überlegen, doch der Nachteil besteht darin, dass sie dadurch sehr vorsichtig und oft auch kritisch agiert – was viele nicht verstehen wollen oder können.

Es ist schwer zu erklären, was die Faszination des Skorpions ausmacht. Doch besonders in der Liebe verdreht der Skorpion nicht nur die Köpfe, sondern auch die Herzen seiner Bekanntschaften. Bei aller Intensität, die diesem Charakter zu eigen ist, besteht kein Zweifel, dass auch die Gefühle höchst stürmisch und leidenschaftlich geäußert werden. Die Skorpion-Steinbock-Frau liebt mit Haut und Haar.

Sie arbeitet hart und stets auf ihre Weise: Mutiger Einsatz zeichnet sie aus, und sie setzt sich für andere und die eigenen Angelegenheiten verbindlich ein.

Mit dem Steinbock-Einfluss ist sie ein Musterbeispiel an eisernem Willen, unerbittlichem Einsatz und großem Ehrgeiz. Dadurch wirkt sie oftmals hart und unnahbar, doch dient ihr dies eher als Selbstschutz. Sie ist zunächst vorsichtig und prüft eine Sache, bevor sie sie akzeptiert.

Der Blick hinter die Fassade lohnt sich bei ihr, denn hier findet sich ein empfindsames, reiches Gemüt. Wärme und Zuneigung sind für sie elementar. Vor allen Dingen aber schätzt sie Ehrlichkeit im Umgang mit ihrer Person.

Ihr größtes Problem ist ihre mangelnde diplomatische Veranlagung. Zudem legt sie zu vieles auf die Goldwaage und schafft sich dadurch hausgemachte Probleme ...

SCHÜTZE

Aszendent Steinbock

An großen Herausforderungen und utopischen Zielen mangelt es dieser Prägung nicht. Es handelt sich um eine der ehrgeizigsten Prägungen bei den Frauencharakteren.

Unermüdliches Handeln und Tun sind die größten Stärken und Tugenden der Schütze-Steinbock-Frau, mit denen sie ihre hoch gesteckten Ziele erreichen will. Dafür gibt sie alles, notfalls auch ihren letzten Blutstropfen. Sie visiert die höchsten Gipfel an und erreicht sie auch, um jeden Preis, weil bei ihr trotz allem Realismus der Idealismus immer das letzte Wort hat.

Trotz dieser Extreme hat die Schütze-Steinbock-Frau ein überaus ausgeprägtes Verantwortungsbewusstsein für sich und für ihr Umfeld, auch für ihre Geschäftspartner.

Im Beruf ist sie Extraklasse: schnell, flexibel und überaus genau und präzise.

Führungsaufgaben sind ihr Leben, und nur dort will sie auch tätig sein. Stillstand ist für sie Rückschritt. Sie steht zu ihrer Aufgabe und trägt jegliche Verantwortung mit allen Konsequenzen, keine Arbeit ist ihr zu viel. Loyalität praktiziert sie täglich, das ist eine ihrer größten Stärken. Die Aufgabenstellung hinsichtlich des Verantwortungsbereiches ist für sie Herausforderung und Motivation zugleich.

Die Schütze-Steinbock-Frau liebt es zu führen, zu delegieren und umzusetzen. Dabei geht sie immer und zu jeder Zeit als Vorbild voraus, sie ist eben ein Leader, eine Führernatur, nicht bloß ein Manager. Denn die Mitarbeiter wollen geführt, nicht gemanagt werden – das ist so ihre Meinung und die vertritt sie auch deutlich.

Wenn sie also auch teilweise hart wirkt, so hat die Schütze-Steinbock-Frau dennoch eine sehr sensible Schale aus ihrer Geburtsstunde (Steinbock). Dort ist sie nachdenklich, empfindsam und hat einen starken Sinn für das Wesentliche.

Gerade der zwischenmenschliche Bereich ist für sie sehr wichtig. Sie legt Wert darauf, dass es innerhalb der Mitarbeiter ein gutes, menschliches Verhältnis gibt. Sie achtet darauf, dass die Menschen sich schätzen und achten, denn das ist ihr selbst ein großes Bedürfnis. Nichts ist für sie schlimmer als Streit, Missgunst und Ärger. Hier verliert sie viel Energie und das belastet sie sehr. Deshalb wird sie solche Situationen in der Regel unterbinden bzw. gar nicht erst zulassen.

Die Menschen kommen gerne zu ihr, weil sie immer mit dem Verständnis und der Hilfe der Schütze-Steinbock-Frau rechnen können.

Auch in der Familie genießt sie einen sehr hohen Stellenwert. Man schätzt ihre klare Linie, verbunden mit einer klaren Grundaussage in allem, was sie tut. Dass sie eine herausragende Gastgeberin ist, wissen alle, die mit ihr zu tun haben. Deshalb kommt man gerne zu ihr und geht ungern wieder weg. Das allein spricht Bände für ihre Fähigkeiten im Kochen, im Bewirten und in der Unterhaltung ...

Ebenso ist sie eine begnadete Sportlerin, denn alles, was sie tut, tut sie immer mit vollem Engagement oder gar nicht. So kennt man sie und so schätzt man sie.

Als Partnerin und Ehefrau ist sie anspruchsvoll, aber nie überzogen, denn sie weiß, was sich gehört und hat ein besonderes Feeling für die kleinen Dinge des Lebens.

Sie ist eine attraktive, erfolgreiche und sehr wärmende und liebevolle Frau mit dem Hang zum Perfektionismus ...

WASSERMANN

Aszendent Wassermann

Man könnte diesen Typ die Crème de la Crème unter den Frauencharaktereren nennen: Unheimlich anspruchsvoll und erfolgsverwöhnt ist dieser Charakter. Erfolg ist für die doppelte Wassermann-Frau nicht nur so dahergesagt, vielmehr ist ihr die Basis dafür in die Wiege gelegt.

In allen Top-Berufen und Top-Etagen wird man diesen Typ antreffen; dieser Charakter hat das gewisse Etwas, das man nicht kaufen kann: Hochintelligent, tiefgründig und nachfassend - so könnte man die Wassermann-Wassermann-Frau bezeichnen. Ihr ist nichts zu viel, schon gar nicht, wenn es mit der Entwicklung ihrer Person oder ihres Umfelds zu tun hat. Sie will immer oben dabei sein - und sie *wird* immer oben dabei sein.

Dafür tut sie auch mehr als erforderlich. Besonders zu erwähnen ist ihre Sprachbegabung. Sie muss eine Fremdsprache sozusagen nur hören, schon ist sie begeistert und kann sie schon halb. Aber nicht nur bei den Fremdsprachen und im Management, auch in Berufen wie Medizin oder Jura ist sie zu Hause (und natürlich in den Top-Etagen anzutreffen).

Nun - dieser unheimliche Erfolg und die große Begabung der Wassermann-Wassermann-Frau haben natürlich auch ihre Schattenseiten: Im Partnerbereich gibt es nur wenige Charaktere, die mit ihr klarkommen. Also sind es auch die wenigsten, die überhaupt bereit sind, sich auf das Abenteuer - so könnte man es bezeichnen - mit einer "waschechten" Wassermann-Frau einzulassen. Ihre Persönlichkeitsstärke ist ja nicht aufgesetzt und kann "gebrochen" werden, sondern sie ist von Grund auf aus der Prägung da. Damit können die wenigsten umgehen. Sie kann allerdings in der Tat auch etwas anstrengend sein und ist nicht gerade einfach im "Handling" ...

Die Wassermann-Wassermann-Frau ist eben sehr genau und gewissenhaft und hat umgekehrt mit oberflächlichen oder leichtfüßigen Menschen so ihre Probleme. Ihr Anspruch an das Leben, an die Gesellschaft, an die Freunde und Bekannten ist hoch, für viele zu hoch, und das ist dann und wann auch ihr Problem. Sie muss lernen, herabzusteigen auf eine Ebene, wo sie die Menschen erreicht ... Wenn ihr das gelingt, wird sich auch der Kreis weiten, in dem sie sich bewegt.

Ihre Gefühle sind tiefgründig, sehr spezifisch und ihr Wärmebedürfnis ist hoch. Sie hat einen hohen Anspruch an den Grad der Zuneigung von Seiten ihres Partners oder ihrer Umgebung. Wer das bei ihr nicht begreift oder begreifen will, hat im Zusammenleben mit ihr keine Chance.

Sie ist eine unglaublich interessante Gesprächspartnerin, eine Frau mit einem natürlichen, aber hohem Niveau. Sie liebt ein wärmendes Ambiente, zum Beispiel liegen ihr bestimmte Bilder sehr am Herzen und sie liebt nichts mehr als den bleibenden Anspruch (ohne dabei jedoch arrogant zu sein).

Visionen bestimmen seit jeher das Leben der doppelten Wassermann-Frau. Ohne Visionen lebt sie nur halb. Sie braucht Visionen im Großen und vor allem die tägliche Herausforderung im Kleinen.

Der Beruf oder die *Aufgabe* hat bei ihr die erste Priorität. Das muss nicht heißen, dass sie die Familie benachteiligt. Im Gegenteil: Sie hat das Geschick und die Gabe, beides unter einen Hut zu bringen.

FISCHE

Aszendent Wassermann

Frauen mit dieser Prägung können sich glücklich schätzen: Eine außergewöhnliche Kombination bestimmt ihren Lebensweg und ihren Lebenserfolg. Man kann sagen: Die Fische-Wassermann-Frau ist auf der Sonnenseite geboren. Denn es ist so, dass sich diese beiden Prägungen optimal ergänzen; was die eine nicht mit sich bringt, hat die andere!

Für die Fische-Wassermann-Frau hat ganz klar das Wesentliche Vorrang, mit Unwesentlichkeiten beschäftigt sie sich überhaupt nicht. Sie besitzt ein starkes Gemeinschaftsgefühl. Banalitäten interessiert sie nicht. Sie ist auf der Suche nach den universellen Zusammenhängen, und *darüber* zu reden und zu diskutieren macht ihr viel Freude und löst auch immer wieder Begeisterung bei ihr aus.

Ihre größte Stärke ist Intuition und Weitsicht, verbunden mit einem ausgeprägten Gespür im zwischenmenschlichen Bereich, mit dem sie viele undurchsichtige Dinge und Vorgänge entschleiern kann.

Allgemein ist die Fische-Wassermann-Frau eine herausragende Persönlichkeit mit hohem Führungsanspruch und hohem Intellekt. Sie ist ehrgeizig, flexibel, kritisch, hinterfragend, aber auch feinfühlig, liebevoll, harmoniebezogen, strebsam und kreativ. Die Kehrseite ist natürlich auch da: Sie ist schnell verletzbar und oft nimmt sie etwas viel zu persönlich. In manchen Fällen neigt sie auch zu einer leichten Labilität, nämlich immer dann, wenn man ihr zu wenig Beachtung und Gehör schenkt. Aber insgesamt ist sie einfach großartig. Man kann mit ihr vieles bewegen und in die Tat umsetzen.

Beruflich strebt dieser Typ häufig den Sozialbereich an, oder Bereiche, in denen das Menschliche im Mittelpunkt steht. Menschen sind das Leben der Fische-Wassermann-Frau, wo es um Menschen geht, fühlt sie sich zu Hause, insbesondere wenn sie Menschen helfen und auch den Erfolg ihrer Arbeit zeitnah spüren kann.

Sie hat durch ihre Intuition einen schnellen und tiefen Einblick ins Menschliche und kann durch ihre besonderen Fähigkeiten nahezu jeden erreichen und somit schnell helfen. Man mag sie und sucht ihre Nähe, da man aufgrund ihres Auftretens sofort Vertrauen zu ihr fasst.

Im Partnerbereich hingegen ist es für sie oft nicht so einfach ... und schon gar nicht leicht, den geeigneten Lebenspartner zu finden. Oft sind ihre Ansprüche für viele nicht umsetzbar. Entweder sind potenzielle Partner ihr geistig nicht gewachsen, oder sie hat nicht die Geduld und Kraft, sich mit ihnen auf Dauer auseinander zu setzen ... Hier hat sie einfach oft zu hohe Erwartungen. Das hängt mit ihrer Prägung zusammen, bei der eben Anspruch und Niveau etwas ganz Selbstverständliches sind. Dennoch ist es empfehlenswert, hin und wieder eine Stufe herabzusteigen und den anderen dort abzuholen, wo er steht.

Als Mutter und Hausfrau ist die Fische-Wassermann-Frau einmalig. Sie kann einfach alles, ob kochen, einrichten, gestalten ... Es geht ihr ganz leicht von der Hand. Jeder, der diesen Charakter als Partnerin gewonnen hat, kann stolz auf seine Eroberung sein, denn die spielt auf jedem Parkett mit Leichtigkeit eine souveräne und liebenswerte Rolle ...

WIDDER

Aszendent Wassermann

Ein Charakter mit außergewöhnlichen Möglichkeiten und Begabungen, also eine Frau, die nicht nur voll im Leben steht, sondern auch weiß, wo sie hin will. Sicherlich ist sie nicht so leicht zu lesen und schon gar nicht leicht zu führen. Hier muss man schon ein besonderes Händchen haben, um sie im Herzen zu berühren und ihren Ansprüchen zu genügen.

Die Widder-Wassermann-Frau ist bodenständig, willensstark, anspruchsvoll und hat einen starken Hang zur Selbstständigkeit und zur Führung. Sie ist weniger geeignet, um nur zu empfangen und Arbeiten durchzuführen, wo sie wenig oder gar keine Verantwortung zu tragen hat. Sie sucht die Herausforderung und ist ihr auch hervorragend gewachsen.

Sobald sie etwas erreicht hat, kommt das nächste Ziel. Ohne Ziele sein, das gibt es bei ihr nicht. Herausforderungen sind ihr Leben, nur mit ihnen ist sie glücklich. Menschen, die sie dabei aufhalten wollen, werden bald nicht mehr zu ihrem Beziehungskreis gehören. Die Widder-Wassermann-Frau wird sie einfach loslassen und sich notfalls neue Partner suchen.

Aus dem Wassermann-Aszendenten hat sie ihre Präzision, ihre sprachliche Begabung und eine große Tiefgründigkeit. Sie überlässt nichts dem Zufall und will einer Sache immer auf den Grund gehen, was für viele oft zu lange dauert. Aber sie gibt hier nicht nach. Vor allem männliche Kollegen haben oft Probleme mit ihr, zum einen, weil ihnen manches zu lange dauert, zum anderen, weil sie mit der persönlichen Stärke der Widder-Wassermann-Frau nicht umgehen können.

Aber das stört diese nicht! Die Widder-Wassermann-Frau zieht ihr Ding immer durch, egal, was es kostet.

Sie ist eine anspruchsvolle Frau, über den Beruf hinaus. Sie liebt schöne Kleidung und ein wunderbar eingerichtetes Heim mit vielen wärmenden Farben.

Wärme, Zuneigung und ein verständnisvoller Gesprächspartner gehören zu ihren Vorstellungen, die erfüllt werden sollten.

Wegen ihres hohen Anspruchs in allen Bereichen ist der Umgang mit diesem Typ nicht immer einfach. Diese Ansprüche werden entweder nicht akzeptiert oder überfordern einfach die Mitmenschen. Damit hat die Widder-Wassermann-

Frau allerdings kein Problem: Entweder man passt sich bei ihr an oder zieht den Kürzeren.

Wenn man sie aber gewinnt - für was auch immer -, dann sollte man sie ernst nehmen und die Kraft haben, im Dialog mit ihr zu bleiben. Es lohnt sich. Denn sie ist eine wunderbare Frau mit exzellenten Voraussetzungen sowohl im Beruf (eigentlich eine Top-Führungskraft) als auch im gesellschaftlichen und privaten Bereich. Sie als Partner zu haben ist somit eine große Herausforderung, aber auch eine große Freude.

STIER

Aszendent Wassermann

Das ist eine Konstellation, die es in sich hat - zwei grundsätzlich verschiedene Prägungen, die es ihrer Trägerin oft nicht leicht machen, richtig und zufrieden stellend zu handeln: Von ihrem Geburtstag her ist sie ein bodenständiger, liebenswerter und immer zum Dienen bereiter Mensch. Allerdings hält sie oft viel zu lange an Dingen fest, die es entweder nicht mehr verdienen oder die einfach keinen Sinn mehr machen. Hier muss sie lernen, etwas früher loszulassen, denn nur wer Ballast abwirft, kann steigen.

Aus der Geburtsstunde hat sie eine völlig andere Prägung: Hier sucht sie den Führungsanspruch, hat den Willen, sich weiterzuentwickeln und zu lernen. Dabei hat sie insbesondere für Fremdsprachen eine ganz besondere Begabung. Sie lernt sehr schnell und erfolgreich. Wann immer sie dann etwas erreicht hat, möchte sie gleich das nächste Lernprogramm beginnen ...

Der Aszendent macht die Stier-Wassermann-Frau auch sehr penibel, denn sie will stets in die Tiefe gehen und gibt sich mit oberflächlichen Aussagen und Angaben nicht zufrieden. Für viele ihrer Mitstreiter oder Kollegen ist das häufig zu viel. Dadurch entsteht bei ihr wiederum Missmut - sie ist dann schnell verletzt, fühlt sich unverstanden und wird oft traurig ... Dann zieht sie sich zurück, was letztendlich auch zu leichten Depressionen führen kann. Hier sollte sie versuchen, durch die Veränderung ihrer Verhaltensmuster eine ausgeglichene Haltung zu erreichen. Dies geschieht durch mentales Training, Autosuggestion und Meditation.

Wenn die Stier-Aszendent-Wassermann-Frau es schafft, ihre unterschiedlichen Prägungen anzupassen und ein wenig in die richtige Richtung zu lenken, so verfügt sie über wunderbare Potenziale und Möglichkeiten!

Die Stier-Wassermann-Frau ist eine sensible und tiefgründige Frau mit dem Anspruch auf niveauvollen Umgang. Das Gespräch und die Diskussion bzw. Kommunikation ist für sie ein Teil ihres Lebens. Wer es nicht versteht, ausführlich mit ihr zu kommunizieren, hat im Prinzip schon verloren. Denn sie liebt es, bestimmte Themen bis zum Äußersten zu diskutieren und ein Ergebnis zu erreichen. Ist etwas nicht zu Ende besprochen, ist das für die Stier-Wassermann-Frau eine Belastung. Sie kann die Dinge nicht so leicht loslassen und wird gedanklich immer wieder von ihnen eingeholt.

Als Mutter und Hausfrau ist sie vorbildlich. Sie tut alles für ihre Familie, ist eine herausragende Köchin und zugleich wunderbare Gastgeberin. Ihr Heim ist mit vielen wunderbaren Bildern geschmückt, Blumen stehen bei ihr an verschiedenen Stellen ihres Zuhause, denn es ist für sie wichtig, ein gemütliches Ambiente in ihrem Heim zu haben. Es ist ein Teil ihrer Seele.

Sie ist eine wärmende, sehr nahbare und wunderbare Frau, die man in ihrer Welt begreifen muss, um als Dank ihre Liebe und Zuneigung spüren zu können. Wenn das geschieht, dann gibt es nichts Schöneres auf dieser wunderbaren Welt als die Stier-Wassermann-Frau an seiner Seite zu haben ...

ZWILLING

Aszendent Wassermann

Eine aktive Frau im wahrsten Sinne! Sie ist oft schneller, als sie denken kann. Und für ihre Umwelt sowieso zu schnell. Dafür ist sie dann auch oft sehr hektisch und angespannt. Sie hat keine innere Ruhe und meistens auch kein Verständnis für langsamere Zeitgenossen. Das macht die Zwilling-Wassermann-Frau dann eben auch manchmal unsympathisch und lässt sie arrogant wirken, was sie aber nicht wirklich ist. Diese innere Unruhe stört sie ja auch selbst, sie weiß nur nicht, wie sie das abstellen kann.

Es kann ihr nicht schnell genug gehen. Hat sie etwas erledigt, beginnt sie bereits mit dem nächsten Auftrag. Sie setzt sich permanent unter Druck, aber das ist ihr Leben. Dass dann und wann die Gesundheit darunter leidet, ist klar. Sie muss einfach lernen, sich mehr zu regenerieren und ihrem Körper die notwendige Entspannung und Ruhe zu gönnen. Denn auf Dauer wird sie diesen Druck und dieses schnelle und hektische Treiben nicht durchstehen. Sie sollte auf die Signale ihres Körpers achten.

Die Zwilling-Frau mit Wassermann-Aszendent ist extrem ehrgeizig und unheimlich erfolgsorientiert. Für sie gibt es nur erste Plätze, und dafür arbeitet sie hart und kompromisslos. Im Beruf braucht sie Verantwortung und Aufgaben. Nichts ist ihr zu viel oder zu schwer. Egal, wie schwierig die Aufgabe ist, sie meistert diese immer mit Bravour. *Herausforderung* ist das Schlüsselwort.

Mit dem Einfluss Wassermann kommt ein unglaublicher Anspruch ins Spiel. Ihre persönliche Weiterentwicklung liegt ihr außerdem sehr am Herzen. Dafür tut sie dann auch viel. Die Zwilling-Wassermann-Frau will immer auf den Punkt kommen und möchte einer Sache auf den Grund gehen. Oberflächliche Aussagen mag sie gar nicht.

Sie ist meist eine exzellente Sportlerin und stets ein tolle Kameradin. Sie will Spaß und Freude in ihrem Leben; schöne sportliche Urlaube wie Golfen und Tennis machen sie richtig glücklich. Auch Kultur steht bei ihr ganz oben. Sie ist sehr sprachbegabt und lernt eine neue Sprache im Handumdrehen.

Als Partnerin ist sie eine tiefgründige und sehr gewissenhafte Frau. Ihr Anspruch an sich selbst und an das Leben, sowie der an ihre Umwelt ist eben sehr hoch. Der Umgang mit Männern bzw. Partnern gestaltet sich dann aber auch nicht immer leicht. Viele haben entweder Angst vor der Zwilling-Wassermann-Frau oder sie ist ihnen zu anstrengend.

Als Mutter und Hausfrau ist sie beliebt und für ihre schnellen Handlungen bekannt. Ihre Entscheidungen erfolgen unbürokratisch und ohne langes Zögern. Das ist nicht ihre Art. Entweder hopp oder topp! Damit haben zwar einige ihrer Mitmenschen Probleme, aber nicht sie selbst ...

Wo die Zwilling-Wassermann-Frau ist, da ist eine aktive und interessante Frau, da ist Bewegung, Freude und Spaß ...!

KREBS

Aszendent Wassermann

Eine hochinteressante Konstellation, die von den Prägungen her völlig unterschiedlich ist, aber bei einer gekonnten Abstimmung großartige Möglichkeiten in allen Bereichen des Lebens bietet!

Die Krebs-Frau ist einerseits sehr empfindsam, ist stark auf Sicherheit bedacht und hält die Tradition hoch, während sie andererseits unter dem Wassermann-Einfluss den täglichen Fortschritt anstrebt und viel Freiheit braucht, um glücklich zu sein ... Das sind leicht zu erkennende Widersprüche in den Charakterzügen, aber gerade das macht diese Frau so interessant und anziehend ...

Es ist ein harter und langer Weg, diese beiden so widersprüchlichen Wesenszüge unter einen Hut zu bringen, um sie effizient wirken zu lassen. Aber die Krebs-Wassermann-Frau schafft das mit Engagement und persönlichem Ehrgeiz. Denn sie gehört nicht nur zu den Frauen, die an eine bessere Welt glauben, sondern auch zu jenen, die sich mit Leib und Seele dafür einsetzen, diese auch zu erschaffen. Und das fängt ja im eigenen Inneren an ...

Was ist die Krebs-Wassermann-Frau nun für ein Charakter? Sie ist eine Frau mit unheimlichem Tiefgang, mit Familiensinn und Wärme; ferner ist sie sehr zuneigungsbedürftig. Sie ist eine Frau der feinen und gehobenen Sprache, mit einem hohen Anspruch an das Leben und an sich selbst. Sie ist sehr kreativ und sprachbegabt, ein Kommunikationsgenie, dabei bescheiden, sehr fürsorglich, aber auch dominierend, oft sehr kritisch, manchmal bohrend und nachhakend ... Alles in allem eine sehr starke Persönlichkeit!

Im Beruf braucht sie die absolute Freiheit, sonst geht hier gar nichts. Sie ist bereit, Verantwortung zu tragen - in jeder Beziehung. Je mehr Spielraum man ihr einräumt, umso mehr Leistung kann man von ihr erwarten.

Als Mutter und Hausfrau ist sie sehr beliebt, weil sie Wärme ins Haus bringt. Sie ist immer für Überraschungen gut - manchmal ist es ein neues wunderschönes Bild, das andere Mal ein wunderbarer Blumenstrauß oder eine Skulptur, die sie auf dem Jahrmarkt aufgetrieben hat ...

Sie hat ein Gespür für die besonderen Dinge des Lebens, weil sie mit offenen Augen durchs Leben geht und sich für viele Dinge interessiert ... Oft diskutiert sie mit wildfremden Menschen über Themen, die von anderen oberflächlich übergangen werden. Oberflächlichkeit ist für die Krebs-Wassermann-Frau etwas Schlimmes, da kann man sie wirklich treffen und sie in ihrer Seele verletzen. Für sie ist alles wesentlich und wichtig, und oft sind es Kleinigkeiten, die sie bewegen und berühren.

Sie ist eine wunderbare Frau mit einem sehr hohem Intellekt; man muss sie begreifen, um das Leben mit ihr zu verstehen. Wer das kann, wird sehr glücklich mit ihr ...

LÖWE

Aszendent Wassermann

Dieser Charaktertyp ist dynamisch, optimistisch und stark erfolgsorientiert. Bei der Kombination ist es kein Wunder, dass der Charakter vor Vitalität und Dynamik nur so strotzt. Besonders ausgeprägt ist das Selbstvertrauen, man könnte zeitweise schon von Gottvertrauen sprechen. Die Löwe-Wassermann-Frau ist ein stolzer Mensch; sie kann ihre Fähigkeiten einschätzen und sie auch immer voll einbringen.

Güte und Großzügigkeit zeichnen sie aus. Sie hat ein großes Herz für Schwache und vom Schicksal benachteiligte Menschen, mit denen sie mitfühlt und manchmal mitleidet. Solche Menschen ziehen sie an und können immer mit ihrer Hilfe und Unterstützung rechnen. Sie übernimmt nicht nur Verantwortung für sich selbst, sondern auch für ihre Mitmenschen.

Eine echt gemeinte Anerkennung bedeutet sehr viel für das innere Gleichgewicht der Löwe-Wassermann-Frau. Es fördert bei ihr die Bereitschaft, Außergewöhnliches leisten zu wollen. Wärme, Zuneigung und Anerkennung sind für sie Antrieb und Motivation. Bewunderung und Aufmerksamkeit bedeuten ihr mehr als eine bloße Gehaltserhöhung. Geld und sonstige materielle Dinge treten zwar zunächst in den Hintergrund, doch bedeutet dies keineswegs, dass sie diese verachtet - nein, es rangiert bei ihr nur einfach nicht auf Platz eins ihrer Prioritätenliste.

In der Liebe und im Umgang mit ihrem Partner sowie mit der Gesellschaft hat die Löwe-Wassermann-Frau hohe Erwartungen und legt Wert auf ein gewisses Niveau. Leider werden diese Ansprüche jedoch nicht immer erfüllt. Das sind dann auch die Bereiche, in denen die Löwe-Wassermann-Frau Enttäuschungen erlebt. Sie wird sich damit abfinden müssen, dass es eben viele Menschen gibt, die ihr Niveau nicht erreichen bzw. ihr in vielen Dingen nicht folgen können. Hier wird sie lernen müssen zurückzuschalten und ihr Gegenüber zu begreifen. Das ist ein Prozess des Lernens.

Ihre herausragenden Stärken sind Ehrgeiz und Ausdauer. Darüber hinaus besitzt sie einen besonderen Instinkt für den sicheren Erfolg. Allerdings ist immer eine gewisse innere Unruhe vorhanden.

Mit dem Einfluss des Wassermannes kommt ein starker eigener Wesenszug zum Ausdruck, der nicht immer im Gleichklang mit der Grundprägung durch das Löwe-Zeichen ausgelebt werden kann. Zwischen den beiden Charakteren herrscht ein grundlegender Widerspruch, ja sie stehen gleichsam diametral zueinander: Der Löwe-Anteil (buchstäblich der Löwenanteil!) muss lernen, die ihm so wichtige Selbstdarstellung in den Hintergrund zu rücken, um der Uneigennützigkeit des Wassermann-Aspekts gerecht zu werden. Wenn es gelingt, dieses schwierige Aufgabe gut zu lösen, dann gehen diese beiden Prägungen eine äußerst fruchtbare Symbiose ein. Denn wenn die recht unterschiedlichen Potenziale von Löwe und Wassermann optimal genutzt werden, dann ist die Löwe-Wassermann-Frau in jeder Hinsicht auf der Siegerstraße, und es wird nur wenige geben, die ihr in irgendeiner Form dann noch das Wasser reichen können ...

JUNGFRAU

Aszendent Wassermann

Kluger Verstand gepaart mit großer Intuition – das sind die elementaren Prägungen, die dieser Charaktertyp aus dem Geburtsmonat und aus der Geburtsstunde gewonnen hat. Seine Trägerin hat eine besondere Erfindungsgabe und zugleich den Hang und die Fähigkeit zu wissenschaftlichem Arbeiten.

Die Jungfrau-Wassermann-Frau ist eine überaus hilfsbereite, sozial eingestellte, aber auch sehr intellektuelle Frau mit Tiefgang und starkem Kommunikationsbedürfnis. Sie hat den Hang zur Perfektion und dazu, immer wieder etwas Neues dazulernen zu müssen: Kaum hat sie eine Fremdsprache zu Ende gelernt, kommt schon die nächste ... Das heißt, dass sie oft überhaupt nicht zur Ruhe kommt. Ihre Partner, Freundinnen oder der Ehemann haben dafür überhaupt kein Verständnis. Sie sollte also lernen, ein bisschen Rücksicht auf Partner und Freundinnen zu nehmen.

Toleranz, gepaart mit sozialem Interesse, führen bei ihr zu großem Engagement, besonders bei Menschen, die sich in Not befinden und sich allein nicht helfen können. Allerdings schießt die Jungfrau-Wassermann-Frau gelegentlich über das Ziel hinaus, indem sie sich oft in Angelegenheiten einmischt, die nicht für ihre Ohren bestimmt sind. Da bekommt sie auch immer wieder mal Ärger mit den jeweiligen Verantwortlichen ... Sie sollte einfach auch einmal an sich selbst denken und damit ein wenig mehr "gesunden Egoismus" entwickeln. Denn wer immer nur gibt und nie zum Empfangen bereit ist, wird ein Ungleichgewicht in seiner Umgebung hervorrufen, das auf Dauer unglücklich machen kann.

Der Beruf muss für die Jungfrau-Aszendent-Wassermann-Frau stets eine Herausforderung sein. Deshalb wird sie immer Berufe wählen, in denen sie viel mit Menschen zu tun hat oder in denen sie direkt Menschen helfen kann. Dafür ist sie prädestiniert. So ist es nicht ungewöhnlich, sie als Richterin oder Staatsanwältin oder auch als Krankenschwester oder Ärztin kennen zu lernen. In diesen Berufen geht sie auf, dort kann sie ihre Fähigkeiten zeigen und zu einem Maximum entwickeln.

Sie ist dazu geboren, einen sozialen Auftrag in ihrem Leben zu erfüllen. Sie tut dies mit einer Begeisterung und einem Engagement, das oft über ihre Kräfte hinausgeht. Es kommt dann aber auch nicht selten vor, dass Frauen mit dieser Prägung die höchsten Auszeichnungen für besondere Dienste am Menschen in diesem Land erhalten. Es ist einfach die Mission und die Berufung der Jungfrau-Wassermann-Frau, im Dienste der Menschheit zu stehen. Sie sollte nur eines nicht vergessen: Auch sie selbst hat das Recht, Hilfe in Anspruch zu nehmen.

WAAGE

Aszendent Wassermann

Die Crème de la Crème unter den Frauencharakteren! Der Wesenskern, die Neigungen und Veranlagungen, die ganzen Voraussetzungen sind schon imposant und herausragend ... Dieser Frauencharakter hat eine exzellente Persönlichkeitsstruktur.

Die Waage-Wassermann-Frau ist eine Top-Führungskraft, ist hochintelligent und sieht meist auch noch gut aus ... Sie lebt einen hohen Anspruch an alle Dinge des Lebens und erwartet dies auch von ihren Mitmenschen, von ihren Untergebenen wie von ihren Vorgesetzten und natürlich auch von ihrem Partner oder Ehemann. Dass es nicht immer leicht ist, diese Erwartungen zu erfüllen, wird man leicht verstehen; oft sagt man der Waage-Wassermann-Frau dann Arroganz und Angebertum nach. Das könnte auch Neid sein, denn die Waage-Wassermann-Frau ist eben nun einmal ein Sonnenmensch und auf der Sonnenseite geboren. Ihr fällt alles zu, sie lernt schnell, begreift schnell und setzt schnell um.

Im Beruf findet man sie, egal in welcher Branche, ausschließlich im Führungsbereich, und dort zumeist an der Spitze. Es macht ihr Freude, Menschen zu führen, sie zu begeistern und auch zum Erfolg zu führen.

Man kann sich blind auf sie verlassen. Loyalität und Fleiß sind ihr angeboren. Sie bildet sich regelmäßig weiter und empfindet das nicht als Belastung, sondern als Bereicherung ihrer Persönlichkeit. Verantwortung liebt sie und braucht sie, das ist die Triebfeder für ihr tägliches Tun.

Ein hoher Anspruch ist für sie nichts Besonderes, sie lebt ihn täglich und mit großer Begeisterung.

Sie ist sportlich, überaus sprachbegabt und legt sehr viel Wert auf ihre äußere Erscheinung.

Oberflächliche und niveaulose Menschen mag sie nicht. In deren Gesellschaft fühlt sie sich nicht wohl und wird dort auch nicht lange ausharren.

Kultur und schöne Urlaube kann sie genießen; sie weiß, dass das die notwendige Regeneration zu ihrem beruflichen Betätigungsfeld bietet.

Eine besondere Liebe empfindet sie für ein eigenes Heim, das sie sehr warmherzig und mit vielen schönen Bildern einrichtet. Denn ein schönes Ambiente ist für sie etwas Wunderbares. Schönes Essen in toller Atmosphäre macht sie glücklich.

Freunde und Bekannte schätzen die Waage-Wassermann-Frau, weil sie stets dynamisch und aktiv auftritt. Für viele ist sie ein Vorbild an Schönheit, gutem Geschmack und Erfolg.

Ihre Familie kommt nicht zu kurz. Da sie ein Organisationstalent ist, schafft sie es trotz beruflicher Überlastung immer wieder, Freunde und Bekannte einzuladen und ein tolles Fest zu feiern. Dafür hat sie genügend gute Freundinnen und Freunde, die sie unterstützen und ihr bei den Vorarbeiten unter die Arme greifen.

Die Waage-Wassermann-Frau gehört zu den Top-Five-Charakteren unter den Frauen. Dass sich der Partner oder Ehemann da ein bisschen anstrengen muss, ist aufgrund ihrer Persönlichkeit nur recht und billig ...

SKORPION

Aszendent Wassermann

Eine Frau mit zwei Energieprinzipien, die in sich recht widersprüchlich sind: Die beiden Prägungen sind extrem verschieden, und deshalb nicht einfach zu begreifen oder zu handhaben. So ist sie hin- und hergerissen zwischen Tiefgang und Höhenflug, und das muss erst einmal in die Reihe bzw. in die richtige Richtung gebracht werden.

Wichtig für die Skorpion-Wassermann-Frau ist es, immer die richtige Ebene zu finden, auf der sie erfolgreich kommunizieren kann. In erster Linie muss man es bei ihr verstehen, sie im Herzen zu berühren. Dazu ist es notwendig, auf sie einzugehen und sie richtig ernst zu nehmen und auch bei vielen Fragen Rede und Antwort zu stehen. Das ist ein wichtiger Faktor bei ihr: Sie will und braucht die Tiefe, die Erklärung, das Verständnis und Vertrauen. Das Wichtigste dabei: Man muss den richtigen Ton finden.

Die Skorpion-Wassermann-Frau besitzt eine ganz tiefe Intuition, ein Feingefühl wie nur wenige Menschen. Oft kann dies auch zur Belastung werden, weil viele Menschen eben oberflächlich agieren und wenig darüber nachdenken, was sie von sich geben und was um sie herum geschieht ... Da hat die Skorpion-Wassermann-Frau also einen enormen Entwicklungsbedarf, lockerer und gelassener zu werden und nicht immer alles auf die Goldwaage zu legen. Wenn Sie das schafft, dann verläuft ihr Leben in harmonischeren Bahnen ...

Die Skorpion-Frau mit dem Aszendenten Wassermann ist überproportional intelligent und sprachbegabt. Sie hat immer hohe Ziele und erreicht diese auch stets durch Fleiß, Disziplin und großem Ehrgeiz. Sobald sie das eine Ziel erreicht hat, gibt es schon wieder ein neues ... Manchmal übertreibt sie es aber auch mit ihrem Einsatz und ihrem Engagement – oft zu Lasten ihres Partners oder ihrer Freundinnen. Manchmal sollte sie eben etwas loslassen, sich ein bisschen mehr regenerieren und mehr zu ihrer inneren Mitte finden.

Wichtig für sie ist auch die ehrliche Anerkennung, wichtiger, als viele zu denken vermögen. Anerkennung beflügelt sie und bestätigt sie in ihrem täglichen Tun.

Genauso wichtig ist das regelmäßige, ausführliche Gespräch mit ihr. Es gehört zu ihrer Disposition, dass sie sich bestimmte Dinge von der Seele reden muss, und dazu braucht es einen geduldigen Zuhörer ...

Die Skorpion-Wassermann-Frau liebt ein wärmendes Heim, wunderschöne Bilder und ein homogenes Ambiente.

In Gesellschaft möchte sie nahe am Mittelpunkt sein – vielleicht nicht direkt im Mittelpunkt, aber auch nicht allzu weit entfernt davon. Ihre Argumente sind gefragt und auch oft gewünscht. Man schätzt sie sehr, nicht nur wegen ihrer Ausstrahlung, sondern auch wegen ihres besonderen Intellekts.

Sie ist immer eine ebenbürtige Gesprächspartnerin, eine reizende und sehr interessante Frau mit Esprit und Ausstrahlung und mit dem gewissen Etwas ...

SCHÜTZE

Aszendent Wassermann

Dieser Frauentyp steht im Leben, immer dem Erfolg zugewandt. Die Schütze-Wassermann-Frau verfügt über schier unendlich viele Möglichkeiten, ist jedoch von einem homogenen Umfeld und einer glücklichen Beziehung stark abhängig.

Ihre größte Stärke ist ihre Gefühlswelt, umgekehrt aber auch ihre größte Tragödie: Sie ist eine unheimlich empfindsame und tiefgründige Frau. Sie kann große Freude empfangen, aber im selben Augenblick auch ganz tief fallen. Das Problem: Sie kennt gefühlsmäßig kein Mittelmaß, entweder ganz oben oder ganz unten. Das kann natürlich viel Energie kosten und zeitweise auch sehr unglücklich machen. Hier muss die Schütze-Wassermann-Frau ansetzen und diese Verhaltensmuster durch mentales Training verändern. Gelingt ihr das, ist sie ein ganz anderer Mensch mit wesentlich mehr Souveränität und konstanter Leistungsbereitschaft.

Dass sie etwas bewegen kann, ist der Schütze-Frau mit dem Wassermann-Aszendenten in die Wiege gelegt. Sie engagiert sich mit Begeisterung und großer Freude. Wichtig dabei ist, dass man ihr Freiräume bereitstellt, in denen sie sich ohne Wenn und Aber bewegen kann. Kreativität, Feingefühl und Antriebsbereitschaft sind bei ihr ja grundsätzlich vorhanden. Sie arbeitet gerne selbstständig mit hoher Verantwortung und einer klaren Zielsetzung.

Dass eine Schütze-Frau eine Reisende ist und dementsprechend viele Urlaube plant und durchführt, passt auch zu ihrem Intellekt aus der Wassermann-Prägung. Kultur, ein tolles Ambiente und wunderbare Freundinnen in ihrem Umfeld tun ihr gut. Gerne hat sie das Sagen in der Runde. Anerkennung und ehrlich gemeinte Bestätigung ist wichtig für ihr Ego.

Ihre Ziele sind stets hoch, aber doch realistisch. Was sie überhaupt nicht mag, sind niveaulose und oberflächliche Zeitgenossen.

Im Beruf wie auch in der Familie hat sie stets einen hohen Anspruch. Sie ist bereit, schwierige Dinge und Aufgaben anzugehen und sie auch zu bewältigen. Um sie immer im Hoch zu halten, ist nur eines wichtig, man muss die richtige Sprache zu ihr finden und sie auch mit dieser im Herzen berühren. Gelingt einem das, hat man mit ihr nicht nur eine erfolgreiche Frau, sondern auch eine herausragende Kämpferin, loyale Kollegin und treue Partnerin an seiner Seite ...

In der Familie muss bei ihr alles seine Ordnung haben. Dort kann sie keinen Stress gebrauchen. Ihre gesamte Kraft zieht sie aus einer glücklichen und harmonischen Beziehung. Alles andere würde sie sehr belasten und sie in ihrer Moral und ihrer Leistungsbereitschaft behindern.

Sie ist allerdings sehr von ihrer Stimmung oder ihren Launen abhängig. Dafür ist im Wesentlichen ihre Familie und ihr direktes Umfeld ausschlaggebend. Man muss bei ihr einfach wissen, dass man sie immer bei guter Laune halten muss, um ihre volle Einsatzfähigkeit und Ausgeglichenheit zu erfahren. Bei kaum einer Frau hat die Gefühlswelt so eine entscheidende Ausprägung wie bei ihr - nach dem Motto: "Alles oder Nichts!" Das ist ihre Devise fürs Leben.

STEINBOCK

Aszendent Wassermann

Eine Frau mit einer besonderen Prägung: Sie hat einen stark verinnerlichten Charakter, vergleichbar mit einer winterlichen Kälte. Das ist aber nicht negativ zu sehen; es liegt eine große Kraft, Ruhe und Frieden in diesem Bild. Die Steinbock-Wassermann-Frau lebt eben eine starke Zurückhaltung, jedoch mit einem hohen Intellekt.

Sie ist bodenständig, intellektuell und höchst intelligent. Sie ist eine Frau, die vielen Kopfzerbrechen bereitet: Wenn man sie kennen lernt, ist es sehr schwierig, sie zu lesen und zu deuten, weil sie zunächst zurückhaltend und abwartend agiert. Sie braucht nicht den Mittelpunkt, denn das hat sie nicht nötig. Sie besitzt ein überaus gesundes Selbstbewusstsein und ein stark ausgeprägtes Selbstwertgefühl.

Dieser Charakter überlässt nichts dem Zufall und geht immer auf die sichere Seite. Dafür hat sie ein besonderes, nicht erlernbares Gefühl und Gespür für die Dinge. Das ist ihr einfach in die Wiege gelegt und sie kann wunderbar damit umgehen.

Sie benötigt immer etwas Zeit, um sich auf einem ungewohnten Feld in Szene zu setzen und aufzutauen. Sobald sie aber Sympathie empfindet und sich wohl fühlt, geht sie aus sich heraus, und alle sind überrascht, wir selbstbewusst und souverän sie auftritt und sich am Gespräch oder an der Diskussion beteiligt. Spätestens jetzt gehen den Gästen die Augen auf, mit welcher Klasse diese Frau argumentiert und sich darstellt!

Die Steinbock-Wassermann-Frau ist abhängig von Wärme und Geborgenheit und braucht beides, um sich ganz öffnen und ihre Stärken zeigen zu können. Wer sie länger kennt, weiß auch, wie man mit ihr umgehen muss, um schnell Zugang zu ihr zu finden.

Die Steinbock-Wassermann-Frau erwartet und lebt ein hohes Niveau, es ist für sie einfach selbstverständlich. Alle, die dieses Niveau nicht zeigen oder leben können, werden bei ihr nicht landen. Das spürt man, ohne dass sie ein Wort darüber verliert ...

Sie ist sehr sprachbegabt - Sprachen zählen zu ihren größten Leidenschaften. Es fällt ihr leicht, ohne große Anstrengungen zu lernen. Im Beruf ist auf sie 100 Prozent Verlass; alles, was sie in die Hand nimmt, wird präzise gelingen. Sie ist sehr loyal, aber von einem bestimmten Führungsstil abhängig.

Sie mag keine lauten Worte und schon gar keine Leute, die cholerisch sind. Sie erwartet einen feinen Umgang, präzise Anweisungen und nachvollziehbare Vorgänge. Hier ist sie einfach eigen und sehr empfindlich.

Ihr Vorgesetzter muss Niveau und Ausstrahlung besitzen, damit sie ihn akzeptieren und respektieren kann. Einige männliche Kollegen haben Probleme mit ihr, weil sie ihre persönliche Stärke nicht akzeptieren wollen ... Aber das ist schnell gelöst, indem sie diesen bald klaren Wein einschenkt und sich die Kollegen dann damit auseinander setzen können ...

Als Mutter und Hausfrau liebt die Steinbock-Wassermann-Frau ein wärmendes Ambiente, schöne Bilder und intellektuelle Gespräche. Überall, wo sie auftritt, besitzt sie einen ausgezeichneten Ruf, weil sie ganz einfach eine wunderbare Frau ist ...

FISCHE

Aszendent Fische

Hier haben wir eine feinfühlige, liebevolle, aber auch erfolgsorientierte Frau. Ihr Wesen ist tiefgründig und sehr leicht verletzbar. Sie ist sehr strebsam und in allem sehr engagiert. Sie liebt und sucht einen harmonischen und ehrlichen Umgang mit ihren Mitmenschen - ob im Beruf oder auch privat.

Die Fische-Fische-Frau ist eine Macherin und drängt in Führungspositionen. Sie möchte keine Mitläuferin sein. Das würde sie nicht befriedigen, geschweige denn glücklich machen. Am liebsten arbeitet sie mit einer klaren Vorgabe und einer definierten Aufgabenstellung. Sie kann sich rasch in schwierige Aufgaben einarbeiten und hat überhaupt kein Probleme, dort auftretende Schwierigkeiten zu meistern.

Ihr Chef und Vorgesetzter sollte ein hohes Maß an Vertrauen in sie setzen und sie auch zu gegebener Zeit mit ehrlichem Lob und Anerkennung belohnen. Denn diese Anerkennung und dieses Lob bedeuten ihr am meisten, es motiviert sie und treibt sie zu noch größeren Höchstleistungen an.

Mit Kritik sollte man bei ihr die richtigen Worte wählen und den richtigen Zeitpunkt abwarten. Denn es fällt ihr recht schwer, eine ehrliche Kritik anzunehmen. Sie nimmt sich dies leider oft sehr zu Herzen, was sich dann sogar an ihren Leistungen bemerkbar macht. Sie sollte hier alles nicht so ernst nehmen und sachliche Kritik eher als Weiterentwicklung sehen. Niederlagen und Kritik pflastern den Weg zum Erfolg. Und dass sie erfolgreich ist und noch erfolgreicher sein wird, ist bei ihr so sicher wie das Amen in der Kirche. Diese Frau ist einfach prädestiniert dafür, Erfolg zu haben. Sie sieht gut aus, hat einen gesunden Ehrgeiz und ist immer sehr strebsam und offen für Neues.

Die Fische-Fische-Frau liebt die Gesellschaft anderer, kann sich dort gut bewegen, liebt ihre Freunde und geht auch sehr gerne zu gesellschaftlichen Anlässen. Sie ist ein lustiger und aufgeschlossener Mensch mit wirklich gutem niveauvollem Erscheinungsbild. Die Menschen mögen sie, weil sie ein Sympathieträger ersten Ranges ist und immer freundlich und aufgeschlossen agiert.

Ihre Familie liebt die Fische-Fische-Frau über alles, weil sie auch dort eine hohe Akzeptanz hat. Sie liebt schöne Urlaube und wunderschöne Reisen in die Natur. Sie ist ein Naturmensch und treibt gerne Sport. Sport ist übrigens auch ein Bereich, den sie besonders zur Regeneration benötigt, um die notwendige Basis und Kraft für den Beruf zu erhalten.

Die Fische-Fische-Frau liebt ein schönes Ambiente, wo auch immer sie sich befinden mag. Ein schöner Sonnenuntergang in der Karibik oder sonstwo geht ihr tief ins Herz und berührt sie in ihrer Seele.

Sie ist eine angenehme, freundliche Partnerin sowohl im Beruf wie auch im Privaten. Wärme, Liebe und Zuneigung sind die wesentlichen Elemente, nach denen sie sich immer und überall sehnt, sie machen sie glücklich ...

WIDDER

Aszendent Fische

Eine starke Prägung mit einer etwas schwächeren Prägung bestimmt den Grundcharakterzug der Widder-Fische-Frau. Es muss ihr Ziel sein, die beiden Prägungen unter einen Hut zu bringen und sie effektiv und optimal zu nutzen. Grundsätzlich ist sie eine starke Persönlichkeit mit klaren Zielen und Vorstellungen, wie sie ihre Aufgaben im Leben bewältigen will.

Wichtig dabei ist, dass man lernt, ihre Gedanken und ihr Verhalten zu verstehen, um mit ihr ohne Reibungsverluste auszukommen. Und dabei muss man einiges beachten, denn der richtige Ton spielt bei einer Widder-Fische-Frau eine ganz wesentliche Rolle: Wie man sie im Herzen berührt, so reagiert sie auch. Sie mag wahrlich keine Kontrolle und schon gar nicht jegliche Art von Bevormundung. Um richtig energiegeladen arbeiten zu können, braucht sie viel Frei- und Spielraum, sowie Vertrauen und die notwendige Eigenverantwortung. Ihr Stil ist ein wenig anders als normal; sie zieht es vor, einen überfüllten Schreibtisch zu haben, und kann es überhaupt nicht leiden, wenn jemand versuchen sollte, ihren Schreibtisch aufzuräumen. Sie liebt es so und kommt ausgezeichnet damit zurecht, auf diese Art erfolgreich zu arbeiten.

Überstunden oder lange Arbeitszeiten sind für sie kein Problem – je später der Abend, umso mehr Arbeitsleistung kann sie bringen. Ihre besondere Stärke liegt in ihrer Geradlinigkeit und in ihrer Loyalität, die sie jedem bekundet. Ihre Art ist zum Teil sehr konservativ, schnell verletzbar und in der Konsequenz auch stur und wenig kritikfähig. Hier sollte man bei einer Widder-Fische-Frau besonders aufpassen und Kritik überlegt, angemessen und fair anbringen. Alles andere würde fehlschlagen und große Probleme auf den Plan rufen.

Dass sie auch feinfühlig, liebevoll und empfindsam sein kann, zeigt sie immer wieder. Wärme und Zuneigung sind ihr ein großes Bedürfnis. Für ihr Selbstwertgefühl und ihr Selbstvertrauen reicht ihr ein ehrliches Lob. Manchmal sollte sie auch nicht alles auf die Goldwaage legen, sondern gelassener und souveräner reagieren. Diplomatie gehört auch noch nicht zu ihren besonderen Stärken. Manchmal ist weniger mehr, daran sollte die Widder-Fische-Frau das eine oder andere Mal denken. Manchmal übertreibt sie auch ihr ehrgeiziges Verhalten, was dann immer wieder einmal zu gesundheitlichen Problemen führen kann.

Als Mutter und Hausfrau sowie als Partnerin und Ehefrau ist sie nahezu perfekt. Egal, was sie tut oder in die Hand nimmt, es gelingt immer vorbildlich. Die Familie bedeutet ihr sehr viel, dort findet sie auch zu bestimmten Anlässen Ruhe und Entspannung. Gäste einladen und sie umfangreich und kunstvoll zu bekochen ist ihr eine große Freude. Die Gäste und Freunde kommen sehr gerne zu ihr.

Wer den richtigen Schlüssel für die Widder-Fische-Frau gefunden hat und sie damit im Herzen berührt, der hat eine wunderbare, liebevolle Frau gefunden für ein ganzes, langes Leben ...

STIER

Aszendent Fische

Die Stier-Frau mit dem Aszendenten Fische ist eine sensible, bodenständige und auf Harmonie und Zuneigung bedachte Frau. Geben und Nehmen ist bei ihr nicht ausgewogen, vielmehr ist sie eine Frau, die gerne gibt und hilft, dafür aber nur selten den verdienten Dank bekommt. Hier muss sie in Zukunft wohl umdenken lernen. Denn ihr Geben kommt aus tiefstem Herzen und erwartet nicht immer Dank, aber dennoch ist sie gelegentlich verletzt, da sie doch auch versteckte - wenn auch berechtigte - Erwartungen hegt, die selten erfüllt werden.

Belastungen und Sorgen trägt die Stier-Fische-Frau meist mit sich allein herum, sie legt ihre Gefühle nicht offen. Oftmals ist sie zu verschlossen und nachdenklich. Ihr Selbstwertgefühl ist nicht konstant und auch ihr Selbstbewusstsein muss deutlich gesteigert werden. Sie sollte nicht immer alles auf die Goldwaage legen, sondern stattdessen versuchen, lieber locker und gelassen zu reagieren.

Familie und ihre nächste Umgebung bedeuten ihr sehr viel; sie zieht ihre Kraft aus diesen Bereichen, die sie beflügeln sowie die nötige Anerkennung und Zuneigung vermitteln. Denn selbst stellt sich die Stier-Fische-Frau selten in den Vordergrund. Sie sollte sich darum bemühen, ihre Sensibilität auszubauen und ihrer Gefühlswelt einen größeren Stellenwert einzuräumen. Oft ist die Stier-Frau mit Fische-Aszendent sehr verträumt, doch gerade deshalb mag man sie so gern.

Die Stier-Fische-Frau ist treu, wenn sie in einer festen Partnerschaft lebt. Doch ihr Problem ist, dass sie meist zu lange an einer Beziehung festhält – selbst dann noch, wenn der Partner es längst nicht mehr verdient. Dadurch leidet sie und wird unglücklich. Durch den Einfluss der Fische wird die Güte, Hilfsbereitschaft und Selbstlosigkeit der Stier-Frau noch gefördert. Sie fühlt sich wohl dabei, da für sie nicht die materiellen, sondern vielmehr die ideellen Werte zählen. Ihre Selbstbeherrschung leidet allerdings unter diesem Charakterzug.

Als Seelentröster für ihre Umwelt ist die Stier-Fische-Frau unschlagbar; in sozialen Berufen ist sie ein Ass und nicht wegzudenken: Alle wollen zu ihr, um ihre Wärme und Hingabe zu spüren. Doch was ihre Toleranz angeht, sollte sie diese nicht nur aus Bequemlichkeit ausüben ...

ZWILLING

Aszendent Fische

In dieser Konstellation finden wir eine überaus aktive Frau, manchmal mit etwas zu viel innerer und äußerer Unruhe, und des Weiteren auch ab und zu überzogen sensibel. Diese Muster sollte die Zwilling-Fische-Frau durch persönliche Entwicklung und Wachstum in Angriff nehmen und sie auf ein gewisses Maß reduzieren, um ihre Energien nicht sinnlos zu vergeuden. Denn Energien und Möglichkeiten hat sie in großem Maße.

Die Zwilling-Fische-Frau ist eine überaus sympathische, freundliche und liebevolle Frau mit dem Hang zum Perfektionismus. Diese Geradlinigkeit bringt sie aber auch immer wieder in Konflikte, die bei etwas mehr Toleranz und Verständnis nicht nötig wären.

Die Zwilling-Fische-Frau hat kaum Vorurteile und kommt in der Regel mit jedem Menschen gut aus. Sie versteht es je nach Bedarf die richtigen Maßnahmen einzuleiten, um die Menschen in ihrem Tun zu begreifen und sie auch zu verstehen. Die Menschen fassen schnell Vertrauen zu ihr, weil sie ihnen durch ihr sympathisches Wesen auch zu jeder Zeit die richtige Tür öffnet. Hilfsbereitschaft und Verständnis kann man von ihr immer erwarten. Menschen zu helfen ist ihr angeboren.

Die Zwilling-Fische-Frau selbst erwartet von anderen einen guten und fairen Umgang und ein bisschen Wärme und Zuneigung. Hier ist sie sehr empfänglich, und es gibt nicht Schöneres für sie als ein ehrliches Lob, einmal in den Arm genommen zu werden und gesagt zu bekommen, wie gut sie doch ist. Sie ist sehr von solchen Gesten abhängig, da diese Emotionen ihre Seele berühren und sie glücklich machen.

Im Beruf ist die Zwilling-Fische-Frau sehr ehrgeizig und strebsam. Alles, was man ihr aufträgt, wird sofort, ohne langes Zögern erledigt. Manchmal ist sie schneller als die Polizei erlaubt. Oft überrennt sie ihre Mitmenschen mit ihrer Aktivität und ihrer Kraft, die sie in sich trägt.

Langsam arbeiten kann und will sie nicht. Grundsätzlich muss es schnell gehen. Das ist ihr Credo. Und damit hat ein Teil ihrer Umwelt erhebliche Probleme. Auf diese Menschen wirkt sie oft arrogant und überzogen, was natürlich gar nicht der Fall ist. Hier sollte sie dennoch lernen, einen Gang zurückzuschalten und sich auf das Niveau ihrer Umgebung einzupendeln. Sie gewinnt so Freunde und tut sich damit überhaupt nicht weh. Es gibt viele Menschen, denen die Zwilling-Fische-Frau zu schnell ist, sie können ihr einfach nicht folgen ...

Als Mutter und Hausfrau ist sie großartig, schnell und beweglich ist auch hier ihr Rhythmus. Sie ist eine wunderbare Gastgeberin und tolle Köchin, und die Menschen kommen sehr gerne zu ihr. Aber selbst hier könnte die Zwilling-Fische-Frau lernen, für die Zukunft ein bisschen mehr innere Ruhe zu entwickeln und sich auch mal ein paar erholsame Stunden zu gönnen, denn sie hat es sich durchaus verdient ...

KREBS

Aszendent Fische

In der Krebs-Fische-Frau finden wir einen liebenswerten, freundlichen und immer gut aufgelegten Charakter, darüber hinaus eine wunderbare Mutter und Hausfrau. Bei ihr spielen die Familie, die Freunde und die Gäste eine bedeutende Rolle. Wärme, Zuneigung und Vertrauen sind für sie mit die wichtigsten Faktoren in ihrem Leben.

Diese Frau ist nicht die absolute Streberin, die es beruflich unheimlich weit bringen will. Sie kann sehr bescheiden sein und strebt immer nach Harmonie. Es ist für sie unheimlich wichtig, dass es keinen Streit gibt, dass alles in geordneten Bahnen verläuft und dass alle um sie herum, wie sie selbst auch, glücklich und zufrieden sind. Dies ist immer ihr höchstes Ziel und dafür tut sie auch sehr viel. Sie hat ein Gespür für das Feine, für das Edle. Für ihren Partner oder Ehemann tut sie alles, damit er sich wohl und geborgen fühlen kann.

Ein schönes Heim ist für die Krebs-Fische-Frau etwas Wunderbares. Sie liebt ein schönes Ambiente, wunderschöne Bilder, oft gibt sie sich auch selbst mit großem Talent der Malerei hin. Sie hat dazu eine große Begabung für die Musik mitgebracht.

Im Beruf ist sie bodenständig, sehr zuverlässig und auch kritikfähig. Sie pflegt einen feinen, immer homogenen Umgang mit allen Menschen. Sie spürt die Wärme, die man ihr entgegenbringt, sie kann aber auch taktieren und sich so der Situation anpassen, wie es ihr angemessen erscheint. Es fällt ihr nicht schwer, sich unterzuordnen und mit den vorhandenen Gegebenheiten geschickt und weise umzugehen. Ihre Kollegen beschreiben sie gerne als friedfertig und immer hilfsbereit. Geben fällt ihr leicht. Sie kennt das kosmische Gesetz "Alles was du verursachst, kommt irgendwann zurück". Mit dieser Weisheit lebt sie schon immer, und sie hat sie bis heute nie enttäuscht.

Natürlich hat diese Frau auch Ziele und Wünsche, aber immer im Rahmen des Möglichen. Was sie nicht mag, sind unhöfliche und ungezogene Menschen. Hier zieht sie sich am liebsten zurück. Jeglichem Streit geht sie, wenn möglich, diplomatisch aus dem Weg. Wer mit ihr nicht zurecht kommt, ist selbst schuld. Eine Krebs-Fische-Frau jedenfalls gibt jedem eine oder sogar zwei Chancen. Hier ist sie großzügig und in der Regel gibt es deshalb keine Probleme.

Sie ist eine tolle Frau, mit wirklich ehrlichen und liebevollen Charaktereigenschaften ...

LÖWE

Aszendent Fische

Ein toller Charakter, eine tolle Prägung. Die Löwe-Fische-Frau ist auf der Sonnenseite des Lebens geboren worden und darauf kann sie sehr stolz sein. Denn ihre beiden Prägungen harmonieren wunderbar miteinander.

Die Löwe-Fische-Frau ist weder überzogen noch introvertiert, im Gegenteil, der fordernde Löwe wird durch den Einfluss der Fische neutralisiert und in ein gutes Gleichgewicht gebracht. Sie ist ehrgeizig, stark erfolgsorientiert, liebt es im Mittelpunkt zu stehen, ohne ihn jedoch haben zu müssen, hat immer einen hohen Anspruch an alle Dinge des Lebens, ist aber auf der anderen Seite sehr gefühlvoll, feinfühlig und natürlich verletzlich.

Wärme, Liebe und Zuneigung sind wesentliche Elemente im Leben einer Löwe-Fische-Frau. Das sind Elemente, die sie benötigt, um glücklich zu sein. Für ihr Selbstwertgefühl braucht sie, mehr als andere, Lob und Anerkennung. Denn hier scheiden sich bei ihr die Geister. Wenn sie das Gefühl hat, nicht wertgeschätzt zu werden, dann sinkt ihr Stern und sie neigt dann zur Labilität und manchmal auch zu leichter Depression. Dies wiederum hat zu tun mit ihrer Gefühlswelt. Sie besitzt ein hohes Feingefühl und eine starke Vorausahnung, die sie immer wieder zum Grübeln und zum Nachdenken bewegt. Oft macht sie es sich unnötig schwer, weil sie sich gefühlsmäßig zu lange an einem Problem aufhält und viel zu lange darüber nachdenkt.

Im Beruf ist die Löwe-Fische-Frau aufgrund ihrer ausgeglichenen Persönlichkeit sehr beliebt, erledigt ihre Aufgaben mit einer Präzision, die ihren Chefs immer wieder Freude bereitet. Wichtig ist im Geschäftsleben der richtige Umgangston mit einer Löwe-Fische-Frau, denn dies kann in bestimmten Fällen großen Einfluss auf ihre Leistungen haben. Sie will und braucht einen bestimmten Stil und eine niveauvolle Sprache, die es ihr ermöglicht, ohne Belastungen frei und mit vollem Vertrauen ihre Aufgaben zu verrichten. Sie arbeitet gerne und immer mit großer Begeisterung. Menschen bedeuten ihr nicht nur viel, sondern sind ein wichtiger Inhalt ihres Leben.

Die Rolle als Mutter und Hausfrau liegt der Löwe-Fische-Frau genauso gut wie ihre berufliche Ausrichtung. Beides macht sie mit großer Freude und Hingabe. Als Gastgeberin hat sie immer ein besonderes Händchen, mit dem sie ihre Gäste überrascht. Man kommt gerne zu ihr, weil man weiß, dass sie gerne verwöhnt und sich sehr freut, wenn sich ihre Gäste wohl fühlen.

Sie ist eine tolle Frau mit wirklich einzigartigen, überwiegend positiven Zügen. Bleibt die Löwe-Fische-Frau so, wie sie ist, werden sich ihre Mitmenschen an ihrem Charme und ihrer inneren Wärme erfreuen können ...

JUNGFRAU

Aszendent Fische

Hier haben wir eine Frau, geboren für die Menschheit, für die Familie, für die Freunde. Die Jungfrau-Fische-Frau ist eine großartige, sozial eingestellte Persönlichkeit. Das Dienen und Geben fällt ihr nicht schwer, im Gegenteil: es macht ihr große Freude.

Aber diese vielen, wirklich positiven Eigenschaften haben dann und wann auch ihre Nachteile. Spätestens dann, wenn die Jungfrau-Fische-Frau spürt, dass nichts von dem, was sie gibt, zurückkommt. Diese Gefahr besteht bei dieser Kombination. Sie muss lernen, manchmal ihre Fürsorge ein wenig zu dosieren und nicht gleich immer und alles zu geben. Es wird Tage geben, da ist die Jungfrau-Fische-Frau deswegen traurig, das kann sogar bis zur Depression führen. Die anderen Menschen denken oft nur wenig darüber nach, was sie durch sie empfangen und auch genießen können. Nur dann und wann hat sie selbst auch das Bedürfnis, genießen zu wollen, und wenn sie dann merkt, es kommt nichts, dann ist sie enttäuscht, unglücklich und auch frustriert. Sie sollte es nicht so weit kommen lassen und darüber nachdenken.

Im Beruf ist die Jungfrau-Fische-Frau ein verlässlicher, strebsamer und sehr fleißiger Mensch. Entscheidend ist, mit welcher Liebenswürdigkeit mit ihr umgegangen wird. Ein höflicher Umgangston im Miteinander ist ein wichtiger Faktor in ihrem beruflichen Leben. Sie liebt die leisen Töne, Stil und niveauvollen Umgang. Hier ist sie sehr empfindlich und auch verletzbar. Sie hat eine hohe Sensibilität und ein unheimlich feines, empfindsames Herz.

Als Mutter und Hausfrau ist sie perfekt. Sie kann das geben, was man von einer Mutter und Hausfrau erwartet, nämlich Wärme, Zuneigung und unendliche Geduld. Das Geben ist ihr wie gesagt in die Wiege gelegt worden. Sie liebt ein schönes Ambiente, wunderschöne Urlaube in der Natur, zum Beispiel in der Toskana. Das ist etwas für ihre Seele und ihr Feingefühl. Sie kann dies unendlich genießen und es macht sie sehr glücklich und zufrieden. Die Jungfrau-Fische-Frau ist sowieso ein leicht zufrieden zu stellender Mensch. Ihre Ansprüche sind leicht erfüllbar. Überzogener Anspruch ist nicht ihr Ding, sie liebt es bescheiden und angemessen. Kleinigkeiten wie Dankbarkeit und kleine ehrliche Geschenke machen sie glücklich, und ein Lob aus entsprechendem Munde tut ihr gut. Ihre Ziele sind immer realistisch und erfüllbar, auch hier lebt sie nicht auf großen Fuß. Was sie nicht mag, sind niveaulose und unanständige Menschen. Damit hat sie ein richtiges Problem.

Ihr Mann oder Partner sollte eines bei ihr beachten, nämlich dass Wärme und Zuneigung ihr sehr viel bedeuten und sie daraus ihre ganze Kraft für ihr Leben zieht ...

WAAGE

Aszendent Fische

Eine Frau mit den Prägungen von Waage und Fische ist ein besonders auf Harmonie und Frieden bedachter Mensch. Trotzdem ist ihr ein engagiertes und erfolgreiches Führungsverhalten eigen. Viele Menschen schätzen sie völlig falsch ein, weil sie sehr unnahbar sein kann. Das wird ihr dann als Arroganz und Überheblichkeit ausgelegt, was aber in Wirklichkeit überhaupt nicht zutreffend ist.

Die Waage-Fische-Frau lebt einen bestimmten Anspruch und ein eigentlich normales Niveau, und sie erwartet dies auch von ihrer Umwelt. Wenn dies jedoch in genau dieser Form nicht zurückkommt, dann zieht sie sich lieber zurück und vermeidet einen persönlicheren Kontakt mit ihrer Umgebung. Diese Art von Sensibilität kommt aus ihrer Geburtsstunde. Sie hat ein sehr feines Gefühl und eine Ader für Wärme und Zuneigung. Darauf kann sie auch stolz sein, viele Menschen finden bei ihr ein offenes Ohr, Verständnis und Trost. Hier ist sie geschickt im mitmenschlichen Umgang und mit der Hilfe, die sie diesen Menschen bieten kann.

Im Beruf steht die Waage-Fische-Frau ihren so genannten Mann: führungsstark, fleißig und kreativ - das sind die Attribute, die sie auszeichnen. Wichtig ist dabei, dass man der Waage-Fische-Frau viel Vertrauen und Wertschätzung entgegenbringt. Das ist ihr Lebenselixier und zugleich nimmt sie dies als wortlose Aufforderung, großartige Leistungen zu erbringen. In der Führung braucht man bei ihr jedoch ein besonderes Fingerspitzengefühl und Verständnis, noch wichtiger ist aber die Sprache, mit der man sie berührt. Sollte der Sprachgebrauch ihrer Vorgesetzten nicht ihren Vorstellungen entsprechen, gibt es Konflikte, die bis zur Kündigung führen können.

Bedingt durch ihre Sensibilität mag diese Frau weder Choleriker noch Macho-Typen. Ein hoher Anspruch an das Leben, aber auch an ihre eigene Person ist für sie normal. Mit Kritik hat sie so ihre Probleme, oft nimmt sie viele Dinge zu persönlich, hier hat sie definitiv Entwicklungsbedarf. Immer wieder neigt dieser Charakter auch zu Eifersucht, was wiederum mit ihrer Feinfühligkeit zu tun hat.

Schönes Ambiente, schöne Kleidung und ein harmonischer Urlaub machen sie glücklich. Dann und wann ein ehrliches Lob beflügelt sie mehr als eine Gehaltserhöhung.

Als Mutter und Hausfrau ist die Waage-Fische-Frau wunderbar, alle lieben sie, nicht nur wegen ihres guten Geschmacks, sondern auch wegen ihren vielfältigen und kreativen Überraschungen.

Der Mann an ihrer Seite kann sich ebenfalls glücklich schätzen, denn er hat nicht nur eine attraktive, sondern auch eine sehr intelligente und humorvolle Frau, mit der man sich zu jedem Anlass gerne sehen lässt. Kein Wunder also, wenn der eine oder andere ihren Partner beneidet. Für sie der Beweis ihrer besonderen Wertschätzung ...

SKORPION

Aszendent Fische

Eine Skorpion-Fische-Frau ist schon ein besonderer Charakter mit einer unglaublichen Sensibilität und Feinfühligkeit. Ihre Gefühle bestimmen ihren Lebenslauf und ihren Erfolg in besonderem Maße. Eine solche Frau verfügt über eine große Führungsdominanz, die jedoch stark von ihren Stimmungen und Gefühlen beeinflusst wird.

Ihre Loyalität zu allen Dingen des Lebens verdient Bewunderung, ebenso ihre Geradlinigkeit und ihre Ehrlichkeit. Was ihr Geschick in der Diplomatie angeht, sollte sie in Zukunft mehr Fingerspitzengefühl entwickeln und ihr Feingefühl einsetzen, denn mangelndes taktisches Geschick ist eindeutig einer ihrer wenigen Schwachpunkte. Hier sollte sie lockerer und überlegter handeln und in Gesprächen ihre Antworten vorher überdenken.

Als Partnerin und Mutter ist die Skorpion-Fische-Frau unübertroffen. Ihre Familie bedeutet ihr sehr viel und aus einem harmonischen Familienleben zieht sie sehr viel Kraft und persönliche Befriedigung.

Im Beruf ist die Skorpion-Fische-Frau überaus erfolgreich und immer bereit, an ihre Leistungsgrenzen zu gehen. Manchmal übertreibt sie ihren persönlichen Einsatz allerdings, was dann und wann auch gesundheitliche Probleme nach sich zieht. Hier sollte sie lernen, mehr zu regenerieren und sich etwas mehr Erholung zu gönnen, denn Arbeit ist nicht alles – daran sollte sie immer denken. Ihre Gesundheit sollte stattdessen stets Vorrang haben.

Nicht zu kurz kommen sollten dabei auch der Partner oder die Familie. Sie wird immer gebraucht und wird auch immer im Mittelpunkt stehen. Verantwortung kann sie gar nicht genug haben, denn sie übernimmt sie gerne.

Der Skorpion wie auch die Fische symbolisieren beide Mystik und Magie, also das naturwissenschaftlich Unerklärliche. So ist auch dieser spezielle Charakter ein einziges Geheimnis, denn zwei Wasserzeichen in einem leben aus dem Urgrund, wobei sich ein stürmisch-leidenschaftliches Innenleben entwickelt. Wenn die Skorpion-Fische-Frau liebt, dann mit Haut und Haar. Ihr kann man alles anvertrauen und sie wird auch auf jede Frage stets eine Antwort haben. Sie wird sich behaupten und durchsetzen, denn was sie unternimmt, macht sie ganz oder gar nicht. Zwischenlösungen liegen ihr nicht, vielmehr zählen Leidenschaftlichkeit, Zähigkeit oder Ehrgeiz zu den Schlüsselwörtern, um ihren Charakter zu beschreiben. Kennzeichnend für sie ist es außerdem, dass sie den Dingen immer auf den Grund gehen will.

Eine besondere Begabung ist ihre Vorausahnung in bestimmten Bereichen. Hier ist sie mit einer Gottesgabe ausgestattet, die nicht erklärbar ist. Bei ihr hat man das Gefühl, dass sie über Dinge zwischen Himmel und Erde Bescheid weiß, die so manchem Normalsterblichen verborgen bleiben.

Von anderen wird besonders ihr mutiger Einsatz für die eigene Sache, aber auch für fremde Anliegen geschätzt. Die Skorpion-Fische-Frau ist eine Kämpfernatur, die niemals aufgibt und somit ihre Ziele stets erreicht ...

SCHÜTZE

Aszendent Fische

Hier haben wir eine Frau mit todsicherem Instinkt, großem Mitgefühl, und nicht enden wollender Hilfsbereitschaft. Diese Gabe bzw. dieser Charakterzug ist immer von großem Nutzen für die Gesellschaft und alle Menschen.

Die Gefahr für einen Schütze-Fische-Charakter ist, dass man ihn ausnutzt und benutzt, das heißt, man fordert und erwartet von ihm, aber es wird nur wenig zurückgegeben. Und das ist eine große Gefahr für das Seelenleben der Schütze-Fische-Frau, denn irgendwann mag sie einfach nicht mehr, sie ist enttäuscht und neigt dann zu Depressionen. Dies wiederum hat mit ihrer Sensibilität, ihrem Wärmeanspruch und ihrem Bedürfnis nach Zuneigung zu tun. Ihre Gefühlswelt erlebt immer wieder Höhen und Tiefen, das eine bringt Freude, das andere Ernüchterung. Was ihr fehlt, ist diese Gefühlswelt ein wenig zu koordinieren, also aus der Höhe nicht ganz in die Tiefe zu fallen, sondern den Sturz abzumildern und im Mittelbereich stehen zu bleiben, damit die Enttäuschung nicht allzu groß wird. Das kann man auch lernen durch persönliche Weiterentwicklung und bewusstes persönliches Wachstum. Wenn ihr das gelingt, wird sie automatisch und grundsätzlich bei Vorgängen und Ereignissen gelassener agieren, die sie früher so leicht aus der Bahn geworfen haben, und somit ihre Gefühle besser im Griff haben. Die Konsequenz hieraus ist, sie vergeudet nicht unnötig Energie und ist somit wesentlich ausgeglichener und zufriedener. Dies überträgt sich auch auf ihr Allgemeinbefinden, sie fühlt sich wohler und nicht ausgenutzt.

Im beruflichen Bereich sucht und braucht die Schütze-Fische-Frau Verantwortung. Deshalb ist sie auch häufig in Führungspositionen anzutreffen. Sie trifft gerne selbstständige Entscheidungen. Wichtig ist für sie ein uneingeschränktes Vertrauensverhältnis und die Übertragung von Verantwortung und Zuständigkeit. Sie erwartet ein faires Führungsverhalten, sprich eine niveauvolle Sprache und einen guten zwischenmenschlichen Umgang. Bevormundung und Misstrauen ihrer Arbeit gegenüber stören eine homogene Zusammenarbeit und sie wird nicht lange in einem solchen Unternehmen bleiben.

Als Mutter und Hausfrau ist die Schütze-Fische-Frau eine Größe in der Familie. Man schätzt ihre Kreativität, ihre immer wieder neuen Einfälle, um Gäste und Freunde zu überraschen. Sie liebt einen sportlich ambitionierten Urlaub, wo sie zum einen Sport, aber auch Kultur genießen kann.

Grundsätzlich ist sie eine zufriedene Frau, die mit kleinen Dingen auch Zufriedenheit erfahren kann und immer ein Ohr für andere hat, wenn es notwendig ist. Mit ihrem soliden und einfühlsamen Charakter hat sie immer und schnell Zugang zu anderen Menschen, es ist für sie stets eine Freude, für diese Menschen Gutes zu tun. Dies wiederum wird der Schütze-Fische-Frau immer hoch angerechnet, deshalb schätzt man sie ja so sehr ...

STEINBOCK

Aszendent Fische

Hier treffen zwei ganz besondere Charaktere aufeinander, die es der Steinbock-Fische-Frau nicht leicht machen, immer das Optimale zu erreichen bzw. es allen recht zu machen. Zwischen ihrem Geburtstag und ihrer Geburtsstunde liegen Welten, die so genannten Gegensätze "hart" und "weich" oder

Realität und Träumertum. Trotz alledem kann sich ein harmonischer Charakter entwickeln.

Entscheidend dabei ist, dass der Steinbock bereit ist, seine selbst gesteckten Grenzen zu erkennen und zu überschreiten, um sich auf die unergründliche Weite des Lebens einzulassen.

Die große Stärke einer Steinbock-Fische-Frau liegt in tiefgründigen Einsichten, die man auch oft Vorausahnungen nennt, somit ist sie den anderen Menschen immer einen Schritt voraus. Dies hat natürlich nicht nur Vorteile, sondern auch Nachteile. Nämlich dann, wenn sie gewisse Erkenntnisse und Vorgänge eigentlich gar nicht wissen möchte. Denn oft können diese Vorahnungen auch zur Belastung im täglichen Leben werden.

Die Steinbock-Fische-Frau sollte generell lernen, ihre oft übertriebene Sensibilität in den Griff zu bekommen, um somit in ihrem Leben mehr von der ersehnten Souveränität zu erreichen. Einige Gewohnheits- und Verhaltensmuster hindern sie, im Alltäglichen locker und gelassen zu sein. Deshalb ist es dringend notwendig, diese manifestierten Muster durch mentales Training abzubauen und durch neue zu ergänzen. Dadurch erhöht sich ihr Lebensgefühl und auch ihr Vertrauen in die eigenen Stärken und Vorstellungen ...

Im Grunde ist sie eine wunderbare Frau mit ganz bemerkenswerten Anlagen und Möglichkeiten. Sie besitzt ein hohes Feingefühl, hat eine wunderbare Ausstrahlung, und ihr wurde auch ein natürliches Führungspotenzial mit auf den Weg gegeben.

Im Beruflichen ist sie stark abhängig davon, welchen Umgang ihre Vorgesetzten und Mitarbeiter mit ihr pflegen. Im Prinzip ist es das alles Entscheidende, wie man sie betreut und welchen Ton man bei ihr anschlägt. Die Steinbock-Fische-Frau muss sich vergegenwärtigen, dass ihre Kritikgrenze sehr niedrig ist. Wenn sie sich akzeptiert fühlt, kann sie Höchstleistungen erbringen und darüber hinaus andere mitreißen und begeistern.

Als Mutter und Hausfrau ist sie unschlagbar. Ihr geht alles, was mit dem Haushalt zu tun hat, leicht von der Hand. Sie macht es gerne und freut sich immer über Gäste und Freunde, die zu ihr kommen. Der liebevolle Umgang mit anderen Menschen ist ihr sehr wichtig. Wärme und Zuneigung ist das, was sie täglich sucht und braucht. Lob und Anerkennung beflügeln sie und machen sie erst richtig glücklich. Eine harmonische Partnerschaft ist das, was sie immer anstreben wird. Daraus zieht sie ihre ganze Kraft für das tägliche Leben und ihre Aktivitäten. Urlaube dienen bei ihr der Entspannung und der Regeneration. Sie braucht dort um Himmels Willen keine anstrengenden oder aufregenden Freizeitaktivitäten, sondern schlicht und einfach Ruhe und Zufriedenheit.

Die Steinbock-Fische-Frau ist sehr beliebt und überall gerne gesehen. Ihre niveauvolle Lebensgestaltung und ihre Ausstrahlung begeistern nicht nur Männer.

WASSERMANN

Aszendent Fische

In dieser Prägung stößt man auf die hilfsbereiteste und selbstloseste aller Wassermann-Frauen. Den Glauben an das Gute im Menschen muss eine Wassermann-Fische-Frau erfunden haben. Dieser Glaube ist bei ihr durch nichts, aber auch durch gar nichts zu erschüttern. Die Wassermann-Fische-Frau unterstützt karitative Einrichtungen und Institutionen mit großer Begeisterung. Es ist ihr ein Herzensbedürfnis, Menschen in Not zu helfen. Diese schätzen sie dafür sehr und haben ein großes Vertrauensverhältnis zu ihr. Sie ist eine sehr intelligente Frau mit einem ausgeprägten Intellekt, einer Tiefgründigkeit, einem unendlichen Wissensdurst und einem sehr starken Bedürfnis nach zwischenmenschlicher Wärme ...

Sie hat immer realistische und erreichbare Ziele vor Augen und geht Schritt für Schritt vor. Immer dann, wenn sie ein neues Ziel erreicht hat bzw. ihre Mission, ihre Aufgabe erfüllt hat, steht das nächste Ziel schon wieder bereit, um es zu erklimmen. Sie ist unersättlich darin, Neues dazuzulernen, es ist ihr innerer Antrieb, der sie immer wieder zu neuen, interessanten Aufgaben führt, sie nicht ruhen und immer wieder von neuem beginnen lässt.

Die Wassermann-Fische-Frau braucht diese Art von Herausforderung und kann einfach in vielen Bereichen nicht abschalten. Denn Stillstand bedeutet für sie Rückschritt, und sie empfindet es nicht als Belastung, immer wieder neue Dinge zu beginnen und sich daran zu begeistern.

Sie ist überaus sprachbegabt und erlernt fremde Sprachen wie im Flug – ein kleines Sprachgenie.

Natürlich ist sie umgekehrt auch anstrengend, weil sie sich mit Oberflächlichkeiten jeder Art überhaupt nicht abgibt, sie muss immer ins Zentrum, bis auf die Wurzel vorstoßen, damit sie Zufriedenheit erfahren kann. Es ist für sie sehr wichtig, in allem die Zusammenhänge zu begreifen und auch bis ins letzte Detail zu verstehen. Oft ist sie in der Gesellschaft anderer Menschen auch sehr anstrengend, weil diese nicht so umfangreich und intensiv erzählen oder erklären möchten, wie sie selbst (und es vielleicht auch oft nicht können). Aber sie gibt nicht nach und hinterfragt immer wieder. Darüber hinaus ist sie eine Frau mit sehr sensibler Weltsicht und starkem emotionalen Tiefgang. Das heißt, dass die Sprache, wie man mit ihr umgeht, sehr entscheidend ist, ob man auch Zugang zu ihr erhält. Hier ist sie empfindlich und kann sich auch bei einer Verletzung ihrer Gefühle stark zurückziehen.

Im Berufsleben zieht sie Berufe wie Ärztin, Rechtsanwältin, Staatsanwältin, Dolmetscherin usw. anderen Berufen vor. Sie braucht eine sinnvolle Aufgabe, die direkt mit Menschen zu tun hat, dann kann sie aus dem Vollen schöpfen und ihr ganzes Engagement dafür einbringen, dies wiederum macht sie glücklich und zufrieden.

Als Mutter und Hausfrau liebt sie ein warmes, mit schönen Bildern eingerichtetes Heim, schöne Blumen und ein ansprechendes Ambiente. Das ist ihr Leben, da ist sie zu Hause und empfängt gerne liebe Gäste, mit denen sie über alles Mögliche diskutiert und spricht.

Sie ist eine wunderbare Frau mit viel Feingefühl für das Wesentliche – und immer mit dem inneren Gedanken von Frieden erfüllt ...

WIDDER

Aszendent Widder

Dieser Charakter hat Stärke, Präzision und Durchsetzungsvermögen, ja es handelt sich hier um eine sehr starke Persönlichkeit, die durch eine große Unnahbarkeit auffällt.

Die Widder-Widder-Frau ist geprägt von einem unglaublichen Willen und der Bereitschaft, immer Höchstleistungen abliefern zu wollen. Oft ist sie auch zu verbissen und zu wenig locker und dadurch natürlich auch verletzbar. Grundsätzlich strebt sie nach Führung und reißt diese auch an sich. Sie benötigt ein hohes Maß an Vertrauen und Sicherheit, um ihre Aufgaben mit Freude und Begeisterung erledigen zu können.

Oft hat diese Frau zu wenig Verständnis für ihre Kolleginnen und Kollegen. Dadurch entstehen häufig Missverständnisse und unnötige Konflikte. Hier muss sie lernen, einfach gelassener zu agieren und ihren strengen Führungsstil etwas zu lockern und zu verbessern.

Erfolg bedeutet dieser Frau sehr viel, dafür ist sie auch bereit, weit über das normale Maß hinaus zu arbeiten und ihren Einsatz zu erbringen. Der Ton macht bei ihr die Musik. Das heißt, die richtige Sprache ist bei ihr wichtig, um sie auch erfolgreich führen zu können. Auf keinen Fall darf man diesen Charakter einengen, sonst hat man schon verloren. Bevormundung und Kontrolle sind Dinge, mit denen die doppelte Widder-Frau überhaupt nicht umgehen kann. Hier wird sie schnell ärgerlich und verliert dabei viel Energie. Man darf auch ihren Arbeitsrhythmus nicht verändern, auch dann nicht, wenn man glaubt, man hätte einfachere und bessere Lösungen ...

Ihren Ausgleich holt sich die doppelte Widder-Frau aus einer intakten Familie. Wenn es in der Familie nicht stimmt, ist auch ihre Arbeitsleistung schlecht. Sie kann eben nicht einfach abschalten. Das ist bei ihr nicht möglich. Ihre Sorgen nimmt sie dann mit in die Firma. Was ihre Ziele angeht, will sie beruflich immer das Höchstmögliche erreichen, ohne ihre Familie dadurch zu benachteiligen. Die größte Stärke entwickelt die Widder-Widder-Frau dann, wenn man ihr sehr viel Frei- und Bewegungsspielraum einräumt und vor allen Dingen, wenn man ihr grenzenloses Vertrauen schenkt.

Denn eines ist sicher, wenn man sich auf jemanden verlassen kann, dann ist es eine Widder-Widder-Frau. Ihre Bodenständigkeit und ihre Ehrlichkeit verdienen ein besonderes Lob ...

STIER

Aszendent Widder

Bei diesen Prägungen kann man wahrlich nicht sagen, dass sie sich optimal ergänzen, aber das soll auch nicht gleich heißen, dass sie sich bekämpfen. In der Regel findet hier schon ein Ausgleich statt.

Aufgrund ihrer Geburtsstunde (Widder) ist die Trägerin dieser Kombination dynamisch und spontan, vom Geburtstag (Stier) her eher beschaulich und überlegt in ihren Handlungen. Sie ist somit ein aktiver, aber leicht ungeduldiger Charakter. Es ist ihr wichtig, fleißig zu sein, etwas zu leisten, um dann zu gegebener Zeit auch die Früchte ernten zu können. Ihre größte Stärke ist ihr Engagement, ihr Fleiß und ihr Zug zur Spitze, dafür ist sie bereit, hart zu kämpfen und zu arbeiten. Dann und wann mag man einen gewissen Charme bei ihr vermissen, dies hat mit einer bestimmten charakterbedingten Verbissenheit und Sturheit zu tun. Die Lebenslust aber bleibt zu ihrem Glück unberührt.

Man sagt der Stier-Widder-Frau eine große Bodenständigkeit nach, sowie große Treue und besondere Hingabe. Darüber hinaus ist sie stark, sensibel, leicht verletzbar, hat eine etwas schwache Kritikfähigkeit und legt vieles auf die Goldwaage. In besonderen Fällen kann sie sogar sehr stur und unnahbar erscheinen, wenn es die Situation erfordert. Dies dient in erster Linie dem Selbstschutz, um nicht in unnötige Gefahr zu geraten. Was sie überhaupt nicht mag, ist Kontrolle und Bevormundung, damit kann man sie schnell auf Distanz bringen, und in letzter Konsequenz kann man sie dadurch auch als wertvolle Kollegin oder Mitarbeiterin verlieren.

Die Sprache des Herzens ist bei der Stier-Widder-Frau ein ganz wichtiger Faktor, anders ausgedrückt, man sollte sie im Herzen berühren.

Im Beruf gibt die Stier-Widder-Frau alles, wenn nicht gar sozusagen das letzte Hemd. Sie ist eine leidenschaftliche Kämpferin und eine große Stütze, egal, wo man sie einsetzt. Lob und Anerkennung sollte angemessen und zum richtigen Zeitpunkt stattfinden. Alles andere macht bei ihr keinen Sinn. Man kann sie nicht kaufen, schon gar nicht überreden. Überzeugung ist das Schlüsselwort bei ihr.

Als Mutter und Hausfrau ist die Stier-Widder-Frau vorbildlich. Sie ist liebenswert und immer für eine Überraschung gut. Kochen und Backen ist ihre Leidenschaft, mit großer Hingabe bewirtet und verköstigt sie ihre Freunde und Gäste. Ihre Ausstrahlung und Wärme berührt alle. Sie liebt die Natur und auch schon mal das Alleinsein. Wichtig ist, das man ihr Freiraum und ihre Selbstständigkeit lässt und sie zu nichts, aber auch zu gar nichts zwingt. Nichts ist für sie schlimmer als auch nur den Hauch von Zwang und Druck zu spüren.

Das klare Ziel im Leben einer Stier-Widder-Frau ist Harmonie, Wärme, Zuneigung und Glück. In dieser Konstellation geht es ihr gut und sie fühlt sich wohl. Menschen, Freunde und Bekannte bedeuten ihr sehr viel, aus ihnen zieht sie Kraft, Liebe und Geborgenheit. Als Frau ist sie liebenswert, nett, aufgeschlossen und immer zum Helfen bereit; auf sie ist immer Verlass ...

ZWILLING

Aszendent Widder

Dieser Charakter ist eine unruhige, sehr aktive, eigenständige und ausnahmslos sehr erfolgreiche Frau. Sie steht im Leben und weiß, wo sie hin will. Nichts kann sie aufhalten, weil sie immer den Hang zu Neuem hat und immer daran arbeitet, sich auch persönlich weiterzuentwickeln.

Es ist der Zwilling-Widder-Frau ein großes Anliegen, in allem ihre vielfältigen Energien auch auf ihre Mitmenschen zu übertragen. Sie ist bereit abzugeben und dadurch auch andere Menschen glücklich zu machen. Sie hat eine außergewöhnliche Begabung im Umgang mit Menschen. Es fällt ihr leicht, sich auf andere, auch auf schwierige Menschen einzustellen. Gerne arbeitet sie selbstständig. Wenn sie nicht selbstständig ist, dann strebt sie nach Führungsaufgaben. Sie ist ein besonderes Organisationstalent und hat den Weitblick für sinnvolle Vorgänge und Abläufe. In ihrem Aufgabengebiet benötigt sie absolute Freiräume. Kleinkariertes Denken belastet sie und macht sie zudem nicht glücklich. Diese Frau will und braucht eine hohe Entscheidungskompetenz, nur dann macht ihr ihre Arbeit Freude und spornt sie an, große Aufgaben anzugehen.

Ihre Kraft zieht die Zwilling-Widder-Frau aus einer intakten Familie und aus einem kleinen, aber elitären Freundeskreis. Freunde bedeuten ihr sehr viel. Als Hausfrau und Mutter ist sie perfekt und immer bestrebt, dass alle ihre Familienmitglieder zu ihrem Recht kommen und ihre Wünsche erfüllt werden. Dennoch ist der berufliche Erfolg für eine Zwilling-Widder-Frau sehr wichtig. Dort holt sie sich ihre eigentliche Bestätigung und ihre Befriedigung. Erfolg und Anerkennung in diesem Bereich ist für ihre Seele ein wichtiger Faktor.

Ihre größte Stärke entwickelt die Zwilling-Widder-Frau dann, wenn man sie in Ruhe arbeiten lässt, ohne sie einzuengen und laufend zu kontrollieren. Denn Fleiß, Disziplin und Ehrlichkeit sind ihr in die Wiege gelegt worden.

Als Mensch und Partner ist sie großartig, immer hilfsbereit und großzügig ...

KREBS

Aszendent Widder

Hier haben wir eine Frau, die von zwei sehr unterschiedlichen Charakteren geprägt wird, was für sie bedeutet, dass sie es nicht immer einfach hat, diese unter einen Hut zu bringen.

Die starke Kraft ihres Aszendenten (Widder) und der sehr empfindsame Grundcharakter (Krebs) verlangen einen lebenslangen Kompromiss zwischen Vorwärtsdrang und Abenteuerlust auf der einen und Phlegma auf der anderen Seite.

Konkret heißt das für die Krebs-Widder-Frau, dass sie in ihre Persönlichkeit viel an Entwicklung investieren muss, um diese zwei sehr unterschiedlichen Denk- und Gefühlsweisen besser kennen und richtig einsetzen zu lernen. Dies verlangt einiges an Disziplin und die Bereitschaft, die Schwierigkeiten, die immer wieder auftreten werden, zu bewältigen. Gefühlsausbrüche und Depressionen liegen hier sehr eng nebeneinander. Natürlich wird sie auch kühne Fantasien entwickeln und sehr kreative Lösungen für sich selbst finden, denn es ist dieser Frau auch gegeben, genug Möglichkeiten zu finden, die sie unterm Strich glücklich und zufrieden machen.

Eine Krebs-Widder-Frau ist eine sehr harmoniebedürftige und immer nach Harmonie strebende Frau. Mit ihrem Widder-Einfluss bewahrt sie sich Dominanz und Führungsstärke und ist auch bereit, für ihren Erfolg viel persönlichen Einsatz zu geben. Ihre Gefühlswelt ist jedoch allein der Maßstab, ob sie glücklich oder unglücklich ist. Ein guter Ton, die Menschen um sie herum, das gelebte Niveau spielen eben bei ihr die alles entscheidende Rolle. So darf man nicht versuchen, sie zu bevormunden, zu kontrollieren oder sie gar in Frage zu stellen. Das sind Punkte, bei denen sie sich schnell tief verletzt fühlt und sich dann auch zurückzieht. Aufgrund solcher Situationen kann es bei ihr auch zu einer depressiven Phase kommen.

Kurz gesagt: Im Umgang mit einer Krebs-Widder-Frau ist ein hohes Maß an Feingefühl angebracht. Die richtige Sprache und genügend Freiraum - und sie hat das, was sie braucht, um glücklich und erfolgreich zu sein. Auch an angemessenem Lob zur richtigen Zeit sollte man nicht sparen, eine wärmende Umarmung kann bei ihr die ersehnten Glücksgefühle auslösen. Sie ist eine Frau, die Wärme und Zuneigung wie die Luft zum Atmen braucht, eine Frau, die Anerkennung und das Vertrauen, das man ihr entgegenbringt, über alle Maßen schätzt.

Als Mutter und Hausfrau ist die Krebs-Widder-Frau geschätzt und beliebt, weil ihr im Alltag immer etwas Neues einfällt, womit sie ihre Freunde und Familie überraschen wird. Ihr Wort hat Gewicht und wird auch als solches geschätzt und verehrt. Den großen Rummel braucht und will sie nicht. Vielmehr schätzt sie die kleinen Dingen des Lebens. Im kleinen, elitären Kreis fühlt sie sich am wohlsten.

Sie ist eine bescheidene, liebenswerte und immer hilfsbereite Frau. Bei Fremden jedoch ist sie zunächst zurückhaltend und abwartend, sie braucht erst ein Gefühl der Wärme und Sicherheit, bevor sie sich öffnet und ihr wahres Wesen offenbart. Sollte dieses Gefühl sich nicht einstellen, dann wird sie auch nicht aus sich herausgehen und ihre wahren Gefühle zeigen. Niemand wird dann merken, dass eine Krebs-Widder-Frau in jeder Beziehung mitreden kann. Deutlich gesagt, sie muss nicht das erste Wort haben, sondern kann geduldig warten, bis ihre Zeit gekommen ist und ihre Umgebung bereit ist, auf sie zu hören.

Wer es versteht, die Krebs-Widder-Frau so zu nehmen, wie sie es sich wünscht, erlebt eine wärmende, gefühlvolle und liebenswerte Frau mit ungeahnten Möglichkeiten ...

LÖWE

Aszendent Widder

Eine starke Frau mit zwei völlig unterschiedlichen Grundcharakterzügen. Es ist gar nicht so einfach, diese beiden Wesenszüge immer unter einen Hut zu bringen. Denn es gibt grundsätzlich keinen Ausgleich, vielmehr sind es zwei grundverschiedene Ausprägungen mit sehr divergierenden Merkmalen.

Je nach Situation und Aufgabe kann die Löwe-Widder-Frau sowohl Mittelpunkt sein, sich introvertiert verhalten und sich komplett zurückziehen. Oft ist es in einer Situation für sie nicht leicht, weil ihr Verhalten immer von den jeweiligen persönlichen Stimmungen abhängt.

Im Beruf sucht sie immer den Weg zur Spitze, Verantwortung zu übernehmen fällt einer Löwe-Widder-Frau nicht schwer, entscheidend ist aber, mit wem sie zusammenarbeitet. Das ist ein wichtiger Faktor. Wie geht der Vorgesetzte mit ihr um, wie führt er sie? Das ist eine Kunst bei diesem Frauentyp ... Der Ton, die Ansprache ist sofort entscheidend für ihre Laune und ihre Stimmung. Es ist ein hohes Feingefühl von Seiten ihrer Umgebung notwendig, um sie immer bei Stimmung zu halten. Denn sie ist schnell beleidigt und eingeschnappt, wenn man eben nicht den richtigen Ton zum richtigen Zeitpunkt wählt.

Hier hat die Löwe-Widder-Frau großen Bedarf an Veränderung. Mehr innere Ruhe, mehr Gelassenheit würde sie in diesen Bereichen stabiler und souveräner machen. Mit Kritik hat sie dementsprechend auch ihre Probleme, ebenso, wenn für ihre Begriffe zu wenig Anerkennung ausgesprochen wird.

Die wichtigsten Kriterien sind bei ihr: lange Leine, viel Verantwortung, keine Kontrolle und unendliches Vertrauen in ihre Fähigkeiten. Wenn man sich an diese Spielregeln hält und sie dann und wann auch ehrlich lobt, kann man von ihr Höchstleistungen erwarten. Wichtig ist auch dabei, sie dann und wann alleine zu lassen, ihr damit die Freiräume zu geben, die sie braucht, um ihr inneres Gleichgewicht wiederzufinden.

Die Löwe-Widder-Frau ist eine bodenständige, geradlinige und vor allen Dingen sehr ehrgeizige Frau. Das Gefühl der Sicherheit bedeutet ihr sehr viel, deshalb ist sie auch bei neuen Dingen zunächst kritisch und abwartend, bevor sie sich entscheidet, etwas Neues in ihr Leben zu lassen. Sie möchte einfach keine Fehler machen und auf der sicheren Seite stehen. Das mag ihren Kolleginnen und Kollegen oft arrogant und anmaßend erscheinen, ist es aber nicht. Sie betrachtet ihr Verhalten als eine reine Vorsichtsmaßnahme. Unter Druck darf und kann man sie sowieso nicht setzen, weil sie dann sofort blockiert, und dann geht gar nichts mehr.

In der Familie hat die Löwe-Widder-Frau das Sagen und auch die Führung. Ihr Partner sollte ihr dafür dankbar sein. Sie legt Wert auf eine harmonische und freie Beziehung bzw. Partnerschaft. Einengung kann sie auch hier nicht gebrauchen.

Bei Freunden und Bekannten ist sie gleichermaßen beliebt und geachtet. Man schätzt besonders ihre Leistungsfähigkeit und auch ihre Zuverlässigkeit. Mit der Zeit gewöhnt man sich aufgrund dessen auch an ihr Grundverhalten und ihre für sie wichtigen Beziehungsregeln.

Grundsätzlich ist auf die Löwe-Widder-Frau immer Verlass, ob das im Beruf, in der Familie oder auch im Sport und in der Freizeit ist. Aber eines muss man sich grundsätzlich merken, auch bei ihr bestimmt der Ton die Musik. Wer das nicht begreift oder begreifen will, wird bei dieser Frau immer den Kürzeren ziehen ...

JUNGFRAU

Aszendent Widder

Dies ist eine Frau mit einer sehr interessanten Prägung, bei der der kluge Kopf des Jungfrau-Charakters dem Tatendrang des Widder-Typs Einhalt gebieten muss. Das wiederum ist in vielen Fällen sehr, sehr schwierig. Deshalb kommt es darauf an, durch persönliche Weiterentwicklung und Wachstum diese beiden völlig unterschiedlich denkenden Prägungen in Einklang und somit zum bestmöglichen Ergebnis zu bringen.

Die Jungfrau-Widder-Frau besitzt ein extrem hohes soziales Engagement, ohne dabei Rücksicht auf ihre persönlichen Belange zu nehmen. In vielen Fällen ist das in Ordnung, aber es gibt auch Momente, in denen sie sich letztendlich sehr ärgern wird, weil überhaupt nichts zurückkommt. Das heißt, Geben und Nehmen ist bei ihr nicht im Gleichgewicht, sondern liegt eher bei 80 Prozent Geben - und das ist bei weitem nicht in Ordnung. Damit soll nicht gesagt sein, dass es falsch ist, so zu handeln, aber sie sollte sich vergegenwärtigen, dass es hin und wieder völlig in Ordnung ist, auch einmal "Nein" zu sagen. Denn sie ist auch nur ein Mensch und kann nicht immer nur geben. Im Endeffekt wird bei ihr zu viel Geben durchaus zu Depressionen und einem schwer definierbaren Gefühl der Enttäuschung führen, und das muss sie sich wirklich nicht antun.

Dieser Charakter hat grundsätzlich ein Helfersyndrom, was der Jungfrau-Widder-Frau praktisch in die Wiege gelegt ist und sie in den meisten Fällen natürlich auch glücklich macht. Aber sie hat auch Anspruch auf Glücksmomente, ohne dass sie anderen das Leben leichter macht. Das braucht sie auch mal, um ihre innere Stabilität zu erhalten.

Darüber hinaus kann dieser Frauentyp unnahbar und stur sein. Diese Besonderheit in ihrer Prägung kommt aus ihrer Geburtsstunde (Widder). Hier ist auch das gesprochene Wort ihr gegenüber von großer Bedeutung. Druck und Bevormundung haben hier keinen Platz. Das sind Elemente, die sie überhaupt nicht mag und sogar verabscheut. Damit kann man viel bei einer Jungfrau-Widder-Frau zerstören. Das kann so weit gehen, dass sie sich völlig zurückzieht und über eine geeignetere Lösung nachdenken wird.

Ihre Stärken liegen klar in einem unglaublichen Fleiß und in der Bereitschaft, immer für andere da zu sein. Keine Arbeit ist der Jungfrau-Widder-Frau zu viel und keine zu schwierig. Sie nimmt die Arbeit wie sie kommt und sie kämpft bis zur bittersten Stunde, wenn sie einmal vom Wert ihres Tuns überzeugt ist. Oft unterschätzt man sie hier, aber wenn man sie näher kennen lernt, weiß man, was man von ihr zu erwarten hat. Sie ist eine kluge und vor allen Dingen sehr treue Frau. Hier ist sie unangreifbar und ein Vorbild für viele.

Als Mutter und Hausfrau ist diese Frau nicht wegzudenken. Sie hat alles im Griff und jammert nie. Alle Familienmitglieder wissen, was sie an ihr haben. Aber auf ein Lob oder eine Anerkennung wartet sie leider lange. Und das hat die Jungfrau-Widder-Frau nicht verdient. Und das belastet sie oft, sie leidet unter der mangelnden Wertschätzung, auch wenn sie kein Wort darüber verlieren wird.

Eines ist jedenfalls sicher, wenn es der Jungfrau-Widder-Frau gelingt, ihre Muster ein bisschen zu ändern und dann und wann ein "Nein" zu wagen, werden alle spüren, wie wertvoll sie als Frau, Mutter, Freundin und Kollegin ist, nämlich unersetzbar ...

WAAGE

Aszendent Widder

Eine Waage-Widder-Frau kann mit Sicherheit von sich behaupten, dass sie auf der Sonnenseite geboren ist. Ihre Charakterzüge gehören zu ihren besonderen und auch herausragenden Eigenschaften. Das heißt nicht, dass da nicht auch ein paar Defizite zu finden sind. Aber ihre Stärke, ihre Ausstrahlung und auch ihre Haltung sind schon faszinierend.

Die Waage-Widder-Frau ist mental sehr stark, hat eine unglaubliche Dynamik und einen kaum zu überbietenden Ehrgeiz. Über ein niveauvolles Grundverhalten braucht man bei ihr nicht zu sprechen, das ist ihr in die Wiege gelegt worden. Das sind bei ihr ganz normale Abläufe, ohne darüber nachdenken zu müssen. Natürlich beinhaltet es auch die Gefahr, dass man sie als arrogant und überheblich einschätzt, weil ihr alles so leicht und schnell von der Hand geht. Hier muss diese Frau aufpassen, mit wem sie zusammen ist oder zusammenarbeitet. Sie sollte auch lernen, sich auf das Niveau anderer einstellen zu können.

Beruflich sucht die Waage-Widder-Frau immer die Spitze, das heißt eine besondere Führungsaufgabe mit entsprechender Verantwortung muss es schon sein. Sie besitzt ein hohes Führungspotenzial gepaart mit einem ausgeprägten Verantwortungsbewusstsein. Ihr Umgang mit ihren Vorgesetzten beruht ausschließlich auf Vertrauen und einer ihr übertragenen hohen Verantwortung und Entscheidungskompetenz. Sie liebt auch auf der Arbeit wie im Privaten ein schönes Ambiente und erwartet von ihrer Umwelt, dass man fair, angemessen und in einem sachlichen Ton mit ihr spricht. Sie reagiert dann empfindlich, wenn die Leute oberflächlich, niveaulos und primitiv agieren. Hier zieht sie sich schnell zurück und verlässt die Bühne. Anspruch in allen Dingen des Lebens ist für sie ein Muss.

Die Waage-Widder-Frau schätzt ihre Familie sehr und regelt auch dort alles Notwendige. Ob sie nun eine Einladung vorbereitet oder ein wunderbares Menü zaubert, es geht ihr leicht von der Hand. Sie macht das wie alles mit großer Begeisterung. Natürlich erwartet sie auch immer wieder ein angemessenes Lob, das tut ihrer Seele gut.

Was ihre Ziele angeht, so geht dieser Frau die Richtung nie aus, immer wenn sie etwas erreicht hat, wird sie sofort mit einem neuen Projekt starten. Wichtig ist dabei nur, dass man ihr vertraut und ihr freie Hand lässt. Was sie überhaupt nicht verträgt und was sie nicht glücklich macht, ist Bevormundung, Kontrolle und Enge. Sie liebt die selbst geschaffenen Freiräume und die damit von ihr selbst getragenen Entscheidungen.

Partnerschaft mit ihr hingegen ist nicht einfach. Die Auswahl derer, die zu einer Waage-Widder-Frau passen, ist nicht sehr groß, denn ihren Ansprüchen zu genügen ist nicht ganz einfach.

Unterm Strich ist sie eine großartige Frau mit wirklich hohen Wertvorstellungen ...

SKORPION

Aszendent Widder

Eine starke Persönlichkeit, bei der Dynamik und Ehrgeiz eine zentrale Rolle spielen. Die Ziele und Vorstellungen der Skorpion-Widder-Frau liegen oft weit über denen anderer Zeitgenossen. Sie ist eine Kämpferin in allen Lagen des Lebens, sie gibt nie auf und schont sich auch nicht.

Die Leistungen einer Skorpion-Widder-Frau sind immer überdurchschnittlich, was aber auch zur Folge hat, dass sie auch einmal über das Ziel hinausschießen kann und dann gar nicht bereit ist, dies zu akzeptieren oder gar einzusehen.

Es ist auch dann und wann ihr Problem, dass sie zu starr im Umgang mit anderen ist und vor allen Dingen mit Kritik sehr große Probleme hat, weil sie Kritik immer als persönliche Beleidigung auffasst. Hier sollte sie ihre Gebrauchs- und Verhaltensmuster überprüfen, persönlich reifen und Wachstum anstreben. Wenn ihr das gelingt, wird sie noch leichter und oftmals schneller zum Ziel kommen. Besonnenheit und Umsicht sind überdies die wichtigsten Lernaufgaben für die Zukunft.

Im Beruf ist die Skorpion-Widder-Frau eine Größe, sie wird meist im Führungsbereich arbeiten und dort mit viel Fleiß und Engagement ihre Aufgaben erledigen. Es ist ihr in die Wiege gelegt, Führungsaufgaben an sich zu ziehen, um zu beweisen, dass sie jederzeit in der Lage ist, diese Aufgaben zur vollsten Zufriedenheit ihrer Vorgesetzten zu erledigen. Entscheidend ist aber, wie man mit ihr umgeht bzw. wie man sie führt. Davon hängt es maßgeblich ab, wie ihre Leistungen zu Tage treten. Sie benötigt viel Freiraum, wenig Bevormundung und uneingeschränktes Vertrauen. Wenn dies nicht der Fall sein sollte, wird diese Frau ihre Möglichkeiten nicht abrufen können und nur ein Minimum ihrer Leistung erbringen. Das hat damit zu tun, dass sie sich dann zu stark mit inneren, persönlichen Gedanken belastet, nicht frei ist und auch nicht frei sein will, ihre Leistung zu erbringen.

Die Skorpion-Widder-Frau läuft dann zu großer Form auf, wenn Lob und Anerkennung zum richtigen Zeitpunkt erfolgen. Anerkennung ist für sie und ihr Ego sehr wichtig. Das hat etwas mit ihrer starken, inneren Gefühlswelt zu tun. Hier ist sie verletzbarer als es scheinen mag, mehr als jede andere Frau.

Als Mutter und Hausfrau ist die Skorpion-Widder-Frau genauso engagiert wie in ihrem beruflichen Leben. Es muss alles flott und schnell gehen und alles eine Linie haben. Sie ist bereit, bis zum letzten Atemzug alles zu geben. Was sie unbedingt lernen sollte, ist, sich mehr Freiräume zu schaffen, vor allen Dingen mehr zu regenerieren und mehr zu entspannen. Sie läuft immer auf Hochtouren und das kann auf Dauer kein Mensch aushalten, ohne gesundheitliche Schäden davonzutragen.

Sie ist eine sehr starke Frau mit hoher Loyalität und großer Fairness ...

SCHÜTZE

Aszendent Widder

Eine besondere Mischung mit vielen Höhen und genauso vielen Tiefen: Die Schütze-Widder-Frau muss man erst begreifen lernen, insbesondere was ihre Denkweise und ihre Gefühlswelt angeht. Oft steht sie sich selbst im Weg und macht sich das Leben damit schwer. Vieles sieht sie viel zu eng, zu verbissen und ist nicht locker genug. Sie will es jedem und allen recht machen, vergisst dabei aber, dass es unter ihren Mitmenschen doch so viele unterschiedliche Charaktere gibt.

Fest steht natürlich auch, dass die Schütze-Widder-Frau mit ihrer Art und mit ihrem Verhalten nicht alle erreichen kann. Damit soll ihre Art nicht schlecht geredet werden, vielmehr soll aufgezeigt sein, dass sie sowohl ein unnahbarer wie auch offener Charakter sein kann. Es kommt bei dieser Frau sehr auf ihre Stimmung, auf ihre derzeitige Situation und nicht zuletzt auf den Menschen an, mit dem sie es zu diesem Zeitpunkt zu tun hat. Man muss einfach wissen, dass man sie weder unter Druck setzen kann, noch Druck ausüben darf und schon gar nicht ungerechtfertigte Kritik an ihr üben darf. Das sind Verhaltensweisen, bei denen sie sehr schnell und auch teilweise aggressiv reagiert. Der Ton macht bei ihr die Musik. Sie ist stark abhängig von ihrer Gefühlswelt, die doch einigen Schwankungen unterliegt, und sie mag Vertrauen in ihre Fähigkeiten. Nähe und zu starke Einengung bzw. Bevormundung mag sie überhaupt nicht.

Im Beruf arbeitet sie selbstständig und, wenn es möglich ist, im Führungsbereich, dort fühlt sie sich wohl und dort kann sie ihre Stärke demonstrieren. Die Schütze-Widder-Frau liebt Verantwortung, man muss sie nur lassen.
Ungerechtfertigte Kritik beschäftigt sie sehr lange, manchmal zu lange. Sie verliert dann oft zu viel Energie.

In der Gesellschaft ihrer Mitmenschen ist sie zunächst eher zurückhaltend und vorsichtig, sie öffnet sich erst dann, wenn sie ein gutes Gefühl hat. Und dann kann bei ihr die Post richtig abgehen, dann kann sie auch richtig aus sich herausgehen und die Stimmung anheizen. Aber die Leute um sie herum müssen ihr unter allen Umständen sympathisch sein.

Als Mutter und Hausfrau ist dieser Frauentyp großzügig und immer zu einem Spaß bereit. Ehrlich gemeinte Anerkennung und Lob bewegt und motiviert sie sehr. In ihrer Freizeit ist sie gerne unterwegs und treibt viel Sport. Die Schütze-Widder-Frau liebt es zu reisen, insbesondere Kulturreisen interessieren sie sehr.

Im Umgang mit Menschen erwartet sie Fairness und ein wirklich gutes Niveau. Das Wichtigste in ihrem Leben ist ihr Spiel- und Freiraum. Hierauf legt sie einen gesteigerten Wert.

Was den Erfolg angeht, insbesondere in Bezug auf ihre Visionen, so hat sie immer das Ziel fest vor den Augen. Erfolg ist für die Schütze-Widder-Frau nicht nur ein Wort, sondern immer eine lebendige Herausforderung ...

STEINBOCK

Aszendent Widder

Die Steinbock-Widder-Frau ist unnahbar, zurückhaltend und auf Sicherheit bedacht. Grundsätzlich wird sie falsch eingeordnet. Sie ist keine Frau, die sich permanent in den Vordergrund drängt und dann auch noch Ansprüche stellt. Vielmehr ist sie eine taktierende, wohl überlegt und gezielt agierende Frau.

Ihre Stärken liegen in der Präzision und in der Perfektion. Häufig ist sie in Top-Führungspositionen zu Hause. Und dort arbeitet sie wie ein Uhrwerk, präzise, genau und effektiv. Wichtig dabei ist, dass man sie in Ruhe arbeiten lässt, ihr ein hohes Maß an Vertrauen schenkt, sie nicht bevormundet und, wenn man sie kontrolliert, dies offen und angemessen tut. Denn das ist ein Punkt, wo sie verletzbar und empfindlich ist. Hier spielt natürlich ihre hohe Sensibilität eine große Rolle. Vieles legt sie auf die so genannte Goldwaage und belastet sich damit sehr. Hier hat sie unbedingten Nachholbedarf und sollte gelassener und lockerer werden.

Ganz wichtig bei einer Steinbock-Widder-Frau ist auch, dass sie nicht bedrängt und schon gar nicht eingeengt wird. Das ist ein ganz entscheidender Punkt bei ihr. Es gibt Tage, da will sie ganz alleine sein und auch keinerlei Konversation betreiben. Dies liegt in ihrer Prägung und da ist sie sehr empfindlich.

"Der Ton macht die Musik", dieser Satz könnte von einer Steinbock-Widder-Frau stammen. Denn wie man sie anspricht, ist entscheidend für ihr Verhalten. Sie mag keine lauten Töne und schon gar nicht von niveaulosen Menschen. Da macht sie sofort dicht, und es ist dann kein Blumentopf mehr bei ihr zu gewinnen.

Kritik sollte man bei ihr also sehr vorsichtig, am besten verpackt anbringen. Denn mit Kritik hat die Steinbock-Widder-Frau doch leichte Probleme. Kritik und Niederlagen treffen sie immer sehr, weil sie sich alles oft zu stark zu Herzen nimmt. Das sollte sie in Zukunft ändern. An sich selbst zu arbeiten ist eigentlich kein Problem für diesen Charakter.

Die Steinbock-Widder-Frau ist eine vorbildliche Mutter, Hausfrau und Partnerin. Hier ist ihr nichts zu viel. Ihre Familie ist für sie wie ein Kleinod. Sie ist eine ausgezeichnete Köchin und eine bezaubernde Gastgeberin.

Wärme, Zuneigung und ein gepflegter Umgang ist das, was sie sucht. Die Steinbock-Widder-Frau ist bescheiden und immer liebenswert. Als Kollegin oder auch als Partnerin ist auf sie immer Verlass. Treue ist für sie kein Fremdwort. Sie lebt dies immer und täglich. Man könnte sagen, dies ist eine ihrer größten Tugenden.

Wer sie als Frau oder auch als Partnerin gewonnen hat, musste lange um sie kämpfen, aber dafür wird er ein Leben lang belohnt sein und sich denken, dass die Mühe sich gelohnt hat ...

WASSERMANN

Aszendent Widder

Die Wassermann-Widder-Frau ist geprägt durch zwei sehr starke Charakterzüge, die ihr sehr viel ermöglichen, aber auf Grund der starken Ausprägungen auch immer wieder diverse Probleme bereiten. Sie ist sowohl hochintelligent, tiefgründig, ehrgeizig, bohrend und nachfragend, als auch bodenständig, sensibel, geradlinig und auf Sicherheit bedacht. Aus der Summe ihrer Grundcharakterzüge ergeben sich immer wieder unterschiedliche Auffassungen und Meinungen, die nicht so einfach in eine klare Richtung zu bringen sind.

Ihr Anspruch an das Leben, an den Beruf, an die Familie ist hoch, oft zu hoch. Immer wieder kommt es vor, dass Menschen im direkten Umfeld der Wassermann-Widder-Frau mit ihr und ihren Vorstellungen nicht klarkommen. Hier muss sie lernen, hin und wieder die gewohnten Denkmuster zu verlassen und von ihren Höhen herunterzukommen, um auch die darunter angesiedelten Menschen zu erreichen.

Für sie mag es schön und angenehm sein, auf einem für sie normalen Niveau zu leben, aber dieses Niveau ist nicht der Normalfall. Sie hat eben eine besondere Prägung mit herausragenden Elementen, die nur wenigen Frauen vorbehalten sind.

Im Beruf ist diese Frau eine Größe, es fällt ihr alles relativ leicht zu und Führung zu übernehmen ist der Wassermann-Widder-Frau in die Wiege gelegt worden. Sie besitzt alles, was notwendig ist, qualitativ erfolgreich zu führen. Dass sie Spiel- und Freiraum benötigt, um ihre Fähigkeiten auszuleben, versteht sich fast von selbst. Alles andere würde sie schon gar nicht akzeptieren. Jegliche Einengung, Kontrolle und Bevormundung reduziert ihre Möglichkeiten auf ein Minimum. Sollte dies einmal vorkommen, so verliert sie sofort den Spaß und die Freude an ihrer Arbeit. Sie lässt sich derartige Verhaltensweisen überhaupt nicht gefallen. Dies ist auch der Grund, warum viele männliche Kollegen an einer solchen Frau scheitern. Viele wollen einfach nicht akzeptieren, dass sie dermaßen stark und unerbittlich sein kann. Und, wer nicht hören will, wird es bei ihr spüren.

Diesem Charakter fällt vieles einfach in den Schoß, weil sie begabt ist und sehr effektiv denken kann. Dass sie darüber hinaus gut aussieht, einen guten Geschmack hat und zusätzlich sehr intellektuell sein kann, ist ein weiteres Plus auf ihrem Konto der Begabungen.

Jede Plattform ist eine Bühne für diesen Frauentyp, und sie weiß genau, wann und wie sie welches Spiel spielen muss. Damit verblüfft sie immer wieder die anderen Menschen. Und diese sind von der Wassermann-Widder-Frau einfach begeistert – von ihrer Art, wie sie auftritt, wie sie sich darstellt und wie sie sich immer wieder geschickt in Szene setzt.

Der familiäre Bereich ist der Wassermann-Widder-Frau durchaus auch wichtig, aber sie ist jemand, der im Beruf seine Berufung sieht, und sie findet dort auch die Bestätigung, die sie für ihr Ego braucht.

Sie ist eine unheimlich starke, interessante Frau und immer wieder eine tägliche Herausforderung ...

FISCHE

Aszendent Widder

Eine liebenswerte, gefühlvolle, bodenständige und zunächst zurückhaltende, aber sehr erfolgsorientierte Frau: Zwei Herzen schlagen in ihrer Brust - zum einen sucht sie den Ausgleich und die Harmonie, zum anderen möchte eine Fische-Widder-Frau ihre Führungsqualitäten und ihr Führungsengagement nicht verstecken.

Im Beruf strebt diese Frau grundsätzlich Führungsaufgaben an und ist auch bereit, dafür entsprechende Opfer zu bringen. In ihrem Charakter steckt ein hohes Führungspotenzial mit einer ausgeprägten Führungsdominanz.

Die Fische-Widder-Frau geht selbst immer mit gutem Beispiel voran und erwartet, dass dies von ihren Mitarbeitern umgesetzt wird. Sie ist streng, aber immer gerecht; Ungerechtigkeiten duldet sie in keinster Weise.

Auf ihre Aussagen und ihre Vorgaben kann man sich immer verlassen. Von ihren Vorgesetzten erwartet sie Vertrauen, ein hohes Maß an Frei- und Spielraum für ihre Aufgabenstellung und vor allen Dingen keine versteckten Kontrollen. Wenn man sie wirken und tun lässt, wie sie es für richtig erachtet, erbringt sie ihre größten Leistungen und Erfolge. Etwas Lob und Anerkennung zur richtigen Zeit beflügeln ihren Arbeitswillen und treiben sie zu weiteren besonderen Anstrengungen an.

Als Mutter und Ehefrau oder Partnerin ist die Fische-Widder-Frau stark, liebt eine harmonische und glückliche Partnerschaft und zieht einen großen Teil ihrer Energie aus einer funktionierenden Familie. Die Familie bedeutet ihr sehr viel, sie kocht und bewirtet mit Leidenschaft und freut sich immer auch über einen unangemeldeten Besuch. Besonders liebt sie Freiräume, das heißt, sie möchte auch dann und wann einmal alleine sein, um sich um ihre eigenen Belange kümmern zu können. Einengung im partnerschaftlichen Bereich ist für sie schlimm, zu starke Einengung macht sie unglücklich. Für sie ist eine gegenseitige Toleranz ein ganz entscheidender Faktor in ihrem Leben. Toleranz heißt für sie Verständnis und Nachsicht. Darauf legt sie gesteigerten Wert ...

Ihre Ziele sind immer hoch gesteckt, sie ist auch bereit zu kämpfen, um ein erstrebenswertes Ziel zu erreichen. Kämpfen ist überhaupt ein Schlüsselwort für sie, es macht einer Fische-Widder-Frau wenig Spaß, wenn ihr die Dinge in den Schoß fallen, sie will sie mit Fleiß und Anstrengung erreicht haben, dann ist sie erst wirklich zufrieden.

Niveaulose Menschen in ihrem Umfeld sind ihr eine Bürde. Flache Witze und sonstige ungehobelte Dinge lehnt die Fische-Widder-Frau ab. Lieber ist ihr ein gepflegtes Ambiente und ein schönes Essen in Gesellschaft friedvoller Menschen mit einem intelligenten Sinn für Humor.

Sie ist ein toller Charakter mit vielen ungeahnten Möglichkeiten, sozusagen eine immer interessante Frau ...

STIER

Aszendent Stier

Eine großzügige Frau mit viel Charme, harmonisch vereint mit Gemütlichkeit, Beständigkeit und Zuverlässigkeit. Natürlich kann sie auch extrem dickköpfig sein. Ein ausgeprägtes Sicherheitsbedürfnis spielt eine zentrale Rolle im Leben der Stier-Stier-Frau.

Bodenständigkeit, Hilfsbereitschaft und Loyalität sind hier die herausragenden Eigenschaften. Wo die Stier-Stier-Frau helfen kann, hilft sie gerne, manchmal ist es aber des Guten zu viel. Die Gefahr, ausgenutzt zu werden, ist sehr groß bei ihr, weil sie doch oft zu vertrauenswürdig und viel zu unüberlegt ihre Hilfe und Mitarbeit anbietet. So sind natürlich Enttäuschungen immer wieder an der Tagesordnung und der Ärger ist vorprogrammiert. Manchmal hält sie auch zu lange an Dingen fest, kann sich nicht lösen und verfällt immer wieder in die gleichen Muster, die damit anfangen, einfach nicht "Nein" sagen zu können.

Im beruflichen Bereich ist die doppelte Stier-Frau die Zuverlässigkeit selbst. Immer hochmotiviert, sehr strebsam und voll engagiert. Man kann sich auf sie verlassen, sie liebt ihre Arbeit und den daraus resultierenden Erfolg. Erfolg und Anerkennung ist ihr sehr wichtig, weil es für sie Energien freisetzt, um immer wieder voll Gas zu geben.

Führung ist die andere Geschichte, hier muss man den richtigen Ton wählen, um zu ihr auch den Zugang zu finden, der es ermöglicht, alles aus ihr herauszuholen. In vielen Fällen ist sie zu introvertiert, öffnet sich zu wenig und leidet dadurch sehr stark, was zur Folge hat, dass sie enttäuscht ist und den Mut verliert.

Die Stier-Stier-Frau ist ein sehr verletzbarer und sensibler Mensch, der sich vieles oft viel zu schwer macht und unheimlich schnell leidet. Hier sollte sie mehr Lockerheit und Gelassenheit entwickeln und persönliches Wachstum anstreben. Es wird ihr gut tun, und sie wird leichter und entspannter leben können.

Ihr Familiensinn ist durch nichts zu übertreffen, sie mag es, Freunde und Gäste einzuladen und bewirtet diese mit großer Begeisterung. Dass sie eine ausgezeichnete Köchin ist, ist jedem bekannt, und man schätzt ihre besondere Art, ausgefallene Gerichte zu präsentieren. Es macht ihr Spaß, ihre Gäste zu verwöhnen und sie freut sich über das Lob und die Anerkennung, die man ihr entgegenbringt. Sie genießt es, im Kreise ihrer Freunde zu sein und mit Fröhlichkeit und Frohsinn die angenehme Atmosphäre zu genießen.

Jeder mag die Stier-Stier-Frau, weil sie immer gut gelaunt, fröhlich und immer hilfsbereit auftritt und sich leicht auf ihre Mitmenschen einstellt, deren Sorgen und Probleme sie ihnen von den Augen ablesen kann. Die Stier-Stier-Frau ist eine tolle, wunderbare, nie in den Mittelpunkt tretende Frau. Sie sollte so bleiben wie sie ist und die wunderschönen Dinge des Lebens genießen ...

ZWILLING

Aszendent Stier

Diese beiden Prägungen sind zwar nicht optimal in der Ergänzung, aber auch nicht zu gegensätzlich, es gibt genug Bereiche, wo sie sich gut unterstützen und diverse Defizite untereinander ausgleichen können. Mit der Prägung aus ihrer Geburtsstunde (Stier) bremst die Zwilling-Stier-Frau die Hektik und zum Teil übertriebene Aktivität aus der Geburtstagsprägung (Zwilling) aus.

Eine besondere Fähigkeit hat dieser Charakter im kaufmännischen Bereich. Hier setzt die Zwilling-Stier-Frau ihre vorhandenen Talente clever und geschickt und mit viel Weitsicht um. Durch die Ruhe und Gelassenheit aus dem Stier-Einfluss gelingt es ihr, ruhig und sicher aufzutreten und dadurch natürlich an Format und Persönlichkeit zu gewinnen.

Von allen Zwilling-Charakteren ist sie mit Sicherheit die häuslichste Prägung. Ihr starkes Bedürfnis nach Kommunikation bleibt dadurch ungetrübt und ihre überdurchschnittliche Gastfreundlichkeit wird sogar stark betont. In ihrem Leben ist Bewegung und Engagement, die Zwilling-Stier-Frau ist immer auf der Suche nach neuen Wegen und neuen Aufgaben. Stillstand heißt bei ihr Rückschritt.

Menschen sind ihr Leben, und mit Menschen möchte die Zwilling-Stier-Frau auch immer und überall zusammen sein. Die Bestätigung für ihr tägliches Tun ist ihr wichtig, im Mittelpunkt zu stehen ist es ebenso, aber nicht entscheidend. Manchmal übertreibt sie ihren Einsatz und ihr Engagement, oft ist sie zu schnell für ihre Mitmenschen, die sich zum Teil überfordert und überrollt fühlen. Hier muss sie die richtige Dosis noch finden, ab und zu den Druck herausnehmen und sich auch immer wieder mal auf die neue Situation und unterschiedliche Charaktere einstellen. Sie sollte nicht immer versuchen, sich in den Blickpunkt zu stellen, sondern sich auch manchmal zurücknehmen und Ruhe und Gelassenheit einkehren lassen.

Manchmal unterstellt man der Zwilling-Stier-Frau Arroganz. Das stimmt so nicht, wirkt aber aufgrund ihres dominanten Auftretens so. Hier hat sie noch gute Entwicklungsmöglichkeiten. Natürlich hat sie auch eine sehr sensible Seite und eine hohe Verletzbarkeit. Oft sollte sie nicht alles auf die Goldwaage legen, vielmehr sollte sie zuerst überlegen und dann gezielt antworten.

Ein weiterer Punkt bei dieser Frau ist, dass sie Belastungen in sich aufnimmt und darüber oft nicht ausführlich sprechen kann. Sie sollte lernen, sich ihre Probleme von der Seele zu reden – es würde ihr dabei besser gehen. Stattdessen trägt sie all ihre Sorgen mit sich herumträgt und ärgert sich ständig darüber.

Als Mutter, Hausfrau, Ehefrau oder auch Partnerin hat diese Frau gelernt zu dienen, natürlich im positiven Sinne. Alles, was die Zwilling-Stier-Frau tut, macht sie aus innerster Überzeugung und mit großer Begeisterung. Oft übertreibt sie diese Dinge, aber ihr Umfeld ist meist daran gewöhnt ... Die Folge ist dann, dass aus Handlungen Gewohnheiten werden. Diese dann wieder zu ändern, fällt natürlich sofort auf. Sie sollte beim "Nein" bleiben, wenn sie "Nein" meint, und nicht in ihr altes Muster zurückfallen.

Die Zwilling-Stier-Frau ist eine bodenständige, liebenswerte und wärmende Frau, für die Harmonie und Offenheit ihre wichtigsten Tugenden sind, und daran sollte sich ihre Umwelt orientieren ...

KREBS

Aszendent Stier

Die Krebs-Stier-Frau ist harmoniebezogen und mit großem Familiensinn und einem sehr ausgeprägten Bedürfnis nach zwischenmenschlicher Wärme ausgestattet, sowie einer sehr gezielten Umgangssprache. Es ist wichtig für sie, ein geordnetes Familienleben zu führen. Streit und Missgunst belasten sie derart, dass sie dann nur sehr schwer das Gleichgewicht halten kann.

Die Familie geht der Krebs-Stier-Frau über alles, dort entwickelt sie ihre Kraft für das tägliche Leben und ihre beruflichen Verpflichtungen. Der Beruf spielt bei ihr somit nicht die erste Geige. Ihre Kinder wie auch ihr Mann sind der Lebensmittelpunkt. Für diese tut die Krebs-Stier-Frau nicht nur alles, sondern übertreibt dies auch manchmal maßlos, was natürlich oft als Enttäuschung wiederkehrt. Dieser Frauentyp muss definitiv lernen, "Nein" zu sagen und auch dabei zu bleiben, denn sonst könnte auf Dauer der Eindruck entstehen "die Mama macht das schon". Die Gefahr ist groß, dass man sie ausnutzt und ihr gerne sämtliche Arbeiten überlässt. Dann ist die Enttäuschung vorprogrammiert und ein Gefühl seelischer Belastung die Folge.

Die Krebs-Stier-Frau ist gerne bereit zu dienen und hat damit überhaupt kein Problem. Viele Menschen, Freunde und Bekannte suchen darum bei ihr Rat und weinen sich bei ihr aus. Sie ist eine Sympathieträgerin und gewinnt auf Grund ihrer Art und ihrer Persönlichkeit schnell das Vertrauen ihrer Freunde und Bekannten. Leider wird die Krebs-Stier-Frau auch hier hin und wieder ausgenutzt und ihre Bereitschaft zum Helfen wird oft missbraucht. Daher muss sie lernen, auch einmal einen Riegel vorzuschieben und mehr auf sich zu achten.

Insbesondere sollte diese Frau in vielen Belangen egoistischer und ichbezogener werden. Es darf nicht sein, dass sie immer nur für die anderen da ist und bei eigenen Problemen allein dasteht. Denn dann kommt die Frustration und Depression, die sie dann um Längen zurückwirft, ja oft sogar gesundheitliche Probleme entstehen lässt. Dem sollte sie vorbeugen und immer wieder ihr Geben und Tun genau überprüfen.

Im Beruf ist die Krebs-Stier-Frau solide und verrichtet ihre Arbeit mit Freude und großer Begeisterung. Sie ist bescheiden und hat nicht allzu hohe Ansprüche, was die Führung oder die Aufstiegsmöglichkeiten angeht. Das soll nicht heißen, dass sie derartiges ablehnt, vielmehr möchte sie zum Ausdruck bringen, dass bei ihr die Familie vor dem Beruf kommt und sie ihre besonderen Verpflichtungen auch dort sieht.

Sie ist eine großartige Gastgeberin und eine herausragende Köchin. Alles, was sie tut, macht sie mit Herzblut und einer besonderen Neigung und Veranlagung.

Die Krebs-Stier-Frau liebt das Gesellschaftliche und hat sehr gerne Menschen um sich herum. Lob und Anerkennung beflügeln sie und sind für sie wichtig, um ihr seelisches Gleichgewicht zu halten.

Die Krebs-Stier-Frau ist eine liebenswerte, immer gut aufgelegte und tiefgründige Frau, die ihre Stärke in ihrer Ausstrahlung und in ihrer gebenden Wärme und Zuneigung sieht ...

LÖWE

Aszendent Stier

Diese Charakterfrau ist geprägt von Willensstärke, Ehrgeiz und Selbstsicherheit, aber auch Anmaßung und Eigenwilligkeit sind die wesentlichen Merkmale ihrer beiden Prägungen. Oft ist die Löwe-Stier-Frau sehr zielbewusst und beharrlich, was aber auch immer wieder zu Verbissenheit führt. Andererseits ist sie sehr großzügig, emotional und auch sehr materiell orientiert.

Verantwortung zu übernehmen ist für die Löwe-Stier-Frau die natürlichste Sache der Welt, ja sie macht dies mit großer Freude. Sie macht hier auch keinen Unterschied zwischen Familie und Beruf. Eine besondere Kunst beherrscht sie ganz natürlich, nämlich Führung nicht mit Bevormundung zu verwechseln.

Die Löwe-Stier-Frau liebt den Erfolg, dafür tut sie viel. Ehrgeiz braucht sie nicht zu lernen, der ist ihr in die Wiege gelegt worden. Wichtig ist für sie in diesem Zusammenhang aber auch der Mittelpunkt, sie will im Zentrum sein und nicht nur am Rande, das ist ihr wichtig, ansonsten würde sie auf Dauer Probleme mit etwas haben.

Dass ihre Grundeinstellung aber auch zur Herrschsüchtigkeit und überzogenem Egoismus neigt, mag diese Frau oft nicht wahrhaben. Dadurch verliert die Löwe-Stier-Frau dann immer wieder bei diversen Menschen die Akzeptanz und die notwendige Anerkennung. Hier kann sie einiges an sich selbst verändern. Hilfreich dabei ist mentales Training, Suggestion und Meditation. Mit diesen Maßnahmen kann sie ihre manifestierten Grundmuster im Unterbewusstsein herauslösen und gezielt durch neue Muster ergänzen.

Durch diese gezielte Veränderung erreicht sie mehr Souveränität und natürlich mehr persönliche Autorität und letztendlich die gewünschte Akzeptanz.

Oft ist die Löwe-Stier-Frau auch zu sensibel und legt vieles auf die Goldwaage, dadurch mindert sie ihr Führungsverhalten und natürlich auch die Qualität all ihrer anderen Fähigkeiten. Das muss nicht sein, diesen Schuh sollte sie sich nicht anziehen.

Ein anderes Problem ist, dass die Löwe-Stier-Frau dazu neigt, nicht verarbeitete Vorgänge in sich hineinzufressen und dadurch verkrampft und unsicher wirkt. Das ist natürlich nicht sinnvoll, sie sollte über ihre Belastungen reden und diese Punkte nach außen bringen. Damit lebt es sich besser und es wird auch schneller eine Lösung geben, die sie selbst rundum zufrieden stellt.

Als Mutter und Hausfrau ist die Löwe-Stier-Frau wie im Beruf schnell und erfolgsorientiert. Gerne setzt sie ihre Familienmitglieder für bestimmte Aufgaben ein, um hier schnell zum Ziel zu kommen. Denn auch für Freizeit und Sport sowie für Kunst muss eine Restzeit vorhanden sein. Im Sport ist es ganz klar das Ziel der Löwe-Stier-Frau, immer gewinnen zu wollen, nur einfach so mitzumachen interessiert sie nicht.

Hier haben wir mit Sicherheit eine sehr aktive Frau – anstrengend, aber liebevoll und immer voller Tatendrang und Begeisterung: Eine Frau, mit der man die berühmten Pferde stehlen kann ...

JUNGFRAU

Aszendent Stier

Zwei Prägungen, die sich nicht nur wunderbar verbinden, sondern darüber hinaus ergänzen und unterstützen. Dies ist eine tolle Konstellation, mit der die Jungfrau-Stier-Frau viel bewegen und erreichen kann. Sie muss nur einige kleine Veränderungen bei den Gewohnheits- und Verhaltensmustern stabilisieren und miteinander in Einklang bringen. Dann wird sie ein Optimum aus ihren persönlichen Möglichkeiten erzielen. Die Jungfrau-Stier-Frau ist friedvoll und praktisch veranlagt und verfügt über einen sehr ausgeprägten und gesunden Menschenverstand. Materielle Sicherheit steht bei ihr absolut im Vordergrund, sie ist sozusagen ein Grundbedürfnis. Ihre Einstellung zur Arbeit und zu ihren Aufgaben ist immer positiv. Sie hat ein hohes Pflichtgefühl und eine absolute Zuverlässigkeit zeichnet sie aus. Die von ihr begonnen Aufgaben werden in kleinen Schritten, aber beharrlich und effizient verwirklicht. Bei dieser Frau treffen wirklich zwei wunderbare Prägungen aufeinander, die sich so positiv ergänzen, dass es manchmal schon nicht mehr zu glauben ist.

Ganz abgesehen von ihrer Grundeinstellung im Leben, die da Dienen heißt, bringt die Jungfrau-Stier-Frau natürlich noch sehr viel Gefühl und Wärme mit ein. Den Menschen fällt es leicht, sie zu lieben, nicht nur, weil sie alle gleich und fair behandelt, sondern auch, weil sie für alles eine Lösung findet. Wie so oft jedoch steht ihr Geben in keinem Zusammenhang mit ihrem Nehmen, und hier ist der einzige Punkt, wo sie wirklich aufpassen muss. Denn es gibt so viele Menschen, die nur fordern. Sie ist immer bereit zu geben, aber es kommt auch der Punkt, wo für sie dadurch Enttäuschungen entstehen und sie darüber nachdenken sollte, ob sie dem einen oder anderen gegenüber ihre Haltung einmal in Ruhe überdenken sollte. Sonst kann doch zu viel Frust und Ärger für sie entstehen, was sie dann viel Energie kostet und auch kurzzeitig bei ihr zu leichten Depressionen führen kann.

Ihren Beruf sucht die Jungfrau-Stier-Frau zumeist in sozial strukturierten Bereichen, immer da, wo sie am Menschen direkt arbeiten kann. Ob Krankenhaus oder Altenheim, im Vordergrund steht der Mensch, dort ist sie glücklich und partizipiert am Erfolg, den sie hier selbst generieren wird. Die Liebe zu den Menschen ist ihr in die Wiege gelegt worden. Durch ihre innere Einstellung und die Warmherzigkeit, die sie durch ihr Auftreten vermittelt, hat sie schnell Zugang zu allen Charakteren. Die Menschen suchen ihren Rat nicht nur, weil sie kompetent ist, sondern auch, weil sie Wärme vermittelt. Es gibt keinen Charakter im Frauenbereich, der das besser kann als die Jungfrau-Stier-Frau, und darauf kann sie wirklich stolz sein!

Genauso ist es auch bei der Jungfrau-Stier-Frau zu Hause. Sie ist der Mittelpunkt und keiner neidet es ihr, ob ihre Kinder oder ihr Mann oder Freunde und Bekannte, alle suchen ihre Nähe, ein Gespräch mit ihr und ihre wirkliche

Liebe. Bei einer Jungfrau-Stier-Frau kann man wirklich sagen, dass sie im Dienste der Menschheit steht, sie erfüllt einen Auftrag, und es ist ihr ein Herzenswunsch, Menschen, egal welcher Gesinnung oder Herkunft, glücklich zu machen. Deshalb ist sie einmalig, einzigartig und eine große Frauenpersönlichkeit. Alle können stolz auf sie sein ...

WAAGE

Aszendent Stier

In der Waage-Stier-Frau offenbaren sich zwei ganz besondere Prägungen, nämlich Beständigkeit und Ästhetik. Zwei Prägungen, die wunderbar miteinander harmonieren und sich sehr gut ergänzen.

So ist die Prägung aus dem Geburtstag (Waage) führungsorientiert, dominant, genussfreudig und sehr niveauvoll. Aus ihrer Geburtsstunde (Stier) kommen Bodenständigkeit und der Sinn für einen großzügigen und eleganten Lebensstil dazu, also Elemente, die sich ergänzen und die Waage-Stier-Frau überaus interessant machen. Sie weiß, was sich gehört, denn Anstand und gute Umgangsformen sind ihr in die Wiege gelegt worden. Das natürlich erwartet sie auch von ihrer Umwelt, ihren Freunden und Bekannten. Wer sich hier nicht an die Spielregeln hält, wird ganz locker von ihr darauf aufmerksam gemacht; das geht so weit, dass sie hier sogar sehr energisch werden kann.

Wenn die Waage-Stier-Frau eines nicht leiden kann, dann ist das Oberflächlichkeit und niveauloses Verhalten. Hier ist sie sehr empfindlich und versteht auch keinen Spaß. Das mag oft arrogant wirken, was man ihr auch des Öfteren nachsagt, aber das ist es mit Sicherheit nicht. Sie handelt einfach ihrem eigenen Gefühl für ein gutes Benehmen entsprechend. Und davon sollte sie sich auch nicht abbringen lassen. Ihr Intellekt ist stark ausgeprägt, ihre Vorstellungen sprengen schon mal den Rahmen, das hat aber damit zu tun, dass sie weit über den Tellerrand hinaussehen kann und auch im Kollegenkreis, insbesondere bei männlichen Kollegen, den Mut zum Widerspruch hat. Viele Männer haben dadurch ein Problem mit dieser Frau.

Im Beruf ist die Waage-Stier-Frau grundsätzlich in Führungspositionen angesiedelt, dort ist sie zu Hause, dort fühlt sie sich wohl. Sie braucht die

Verantwortung und die Bestätigung durch ihre Tätigkeit. Das motiviert sie und macht sie stark. Ein kleines Problem belastet sie doch dann und wann, und zwar hält sie oft zu lange an Problemen und Vorgängen fest. Hier sollte sie ihre Gebrauchs- und Verhaltensmuster überprüfen und gegebenenfalls ändern. Denn hier verbraucht sie oft sehr viel Energie, die ihr dann an anderen Stellen wieder fehlt. Auch das diplomatische Taktieren kann noch wesentlich verbessert werden. Vieles legt sie auf die Goldwaage und zieht sich einen Schuh an, der ihr überhaupt nicht gehört.

In der Familie ist die Waage-Stier-Frau der zentrale Mittelpunkt. Alles läuft bei ihr zusammen. Sie zieht die Fäden, und alle sind dankbar; auch ihr Partner lässt sie gewähren und ist froh, dass er sie hat. Es geht dieser Frau alles leicht von der Hand, sie delegiert professionell auf allen Ebenen und lenkt die Geschicke innerhalb der Familie bestens.

Sie ist eine begehrenswerte Frau mit hohem Anspruch, großem Können und unglaublicher persönlicher Ausstrahlung, eben ein wahrer Diamant, der entsprechende Behandlung erwartet und sie auch sucht ...

SKORPION

Aszendent Stier

Eine ganz besondere Frau, ein Juwel, wenn man sie begreifen lernt und sie in ihrem Verhalten versteht, insbesondere aber, wenn es einem gelingt, sie im Herzen zu berühren. Wenn dies nicht gelingt und die Skorpion-Stier-Frau nicht annähernd gefühlsmäßig erfasst wird, ist es schwer, einen guten Umgang mit ihr zu finden

Warum ist das bei der Skorpion-Stier-Frau so? – Sie hat zwei sehr unterschiedliche Prägungen in sich vereint, die aber beide eine starke Sensibilität beinhalten und die sie sehr tiefgründig fühlen lassen. Im Klartext: Diese Frau ist eben nicht oberflächlich, sondern sehr leicht zu verletzten. Sie nimmt vieles allzu persönlich und belastet sich sehr stark damit, auch wenn es nur um Kleinigkeiten geht. Und hier sollte sie ansetzen, lockerer und gelassener zu werden, um ein stabileres Selbstbewusstsein aufzubauen. Das heißt nicht, dass sie von vornherein kein starkes Selbstbewusstsein besitzt, aber sie selbst stellt es immer wieder in Frage, was sie aufgrund ihrer Persönlichkeit nicht nötig hätte.

Von ihrem Geburtstag her ist die Skorpion-Stier-Frau bodenständig, hilfsbereit, loyal und immer zum Dienen bereit, was nicht immer sinnvoll ist. Andere gewöhnen sich an ihre starke Hilfsbereitschaft. Aus ihrer Geburtstunde hat sie Eigenständigkeit, den Willen zum Erfolg, die Bereitschaft zu kämpfen und alles zu geben. Was sie nicht mag, ist Kontrolle und Bevormundung, dies raubt ihr jegliches Vertrauen, das sie benötigt, um erfolgreich zu arbeiten. Im Beruf ist diese Frau dann erfolgreich, wenn man sie schalten und walten lässt, ihr das besagte Vertrauen schenkt und sie immer wieder in ihren Leistungen bestätigt. Der Umgangston spielt eine entscheidende Rolle und bedingt, ob sie erfolgreich sein wird oder nicht.

Für die Familie ist die Skorpion-Stier-Frau wirklich ein Juwel, nicht nur, weil sie alles kann, sondern auch, weil sie alles, was sie tut, mit Herzblut tut. Es ist ihr nichts zu viel, aber dann und wann sollte sie dennoch bereit sein, etwas an Arbeit abzugeben. Denn es kommt schon vor, dass sie Arbeiten für mehrere Personen durchführt. Oft reißt sie sogar die Arbeit anderer an sich, was zu Unmut von Seiten ihrer Kollegen führen kann.

Sie braucht für ihr Glück eine intakte Familie, aus der sie Kraft und Energie ziehen kann. Wenn es ihr auf allen Ebenen gut geht, und das strebt sie täglich an, kann sie wirklich Bäume ausreißen. Diese Frau besitzt sehr viel Energie und Kraft und strahlt das auch immer aus. Die Menschen mögen sie und suchen oft ihre Nähe und das Gespräch mit ihr.

Dieser Charakter gehört zu einer außergewöhnlichen Frau, die jedoch stark abhängig von ihrem Umfeld ist, davon wie sie behandelt und ob sie geliebt wird. Wenn dies der Fall ist, ist sie nicht aufzuhalten. Die Skorpion-Stier-Frau ist einfach großartig in ihrer Ausstrahlung und ihrer immer wiederkehrenden Freude am Leben ...

SCHÜTZE

Aszendent Stier

Diese Prägungsvariante macht den Schütze-Charakter zwar nicht zum Phlegmatiker, doch durch den Stier-Einfluss wird die Bodenständigkeit und Sesshaftigkeit der Schütze-Stier-Frau schon stark betont und gefestigt. Auch ihre Sinnlichkeit und ihre Gefühle werden bei dieser Prägung wesentlich mehr betont als bei anderen Schütze-Kombinationen.

Die Schütze-Stier-Frau tritt als charmante Missionarin und Freiheitssucherin auf und gewinnt dadurch viele Sympathien. Eine besondere Liebe hat sie für die Natur, die ihr sehr viel an Zufriedenheit und Glückseligkeit einbringt. In der Natur kann sie auftanken und neue Energien entwickeln. Ihre sportlichen Ambitionen nimmt sie hierfür lieber ein wenig zurück und widmet sich mehr dem künstlerischen Element, welches sie mit Begeisterung pflegt.

Fleiß und Aktivität sind Eckpfeiler ihres täglichen Tuns. Ebenso ausgeprägt bei der Schütze-Stier-Frau sind aber auch ihre wechselnden Gefühle von ganz oben nach ganz unten. Hier leidet sie schnell, weil es ihr schwerfällt, ein Mittelmaß zu erreichen und die Kraft aufzubringen, nicht ganz nach unten durchzurutschen. Durch diese Extreme verliert sie immer mal wieder sehr viel Energie, die sie für andere Dinge gut gebrauchen könnte. Sie sollte bewusst versuchen, die eben genannten sehr wechselhaften Gefühlsschwankungen rasch in den Griff zu bekommen, am besten durch mentales Training, Suggestion und Meditation. Wenn das diesem Charakter gelingt, wird die Schütze-Stier-Frau bedeutend mehr Souveränität erreichen und dadurch lockerer und gelassener agieren können. Zudem stärkt es ihr Profil und ihr Führungspotenzial.

Aufpassen sollte man bei einer Schütze-Stier-Frau auch auf den richtigen Ton im geschäftlichen, wie aber auch im privaten Umgang. Man kann sich viel ersparen, wenn man sich hier einigermaßen bemüht und sie in ihrem Grundverhalten verstehen lernt.

Einen weiteren Bereich in ihrem Charakter sollte sie selbst auch noch beachten, und zwar neigt diese Frau dazu, immer wieder zu wenig zu sprechen und zu argumentieren. Sie frisst vieles in sich hinein - so lange, bis ihr der Kragen platzt. Und das ist nicht gut, weil sie dann unkontrolliert und unangemessen um sich schlägt und sich somit viele Sympathien verscherzen wird. Sie sollte lernen, etwas früher aus sich herauszugehen, sich frühzeitig zu wehren und über ihren Kummer zu sprechen. Dadurch kann sie sich lösen und angemessen und fair reagieren.

Als Mutter, Hausfrau und Ehefrau ist die Schütze-Stier-Frau immer bestrebt, den Hausfrieden hochzuhalten und durch besondere Einfälle und witzige Ideen ihre Familie zu überraschen und auch zu verwöhnen. Ihre Kochkünste sind über die Grenzen hinaus bekannt, deshalb kommen Freunde und Bekannte gerne zu ihr. Sie liebt ihre Gäste und braucht ihre Bestätigung, denn das motiviert sie, ihr Bestes zu geben. Oft wächst sie dann über sich hinaus. Dies wiederum ist Labsal für ihre Seele und für ihr Gleichgewicht. Besonders zu erwähnen ist auch noch, dass dieser Frau keine Arbeit zu viel ist, und sie die Stunden nicht zählt, die sie dafür im Einsatz ist.

Die Schütze-Stier-Frau ist eine wahrhaft fürsorgliche, loyale, bodenständige und immer liebenswerte Frau, der ein bisschen mehr Zeit für ihre Regeneration gut tun würde ...

STEINBOCK

Aszendent Stier

Die Steinbock-Stier-Frau ist eine Frau mit derart vielen Prägungen und Charakterzügen, dass man sich überlegen muss, welche nun die wichtigsten sind.

Zunächst ist die Steinbock-Stier-Frau ein unnahbarer, sehr in sich gekehrter und sensibler Mensch. Das heißt, viele Menschen ordnen sie zunächst völlig falsch ein, weil ihr Auftreten im ersten Moment nicht ihren wirklichen Charakter offenbart. Diese Frau ist vorsichtig und sicherheitsbedacht. Risiken möchte sie grundsätzlich von vornherein ausschließen. Sie geht ausschließlich auf die sichere Seite und wägt genau ab, ob es Sinn macht, sich zu engagieren.

Zum anderen hat sie einen eigenen Kopf; Bevormundung, Kontrolle und Wichtigtuerei mag sie gar nicht. Das wiederum heißt: Nur wer sie sprachlich richtig berührt, den richtigen Ton anschlägt, wird bei ihr Gehör finden. Hier ist sie empfindlich und anfällig.

Sie hat eine feine, empfindsame Seele und eine besonders sensible Weltsicht. Das ist es auch, was sie oft unglücklich und unzufrieden macht. Hier besteht Lernbedarf für sie, viele Dinge nicht immer auf die Goldwaage zu legen und sich nicht immer den falschen Schuh anzuziehen.

Im beruflichen Bereich braucht und sucht die Steinbock-Stier-Frau die Führungsaufgabe mit viel Verantwortung, Freiraum und der nötigen Entscheidungskompetenz. Wenn man ihr diese Möglichkeiten einräumt und ihr vertraut, dann wächst sie über sich selbst hinaus und bringt beeindruckende Leistungen. Wenn nicht, wird sie nicht lange in diesem Unternehmen bleiben.

Mit ihrer Zuverlässigkeit und ihrer Loyalität sucht sie ihresgleichen. Wärme, Zuneigung und die richten Worte in allen Bereichen des Lebens und zur richtigen Zeit sind für sie ein Labsal für die Seele. Und das ist der entscheidende Punkt in ihrem Leben, hier unterscheidet sie sich gravierend von ihren Mitmenschen: Die Steinbock-Stier-Frau ist und bleibt ein Gefühlsmensch mit Tiefgang. Oft ist es natürlich auch belastend, spätestens dann, wenn man sie falsch einschätzt und sie eben nicht so behandelt, wie sie es sich wünscht ...

Als Mutter und Hausfrau ist die Steinbock-Stier-Frau unschlagbar, sowohl im Kochen wie auch in ihrer Gastfreundschaft. Sie hat gerne liebe Menschen um sich herum. Für ihre Kinder ist sie ein Juwel, weil sie ihnen alles von den Augen abliest. Gerne macht sie Urlaub in einer stillen Umgebung, in den Bergen oder auch in der Karibik. Sie genießt das schöne Ambiente beim Essen und in der Natur.

Ihr Mann bzw. ihr Partner kann stolz sein, mit ihr durchs Leben gehen zu dürfen. Die Steinbock-Stier-Frau ist eine tolle, anspruchsvolle und sehr verständnisvolle Frau, die es wirklich verdient hat, geliebt zu werden ...

WASSERMANN

Aszendent Stier

Hier ist eine Frau, in der sehr widersprüchliche Kräfte zusammenwirken. Dennoch ist die Wassermann-Stier-Frau aufgrund ihrer Persönlichkeit und ihrer Ausstrahlung sehr beliebt. Problematisch ist manchmal ihr ausgeprägtes

Phlegma, was ihre Energien und Aktivitäten lahmlegen kann. Dadurch bleiben einige ihrer Fähigkeiten in den Kinderschuhen stecken, was aber nicht heißt, dass man das nicht ändern kann ...

Die Wassermann-Stier-Frau sollte darauf achten, dass sie aufgrund ihres materiellen Sicherheitsbedürfnisses nicht an Originalität verliert. Mit ihrem Geburtstag (Wassermann) hat sie eine Prägung mit Tiefgründigkeit, Wärme, Entscheidungsfreude, Kreativität und hoher Intelligenz. Mit ihrer Geburtsstunden-Prägung (Stier) reduziert sich ihr Grundverhalten aus dem Wassermann: Alles, was diese Frau als Wassermann kreativ aufbaut und entwickelt, stellt sie dann häufig mit dem Stier als Aszendent in Frage. Es fehlt dieser Frau oft die Spontaneität, etwas Risikofreude und die Bereitschaft, Dinge sofort anzugehen bzw. eine rasche Entscheidung zu treffen. Dadurch reduziert sie ihr Erfolgsverhalten oder ihren Erfolg insgesamt. Sie könnte wesentlich mehr bewegen, als sie sich selbst zutraut. In ihr steckt diesbezüglich ein viel größeres Potenzial an Möglichkeiten, sie muss es nur zulassen und die Bereitschaft für eine persönliche Veränderung aufbringen ... Sie sollte ihre oft übertriebene Bodenständigkeit etwas auflösen und spontaner werden, dadurch erhöht sie ihre Flexibilität und ihre Sympathie gegenüber ihren Mitmenschen.

Die Wassermann-Stier-Frau ist sehr begabt darin, Fremdsprachen zu lernen, darüber hinaus besitzt sie die besondere Gabe, tiefgründig Vorgänge zu analysieren und verblüffende Lösungsvorschläge zu erarbeiten.

Viele männliche Kollegen haben ein Problem mit der Wassermann-Stier-Frau, weil ihre starke Persönlichkeit schwer akzeptiert werden kann. Meistens sind es schwache Männer, die mit ihr nicht klarkommen, aber darüber sollte sie sich keinen Kopf machen. Dass sie vom Intellekt her vielen überlegen ist, sollte sie eigentlich mehr stärken als schwächen.

Im Beruf strebt sie gerne Führungspositionen an und erreicht diese auch meistens. Sie ist bereit, kreativ und hart zu arbeiten und sucht aber auch die notwendige Anerkennung. Mit schwachen Vorgesetzten hat sie immer ein Problem, weil sie deren Schwächen und Führungsdefizite klar erkennen kann und nicht akzeptieren wird. Oft sollte sie mehr Diplomatie entwickeln und etwas vorsichtiger handeln, um sich hier viel Ärger und Energieverluste zu ersparen.

Im familiären Bereich ist eine Wassermann-Stier-Frau für klare Verhältnisse. Hier steht sie oft im Konflikt mit ihrem Partner, weil sie ihre eigenen klaren Vorstellungen von einer Familie hat.

Wenn man sie erkennt, sie richtig im Herzen berührt und sie so nimmt, wie sie es sich vorstellt, hat man eine ganz besondere Frau mit hohem Anspruch, mit der man sich überall, auf jedem Parkett und zu jedem Anlass, sehen lassen kann.

Also eine ganz besondere Frau mit Stil, toller Ausstrahlung, Esprit und großer Wärme ...

FISCHE

Aszendent Stier

Dieser Charakterzug ist schon etwas Besonderes, hier treffen zwei vergleichbare Charakterzüge aufeinander, zum einen der gefühlvolle, führungsorientierte Fische-Charakter und zum anderen der ebenfalls sensible, aber sehr bodenständige Stier-Typ. Hier haben wir eine Frau der leisen Töne, aber mit klaren Vorstellungen.

Im Beruf sucht die Fische-Stier-Frau gerne führende Positionen, ist aber auch bereit zu dienen, wenn die Bedingungen für sie in Ordnung sind. Ihre Mitarbeiter sollten einen bewussten Umgang mit ihr pflegen, dann kann sie ein Höchstmaß an Leistung erbringen. Sie ist sehr kreativ, erfolgsorientiert und kooperativ. Allein die Sprache ist es, mit der man sie führen und begeistern kann. Hier ist sie sehr empfindlich und schnell verletzt. Man muss einfach damit rechnen, dass sie sehr gefühlsbetont ist und dadurch auch sehr schnell aus ihrer Mitte geworfen wird. Laute Töne und Geschrei kann sie nicht ausstehen. Sie liebt den klaren Ton und die ehrliche Aussage und kann gut mit konstruktiver Kritik umgehen. An das sollte man sich bei ihr halten, will man mit ihr ohne Probleme über die Runden kommen.

Genauso wichtig wie der Beruf ist der Fische-Stier-Frau aber auch ihre Familie. Sie ist nicht nur eine Karrierefrau, sondern auch gerne Mutter und Hausfrau. Und das mit Leidenschaft. Sie kocht und bewirtet gerne, sie hat gerne Freunde um sich herum und liebt ein buntes Gesellschaftsleben. Lob, Anerkennung und

Bewunderung empfindet sie als Streicheleinheiten für ihre Seele. Das braucht sie und das sucht sie auch.

Die Fische-Stier-Frau ist kein Streittyp, sondern sucht immer den harmonischen Ausgleich. Streit und Missgunst vermeidet sie, wann immer sie kann. Doch das kostet sie zu viel Energie.

Kleidung und schönes Aussehen ist für sie wichtig, dafür gibt sie auch gerne ein wenig mehr Geld aus. Sie hat einen besonders guten und oft auch ausgefallenen Geschmack, was bei ihren Freunden und Kolleginnen sehr gut ankommt. Über Geschmack lässt sich ja streiten, aber eine Fische-Stier-Frau hat immer die aktuelle Linie. Dieses Modebewusstsein fliegt ihr mühelos zu, es gehört einfach zu ihrem Wesen.

Was die Fische-Stier-Frau besonders auszeichnet, ist ihre liebenswerte Art, ihre Hilfsbereitschaft und ihr immer wieder freiwilliges Geben. Man könnte sogar sagen, dass sie mehr gibt als sie nimmt, aber sie selbst sieht das nicht so. Nur dann und wann, wenn sie enttäuscht wird, kommen ihr durchaus Zweifel und sie überlegt sich dann schon, wie sie in diesem Bereich manches anders oder besser machen könnte. Sie ist ein Realist mit klar definierten Zielen, aber immer im machbaren Rahmen, ohne die Dinge zu übertreiben ...

Wer die Fische-Stier-Frau als Partnerin, Kollegin oder Freundin genießen darf, hat einen wunderbaren Menschen mit großer Güte, Ehrlichkeit und vor allem großer Zuverlässigkeit an seiner Seite. Ein solcher Fische-Stier-Charakter ist eine tolle Frau mit tollen Anlagen und einer großen Ausgeglichenheit, sozusagen ein Juwel unter den Frauen ...

WIDDER

Aszendent Stier

Dieser Charakter ist bodenständig, konservativ und strebsam. Die Widder-Stier-Frau hat eine starke Persönlichkeit, die allerdings sehr schnell verletzt werden kann. Sie mag keine Kontrolle und schon gar keine Bevormundung. Sie braucht ihren Freiraum und ein großes Maß an Vertrauen.

Mit dem Einfluss aus ihrer Geburtsstunde (Stier) wird die Sensibilität der Widder-Stier-Frau erhöht und ihre empfindsame Seite stärker ausgeprägt. Der

Ton macht bekanntlich die Musik - und dies trifft auch auf sie zu. Denn sie erwartet einen niveauvollen Umgangston und den gebührenden Anstand.

Was die Partnerschaft angeht, so wünscht diese Frau sich einen starken Partner, an den sie sich auch anlehnen kann - und nicht umgekehrt. Wichtig ist ihr auch, dass der Partner ihr genügend Wärme und Zuneigung entgegenbringt. Daneben sollte er verständnisvoll sein und ihr Anerkennung entgegenbringen. Gleichzeitig ist es ihr sehr wichtig, dass ihr Partner versteht, wie es um ihre Gefühle bestellt ist und wonach sie sich sehnt, und er gleichsam in ihr lesen kann.

Die persönliche Schwäche einer Widder-Stier-Frau liegt darin, dass sie wenig diplomatisches Geschick aufweisen kann und alles auf die Goldwaage legt. Im Klartext: eine Widder-Stier-Frau spricht stets aus, was sie denkt, ohne darüber nachzudenken, wie dies bei ihrem Gegenüber ankommen könnte. Sie sollte daher lernen, mehr zu taktieren, abzuwägen und die Dinge des Lebens allgemein etwas lockerer zu sehen. Dadurch würde sie eher innere Zufriedenheit finden, was in der Konsequenz für sie mehr Glück bedeuten würde. Dieses wird sie sicher finden, doch muss sie dafür den Weg der Veränderung einschlagen. Sie sollte versuchen zu wachsen und ihre persönliche Weiterentwicklung voranzutreiben.

Sicher ist, eine Widder-Stier-Frau wird ihren Weg finden, denn die Voraussetzungen, sprich die notwendigen charakterlichen Anlagen, sind in großem Maße bei ihr vorhanden ...

ZWILLING

Aszendent Zwilling

Dieser Charakter hat die Bezeichnung “weiblicher Tausendsassa” verdient, denn die doppelte Zwilling-Frau ist überall gegenwärtig. Getragen von einer inneren Unruhe, will sie alles schnell und überstürzt abwickeln, doch dabei sind ihre Abläufe schneller als ihr Denkprozess. Hier sollte viel Lockerheit und Gelassenheit trainiert werden, um sich auch vor gesundheitlichen Schäden schützen zu können.

Zudem handelt es sich hier um einen schwierigen Charakter mit starkem Geltungsdrang und einem egoistischen Verhalten, der auch große Liebesbeweise von seinem jeweiligen Partner einfordert. Darüber hinaus ist eine Frau mit dieser Charakterprägung schnell wankelmütig und nicht unbedingt treu, da sic vieles ausprobieren und kennen lernen möchte. Die Zwilling-Zwilling-Frau liebt das Leben, die Partys und alles, was Spaß macht. Umgekehrt will sie jedoch alles wissen, neigt zu Eifersucht und zeigt dies auch deutlich. Der Umgang mit ihr erfordert daher ein hohes Maß an Feingefühl und Verständnis. Wer das nicht kann oder nicht tun will, wird mit ihr immer ein Problem haben.

Im Kollegenkreis eckt die Zwilling-Zwilling-Frau leider oft an, weil sie mit ihrer inneren Unruhe und Schnelligkeit die meisten überfordert. Viele Kolleginnen leiten hieraus auch eine gewisse Arroganz ab, was aber überhaupt nicht zutrifft. Doch natürlich entstehen durch solche offenkundigen Unterschiede dann Neid und Missgunst.

Als Familienmensch ist die Zwilling-Zwilling-Frau sehr egoistisch und rechthaberisch. Beim kleinsten Streit sucht sie sich ihre Befriedigung auf ihre Art und Weise - wobei sie es mit der Treue, wie gesagt, nicht so genau nimmt. Als Liebhaberin jedoch ist sie großartig, auch wenn die Beziehungen oft nicht von großer Dauer sind. Denn ihre Ansprüche und ihre Vorstellungen können nur in ganz wenigen Fällen dauerhaft befriedigt werden. Auch hier sollte sie an ihrer eher inkonsequenten und wankelmütigen Veranlagung arbeiten. Genauso kann diese Frau jedoch fleißig sein und hart arbeiten, damit hat sie nie Probleme.

Wenn die Zwilling-Zwilling-Frau es lernt, ihre innere Unruhe zu bekämpfen und ihre Ansprüche auf ein verträgliches Maß zurückzufahren, dann wird sie auch den gewünschten Erfolg in allen Bereichen ihres Lebens erreichen. Das Potenzial und die Möglichkeiten dazu sind in ihrem Charakter auf jeden Fall ausreichend vorhanden. Sie müsste allein lernen, die Kirche im Dorf zu lassen und zu akzeptieren, dass es Menschen gibt, die mit ihrer Schnelligkeit nicht mithalten können und dass somit deren Beurteilung über sie selbst nicht so ausfällt, wie die Zwilling-Zwilling-Frau sich das wünscht.

Also, den Druck etwas herausnehmen und versuchen, den Mitmenschen mehr Verständnis entgegenzubringen - und die Zwilling-Zwilling-Frau wird eine ganz andere Akzeptanz erfahren ...

KREBS

Aszendent Zwilling

Man kann schon sagen, dass diese Prägungen unterschiedlich sind, aber nicht so unterschiedlich, dass es keine Ergänzungen mehr geben kann. Die Zurückhaltung aus der Geburtstagsprägung (Krebs) wird durch die Prägung aus der Geburtsstunde (Zwilling) um einiges ausgeglichen.

Sicherlich ist diese Krebs-Prägung eine der neugierigsten und aufgeschlossensten Prägungen im gesamten Krebs-Reigen. Die einer Krebs-Frau eigene Sensibilität wird durch den Einfluss aus der Geburtsstunde (Zwilling) leicht verdrängt, die Tendenz zum Wankelmut und zur Unbeständigkeit leicht verstärkt. Doch ihr zum Teil naiver, aber liebenswerter Charme ist betörend. Man könnte sagen, die Krebs-Zwilling-Frau steht und fällt mit ihrem unmittelbaren Umfeld, ist aber eine sehr interessante Gesprächspartnerin und liebenswerte Unterhalterin. Geselligkeit und ausgedehnte Reisen sind diesem Charakter enorm wichtig - man könnte ja sonst etwas verpassen.

Die Krebs-Zwilling-Frau ist ein Familienmensch: ehrlich, bescheiden, hilfsbereit und fürsorglich, aber auch schnell verletzt und dadurch auch leicht nachtragend. Manchmal ist sie aber auch unruhig und möchte viele Aufgaben auf einmal erledigen. Dadurch kommt sie in einen inneren Konflikt und verhält sich anderen gegenüber ungerecht und sehr unzufrieden. Ein manchmal übertriebener Ehrgeiz bringt sie in gesundheitliche Probleme. Hier sollte sie über ein gezieltes mentales Training, Suggestion und Meditation Abhilfe schaffen und einige manifestierte Gewohnheits- und Verhaltensmuster überprüfen sowie durch Veränderung neue entwickeln. Durch diese Maßnahmen kann sie ihre Souveränität erhöhen und in Drucksituationen angemessen und effektiv reagieren.

Im Beruf ist die Krebs-Zwilling-Frau zuverlässig, ehrgeizig und gewissenhaft. Der richtige Umgangston spielt bei diesem Charakter eine zentrale Rolle. Der Ton macht nicht nur bei ihr, sondern insgesamt in ihrem Umfeld die Musik. Es ist für sie wichtig, auf einer gehobenen Ebene zu kommunizieren und die richtigen Wörter zu benutzen und den notwendigen Stil zu praktizieren. Hier ist sie nun einmal empfindlich und kann auch nicht anders. Wer den Weg zu dieser Frau nicht findet, nicht in der Lage ist, sie im Herzen zu berühren, wird es schwer haben, mit ihr klarzukommen. Sie muss nicht unbedingt im Führungsbereich tätig sein, sie kann auch in der zweiten Reihe hervorragend zuarbeiten, aber wichtig ist, dass sie genügend Freiraum erhält, um sich entfalten zu können.

Im Sport ist eine Krebs-Zwilling-Frau ebenso ehrgeizig wie auch im Beruf oder in der Familie. Wobei die Familie an sich ihr absolutes Steckenpferd ist. Dort will sie die Richtung bestimmen, dort findet sie Akzeptanz und jeder schätzt ihre Überraschungen, beim Kochen wie beim Backen.

Gäste und Freunde lieben ihre Einladungen, weil sie in jeder Beziehung auf ihre Kosten kommen. Sie ist tolerant, sehr liebenswert, treu und eine Frau für ein ganzes Leben, auf die zudem immer Verlass ist ...

LÖWE

Aszendent Zwilling

Eine Frau mit einer unglaublichen Willenskraft, einem Engagement und einer Begeisterungsfähigkeit, wie es nur ganz, ganz selten in dieser Form bei Frauen vorkommt. Die Löwe-Zwilling-Frau ist einfach auf der Sonnenseite geboren worden, voller Aktivität und positiver Einstellung, immer gut gelaunt, sie hat immer einen lockeren Spruch auf der Zunge und immer eine Lösung für ein Problem.

Probleme gibt es bei der Löwe-Zwilling-Frau grundsätzlich nicht, bei ihr ist immer alles möglich. Egal was sie tut - es wird fast immer gelingen. Aber dies kommt nicht von ungefähr, sondern es hat einfach mit ihrer grundsätzlichen Lebenseinstellung zu tun, so wie sie die Dinge angeht. Ihre Gedanken sind immer nach vorne gerichtet, negative Gedanken existieren in ihrer Vorstellungswelt nicht. Mit ihrem Geburtstagszeichen (Löwe) hat sie Aktivität und Dynamik, sowie Kampfeslust und einen Sinn für Kunst mitbekommen; mit ihrer Geburtstunden-Prägung (Zwilling) die Schnelligkeit, das rasche Umsetzen und das Einstellen auf die unterschiedlichen Dinge des Lebens. Nichts ist einer solchen Frau zu viel oder zu schwer, sie geht es einfach an und schafft es immer, fertig zu werden ...

Im Beruf steht die Löwe-Zwilling-Frau klarerweise immer an vorderster Front, Führungsaufgaben erledigt sie mit Leichtigkeit, und keine Aufgabe ist ihr zu schwer. Es gibt nichts Schlimmeres für sie als Unterforderung im Job; das macht sie nervös und unruhig. Sie braucht den natürlichen Stress, erst dann wächst sie über sich hinaus. Viele männliche Kollegen haben ein großes Problem mit diesem Charakter, weil sie zum einen ihre starke Persönlichkeit nicht akzeptieren wollen und zum anderen sich ungern von einer Frau führen lassen wollen. Natürlich hat ihre persönliche Stärke und Ausstrahlung auch einige Nachteile, mit der die Löwe-Zwilling-Frau aber locker leben kann. Zum Beispiel wird sie von vielen, insbesondere auch von Frauen, als arrogant und angeberisch bezeichnet, was natürlich überhaupt nicht zutrifft. Es hat einfach damit zu tun, dass sie in allen Aktionen schnell, für manche oft zu schnell handelt und agiert, sodass der Eindruck entsteht, sie habe die Absicht, bewusst damit anzugeben. Sie hat einfach eine schnelle Auffassungsgabe, kombiniert mühelos und setzt die Dinge sehr schnell um.

Als Mutter und Hausfrau ist sie fair und teilt die notwendigen Aufgaben gezielt auf. So ist es bei einer Löwe-Zwilling-Frau gang und gäbe, dass sie eine Haushälterin beschäftigt, die sich um die privaten und haushaltsüblichen Dinge kümmert. Ihr selbst würde aufgrund ihrer beruflichen Perspektiven auch nur wenig Zeit bleiben, sich intensiv um den Haushalt zu kümmern.

Ihr Partner, Ehemann oder Lebensgefährte hat es nicht leicht mit ihr; entweder er passt sich ihrem Rhythmus an oder er zieht die Konsequenzen.

Ihr Anspruch an das Leben ist insgesamt gesehen hoch und für viele nicht nachvollziehbar. Diese Frau liebt eine niveauvolle Gesellschaft, sieht sich gerne im Mittelpunkt und freut sich über jedes ernst gemeinte Lob.

Bei der Löwe-Zwilling-Frau haben wir eine ganz besondere Frau, mit hohem Anspruch, viel Esprit, sehr guter Ausstrahlung und ganz natürlichen, fraulichen Reizen – eben etwas ganz Außergewöhnliches ...

JUNGFRAU

Aszendent Zwilling

Die Jungfrau-Zwilling-Frau ist sehr sozial eingestellt, mit dem Hang zur inneren Unruhe und auch zur Hektik. Bei ihr muss alles, was sie tut, schnell gehen und rasch erledigt werden. Was diesem Charakter fehlt, ist die innere Ruhe und die Ausgeglichenheit. Dadurch setzt sie sich oft selbst unter Druck, wird nervös, ärgerlich und ungerecht.

Eine Jungfrau-Zwilling-Frau denkt schneller als andere laufen können; viele aus ihrem Umfeld können da nicht mithalten und schätzen sie daher oft als arrogant ein, was natürlich überhaupt nicht zutrifft. Sie muss dringend lernen, ihre manifestierten und geprägten Verhaltensmuster zu ändern, um zum einen mehr innere Ruhe zu gewinnen und zum anderen weniger Energien unnütz zu verbrauchen. Mit der Geburtsstunde (Zwilling) ist dieser Frau der Hang zu innerer Unruhe und Hektik in die Wiege gelegt worden. Natürlich hat dies auch Vorteile, weil sie schnell reagieren kann und viele Dinge natürlich sehr rasch umsetzt. Aber durch diesen permanenten inneren Druck ist sie oft übertrieben hektisch, nervös und leicht reizbar.

Aus ihrem Geburtstag (Jungfrau) bringt sie ein erhöhtes soziales Bedürfnis mit und den Drang, immer und allen helfen zu wollen, was für die Gesellschaft sicher sehr schön ist. Nur auf Dauer wird sie selbst damit nicht glücklich, weil sie feststellen muss, dass sie wesentlich mehr gibt als sie nimmt. Langfristig stellt sich die Enttäuschung ein, was auch in der Depression enden kann. Das bedeutet für diesen Typ Frau, dass es sinnvoll ist, hier ihre Gewohnheits- und Verhaltensmuster zu korrigieren und ein Gleichgewicht der Verhältnisse herzustellen. Das soll heißen, dass sie lernen sollte, auch einmal "Nein" zu sagen und dann tatsächlich dabei zu bleiben. Sicher fällt so etwas am Anfang schwer, aber je mehr sie dies umzusetzen lernt, umso besser wird es werden. Ihr Umfeld wird dies natürlich spüren und sie dann und wann darauf ansprechen, warum sie plötzlich anders reagiert. Dann sollte sie die Wahrheit sagen und erklären, dass sie nicht mehr bereit ist, nur zu geben!

Beruflich ist die Jungfrau-Zwilling-Frau eine sehr engagierte, zuverlässige und erfolgsorientierte Frau mit dem Hang, Führungsaufgaben zu übernehmen. Lob, Anerkennung und ein sehr aufs zwischenmenschliche bedachter Führungsstil ist ihr sehr wichtig. Sachliche Kritik sollte sie als Hilfestellung für Verbesserungen annehmen, etwas, wodurch sie selbst Wachstum erzielen kann. Ihre Ziele sind immer hochgesteckt und gerade noch erreichbar. Aber für diesen Charakter ist es wesentlich, derartige Ziele zu haben, um kämpfen zu müssen. Ein barscher Umgangston und ungerechte Behandlung belasten sie sehr und bringen sie schnell in Rage.

Die Familie ist für die Jungfrau-Zwilling-Frau ein Ruhepol und ein sehr wichtiger Faktor in ihrem Leben. Hieraus bezieht sie sehr viel Kraft und Ressourcen, die sie in ihrem täglichen Leben benötigt. Wichtig für sie ist, dass man ihr vertraut und ihre Arbeitsleistung sowohl privat wie auch beruflich schätzt und honoriert.

Dieser Charakter ist insgesamt eine sehr gefühlvolle Frau mit viel Bereitschaft, ihren Mitmenschen zu helfen, diese auf ihren Weg zu bringen und sie auch zum Erfolg zu führen. Es bedeutet der Jungfrau-Zwilling-Frau sehr viel, andere glücklich zu machen; manchmal sollte sie aber ihr eigenes Ich nicht vergessen. Ein bisschen mehr Egoismus würde ihr insgesamt gut tun und ihr vieles in ihrem Leben erleichtern ...

WAAGE

Aszendent Zwilling

Die Waage-Zwilling-Frau ist ein unruhiger, aber bestimmter Charakter, getragen von einem inneren Bedürfnis, alles immer schnell und perfekt erreichen zu müssen. Sie steckt ihre Mitmenschen an, aktiv und strebsam zu sein. Diese Frau kann es gar nicht erwarten, einen Vorgang abzuschließen, um den nächsten im Kopf schon wieder anzupacken. Ihr kann es nie schnell genug gehen.

Ein bisschen mehr innere Ruhe und Gelassenheit würde der Waage-Zwilling-Frau schon gut tun. Dass sie dominant ist und permanent den Erfolg sucht, das ist man bei ihr gewohnt. Darüber hinaus besitzt sie eine Begabung zu führen und andere zur Arbeit anzuleiten. Sie macht ihren Job mit Herzblut und einer absoluten inneren Überzeugung. Halbherzigkeiten sind nicht ihr Ding.

Für ihr Ego braucht sie den Erfolg und die daraus resultierende Anerkennung. Lob und Anerkennung spornen sie an und bringen sie zu Höchstleistungen, nicht nur im Beruf, sondern auch im Sport und im privaten Bereich.

Ihr Anspruch an das Leben und an ihre Mitmenschen ist hoch, oft wird sie als arrogant bezeichnet, was aber überhaupt nicht zutrifft. Vielmehr ist es ihr oft vorwitziges Verhalten und ihre natürliche Dominanz, welche sie ausstrahlt. Sie scheut keine Verantwortung, und in der Gruppe oder im Team ist sie bei der Aufgabenverteilung immer die Erste. Und damit haben natürlich andere Charaktere ein Problem. Hier können Neid und Missgunst entstehen. Aber die Waage-Zwilling-Frau schert sich nicht darum und geht gelassen und mit großem Engagement und Überzeugung ihren Weg.

Die Waage-Zwilling-Frau liebt eine wunderbare Küche, schöne Kleidung und wunderbare, sportlich ausgewogene Urlaube. Im privaten Bereich ist es ähnlich wie im Beruf, es muss schnell und flott gehen. Da eckt sie das eine oder andere Mal schon bei ihrem Partner an, der es dann doch etwas langsamer angehen lassen möchte. Aber auch hier setzt sie sich durch, notfalls geht sie dann auch alleine weg und genießt den Abend oder das Fest mit Freunden und Bekannten. Hausarbeit ist nicht ihr Ding, aber auch hier findet sie immer jemanden, der sie unterstützt und ihr dabei behilflich ist. Ziele hat sie immer und nicht wenige, denn Ziele und Visionen sind ihr Leben.

Was eine Waage-Zwilling-Frau überhaupt nicht mag, sind schlecht gekleidete Menschen; noch schlimmer sind für sie Menschen, die oberflächlich und niveaulos sind und eine Macho-Art leben. Mit denen kann sie überhaupt nichts anfangen und vergeudet auch keine Minute mit ihnen. Hier ist sie konsequent und hart.

Als Frau ist der Waage-Zwilling-Charakter eine Herausforderung, eine Kämpferin und in allem eine absolut ehrliche Haut. Man kann immer auf sie zählen und man freut sich, wenn man ihre Gesellschaft genießen darf, denn sie ist außerdem eine attraktive, sportliche und eloquente Frau ...

SKORPION

Aszendent Zwilling

Zwei ganz interessante Prägungen treffen bei diesem Charakter aufeinander; wichtig ist dabei, diese doch unterschiedlichen Gefühlsbewegungen zu kanalisieren und sie zweckmäßig und optimal für sich selbst einzusetzen.

Man könnte einerseits sagen, dass hier Intuition gemischt mit Flexibilität in allen Bereichen des Lebens die vorhandene Basis abgibt. Aber das wäre zu einfach und zu global ausgedrückt. Bei der Skorpion-Zwilling-Frau ist schon deutlich mehr vorhanden: Sie ist ein hochinteressantes Wesen mit einem sehr ausgeprägten Vorausgefühl. Diese Frau spürt Dinge schon, wo andere überhaupt noch nicht daran denken. Das hat natürlich seine Vorteile, aber genauso viele Nachteile für sie selbst. Oft ist es belastend für sie, wenn sie einen Gedanken hat, der sie nicht mehr loslässt und sie darüber hinaus auch noch quält.

Hinzu kommt, dass sie unglaublich schnell denken kann, manchmal zu schnell ... Viele ihrer Kollegen und Freunde können da nicht mithalten und wenden sich entweder von ihr ab oder sehen sie als arrogant an. Hier sollte dieser Charakter die Kirche im Dorf lassen und in Zukunft überlegter und gelassener handeln, um sich selbst viel Ärger und Verdruss zu ersparen.

Diplomatie ist nicht ihre große Stärke; sie sollte lernen, erst zu überlegen und dann zu reden. Oft ist in diesem Bereich weniger mehr.

Dass diese Frau über die Maße fleißig und engagiert ist, liegt in ihrer Art und in ihrem Bewegungsdrang. Bei ihr muss alles schnell und rasch durchgeführt und erledigt werden. Eine andere Möglichkeit kennt sie nicht.

Im Beruf ist sie eine Größe, sehr erfolgreich und strebsam. Keine Aufgabe ist der Skorpion-Zwilling-Frau zu schwer. Im Gegenteil, sie liebt es, an Herausforderungen heranzugehen, um sie dann erfolgreich umsetzen zu können. Hierfür erwartet sie auch ein angemessenes Lob und die notwendige Dankbarkeit. Wenn dies nicht geschieht, kann sie sehr ärgerlich und verdrossen werden. Das spürt man aber dann sofort an ihrer Einstellung und an ihrem weiteren Leistungsverhalten.

Genauso ist es auch in der Familie oder im Sport: Bei der Skorpion-Zwilling-Frau zählt immer die Geschwindigkeit und das schnelle Umsetzen. Langweiler oder Ähnliches sind eine Beleidigung für diesen Charakter. Was sie unbedingt lernen sollte, ist sich regelmäßig Zeiten der Regeneration einzuräumen, um ihrem Körper die Ruhe zu vermitteln, die er benötigt, um seinen Akku wieder aufzuladen. Und sie sollte daran denken, dass die Gesundheit ihr höchstes Gut auf dieser Welt ist.

Trotz alledem ist die Skorpion-Zwilling-Frau eine herzerfrischende, bezaubernde und meistens gut aufgelegte, sehr sympathische Frau mit dem gewissen Etwas ...

SCHÜTZE

Aszendent Zwilling

Hier haben wir eine überaus aktive, unruhige und zum Teil oft sehr hektische Frau. Bei der Schütze-Zwilling-Frau muss alles schnell gehen, sie hat keine innere Ruhe und will immer gleich etwas Neues beginnen.

Wenn etwas nicht nach den Wünschen der Schütze-Zwilling-Frau verläuft, ist sie relativ schnell enttäuscht und verletzt. Durch ihre wechselnden Gefühlslagen wird natürlich ihr Allgemeinbefinden nicht gerade stabilisiert, sondern sie fühlt sich einfach nicht gut, in einigen Fällen sagt man ihr dann Launenhaftigkeit nach, was in ihrem Freundeskreis oder auch unter Kolleginnen und Kollegen nicht gut ankommt. Mit diesem Verhalten wird ihre Reputation angekratzt und auch geschwächt. Hier sei dringend eine persönliche Entwicklung durch mentales Training empfohlen, um diese Gewohnheits- und Verhaltensmuster in den Griff zu bekommen.

In ihrer beruflichen Situation sucht die Schütze-Zwilling-Frau immer Führungsaufgaben und möchte auch mit solchen betraut werden. Sie besitzt eine sehr schnelle Auffassungsgabe und ist dadurch ihren Mitkonkurrenten meilenweit überlegen. Oft ist sie zu schnell in ihren Handlungen, sodass Kollegen ihr nicht folgen können. Dies hat zur Folge, dass man sie als arrogant einschätzt, was natürlich überhaupt nicht zutrifft. Manchmal ist weniger mehr, und gerade daran sollte die Schütze-Zwilling-Frau arbeiten. Sie sollte auch lernen, dann und wann eine Stufe hinabzusteigen, um den Kollegen oder die Kollegin zu erreichen.

Umgekehrt ist die richtige Ansprache bzw. das richtige Berühren im Herzen für sie äußerst wichtig, weil sie grundsätzlich übersensibel auf äußere Vorgänge reagiert.

In ihrer Freizeit macht diese Frau ausreichend Sport und ist bereit, schwierige Sportarten wie Drachenfliegen, Surfen usw. auszuprobieren. Sie besitzt den dafür erforderlichen Mut und die nötige Ausdauer, derartige Sportarten erfolgreich zu betreiben.

Als Mutter und Hausfrau überträgt die Schütze-Zwilling-Frau natürlich zunächst einmal Hektik auf ihre Umgebung. Ihre Familienmitglieder gewöhnen sich erstaunlicherweise schnell an dieses Verhalten und haben meist Verständnis für ihre schnellen Handlungen. Sie wissen aber auch, dass man sich auf die Schütze-Zwilling-Frau verlassen kann, denn alles, was sie anpackt, führt sie auch gezielt zu Ende. Die Schütze-Zwilling-Frau liebt ein schönes Zuhause, insbesondere schöne Bilder zieren ihr Heim. Und wenn sie in den Urlaub fährt, spielt die Kultur des jeweiligen Landes eine bedeutende Rolle für sie.

Wenn es dieser Frau in der Zukunft gelingt, etwas mehr Ruhe und Gelassenheit aufzubauen und ihre Regeneration nicht aus den Augen zu verlieren, so ist sie ein unglaublich wertvoller und wunderbarer Mensch für die Gesellschaft und ihre Freunde ...

STEINBOCK

Aszendent Zwilling

Hier haben wir eine Frau mit zwei sehr unterschiedlichen Prägungen, die sich jedoch in fast allen Bereichen des Lebens ideal ergänzen. Auf der einen Seite kann die Steinbock-Zwilling-Frau flatterhaft und hyperaktiv sein, während sie auf der anderen Seite wiederum konzentriert und zum Teil auch sehr ernsthaft ist. Die Kunst liegt bei ihr nun darin, ihre sehr unterschiedlichen Neigungen und Talente so einzusetzen, dass sie wirkungsvoll und ihrem Wunsch und ihren Vorstellungen gemäß umgesetzt werden können. Dies ist zwar in diesem Fall nicht ganz leicht, aber bei ihrem Intellekt und ihren geistigen Möglichkeiten im Endeffekt überhaupt kein Problem.

Als Steinbock muss man die Steinbock-Zwilling-Frau begreifen lernen, um überhaupt an sie heran zu kommen. Man kann sie nicht schnell gewinnen, sondern man muss die richtige Sprache ihr gegenüber finden, um sie im Herzen zu berühren - und nur, wenn dies gelingt, wird sie sich öffnen und den Zugang zu sich zulassen.

Diese Frau gehört nicht zu den schnell Entschlossenen, sondern agiert vorsichtig und umsichtig. Ihre Seele ist fein und schnell verletzbar und man sollte deshalb vorsichtig sein, sie tief zu verletzen, denn das würde auch das Ende mit ihr - egal für was und wo - bedeuten. Oft sollte sie aber auch nicht alles auf die Goldwaage legen, sondern stattdessen versuchen, gelassener und souveräner zu reagieren. Auch ihre manchmal auftretende Hektik und Aufgeregtheit sollte sie ein wenig zurücknehmen, um ihre Energien gezielter einsetzen zu können. Ferner sei geraten, Kritik nicht persönlich zu nehmen, sondern diese als Weg zum Erfolg anzusehen.

Im Beruf ist die Steinbock-Zwilling-Frau unheimlich fleißig, zielstrebig, gewissenhaft und sehr ehrgeizig. Führungsaufgaben übernimmt sie gerne und mit Begeisterung. Sie ist sehr loyal und erwartet dies auch umgekehrt von ihren Vorgesetzten. Lob und Anerkennung sollten bei ihr regelmäßig und ehrlich ausgesprochen werden, denn dies beflügelt sie und motiviert sie dazu, überdurchschnittliche Leistungen zu erzielen. Sie muss nicht unbedingt im Mittelpunkt stehen, aber so ganz auf der Seite möchte sie auch nicht positioniert sein. Also tut man gut daran, sie durchaus in Prozesse einzubeziehen und sie nach ihrer Meinung zu fragen. Ihre Ziele sind stets realistisch hoch und angemessen. Oberflächliche Menschen und Choleriker lehnt sie strikt ab.

Als Mutter und Hausfrau ist eine Steinbock-Zwilling-Frau immer einmalig und nicht zu übertreffen. Man schätzt ihre Wärme und Zuneigung sowie ihre Schnelligkeit und ihre immer neuen Einfälle und Gedanken, was das Essen und sonstige Kleinigkeiten des Alltags angeht. Gäste und Freunde kommen gerne zu dieser Frau, weil sie immer mit neuen Überraschungen und Neuigkeiten aufwarten kann und diese mit viel Liebe offeriert.

Sie ist eine tolle, warmherzige, liebenswürdige und wunderbare Frau und wenn man sie einmal gewonnen hat - was lange dauern kann -, wird man ihre wunderbaren Qualitäten ein Leben lang genießen dürfen, und das ist doch großartig ...

WASSERMANN

Aszendent Zwilling

Die Wassermann-Zwilling-Frau steht mit beiden Beinen im Leben. Eine persönlichkeitsstarke Frau mit unglaublich vielen Möglichkeiten, was nicht nur Vorteile für sie hat. Was jedoch ihre Charakterzüge angeht, ist sie reich beschenkt an persönlichen und Erfolg versprechenden Anlagen.

Vieles ist ihr in die Wiege gelegt worden, und die Wassermann-Zwilling-Frau weiß es auch sinnvoll zu nutzen. Unglaublich schnell ist ihre Auffassungsgabe und ihre Umsetzung, sowohl im beruflichen wie auch im privaten Bereich. Dies hat natürlich nicht nur Vorteile, sondern erzeugt auch immer wieder Neid und Missgunst bei Freunden, Kollegen und Teilen der Gesellschaft. Oft wird ihr leider Arroganz unterstellt, was aber überhaupt nicht zutrifft. Hier muss sie lernen zu taktieren und manchmal ihre Schnelligkeit und Umsetzung etwas zu zügeln.

Viele Menschen können und wollen der Wassermann-Zwilling-Frau auf ihrem schnellen Weg zum Erfolg nicht folgen, entweder weil sie tatsächlich nicht dazu in der Lage sind, oder weil sie keine Lust haben, enger mit ihr zusammen zu sein. Diese Menschen fürchten, sie könnten gegen eine solche Frau nicht besonders gut aussehen. Erfolg ist ihr nicht nur wichtig, sondern ist ihre Antriebsfeder, ihr Leben. Sie liebt es, Verantwortung zu tragen und ihre Visionen in die Tat umzusetzen. Ihre Intelligenz ist ihr angeboren, ihre Schnelligkeit kommt aus ihrer Prägung, und ihr Sinn für Schönheit, Ambiente und Niveau ist für sie einfach normal.

Als Vorgesetzter oder Kollege muss man im Umgang mit ihr erst die richtige Sprache finden, denn hier ist ein Punkt, wo sie angreifbar und verletzlich ist. Sie weiß einen klaren, verständlichen und niveauvollen Ton sehr zu schätzen. Der Ton macht bei ihr die Musik. Hier scheiden sich die Geister, gerade Männer möchten eine Wassermann-Zwilling-Frau dominieren, aber leider geht das bei ihr nicht, man kann sie maximal begleiten mit der richtigen Sprache. Grundsätzlich sucht sie Führungspositionen mit viel Verantwortung. Umso mehr Verantwortung und Vertrauen man ihr entgegenbringt, umso mehr Leistung darf man von ihr erwarten. Sie scheut keine Verantwortung und hat für alles eine Lösung.

Im privaten Bereich geht der Wassermann-Zwilling-Frau auch alles leicht von der Hand. Sie liebt ein schönes Zuhause, schöne, sportliche Urlaube und wunderbare Menschen um sich herum. Ihr Stil und ihre Meinung ist immer gefragt. Als Partner braucht sie einen Mann, an den sie sich anlehnen kann, nicht einen, der sie ständig braucht und nach Hilfe sucht. Das ist nichts für eine Wassermann-Zwilling-Frau. Er muss auch ein bestimmtes Niveau haben, damit sie ausreichend mit ihm kommunizieren kann. Das ist ihr sehr wichtig. Sie hat Tiefgang und braucht dies auch von Zeit zur Zeit.

Unterm Strich ist die Wassermann-Zwilling-Frau eine Herausforderung für jeden, eine starke Frau mit einer zupackenden Art, einer hohen Verlässlichkeit, eine wirkliche Traumfrau! Ihr Mann kann stolz auf sie sein, nicht nur weil sie etwas bewegt, sondern auch weil sie unglaublich gut aussieht - und damit kann sie selbst wirklich zufrieden sein ...

FISCHE

Aszendent Zwilling

Zwei Welten stoßen bei der Fische-Zwilling-Frau aufeinander: Tiefgründigkeit und Sensibilität gegenüber Beschwingtheit und Leichtfüßigkeit. Es liegen zwei Prägungen in diesem Charakter, die nicht unbedingt harmonieren, und es braucht viel Feingefühl und vor allen Dingen die Bereitschaft, diese beiden Prägungen durch persönliches Wachstum unter einen Hut zu bringen.

Die Fische-Zwilling-Frau ist eine unruhige, zum Teil hektische Frau, bei der alles schnell und sofort erledigt werden muss. Auf der anderen Seite ist sie sehr sensibel und verletzbar. Der richtige Umgangston ist da schon sehr wichtig, um sie im Lot zu halten und damit sie das notwendige Gleichgewicht nicht verliert. Eine Frau mit diesen Charakterprägungen ist bereit, hart zuzupacken, und scheut keine Mühen und schon gar keine Arbeit. Viele ihrer Mitmenschen bewundern bei ihr, mit welchem Eifer und mit welchem Engagement sie ihre Ziele verfolgt und in die Tat umsetzt. Manchmal ist es jedoch des Guten zu viel, immer dann, wenn sie an ihre Grenzen stößt und dann ärgerlich, überarbeitet und nervös reagiert. Oft kann sie dann auch kurz angebunden und ungerecht sein.

Kritik und Niederlagen kann sie nur schwer verarbeiten. Damit hat sie grundsätzlich ein Problem. Vieles sollte sie lockerer und entspannter angehen; sie muss lernen, eine gewisse Ruhe in ihre Aktivitäten zu bringen und zu guter Letzt auch regelmäßiger zu regenerieren. Hier muss ein Lernprozess eingeleitet werden, um ihre Gesundheit auf Dauer zu schützen. “Rom ist auch nicht an einem Tag erbaut worden”, diesen Satz sollte sich die Fische-Zwilling-Frau täglich vor Augen halten ...

Im Beruf ist diese Frau eine Größe; sie arbeitet weit über das geforderte Maß hinaus, allerdings besteht die Gefahr, dass man ihren Eifer und Fleiß ausnutzt. Darüber sollte die Fische-Zwilling-Frau nachdenken.

In der Familie ist sie auch der Macher und der Umsetzer. Sie reißt mit ihrer Begeisterung alle Familienmitglieder mit und bringt sie in Hochform. Führung ist ihr in die Wiege gelegt worden, es erfüllt sie mit Freude und mit Begeisterung, die Richtung zu bestimmen und auch alles vorzumachen. Es erfüllt sie mit Stolz, wenn man ihre Leistungen und Erfolge anerkennt und sie dann und wann auch lobt und ihr für ihr Engagement dankt. Das ist für ihr Ego wichtig und bedeutet ihr mehr als eine Gehaltserhöhung. Es spornt sie an, weiter diesen Weg zu gehen und mit Erfolgen zu glänzen.

Die Fische-Zwilling-Frau liebt einen sportlichen Urlaub mit vielen Aktivitäten und gesellschaftlichen Ereignissen. Freunde und Bekannte schätzen und bewundern diesen Charakter, ihr Auftreten und mit welcher Freude sie ihre Aufgaben immer wieder bewältigt. Als Partner und Ehemann kann man stolz auf sie sein, denn eine so attraktive wie auch dynamische Frau macht jeden Tag Freude.

Mit ihrer Wärme und ihrem Einfühlungsvermögen gewinnt die Fische-Zwilling-Frau leicht die Herzen vieler Menschen, die bei ihr Rat und Unterstützung suchen ...

WIDDER

Aszendent Zwilling

Hier haben wir eine Frau mit einer unschlagbaren Prägung sowohl aus ihrem Geburtstag wie auch aus ihrer Geburtsstunde. Ihre Willensstärke und ihre geistige Beweglichkeit sind faszinierend und so schnell nicht zu übertreffen.

Alles, was eine Widder-Zwilling-Frau anpackt, gelingt und wird zum Erfolg geführt. Manchmal ist es unglaublich, welche Leistungen sie vollbringt und dabei niemals müde zu werden scheint. Aber es liegt in der Natur der Dinge. Dieser Charakter ist eben sehr bodenständig, dynamisch und erfolgsorientiert. Sie ist vom Grundsatz her immer bereit, nicht nur an die Grenzen, sondern vielfach über die eigenen Grenzen hinaus zu gehen und das Unmögliche möglich zu machen. Zu ihren Charakterzügen passen Adjektive wie geradlinig, ehrgeizig, hochsensibel, arbeitssam, vorsichtig und stark führungsorientiert; sie sind die Gradmesser ihres Erfolges und ihrer Bemühungen. Manchmal schießt sie auch über das Ziel hinaus und überschätzt ihre Möglichkeiten. Das wiederum nennt man übertriebenen Ehrgeiz, der sie dann und wann immer wieder auf den Boden der Tatsachen zurückholen wird.

Es ist nicht immer einfach für die Widder-Zwilling-Frau, ihre Gefühle im Zaum zu halten. Wenn sie einmal ein Ziel in Angriff nimmt, dann will sie es auch als Erste erreichen, und dafür ist diese Frau bereit, bis ans Äußerste zu gehen, auch so weit, dass es schon in den Bereich der Gesundheitsgefährdung gehen kann. Und hier braucht sie Entwicklung und Wachstum. Sie sollte schon vernünftig sein und keine gesundheitlichen Risiken eingehen, auch wenn das ihre Leidenschaft ist. Denn es könnte einmal sein, dass sie dafür teuer bezahlen muss, und das ist es mit Sicherheit nicht wert. Hier gilt der Spruch "Weniger ist oft mehr".

Im Beruf ist sie eine Größe und eine sichere Bank. Man kann sich nicht nur auf die Widder-Zwilling-Frau verlassen, man kann auch auf konstruktive

Vorschläge und Ideen von ihr hoffen. Diese Frau denkt und arbeitet mit, um das Unternehmen auf Kurs zu halten und mit neuen Gedanken und Ideen weiterzubringen. Ihre Tätigkeit macht sie aus Leidenschaft und tiefer Begeisterung und immer mit viel Herzblut. Wichtig ist ihr dabei, dass man sie tun lässt, was sie will und ihr viel Freiraum und vor allen Dingen viel Vertrauen entgegenbringt.

Das ist sozusagen das Maß aller Dinge, und wer es versäumt, sie richtig zu führen bzw. sie richtig einzuordnen, wird mit ihr kein leichtes Spiel haben. Dann kann sie zu einer erbitterten Gegnerin werden und mit mehr Frust als Lust ihre Arbeit ausführen. Sicher ist dann auch, dass sie nicht lange in diesem Unternehmen tätig sein wird. Das heißt also, sie benötigt eine feinfühlige, verständnisvolle Führung und einen ebensolchen Umgang, dann ist sie nicht mehr wegzudenken ...

In der Familie bestimmt die Widder-Zwilling-Frau ebenfalls die Richtung, und zwar durch Dynamik und Schnelligkeit. Ihr ist nichts zu viel, sie ist bereit, alles für ihre Familie zu tun.

Deshalb ist sie eine starke Frau mit unheimlich starken Gefühlen und einer besonderen Loyalität zu allem, was sie tut. Weiter so ...

STIER

Aszendent Zwilling

Mit ihrem Geburtstag und ihrer Geburtsstunde hat die Stier-Zwilling-Frau zwei außergewöhnliche Prägungen (Charakterzüge) erhalten. Zweifellos ist diese Kombination großartig, aber in der Konsequenz ist auch immer mit erheblichen Schwierigkeiten zu rechnen.

Dieser Charakter gehört sehr wohl einer bodenständigen und sensiblen Frau mit klaren Vorstellung vom Leben, aber mit einer ebenso großen Unruhe in ihrem Lebensrhythmus. Für viele Menschen ist sie zu schnell in ihrer Denkweise und in ihrer Umsetzung. Viele kommen hier nicht mit. Das wiederum erfüllt die Stier-Zwilling-Frau schnell mit Enttäuschung und macht sie zum Teil auch ärgerlich. Sie sollte lernen, ihre innere Ruhe und den Weg zur Mitte, zur Ausgeglichenheit zu finden.

Im Beruf wie auch in der Familie ist diese Frau aufgrund ihrer Leistungen und ihrer Möglichkeiten gefragt. Erfolg ist für sie kein Fremdwort; Erfolg sucht und braucht sie, um glücklich zu sein. Sie ist eine geborene Gewinnerin und tut alles dafür, um diesen Status nicht nur zu behalten, sondern auch immer wieder zu erreichen. Es macht ihr nichts aus, hart zu arbeiten und zu kämpfen, im Gegenteil, für sie ist es immer eine Herausforderung, an ihre Grenzen zu gehen. In Wirklichkeit kann sie gar nicht anders. Die Stier-Zwilling-Frau braucht die Bewegung, sie braucht Abwechslung und sie sucht immer den Erfolg. Niederlagen dagegen tun ihr sehr weh.

Im Beruf sucht sie immer die Verantwortung und die Führung eines Teams. Die Stier-Zwilling-Frau wird stets mit gutem Beispiel vorangehen und dies im Gegenzug auch von ihren Kolleginnen und Kollegen erwarten. Auf sie ist Verlass und sie ist ein sehr loyaler Partner, egal was kommt. Lob und Anerkennung sind für sie die Triebfeder im Leben und auch in ihrer beruflichen Situation. Feingefühl und die richtige Ansprache erwartet diese Frau von ihren Vorgesetzten. Laute Töne sowie Arroganz und Überheblichkeit mag sie nicht, sie lässt es dann ihr Gegenüber auch spüren, dass das nicht ihr Stil ist.

Im familiären Bereich ist die Stier-Zwilling-Frau unschlagbar, nicht nur wegen ihrer Schnelligkeit, sondern auch wegen ihres Geschicks und ihrer vielen guten Gedanken und Einfällen. Als Gastgeberin ist sie bekanntermaßen ein Juwel, es kommt einfach alles aus tiefstem Herzen und mit großer Begeisterung. Sie liebt schöne Anlässe und hat gerne ihre Freunde und Bekannten um sich herum. Dort ist diese Frau auch immer der Mittelpunkt und stolz auf ihr Erreichtes. Die Familie, insbesondere ihre Kinder, sind ihr Lebensinhalt. Eine Stier-Zwilling-Frau tut alles, damit es ihren Lieben gut geht. Hier ist ihr wahrlich keine Arbeit zu viel – Hauptsache, die Familie ist zufrieden. Dann ist sie es auch.

Das Wort Liebe bedeutet ihr unheimlich viel, denn hier ist sie sehr emotional, zum Teil sehr verletzbar, aber auch extrovertiert und begeisternd.

Als Mann und Partner kann man sich glücklich schätzen, wenn man diesen Charakter als Frau oder Lebensgefährtin haben darf. Denn die vielfältigen Möglichkeiten einer Stier-Zwilling-Frau machen jedem immer wieder große Freude ...

KREBS

Aszendent Krebs

Die Krebs-Krebs-Frau ist eine liebenswerte, sehr harmoniebedürftige und zuverlässige Frau. Ihre Ansprüche, sowohl im Beruf wie auch in der Familie, sind immer maßvoll und nie überzogen.

Im Beruf strebt die Krebs-Krebs-Frau nicht nach dem Höchsten, sondern wünscht sich von der Arbeit hauptsächlich, dass sie Spaß macht und ihr eine entsprechende Befriedigung gibt. Oft ist sie bereit, mehr zu geben, als sie selbst zu nehmen imstande ist, dies kann dann auch immer wieder zu Problemen führen. Sie fühlt sich dann ausgenutzt und leidet sehr unter diesem Umstand. Hier kann diese Frau entgegenwirken, indem sie "Nein" sagen lernt. Die Krebs-Krebs-Frau liebt ihren jeweiligen Beruf, aber es muss dort immer Harmonie und Ausgeglichenheit herrschen, sonst fühlt sie sich unwohl und ist nicht glücklich.

Ihre Bescheidenheit und ihr Mitgefühl gegenüber ihrem Umfeld ist mehr als lobenswert. Es fällt diesem Charakter nicht schwer, nachzugeben und anderen zu einem Vorteil zu verhelfen. Es ist für sie oft ein Herzensbedürfnis, Älteren und Schwächeren zu helfen und diesen ihre Hilfe und Unterstützung zukommen zu lassen.

Sie ist ein ausgesprochener Familienmensch, das heißt, ihre Familie nebst Kindern und Enkeln sowie sonstigen Angehörigen bestimmen im Wesentlichen ihren Tagesablauf. Hier ist einer solchen Frau nichts zu viel, sie weiß auch für alles eine Lösung und geht jedem, der es braucht, zur Hand, um ihre Hilfe anzubieten und tatkräftige Unterstützung zu leisten.

Als Hausfrau und Mutter ist die Krebs-Krebs-Frau unschlagbar. Sowohl ihre Kochkünste, wie auch ein von ihr arrangierter Tisch ist für jeden eine Augenweide. Sie ist eine perfekte Gastgeberin und freut sich über jedes ehrliche Lob wie ein kleines Kind. Sie ist dadurch natürlich überall beliebt und geachtet, eine große Sympathieträgerin. Alle Menschen, die sie kennen lernen dürfen, finden schnell einen Zugang zu ihr. Auch im Urlaub und auf Reisen hat die Krebs-Krebs-Frau alles im Griff. Sie vergisst nichts und sorgt sich immer um das Wohl ihrer Familie. Ob Essen oder Trinken, es ist immer alles reichlich vorhanden. Selbst wenn sie einmal improvisieren muss, gelingen dieser Frau immer erstaunliche Lösungen. Es ist ihr nichts zu viel und sie tut alles aus reinster Herzensfreude.

Doch dann und wann sollte die Krebs-Krebs-Frau auch ein wenig an sich selbst denken und sich auch etwas gönnen, sich Zeit zum Regenerieren nehmen. Denn das ist eines ihrer Probleme: Für ihre Mitmenschen hat sie immer Zeit und ein offenes Ohr, aber für sich selbst bleibt wenig übrig. Und das ist der falsche Weg, denn hier entstehen schnell Unzufriedenheiten und Phasen des Abgespanntseins.

Als Frau und Partnerin oder Kollegin ist die Krebs-Krebs-Frau immer eine sehr ausgeglichene und immer hilfsbereite Person. Eine tolle Frau, auf die hundertprozentig Verlass ist!

LÖWE

Aszendent Krebs

Diese Konstellation kann zwar nicht als ideal bezeichnet werden, aber schwerwiegende Probleme sind daraus nicht abzuleiten. Zwei ganz bedeutende Prägungen können bei der Löwe-Krebs-Frau zu einer stolzen, fürsorglichen Persönlichkeit verschmolzen werden.

Die zum Teil große Selbstdarstellung aus der Geburtstagsprägung (Löwe) wird durch die Prägung aus der Geburtsstunde (Krebs) relativiert und auf ein erträgliches Maß reduziert. Die gezeigten Emotionen sind keine typische Löwe-Show, sondern tiefgründig und grundehrlich. Bei einer Löwe-Krebs-Frau würde man sagen, hier handelt es sich um eine interessante, mit beiden Beinen im Leben stehende Frau, mit einer Vielzahl von Neigungen, Talenten und einigen defizitären Bereichen, die jedoch gut korrigierbar sind.

Ihre größte Stärke ist ihr innerer Antrieb, ein gesunder Ehrgeiz und ein immer hoher Anspruch an die Dinge des Lebens. Außerdem ist die Löwe-Krebs-Frau immer bestrebt, an der Spitze zu sein, zumindest aber in der Nähe der Entscheidungen. Besonders wichtig ist ihr aber auch die Harmonie untereinander sowie Fürsorglichkeit und Hilfsbereitschaft für nicht so privilegierte Menschen. Es ist diesem Charakter ein großes Bedürfnis, Schwächeren unter die Arme zu greifen. Manchmal geht aber ihre Hilfsbereitschaft zu weit, so dass man dann auch von Ausnutzen und Benutzen Seite sprechen kann. Hier muss die Löwe-Krebs-Frau selbst lernen, die Grenze zu finden, wo Hilfe beginnt und wo sie aufhören sollte. Ansonsten könnte sie zum Spielball diverser Gesellschaftsbereiche werden.

Im beruflichen Bereich ist die Löwe-Krebs-Frau sehr engagiert und strebsam, ist hier aber auch bereit, ins zweite Glied zurückzutreten, wenn es die Situation erfordert. Sie klebt keinesfalls an ihrem Posten, sondern ist gerne zu sinnvollen Kompromissen bereit. Wichtig ist ihr dabei aber, dass sie ihre Aufgabe ausfüllen und sich damit identifizieren kann. Alles andere würde für sie keinen Sinn machen. Ihre Ziele im Leben sind realistisch und nie utopisch. Alles, was diese Frau beginnt, führt sie auch erfolgreich zu Ende. Was sie verabscheut, ist brutale Härte, Oberflächlichkeiten und unseriöse Praktiken.

Wärme, Liebe und Zuneigung sind ihre Triebfedern und helfen ihr, eine ungeheuere Energie und Motivation zu entwickeln.

In der Familie hat die Löwe-Krebs-Frau einen hohen Stellenwert. Man schätzt nicht nur ihre Talente im Kochen, Backen und Bewirten, sondern auch ihre große Fürsorge, ihre Liebenswürdigkeit und ihre Wärme, die sie jedermann zugänglich macht. Es gibt nur wenige Menschen, denen sie das nicht gewährt.

Ihre große Persönlichkeit, verbunden mit einer tollen Aura, lässt fast alle Herzen höher schlagen, die Löwe-Krebs-Frau ist eine Bereicherung für die Menschen ...

JUNGFRAU

Aszendent Krebs

Dieser Charakter ist bodenständig, erdverbunden und sozial veranlagt. Die intellektuellen Fähigkeiten der Jungfrau-Krebs-Frau richten sich nach vernünftigen, analytisch-methodischen Eckpfeilern. Bei ihr hat alles Ordnung und System. Chaos und Zufälligkeiten dagegen verabscheut sie.

Der Aszendent Krebs hat natürlich einen erheblichen Einfluss auf ihren Grundcharakter. So wird die nüchterne Jungfrau durch den Krebsaspekt gefühlsbetonter und empfindsamer – aber auch empfindlicher. Doch mit dieser

Mischung lässt sich grundsätzlich gut leben. Präzision, Gründlichkeit und Zuverlässigkeit spielen im Charakter der Jungfrau-Krebs-Frau ferner eine tragende Rolle. Ebenfalls großgeschrieben wird bei ihr die Allgemeinbildung und detailliertes Fachwissen. Sie hat einen Hang zur Vorratshaltung für schlechte Zeiten. Sie ist fleißig und zuverlässig, jedoch auch bedingt sensibel. Für Luftschlösser allerdings hat sie wenig übrig, auch nicht in Herzensangelegenheiten. Themen wie Liebe, Ehe und Partnerschaft werden nach vernünftigen und wohl überlegten Grundsätzen geregelt. Doch sie neigt auch zum Festhalten und Besitzen, was in der Partnerschaft doch öfter als nötig Probleme bereiten wird.

Die Jungfrau-Krebs-Frau hat ein äußerst kritisches Urteilsvermögen, wobei dann und wann doch sehr divergierende Meinungen auftreten können. Hier muss sie stark an sich arbeiten, um diese Altlasten, Gewohnheits- und Verhaltensmuster zu verändern. Übermäßig gesellig und lebenshungrig ist sie (noch) nicht. Als Gast ist sie jedoch gerne gesehen und auch beliebt. Hilfsbereitschaft ist für sie eine Selbstverständlichkeit, doch dabei gibt sie meist mehr, als sie zurückbekommt, d.h. ihre Waage hat häufig Schieflage - zu ihren Ungunsten. Daraus entsteht ab und an Frustration, sie ärgert sich und ist auch oft enttäuscht.

Im Beruf ist diese Frau eine zuverlässige und strebsame Frau, die alle Anforderungen in jeder Hinsicht vorbildlich erfüllt. Wärme, Zuneigung und fairer Umgang sind hier die Elemente, die sie braucht, um glücklich zu sein. Sie ist bescheiden und bleibt immer auf dem Boden der Tatsachen.

Als Mutter, Ehefrau oder auch als Partnerin erfüllt die Jungfrau-Krebs-Frau ihre Aufgaben mit großer Leidenschaft. Sie ist eine herausragende Köchin und Gastgeberin. Die Familie ist ihr ein und alles und dort blüht sie auf und läuft immer wieder zur Höchstform auf. Der Umgang mit ihr ist unkompliziert, weil sie aufgrund ihrer angenehmen und freundlichen Art immer den Zugang zu den Menschen findet. Sie ist weder arrogant noch eingebildet, noch findet man bei ihr sonstige negative Merkmale.

Es ist aber auch darauf zu achten, dass das eigene Licht nicht unter den Scheffel gestellt wird. Die geistigen und seelischen Anlagen der Jungfrau-Krebs-Frau bilden eine harmonische Verbindung, die nennenswerte Leistungen ermöglicht ...

WAAGE

Aszendent Krebs

Keine leichte Prägung und schon gar nicht einfach zu koordinieren, diese zwei Prägungen. Zwei völlig unterschiedliche Denkweisen prägen als Grundcharakterzug die Waage-Krebs-Frau. Deshalb ist es für sie auch sehr schwer, dauerhaft Glück zu empfinden.

Alle Gedanken, welche die Waage-Krebs-Frau aus ihrer Geburtstagsprägung (Waage) aufbaut, werden aufgrund der Prägung aus ihrer Geburtsstunde (Krebs) immer wieder in Frage gestellt, und somit gibt es häufig unterschiedliche Auffassungen, die sich nur wenig bzw. gar nicht koordinieren lassen. Für diese Frau ist es wichtig, ihre Gewohnheits- und Verhaltensmuster zu überprüfen und durch mentales Training, Suggestion und Meditation eine Änderung herbeizuführen.

Die Waage-Krebs-Frau ist generell intelligent, erfolgsbezogen, eigenständig, legt Wert auf Niveau und Ausstrahlung und sucht den Weg in die Führung bzw. möchte dort zu Hause sein. Auf der anderen Seite kann sie launenhaft sein, entwickelt aber auch sehr viel Verständnis und Anteilnahme für ihre Mitmenschen. Dadurch baut sie Vertrauen auf und schafft langfristig meistens eine gute Basis. Oft ist sie aber auch zurückhaltend und abwartend, was natürlich wieder in Zweifeln endet. Und da ist ihr wirklicher Knackpunkt, hier fehlt ihr die Sicherheit und die Stabilität, die sie braucht, um auch einmal spontan zu entscheiden.

Geborgenheit ist der Waage-Krebs-Frau ein Grundbedürfnis, und das bekommt und zieht sie aus einer intakten Familie. Würde dies nicht der Fall sein, dann wären die internen Probleme bei ihr noch viel größer und ihre Unzufriedenheit wäre nicht mehr auszugleichen. Also sollte sie ihrem Herzen einen Stoß geben und die persönliche Veränderung suchen, sich stabilisieren und lernen, positiver und energischer zu denken. Das Potenzial dazu hat dieser Charakter sicherlich, sie muss sich nur auf den Weg machen und an sich glauben.

Beruflich sucht die Waage-Krebs-Frau wohl Führungsaufgaben, ist sich aber nicht immer sicher und tritt dann lieber ins zweite Glied zurück. Über Zuverlässigkeit und Ehrlichkeit braucht man bei ihr nicht reden, diese Qualitäten besitzt sie von Natur aus. Nur ihren Selbstwert müsste sie heben und dann auch mehr zeigen. Das heißt, wenn sie "Nein" sagt, dann sollte sie auch beim "Nein" bleiben und nicht ständig wieder umschwenken.

Als Mutter, Partnerin und Hausfrau ist die Waage-Krebs-Frau eine Größe, dort fühlt sie sich stark und wohl, dort bekommt sie die Wärme und Anerkennung, die sie braucht, um glücklich zu sein. Sie ist eine wunderbare Gastgeberin und eine genauso gute Köchin. Das ist ihr in die Wiege gelegt worden. Ihre Kinder oder auch später einmal ihre Enkel sind für diesen Frauentyp ihr Ein und Alles. Hier spürt sie die familiäre Wärme und Zuneigung, die ihr so besonders viel bedeutet.

Die Waage-Krebs-Frau sollte einfach ein bisschen Erfahrung aus der Familie in den Alltag mit hineinnehmen - und sie wird sehen, dann kann sie auch dort die von ihr gewünschte Rolle spielen ...

SKORPION

Aszendent Krebs

Der Skorpion-Krebs-Charakter ist eine hochsensible, einfühlsame und sanfte Frau. Das heißt aber nicht, dass Willenskraft, Durchsetzungsvermögen und Zähigkeit darunter leiden, im Gegenteil, diese Frau ist auch eine große Kämpferin, wenn es um Gerechtigkeit und Fairness geht.

Die Skorpion-Krebs-Frau verfügt über ein reiches Innenleben und tiefgründige Gefühle. Dorthin gewährt sie nur ganz wenigen Menschen Einblick. Für viele bleibt diese Frau für immer ein Rätsel. Sie hat eine starke intuitive Begabung und ein enormes Vorausgefühl. Der Ton macht bei ihr die Musik. Wer sich nicht daran hält, wird es spüren. Sie mag weder dumme Sprüche noch schlechte Witze. Damit kann und will sie nichts anfangen.

Im beruflichen Bereich ist die Skorpion-Krebs-Frau eine feste Größe. Alles was sie anfängt, führt sie auch mit Bedacht zu Ende. Sehr wichtig für sie ist ein homogenes Umfeld. Es muss alles stimmen, um die Basis für langfristigen Erfolg zu sichern. Sie ist sehr zuverlässig und scheut keinerlei Überstunden, im Gegenteil, sie tut dies gerne. Wichtig ist für sie die Umgangsform und der Führungsstil. Daran kann alles scheitern. Wer sie nicht richtig berührt, hat in einer

Zusammenarbeit mit ihr schon verloren. Denn hier ist mit ihr nicht zu spaßen, hier ist sie empfindlich und sehr verletzbar. Sie hat aber keine Probleme sich unterzuordnen, wenn der Ton und die Umgangsform stimmt. Sie ist loyal und immer korrekt in dem, was sie tut.

Als Mutter und Hausfrau ist die Skorpion-Krebs-Frau etwas Besonderes, denn diese Art von Tätigkeit ist ihr wie auf den Leib geschneidert. Sie kocht und backt ausgezeichnet und sie tut dies sehr gerne. Einladungen würde sie am liebsten jeden Tag haben. Es macht ihr Spaß, Freunde und Bekannte zu bewirten und sie zu bekochen. Es ist dieser Frau wahrlich kein Aufwand und keine Arbeit zu viel. Für sie ist es all die Mühe wert, wenn sie dann am Ende Lob und Anerkennung von ihren Gästen ernten kann.

Was sie lernen muss, und da hat sie ein echtes Problem, ist regelmäßig zu regenerieren, sich zu entspannen und insbesondere auf die Signale ihres Körpers zu hören. Hier übertreibt sie es immer wieder und geht oft über die Grenzen der normalen Belastbarkeit hinaus.

Die Skorpion-Krebs-Frau ist eine treue, sehr liebenswerte Frau mit dem Hang, sehr viel zu geben und oft zu wenig zu nehmen. Darüber sollte sie nachdenken ...

SCHÜTZE

Aszendent Krebs

Die Schütze-Krebs-Frau ist eine lebensbejahende Frau mit dem Hang zu wechselhaften Gefühlswelten, was sie immer wieder in Konflikte bringen wird und ihr einen Großteil ihrer Energie rauben kann. Sie ist aber auf der anderen Seite auch ein Familienmensch, der die notwendige Nestwärme braucht, um glücklich zu sein.

Die Krebs-Prägung aus der Geburtsstunde nimmt der Schütze-Frau immer wieder den Wind aus den Segeln. Ihr Idealismus und ihr Optimismus wird dadurch immer wieder leicht gedämpft. Ein Problem liegt auch in der Reiselust einer Schütze-Krebs-Frau und dem gleichzeitigen Wunsch nach Sesshaftigkeit. Am Ende siegt dann doch das Bedürfnis nach Geborgenheit und die häuslich-familiäre Ader. Auf der anderen Seite braucht sie einen größtmöglichen persönlichen Freiraum sowie immer wieder Impulse von außen. Man könnte das auch Tapetenwechsel nennen. Ihre beiden Grundcharaktere sind derartig differenziert, dass Konflikte einfach vorprogrammiert sind.

Der Schütze-Krebs-Frau ist starkes persönliches Wachstum sehr zu empfehlen, indem sie einige ihrer Verhaltensmuster durch mentales Training verändern sollte, um sie etwas in den Griff zu bekommen. Sie ist eine tolle Frau, lässt sich aber oft durch bestimmte Vorgänge aus der Fassung bringen. Somit kann Unzufriedenheit aufkommen, was dann damit endet, dass sie entweder tief gekränkt, traurig oder ärgerlich und launisch wird. Dies jedoch hätte sie aufgrund ihrer Persönlichkeit überhaupt nicht nötig, wenn sie ihre innere Mitte gefunden hätte und gelassen und angemessen reagieren würde.

Im Beruf ist dieser Charakter erfolgreich, aber vom Umgangston seiner Vorgesetzten völlig abhängig. Wenn der Ton nicht stimmt, gibt es keine Basis einer Zusammenarbeit mit der Schütze-Krebs-Frau. Kritik muss man ihr sachlich und vorsichtig signalisieren, alles andere wäre zum Scheitern verurteilt. Kritik kann sie nur sehr schwer verarbeiten, weil sie vieles zu persönlich nimmt und sich dadurch selbst zu stark unter Druck setzt. Lob bedeutet ihr sehr viel, es motiviert sie und treibt sie zu Höchstleistungen an. Freiräume sind ein Bestandteil ihres Lebens, diese sind für sie ebenso wichtig wie die Luft zum Atmen.

Die Schütze-Krebs-Frau ist der Gesellschaftsmensch überhaupt und braucht Menschen um sich herum. Kommunikation ist für sie kein Fremdwort, es bedeutet für sie vielmehr Freude und Lebensinhalt. Sie kann unheimliche Freude ausstrahlen, wenn sie glücklich und zufrieden ist. Wie gesagt, diese Frau ist ein lebensbejahender Mensch, der aus der Freude und dem Glück seine Energie erhält.

Wenn es ihr auch in Zukunft gelingt, ihre Gefühle einigermaßen in den Griff zu bekommen und ausgeglichen zu agieren, so ist sie in der Gesellschaft, im Beruf und auch in der Familie unschlagbar, eine großartige Frau mit Esprit und Feuer ...

STEINBOCK

Aszendent Krebs

Hier haben wir eine starke und vor allen Dingen eine sehr vorsichtige Frau. Ihre besonderen Eigenschaften sind Konzentration, Geduld, Ausdauer und Gründlichkeit, denn "von nichts kommt nichts" - dieser Ausspruch könnte von einer Steinbock-Krebs-Frau stammen.

Ihr beruflicher Aufstieg und die damit verbundene persönliche Entwicklung wird im Leben der Steinbock-Krebs-Frau immer eine zentrale Rolle spielen. Sie ist dabei aber nicht am schnellen Geld interessiert, sondern strebt den dauerhaften Erfolg an - und dafür ist sie auch bereit, hart zu arbeiten. Ihre Erfolge erreicht sie mit Geschicklichkeit sowie Zielstrebigkeit und sie legt Wert auf Stabilität und Sicherheit. Um ihre Energie voll zur Entfaltung bringen zu können, benötigt sie Vertrauen und ein hohes Maß an Freiheit. Bevormundung und Kontrolle sind dieser Frau eher lästig und machen sie überhaupt nicht glücklich. Dies hat mit ihrer ausgeprägten Sensibilität zu tun. In ihrer Gefühlswelt ist sie leicht verletzbar, wobei ihr größtes Problem ihre mangelnden diplomatischen oder taktischen Fähigkeiten sind.

Wer die Steinbock-Krebs-Frau gewinnen will, muss zunächst ihr Vertrauen erobern, bevor sie sich ganz öffnen wird. Oft geht dies sehr langsam vonstatten, manchmal zu langsam, und das hat dann zur Folge, dass man diesen Charakter völlig falsch einschätzt. Zudem ist sie ein Mensch, für den Sicherheit eine entscheidende Rolle spielt. Daher kommt man nicht so leicht an sie heran, da sie zunächst einen Schutzpanzer um sich herum aufbaut, der sie vor unliebsamen Handlungen und Vorgängen schützen soll. Dies wird ihr jedoch fälschlicherweise oft als Arroganz ausgelegt. Wenn man diese Frau jedoch einmal für sich gewonnen hat, dann hat man in ihr einen ehrlichen, verlässlichen und treuen Partner für ein ganzen Leben. Hinter ihrer harten Schale steckt ein weicher Kern: Die Liebe und Zuneigung nimmt sie genauso ernst wie ihren Beruf, und in einer innigen Zweierbeziehung schmilzt bei ihr das Eis. Wärme und Zuneigung sind ihr Lebenselixier, und eine besondere Fürsorglichkeit zeichnet die Steinbock-Krebs-Frau aus. Wenn sie sehr glücklich ist, kann sie sogar besonders leidenschaftlich sein. Ferner gelten Steinbock-Partnerschaften als besonders langlebig, denn im Durchhalten ist dieser Charakter Spitze!

Durch den Einfluss des Krebses entsteht dann und wann ein spannungsreiches Verhältnis zwischen den beiden Prägungen, das sich in einem reservierten, beherrschten, bis hin zu einem misstrauischen Verhalten äußern kann, während der andere Teil sich seiner Umwelt gefühlvoll präsentieren bzw. sich von außen beeindrucken lassen möchte. Es ist klar, dass sich hieraus ein tief schürfendes, aber manchmal doch auch zerrissenes Innenleben ergeben kann.

Die Entwicklung dieser beiden Grundzüge im Charakter der Steinbock-Krebs-Frau wird sie zu einem kreativen, sensiblen und stabilen Menschen machen, denn sie steht unter einem guten Stern ...

WASSERMANN

Aszendent Krebs

Bei dieser Konstellation trifft ein geistig aufgeweckter und vielseitig engagierter Wassermann-Typ auf einen gefühlsbetonten und sensiblen Krebs-Typ. Es sind zwei Prägungen, die sich grundsätzlich in vielen Verhaltensformen sehr schwer tun, sich somit des Öfteren gegenseitig behindern und die wahren Gefühle nur zum Teil zulassen. Das führt dazu, dass die Wassermann-Krebs-Frau den Wunsch hat, Dinge umzusetzen, aber durch Zweifel und Inkonsequenz sehr oft auf der Verliererseite steht. Das kann sie aber schnell ändern, indem sie durch mentales Training, Suggestion und Meditation diese vorhandenen Gewohnheits- und Verhaltensmuster überprüft und durch neue, erfolgsorientierte Muster ergänzt.

Die Basis, um Großes und Erfolgreiches erreichen zu können, ist ohnehin bei der Wassermann-Krebs-Frau vorhanden, sie muss nur ihr emotionales Sicherheitsbedürfnis reduzieren und etwas mehr Energie und Stehvermögen aktivieren. Auf der Wassermann-Seite ist diese Frau gespickt mit herausragenden Attributen wie hoher Anspruch, Ehrgeiz, Flexibilität, Dominanz, ausgeprägte, sehr gute Führungseigenschaften, hoher Intellekt und immer das Bedürfnis, etwas Neues zu beginnen. Natürlich hat die Wassermann-Krebs-Frau auch einige negative Merkmale, so ist sie sehr kritisch, bohrend, hinterfragend und leicht verletzbar.

Im Krebs-Bereich werden diese Merkmale nicht gestützt, weil sie dort oft zu bescheiden ist, relativ schnell aufgibt und sich immer wieder ausnutzen oder benutzen lässt. Dadurch werden ihre Grundmerkmale immer wieder auf den

Prüfstand gestellt und ihre Entscheidungen zeitweise in Frage gestellt. Das macht sie überhaupt nicht glücklich. Dieser Charakter wird sich immer ein Bein stellen, was aufgrund seiner persönlichen Fähigkeiten und Voraussetzungen allerdings überhaupt nicht notwendig wäre.

Beruflich zieht die Wassermann-Krebs-Frau gerne die Selbstständigkeit vor, deshalb ist sie oft in Berufen wie Übersetzerin, Rechtsanwältin, Staatsanwältin, Lektorin usw. zu finden. Sie liebt es, eigenständig und verantwortungsvoll und vor allem kreativ tätig sein zu können. Sie wächst dann über sich hinaus, wenn sie etwas Besonderes zu Wege gebracht hat und die Öffentlichkeit davon erfährt. Es ist für ihr Ego wichtig, Bestätigung zu erfahren, egal durch welchen Umstand.

Im Partnerbereich ist die Wassermann-Krebs-Frau sehr anspruchsvoll; sie braucht das Gespräch, und zwar immer ein intensives und tiefgründiges. Sie kann mit oberflächlichen Aussagen und einfacher Wortwahl wenig anfangen. Hier ist sie durchaus anstrengend und für viele Gesprächspartner oft eine Belastung, weil sie immer und stetig alles hinterfragt und so lange nicht aufgibt, bis die offene Frage ausführlich und nachvollziehbar begründet worden ist.

Als Mutter und Hausfrau liebt die Wassermann-Krebs-Frau ein schönes Ambiente, ein sehr warm eingerichtetes Haus mit vielen schönen Bildern und Blumen. Die heimelige Atmosphäre ist diesem Charakter sehr wichtig und gibt ihr Kraft und Freude für ihr Leben. Die Wassermann-Krebs-Frau ist eine ausgesprochen interessante Frau mit hohem Niveau und hohem Anspruch an alle Dinge des Lebens. Ihr Partner oder Ehemann kann stolz auf sie sein ...

FISCHE

Aszendent Krebs

Dieser Charakter wird geprägt von außergewöhnlichen Gefühlen und großer Leidenschaft. Mit dem Einfluss des Krebses wird der Wesenszug einer Fische-Krebs-Frau zusätzlich in eine positive Richtung gelenkt. Diese Verbindung ist eine ideale Ergänzung von Gefühlscharakteren.

Disziplin und Selbstbeherrschung sind bei der Fische-Krebs-Frau herausragende Merkmale. Ihr Grundcharakter ist wirkungsvoll und nachhaltig zum Wohle der ihr anvertrauten Mitmenschen ausgerichtet. Sowohl im Führungsbereich als auch im Familienleben liegen ihre große Stärken.

Mit Druck erreicht man bei dieser Frau gar nichts; sie lehnt dies schlichtweg ab. Sie ist kämpferisch und kann sich leidenschaftlich hingeben, wenn der richtige Zeitpunkt da ist. Gesteuert wird dies ausschließlich von ihrer Gefühlswelt. In der Liebe ist sie genauso außergewöhnlich wie auch in ihrem Beruf. Halbe Sachen gibt es bei dieser Frau nicht. Ihre Devise lautet deshalb: Ganz oder gar nicht, mit Haut und Haar.

Die Fische-Krebs-Frau ist oft mit Fähigkeiten ausgestattet, die ans Übersinnliche grenzen: Ahnungsvermögen, ein todsicherer Instinkt und Weit- bis Hellsichtigkeit sind besonders ausgeprägt. Vorstellungen und Träume spielen in ihrem Leben eine bedeutende Rolle. Sie ist eine Persönlichkeit, die nicht nur herzlich ist, sondern auch zupacken kann. Sie hat ferner einen hohen Anspruch an sich selbst und auch gegenüber allen anderen. Daher ist Niveau in allen Lebensbereichen wichtig für sie und auch nicht wegzudenken. Ambiente, Schönheit, wunderschöne Urlaube, schönes Essen usw. sind für sie eine große Freude und ein Genuss.

Menschen bedeuten der Krebs-Fische-Frau sehr viel. Mit Menschen zu arbeiten und zu kommunizieren ist für sie ein wichtiger Bestandteil ihres Lebens. Aggressionen sind ihr fremd und Ellbogen benötigt sie nicht. Ein aktives Gesellschaftsleben bedeutet ihr sehr viel, dennoch sucht sie sich die Leute aus, die sie im Herzen berühren. Dabei kann sie Zärtlichkeit, Romantik und seelischen Tiefgang sowohl vermitteln als auch empfangen.

Die Krebs-Fische-Frau ist ein hingebungsvoller Mensch, hilfsbereit im Umgang mit ihren Mitmenschen, selbst solchen gegenüber, die es nicht verdient haben ...

WIDDER

Aszendent Krebs

Die Widder-Krebs-Frau ist bodenständig, familienbezogen und rücksichtsvoll. Sie strebt immer nach einer klaren Linie in ihrem Leben. Leider gelingt dies nicht immer so, wie sie selbst es möchte, und damit hat sie wirklich ein Problem.

In vielen Fällen ihres Lebens hat die Widder-Krebs-Frau zu viel Verständnis für ihre Mitmenschen entwickelt und sich dadurch das Leben immer wieder schwer gemacht. Hier hat sie Entwicklungsbedarf und sollte versuchen, einige Gewohnheits- und Verhaltensmuster zu relativieren.

Ingesamt finden wir in diesem Charakter eine introvertierte, eher zurückhaltende Frau mit dem Bedürfnis nach Sicherheit und Vertrauen. Sie ist nicht so schnell begeisterungsfähig und schon gar nicht risikofreudig. Bei ihr muss immer alles Hand und Fuß haben, bevor sie eine Entscheidung trifft. Druck und Bedrängnis mag sie nicht und lässt sie auch bei sich selbst nicht zu. Der richtige Ton zum richtigen Zeitpunkt ist für sie sehr wichtig. Man kann diese Frau nicht auf die Schnelle gewinnen und begeistern, vielmehr muss man Geduld haben und ihr die Zeit geben, die sie braucht, um sich von einer Sache zu überzeugen. Wenn die Widder-Krebs-Frau dann eine Entscheidung getroffen hat, steht sie auch konsequent dazu.

Auf die Widder-Krebs-Frau ist grundsätzlich Verlass, dies ist eine ihrer Maximen. Oberflächlichkeiten und nichts zu Ende zu führen gehören nicht zu ihrem Image. Sie ist bekannt für ihre Präzision und ihre sehr solide Arbeit. Man muss ihr nur den Spiel- und Freiraum einräumen, den sie benötigt, um frei und eigenständig zu handeln. Kontrolle und Bevormundung hindern sie, ihr volles Leistungsvermögen zu entwickeln. Als Führungskraft oder auch Mitarbeiterin ist auf sie immer Verlass, Überstunden oder zusätzliche Einsätze sind für sie kein Problem. Nur der Ton ist eminent wichtig. Hier ist dieser Charakter empfindlich und auch sehr verletzbar.

Als Mutter und Hausfrau ist die Widder-Krebs-Frau eine Größe, diesen Job verrichtet sie mit gleicher Konstanz wie auch ihren Beruf. Sie macht keinen Unterschied, es gibt bei ihr keine halben Sachen. Immer alles oder gar nichts, so könnte man ihre Devise nennen. Wer es nicht versteht, den richtigen Ton bei dieser Frau zu finden, wird es spüren, zum Beispiel durch Nichtbeachtung oder wenig Akzeptanz. Sie lässt sich zu nichts zwingen. Hier zieht sie eine klare Grenze auch für diejenigen, die es nicht glauben wollen - spätestens zu diesem Zeitpunkt werden sie es dann spüren.

Wer eine Widder-Krebs-Frau als Mitarbeiterin, Kollegin oder auch als Ehefrau haben darf, kann sich glücklich schätzen, denn Treue, Ehrlichkeit und Strebsamkeit sind ihre herausragenden Tugenden, auf die man ein Leben lang setzen kann ...

STIER

Aszendent Krebs

Diese Prägung ist nicht unbedingt die dynamischste, aber eine gut zu lebende. In diesem Stier-Krebs-Charakter finden wie eine sensible, vor allen Dingen aber eine fürsorgliche Frau. Ihr Familiensinn ist besonders ausgeprägt, weil die Familie ihr Leben ist.

Die Stier-Krebs-Frau ist romantisch und sehr zärtlich und besitzt ein besonderes Gefühl im Umgang mit anderen Menschen. Mit ihrem Charakter beweist sie auch, und das deutlich, dass gefühlsbetonte Menschen auch ihre Ziele erreichen. Mit ihrer Grundhaltung, vorsichtig und zurückhaltend, schmälert sie natürlich ihr Selbstbewusstsein und ihre Position in der Gesellschaft. Das muss und sollte in Zukunft nicht mehr sein. Denn ihre Grundanlagen sind schon auch für höhere Aufgaben geeignet. Mit mentalem Training, Suggestion und Meditation kann die Stier-Krebs-Frau hier auf die Erfolgsspur kommen und einige ihrer Verhaltensmuster ändern und neue Muster in ihrem Unterbewusstsein installieren.

Ihre beiden Charaktereigenschaften harmonieren insofern besonders gut, weil sie sich meistens ergänzen, statt sich wie bei anderen zu bekämpfen. Dadurch hat die Stier-Krebs-Frau so gut wie keinen Energieverlust und ist auch immer gleichmäßig gut aufgelegt und sehr zufrieden. Zufriedenheit ist für sie sowieso das Wichtigste, es ist immer ihr Bestreben, in Glück und Zufriedenheit zu leben. Diese sehr gute Anlage oder auch Neigung vermittelt sie auch anderen Menschen. Insbesondere Kinder und Menschen mit Behinderung liegen ihr hier sehr am Herzen. Für diese Gruppe von Menschen hat sie ein besonderes Verständnis.

Ihre Bodenständigkeit und ihr introvertiertes Verhalten hindern die Stier-Krebs-Frau ab und zu, neue ungewohnte Wege zu gehen. Hier kann sie durch persönliche Entwicklung noch einiges zum Positiven gestalten. Oft frisst dieser Charakter auch zu viel in sich hinein, ohne darüber deutlich und klar zu sprechen. Sie sollte lernen, darüber zu reden; das wird ihr helfen, aus der derzeitigen Situation herauszukommen. Auch im Geben sollte diese Frau in Zukunft nachdenklicher werden – es ist sicherlich nicht falsch zu geben, nur gibt diese Frau wesentlich mehr als sie nimmt, und das kann auf Dauer zu Frust und Depressionen führen.

Im beruflichen Bereich ist die Stier-Krebs-Frau eine großartige Vermittlerin und ein Organisationstalent; sie muss nicht unbedingt in der Führungsspitze bzw. im Führungsbereich tätig sein. Der zwischenmenschliche Bereich bedeutet ihr sehr viel und hat bei ihr eine besondere Wertschätzung.

Als Mutter und Hausfrau ist die Stier-Krebs-Frau nicht nur eine Größe, sondern eine überaus beliebte Frau. Ihre Güte, ihre Liebe und Wärme stecken auch die anderen an, und diese fühlen sich bei ihr besonders geborgen. Von ihren Kochkünsten braucht man gar nicht zu sprechen, sie sind einzigartig. Ein schön gedeckter Tisch, mit schönen Blumen usw. runden ein wunderbares Essen im Rahmen ihrer Familie oder auch von Freunden ab.

Alle, die sie kennen, lieben und schätzen die Stier-Krebs-Frau, eine bessere Anerkennung und Zuneigung kann einem Menschen wohl nicht widerfahren. Sie ist eine ganz großartige Frau mit so viel Wärme, dass jedes Eis schmilzt ...

ZWILLING

Aszendent Krebs

Eine Frau mit Begeisterung und Engagement. Die Zwilling-Krebs-Frau wird aber immer wieder durch Zweifel und Unentschlossenheit in ihre Schranken verwiesen, oft zu ihrem eigenen Leidwesen.

Die Zwilling-Krebs-Frau hat eine blühende Fantasie, doch mit der Umsetzung klappt es nicht immer so wie gewünscht. Das liegt an ihrer Geburtsstunde (Krebs), deren Prägung nicht den Vorstellungen entspricht, die aus ihrem Geburtstag (Zwilling) kommen. Deshalb muss diese Frau lernen, ihre Zweifel, ihre oft übertriebene Zuwendung und ihre mangelnde Stetigkeit durch mentales

Training, durch persönliche Weiterentwicklung zu kompensieren und einen Ausgleich in ihrer Gefühlswelt zu schaffen. Dadurch erreicht sie mehr Konstanz, mehr Sicherheit und ein souveräneres Auftreten und Grundverhalten.

Dieser Charakter sollte auch weniger nachtragend sein, damit kann diese Frau viele Energien für sich behalten und für anderweitige Vorgänge und Abläufe sinnvoll einsetzen.

Der Zwilling ist bei ihr das treibende Element und der Erfolgsfaktor, aus dieser Prägung heraus lebt sie Freude, Antrieb und Spaß. Getrübt wird ihr Grundverhalten immer durch ihren Einfluss Krebs, dort kommen stets wieder Zweifel und negative Gedanken auf, die ihre geplanten Vorhaben oft in Frage stellen und in der letzten Konsequenz sogar zum Scheitern führen können. Damit ist die Zwilling-Krebs-Frau natürlich oft nicht glücklich, aber sie unternimmt meist auch nichts, um dies zu ändern. Doch von ihrem Potenzial her ist das leicht möglich, sie ist eine intelligente und attraktive Frau, mit toller Ausstrahlung und sympathischem Verhalten. Sie kann es schaffen, sie muss es nur tun – TUN ist hier das Schlüsselwort.

Im Beruf ist die Zwilling-Krebs-Frau gespalten, auf der einen Seite möchte sie gerne in die Führung, auf der anderen Seite ist ihr aber die Verantwortung oft zu groß und sie bleibt deshalb lieber in der zweiten Reihe. Das Problem ist hier eben wieder, wie schon angesprochen, das zweifelnde Verhalten und die Unschlüssigkeit.

Als Mutter und Hausfrau ist die Zwilling-Krebs-Frau vorbildlich, immer für ihre Familie da und sehr fürsorglich für alle Familienmitglieder und deren Anhang. Sie liebt ein schönes Ambiente und eine sehr warm eingerichtete Wohnung. Sie muss sich ringsum wohl fühlen, um richtig glücklich sein zu können. Dafür tut sie alles. Oft übernimmt sie sich in ihrer Fürsorge und gibt einfach zu viel, was dann darin endet, das sie sich auch immer wieder ärgert und traurig ist. Im Umgang mit Menschen ist sie oft schnell verletzt und sieht viele Dinge zu eng und zu persönlich. Das sollte sie nicht tun.

Die Zwilling-Krebs-Frau ist ein großartiger Mensch mit vielen Talenten und Möglichkeiten. Sie sollte das Leben nur etwas lockerer und gelassener angehen – dann wird es ihr viel besser gehen ...

LÖWE

Aszendent Löwe

Eine dominante, starke und höchst erfolgsorientierte Frau. Die Löwe-Löwe-Frau ist eine Macherin. Ausschließlich in Führungspositionen ist sie zu Hause. Erfolg, Anerkennung und Verantwortung bestimmen ihr Leben.

Verantwortung ist für die Löwe-Löwe-Frau immer eine erwünschte Herausforderung, sie kann nicht groß genug sein. In ihrer Art ist sie schnell, flexibel und sehr extrovertiert. Sie erkennt schnell das Wesentliche im Unwesentlichen. Oft überfordert sie ihre Mitmenschen mit ihrer Hektik und ihrer Schnelligkeit. Auf ihr Äußeres legt dieser Frauentyp gesteigerten Wert, ihr Profil, ihr Aussehen ist immer perfekt. Sie hat zur Mode ein besonderes Verhältnis. Die Löwe-Löwe-Frau scheut es nicht, nach Mailand oder Paris zu fahren, um die neuesten Modetrends zu erfahren und kennen zu lernen. Dafür gibt sie gerne sehr viel Geld aus, denn sie sagt sich: "Von nichts kommt nichts." Sie liebt extravagante, schöne und besondere Kleidung. Man sagt der Löwe-Löwe-Frau nach, dass sie einen besonderen Geschmack hat und man lobt sie auch für ihren ausgezeichneten Stil. Sie überlässt hier nichts dem Zufall. Sie genießt es, wenn Kolleginnen und Kollegen oder auch Partner und Geschäftsfreunde ihr Lob und Anerkennung aussprechen. Gerade diese Anerkennung und das Lob zum richtigen Zeitpunkt ist für sie Motivation pur. Sie braucht es und sie zieht hieraus einen Teil ihrer Energie und ihrer Kraft. Anerkennung ist für sie oft mehr als eine Gehaltserhöhung.

Die Löwe-Löwe-Frau liebt rasche Entscheidungen und wünscht sich einen Chef, der ihr freie Hand lässt, insbesondere bei besonderen Vorgängen und Ereignissen. Bevormundung und Kontrolle hemmen ihren Arbeitsrhythmus und machen sie unglücklich. Mit Kritik hat sie so ihre Probleme, entscheidend ist, wie sie vorgetragen wird. Hier ist sie besonders empfindlich.

Eine Löwe-Löwe-Frau reist sehr gerne und macht speziell sportliche Urlaube. Golf, Tennis und Ski fahren sind ihre beliebten Sportarten. Auch hier gibt sie alles. Es reizt sie immer der Erfolg und wie er zustande kommt. Was die Regeneration angeht, hat sie dabei jedoch Nachholbedarf. Dieser Frauentyp sollte lernen, dass, wer viel arbeitet, auch entsprechend regenerieren muss, um seinen inneren Akku wieder aufzuladen.

Mutter und Hausfrau zu sein ist nicht so ihr Ding. Hier bedient die Löwe-Löwe-Frau sich gerne einer Zugehfrau, die sie im Haushalt als gute Fee unterstützt. Ihre Prioritäten liegen in einem Fulltime-Job – und das mit großer Begeisterung. Ihre Ziele sind immer hoch gesteckt und werden immer vorzeitig erreicht. Kein Ziel und keine Aufgabe ist ihr zu schwer. Sie ist eine Kämpferin, sozusagen bis zum letzten Blutstropfen.

Als Partnerin ist der Umgang mit einer Löwe-Löwe-Frau gar nicht so leicht, weil allein schon ihre Grundansprüche immer sehr hoch sind. Damit haben viele Männer ein Problem, denn Männer sind von starken Frauen nicht immer begeistert. Dennoch gibt es einige, die den Mut haben, mit ihr in den Ring zu steigen ...

JUNGFRAU

Aszendent Löwe

Aus diesen beiden Prägungen könnte man eine mangelnde Objektivität ableiten, weil diese beiden Grundcharaktere weniger schlicht sind, sondern bei der Jungfrau-Löwe-Frau bewirken können, dass sie sehr von sich überzeugt ist.

Aus der Geburtsstunde (Löwe) wird die Egozentrik, sprich der Egoismus verstärkt, was für die Prägung aus dem Geburtstag (Jungfrau) eine große Bereicherung ist. Denn dadurch wird das übertriebene Geben und die maßlose Hilfsbereitschaft stark reduziert, und das ist für das Wohlbefinden und das Gemüt eine Wohltat. Die beiden Prägungen der Jungfrau-Löwe-Frau passen insofern sehr gut zusammen, da sie sich gut ergänzen: Was die eine Prägung nicht hat, hat die andere und umgekehrt. Damit kann dieser Frauentyp stark defizitäre Bereiche ausgleichen, ihre Persönlichkeitsstruktur stärken sowie effektiver gestalten und im Endeffekt natürlich auch selbstbewusster auftreten. Ferner ist sie eine Frau mit der Neigung, immer helfen zu müssen, wobei dies durch den Einfluss des Löwen auf ein bestimmtes Maß zurückgedämmt wird. Wärme und Zuneigung sind ihre Triebfedern, die ihr selbst viel Energie und vor allem viel Ausdauer vermitteln. Sollte diese Wärme und Zuneigung irgendwann einmal nachlassen, wird sich das auch in ihrem Verhalten zeigen und kann dann zu leichten Depressionen führen.

Aus ihrem Löwe-Einfluss zieht diese Frau sehr positive Elemente wie Aktivität, Begeisterung, Antrieb, starker Ehrgeiz, aber auch einige weniger positive Aspekte wie z. B. Herrschsucht, immer im Mittelpunkt stehen zu wollen, schnell beleidigt und verletzt zu sein und ein immer leicht wiederkehrender egoistischer Gedanke. Trotz alledem versteht die Jungfrau-Löwe-Frau es großartig, die sehr unterschiedlichen charakterlichen Merkmale zu vereinen und sie effektiv zu positionieren.

Beruflich ist die Jungfrau-Löwe-Frau sehr engagiert und hat die Zielsetzung, Großes erreichen zu wollen. Dafür ist sie bereit, hart zu arbeiten und an ihre Grenzen zu gehen, um ihre Vorgaben zuverlässig erfüllen zu können. Der Ton im Umgang mit ihr spielt eine wesentliche Rolle, denn davon ist abhängig, wie ihre Gesamteinstellung zu ihrem täglichen Tun aussieht. Ein angemessener und angenehmer Ton beflügelt sie und führt sie zu Spitzenleistungen; ein schroffer und wenig freundlicher Ton weckt Aggressionen bei ihr und verbraucht eine Menge Energie, die sie eigentlich für die Umsetzung ihrer Aufgaben benötigen würde. Das heißt aber auch, dass sie dann ihre Aufgaben nur noch widerwillig erledigt und sehr unglücklich mit der Gesamtsituation sein wird.

Als Mutter und Hausfrau wie auch als Ehefrau und Partnerin ist die Jungfrau-Löwe-Frau einmalig: Alles ist möglich und wird schnell und umfassend erledigt. Wie auch im Beruf ist sie in der Familie die tragende Säule, auf die sich alle verlassen können. Aus ihren Möglichkeiten macht die Jungfrau-Löwe-Frau immer das Optimalste ...

WAAGE

Aszendent Löwe

Hier haben wir eine Frau mit einer enormen Lebensfreude, großer Begeisterungsfähigkeit und einem sehr großen Harmoniebedürfnis. Die Waage-Löwe-Frau tritt souverän auf, hat perfekte Manieren und einen kaum zu überbietenden Charme.

Die Waage-Löwe-Frau steht mitten im Leben und sucht auch in gesellschaftlichen Ereignissen gerne den Mittelpunkt. Sie steht zu dem, was sie tut, ist aber auch bereit, sich in Konfliktsituationen zu behaupten. Sie hat einen hohen Anspruch an alle Dinge des Lebens und erwartet dies auch von ihrer Umgebung. Normalität genügt ihr nicht, sie möchte immer etwas mehr und ist auch bereit, einiges dafür zu leisten. Oft unterstellt man ihr Arroganz und überzogenes Auftreten, aber sie sollte beruhigt sein, denn ihre Prägung bedeutet eine grundsolide Art, wie sie die Dinge sieht und was sie für richtig hält. Natürlich hebt sich die Waage-Löwe-Frau mit ihrem Verhalten, ihrer tollen Kleidung und auch mit ihrem Intellekt oft von der Masse ab ...

Beruflich ist die Waage-Löwe-Frau ausschließlich in der Spitze angesiedelt. Es fällt ihr leicht, sich dort zu behaupten und sich in Szene zu setzen. Sie sucht die Verantwortung und die tägliche Herausforderung, dafür ist sie wie geschaffen und das ist ihr Leben. Sie liebt Aufgaben insbesondere dann, wenn sie schwierig umzusetzen sind. Je schwieriger die Aufgabe, umso mehr Motivation und Drang entwickelt sie. Dieser Frauentyp hat nicht nur den Mut zum Widerspruch, sondern geht Konflikten nie aus dem Weg. Sie liebt die ehrliche Konfrontation und ist nach überzeugenden Argumenten auch bereit, klein beizugeben und sich einer guten Sache anzuschließen.

Ihre Führungsqualitäten sind ausgezeichnet, besonders im zwischenmenschlichen Bereich kann sie ihre Stärken ausspielen. Von einem Vorgesetzten erwartet sie Souveränität und Weitblick, sowie die Fähigkeit, in kritischen Situationen die Übersicht zu behalten. Was diese Frau überhaupt nicht mag, sind Choleriker und intolerante Chefs. Bevormundung und undurchsichtige Kontrollen lassen bei ihr keine Vertrauensbasis entstehen. Gerade das Vertrauen innerhalb eines Teams ist für sie das maßgebliche Element einer guten und harmonischen Zusammenarbeit.

Die Familie bedeutet der Waage-Löwe-Frau neben dem Beruf sehr viel. Dort holt sie sich die Kraft, die sie im beruflichen Alltag braucht. Als Gastgeberin ist sie bekannt für außergewöhnliche Überraschungen, deshalb freuen sich die Gäste schon lange im Voraus auf diese Veranstaltungen. Ziele und große Visionen spielen immer eine Rolle in ihrem täglichen Arbeitsablauf.

Die Waage-Löwe-Frau gehört zu den herausragenden Persönlichkeiten im Frauenbereich, weil sie durch ihre wunderbaren Prägungen und Veranlagungen ein Höchstmaß an Talent und Niveau mitbringt. Ihr Mann, Freund oder auch Partner kann stolz auf sie sein ...

SKORPION

Aszendent Löwe

Die Skorpion-Löwe-Frau ist eine sehr starke Persönlichkeit mit sehr viel Potenzial. Grundsätzlich ist sie eine Frau der Führung. Sie braucht Verantwortung und zieht diese auch an. Verantwortung zu haben und selbstständig zu arbeiten ist der Lebensinhalt einer Skorpion-Löwe-Frau. Sie hat nicht nur den Mut dazu, sondern verfügt über eine Reihe von Führungstechniken, die sie taktisch und souverän einsetzt. Viele männliche Kollegen haben ein Problem mit dieser Frau, weil sie zum einen starke Frauen ablehnen und zum anderen deren natürliche Stärke und Ausstrahlung nicht akzeptieren wollen. Die absolute Stärke der Skorpion-Löwe-Frau liegt in ihrer Intuition, ihrem Vorausgefühl und ihrem feinen Händchen. Darüber hinaus besitzt diese Frau mit dem Aszendenten Löwe Antrieb und Begeisterung.

Im Prinzip ist die Skorpion-Löwe-Frau eine Macherin, es geht ihr alles leicht und schnell von der Hand. Für viele ist das oft zu schnell. Der Umgangston spielt bei ihr eine entscheidende Rolle, sie könnte den Spruch geprägt haben "Der Ton macht die Musik". Und hier ist sie empfindlich und verletzbar. Alle, die sich nicht daran halten, werden es direkt oder indirekt spüren. Hier versteht dieser Frauentyp keinen Spaß. Kontrolle und Bevormundung lehnt sie ab. Damit wird sie nicht glücklich und verliert jegliche Motivation. Besser ist es, man lässt ihr eine lange Leine und lässt sie gewähren, dann stimmt auch ihre Leistung.

Die Skorpion-Löwe-Frau mag niveaulose und oberflächliche Menschen gar nicht. Sie selbst ist hier sehr anspruchsvoll und lebt dies auch. Umgekehrt erwartet sie das auch von ihren Mitmenschen.

Ehrlich gemeinte Anerkennung tut ihr gut und diese braucht sie auch. Was sie noch lernen muss und auch kann, ist mehr Geschick in der Diplomatie zu entwickeln. Einige Verhaltensmuster kann sie durch ein spezielles Coaching verbessern und verändern. Aber nichtsdestotrotz gehört sie zu den großen Frauenpersönlichkeiten, man könnte sagen, zu den TOP TEN unter den 144 Charakteren. Wer diese Frau als Mitarbeiterin oder Führungskraft verpflichten möchte, der sollte ihr einen angemessenen Entscheidungsspielraum einräumen und auf eine niveauvolle Ansprache und auf ein uneingeschränktes Vertrauen achten - und die Basis für eine fruchtbare und langfristige Zusammenarbeit ist geschaffen.

Im Familien- und Freundeskreis ist es nicht anders als im Beruf, dort hat die Skorpion-Löwe-Frau auch das Sagen und übernimmt gerne die Verantwortung für Urlaubsvorbereitungen oder sonstige Anlässe. Es ist ihr alles in die Wiege gelegt worden und es bedeutet für sie in nur ganz wenigen Fällen eine besondere Anstrengung.

Der Skorpion-Löwe-Typ ist eine starke Frau mit einem starken inneren und äußeren Antrieb und somit für ihre Umwelt eine große Bereicherung ...

SCHÜTZE

Aszendent Löwe

Hier ist eine Frau geprägt von ihren wechselnden Gefühlen und einem unglaublichen Erfolgswillen. Man kann sagen, in der Schütze-Löwe-Frau steckt Feuer, mit ihr ist nicht zu spaßen.

Die Schütze-Löwe-Frau sucht immer die Führung und hat große Probleme sich unterzuordnen. Sie möchte immer alles schnell und unbürokratisch erreichen - oft zu schnell für die Kolleginnen und Kollegen. In der Führung muss man bei ihr ein besonderes Händchen haben. Der Ton macht bei ihr die Musik, und wenn der Ton nicht stimmt, gibt es Krach und Probleme. Deshalb muss man diesen Frauentyp in ihrer Art verstehen, Kritik muss sachlich überlegt angebracht werden, denn hier hat die Schütze-Löwe-Frau einen ihrer Schwachpunkte. Sie sieht die Sachen oft sehr persönlich und belastet sich unnötig mit den Problemen anderer. Das wiederum hat mit ihrer sehr inkonstanten Gefühlswelt zu tun: Diese Frau ist entweder himmelhoch jauchzend oder zu Tode betrübt. Und hier sollte sie unbedingt ihre persönliche Entwicklung vorantreiben, sie muss lernen, dass es auch einen Mittelbereich gibt und dass man sich nicht immer gleich in die Tiefe stürzen muss oder gar die Sterne vom Himmel holen kann. Wenn sie das in den Griff bekommt, wird es ihr in vielen Situationen sehr viel besser gehen. Vor allen Dingen vergeudet sie dann weniger Energien, und wenn es eng wird, hat sie mehr Reserven.

Insgesamt kann sie ihre Wankelmütigkeit durch persönliches Training verbessern. Lockerheit und Gelassenheit sollten ihr tägliches Ziel sein. Rom ist schließlich auch nicht an einem Tag erbaut worden ...

Die Schütze-Löwe-Frau liebt Reisen über alles und ist sehr naturverbunden. Kultur ist für sie auch ein wichtiger Bestandteil in ihrem Leben. Sie ist ein gesellschaftlicher Mensch, kommt schnell in Kontakt mit anderen Menschen und weiß ebenso schnell über deren Lebensumstände Bescheid. Wenn man mit dieser Frau eine Freundschaft aufbauen will, muss man eines besonders beachten: Man darf sie nicht bevormunden und schon gar nicht kontrollieren. Da reagiert sie allergisch und fühlt sich nicht wohl. Die Sprache ist sowieso bei ihr ein wichtiger Bestandteil.

Die Familie ist der Schütze-Löwe-Frau sehr wichtig, aber ihre Freiräume und Bewegungsspielräume muss man ihr auf jeden Fall lassen. Sie ist eine starke Persönlichkeit und sucht ihresgleichen, sie besitzt ein hohes Feingefühl und ist auf der gefühlsmäßigen Ebene sehr leicht erreichbar. Gefühle sind in ihrem Leben der Gradmesser für ein homogenes Zusammenleben. Hier müssen sich die Partner anstrengen, um diese Frau auch in ein Glücksgefühl zu versetzen. Wer nicht in der Lage ist, ihr das zu bieten, wird bei ihr keine Chance erhalten.

Die Schütze-Löwe-Frau weiß, was sie will und macht das auch in ihren Beziehungen deutlich ...

STEINBOCK

Aszendent Löwe

“Der Wolf im Schafspelz” wäre eine kurze, aber sehr treffende Charakterdeutung für die Steinbock-Löwe-Frau. Zumindest legen das ihre Grundzüge nahe.

Sie ist wahrlich eine sehr starke Persönlichkeit mit zwei sehr unterschiedlichen Charakterzügen. Aber gerade diese Unterschiede machen sie mehr als interessant;

man will unbedingt mit dieser Frau ins Gespräch kommen, um sie näher kennen zu lernen. Dies ist aber gar nicht so einfach. Zunächst hält sie sich bedeckt und abwartend, sie öffnet sich nicht sofort, sondern sondiert erst einmal, was da auf sie zukommt. Vom Typ her ist sie ein Sicherheitsmensch, geht keine Risiken ein und sichert sich dementsprechend ab. Sie kann unnahbar wirken, wenn ihr Gegenüber nicht ihren Vorstellungen entspricht. Sie legt einen gesteigerten Wert auf gepflegte Sprache, Takt und ein höfliches Grundverhalten. Macho-Art ist grundsätzlich nicht ihre Welt. Was dieser Charakter überhaupt nicht ausstehen kann, sind niveaulose und oberflächliche Menschen. Für viele wirkt sie dann durch ihre Unnahbarkeit oft arrogant, was sie aber in Wirklichkeit nicht ist.

Große Lobeshymnen braucht sie auch nicht. Wichtig ist bei dieser Frau die Sprache, wie man sie berührt und wie man mit ihr umgeht. Bereits hier trifft sie ihre Entscheidungen. Viele unterschätzen die Steinbock-Löwe-Frau, weil sie nicht das große Wort führt und mehr aus der Distanz agiert.

Mit dem Löwe-Einfluss hat dieser Frauentyp den nötigen Antrieb und die Umsetzungsfähigkeit, sowohl im Beruf wie auch im privaten Bereich. Was die Steinbock-Löwe-Frau braucht, ist viel Vertrauen, eine lange Leine, keine Kontrolle und keine Bevormundung. Wenn diese Dinge für sie stimmig vorhanden sind, kann sie ihre ganze Energie entfalten und zu Höchstleistungen auflaufen. Lob und Anerkennung zum richtigen Zeitpunkt sollte man im Umgang mit ihr nie vergessen. Nicht immer und jeden Tag braucht sie dies, aber wenn es überhaupt nicht kommt, dann ärgert sie das auf Dauer. Was sie lernen sollte, ist, die zwischenmenschlichen Dinge mit etwas mehr Diplomatie und Souveränität anzugehen. Oft legt sie vieles auf die Goldwaage und belastet sich somit unnötig. Das hat sie nicht nötig, denn aufgrund ihrer geistigen Anlagen steht eine Steinbock-Löwe-Frau in der Regel weit über den Dingen. Einige dieser hinderlichen Verhaltensmuster könnte sie durch ein gezieltes Coaching durchaus verbessern und ändern.

Im familiären Bereich ist es ähnlich wie im beruflichen: Die Steinbock-Löwe-Frau führt ohne Wenn und Aber. Dazu ist sie geboren worden, es ist ihr in die Wiege gelegt worden, schwere Aufgaben anzunehmen und sie konsequent umzusetzen. Sie besitzt eine hohe Sensibilität und ein hohes Feingefühl und kann dadurch viel Verständnis für ihre Umwelt aufbringen. Wer also auch immer diese Frau als Mitarbeiterin oder Führungskraft verpflichten möchte, sollte ihr von vornherein einen angemessenen Entscheidungsspielraum einräumen, auf eine immer korrekte und sachliche Ansprache achten, sowie uneingeschränktes Vertrauen in sie setzen – dann wird die Basis für eine harmonische Zusammenarbeit mit der Steinbock-Löwe-Frau geschaffen.

Als Frau ist dieser Charakter ein großer Gewinn für die Gesellschaft ...

WASSERMANN

Aszendent Löwe

Die Wassermann-Löwe-Frau gehört zu den großen Persönlichkeiten unter den Frauen-Charakteren. In ihren Prägungen häufen sich Fähigkeiten und Möglichkeiten, die nur wenigen Frauen in diesem Maße zur Verfügung stehen. Ihre Führungsstärke gepaart mit ihrer Intelligenz und ihrer Dynamik ist schon faszinierend ...

Die Wassermann-Löwe-Frau ist in allen Dingen des Lebens eine unglaublich anspruchsvolle Frau. Das erwartet sie auch von ihrer Umwelt. Viele wollen und können diesen Ansprüchen nicht genügen und wenden sich von ihr ab. Die Folge ist, dass man sie als arrogant und überzogen einordnet und sie völlig falsch beurteilt und einschätzt. Das Problem liegt darin begründet, dass dieser Frauentyp zu wenig Rücksicht auf schwächere oder nicht so dynamische Menschen nimmt – und sich der falsche Eindruck somit zunächst nicht entkräften lässt. Hier sollte sie selbst lernen, sich öfter auf das Niveau ihrer Mitmenschen einzustellen und diesen somit die Chance zu geben, mit ihr zu kommunizieren und ins Gespräch zu kommen. Mit dieser Maßnahme gewinnt sie mehr Akzeptanz und vor allem wesentlich mehr Nähe. Ihre Arroganz, die keine ist, wird dann nicht mehr so gesehen und sie erhält ein ganz anderes Ansehen in der Gesellschaft.

Die größte Stärke der Wassermann-Löwe-Frau liegt in ihrer schnellen Umsetzung der Dinge und Vorgänge, was wiederum mit ihrer überdurchschnittlichen Auffassungsgabe zusammenhängt. Egal, was diese Frau beruflich macht, sie ist immer in der Führung, etwas anderes würde sie nicht glücklich machen. Von der Staatsanwältin oder Rechtsanwältin bis hin zur Ärztin – dies sind die Berufe, die sie reizen und in denen sie ihre Stärken und ihre Fähigkeiten voll ausspielen kann.

Dieser Frauentyp ist außerordentlich sprachbegabt und lernt fremde Sprachen so leicht wie Gedichte.

Im Beruf ist die Wassermann-Löwe-Frau eine Macherin, die mit viel Effizienz und Überlegenheit agiert. Ihre männlichen Partner müssen sich warm anziehen, wenn sie mit ihr im Dialog sind. Denn so einfach lässt diese Frau sich nicht überzeugen. Es muss alles Hand und Fuß haben und sie muss in allen Einzelheiten zustimmen können. Mit Oberflächlichkeit und Schnellschlüssen kann sie nichts anfangen. Es muss alles plausibel und nachvollziehbar sein, erst dann gibt sie sich zufrieden.

Mit Partnerschaften gibt es doch erhebliche Probleme. Viele Männer wollen und können die persönliche Ausstrahlung und Stärke der Wassermann-Löwe-Frau nicht akzeptieren und haben somit diverse Konflikte mit ihr.

Sie ist tiefgründig und äußerst gewissenhaft in allen Bereichen des Lebens. Sie hat einen tollen Geschmack, was Kleidung, Ambiente und Wohnung angeht. Sie versucht ihr Zuhause mit schönen Bildern und tollen Möbeln zu bestücken, denn ihr Zuhause ist der Ort, wo die Wassermann-Löwe-Frau Kraft tankt für ihre Ziele und Visionen.

Sie ist eine herausragende Frau mit Stil und Niveau, einem immer bezaubernden Lächeln, innerer Freude und Begeisterungsfähigkeit ...

FISCHE

Aszendent Löwe

Hier haben wir eine Frau, in deren Kombination der Charaktere eindeutiger Widerspruch vorhanden ist. Zurückhaltung und Bescheidenheit stehen Glanz und Gloria, Selbstlosigkeit steht Dominanz gegenüber. Gelingt es der Fische-Löwe-Frau jedoch, diese beiden unterschiedlichen Pole zu verbinden, werden die Fische-Ideale wirkungsvoll umgesetzt sein. So lässt sich der stille und sensible Fische-Charakter zu großen Auftritten hinreißen. Steht er innerlich hinter seinen Zielen und Aufgaben, so kann aus dem "kleinen Fisch" ein ganz "großes Tier" werden.

Grundsätzlich ist der Fische-Löwe-Charakter eine erfolgsorientierte, niveauvolle Frau mit ganz gezielten Ansprüchen an das Leben. Sie besitzt Antrieb und Begeisterung aus ihrer Geburtsstunde (Löwe), Einfühlsamkeit und Sensibilität und ab und zu auch Labilität aus ihrem Geburtstag (Fische). Manchmal macht sie sich das Leben selbst schwer, weil sie unentschlossen und oft zögerlich agiert. Danach ärgert sie sich meistens selbst, insbesondere auch deshalb, weil sie es eigentlich kann, aber immer wieder in Zweifel zurückkehrt. Hier ist es für die Fische-Löwe-Frau notwendig, ihr Selbstwertgefühl zu stärken und zu festigen. Dies geschieht durch Änderung ihrer Gebrauchs- und Verhaltensmuster, durch mentales Training und durch angewandte Suggestion. Dann kann dieser Frauentyp es schaffen, aus dem Schatten herauszutreten und zu zeigen, was sie wirklich kann, und das ist nicht wenig.

Ihr Potenzial reicht aus für die höchste Führungsebene, die Fische-Löwe-Frau muss nur stark an ihrer persönlichen Entwicklung arbeiten. Gerne arbeitet sie als Führungskraft mit viel Verantwortung und Vertrauen in ihre Fähigkeiten. Ein feinfühliger und angemessener Umgang seitens ihrer Vorgesetzten erhöht ihre Leistungsbereitschaft und ihre Moral. Lob und Anerkennung zum richtigen Zeitpunkt beflügeln sie und spornen sie zu noch mehr Leistungen an. Sie liebt ein homogenes Umfeld und arbeitet lieber mit Männern als mit Frauen zusammen, denn der Umgang und die Akzeptanz durch die Männer fällt ihr leichter. Unsachliche Kritik wirft sie aus der Bahn, sie kann nur schwer damit umgehen. Deshalb ist der Führungsstil für sie das alles Entscheidende. Sie hat grundsätzlich immer hoch gesteckte Ziele, sowohl beruflich und privat, wie auch sportlich. Sie ist bereit zu kämpfen und hart zu arbeiten, um diese vorgegebenen Ziele planvoll zu erreichen; dafür gibt sie alles. Was sie überhaupt nicht mag, ist Intoleranz, Oberflächlichkeit und niveaulose Menschen - damit hat sie ein großes Problem.

Als Mutter und Hausfrau ist die Fische-Löwe-Frau vorbildlich und effizient. Auch hier muss alles flott und schnell gehen, denn für Sport und Freizeit benötigt sie auch einige Zeit. Sie ist nicht bereit, auf Kosten des Berufs und des Haushalts auf ihre sportlichen Aktivitäten zu verzichten.

Rundum ist dieser Charakter eine attraktive, auf gutes Aussehen gerichtete Frau mit dem Wunsch, in Harmonie und Frieden leben zu dürfen. Wärme und Zuneigung runden ihre Wünsche ab ...

WIDDER

Aszendent Löwe

Hier ist eine Frau mit einer Prägung und Mischung, die an Selbstbewusstsein nicht zu überbieten ist. Das heißt, unter allen Charakterprägungen im Frauenbereich ist die Widder-Löwe-Frau die Nr. 1. Das heißt aber noch lange nicht, dass sie dadurch keine Defizite und Probleme hätte.

Im Leben der Widder-Löwe-Frau sind die Erwartungshaltungen und die Ansprüche immer hoch, darüber hinaus hat sie den Drang zum Beschützen - man nennt das auch Beschützerinstinkte. Es liegt ihr sehr daran, bei Schwächeren oder bei Menschen, die in Not geraten sind, sofort unbürokratisch zu helfen.

Unterstützt wird sie durch ihren grenzenlosen Optimismus und ihren unaufhaltsamen Tatendrang. Sie ist zum Führen geboren und lässt in dieser Richtung auch nichts anbrennen. Durch ihr Selbstbewusstsein und den dazugehörigen und notwendigen Egoismus wird sie natürlich stark unterstützt. Entscheidungen und Vorgänge werden bei ihr rasch und ohne schuldhaftes Zögern in die Tat umgesetzt, oft sehr zum Erstaunen ihrer Vorgesetzten, damit hat sie kein Problem.

Probleme haben aber oft die Männer mit ihr, die mit ihrer Art und ihrem Handeln nicht klarkommen. In erster Linie haben diese aber Schwierigkeiten, mit ihrer starken, für manche ungewöhnlichen Persönlichkeit klarzukommen.

Viele Frauen dagegen mögen die Widder-Löwe-Frau nicht, weil sie ihnen arrogant erscheint, was aber bei ihr nicht zutrifft. Es liegt an ihrer Aura und an ihrer übermächtigen Ausstrahlung. Natürlich sollte oder müsste sie lernen, ein bisschen mehr zu taktieren, um bei schwächeren Menschen den Druck rauszunehmen und auf deren Linie zu kommen. Dann wird auch die Akzeptanz höher sein und das Verständnis anderen gegenüber wird sich verbessern.

Ihre Ziele sind immer hoch und übermächtig, die Widder-Löwe-Frau will alles erreichen und schafft es auch fast immer. Für sie ist keine Aufgabe zu viel oder zu schwer, im Gegenteil, je schwerer die Aufgabe, desto mehr kann sie loslegen, das ist für sie Motivation und Antrieb.

Im Partnerbereich, sprich Familie und Haushalt, ist es nicht so einfach. Aufgrund ihres beruflichen Engagements bleibt der Widder-Löwe-Frau dafür wenig Zeit. Aber sie überbrückt das damit, dass sie eine Haushälterin beschäftigt und somit auch hier ihre Aufgaben sinnvoll erfüllt. Sportlich liebt sie die Herausforderung, insbesondere schwierige Sportarten wie Snowboarden oder Fallschirmspringen, diese bringen sie richtig in Schwung.

Als Frau und Partnerin ist die Widder-Löwe-Frau eine echte Herausforderung, die jeden Partner oder auch Mann an seine Grenzen führt und diesen auch zu besonderen Leistungen auffordert.

Aber eines ist sicher: Die Widder-Löwe-Frau steht im Leben wie die Bank von England, also eine unerschütterliche, intelligente, fleißige und ausgesprochen interessante Frau, mit dem Hang zum Außergewöhnlichen ...

STIER

Aszendent Löwe

Hier haben wir eine Frau mit viel Selbstsicherheit, Großzügigkeit und Freundlichkeit. Aber auch die Gefahr der Anmaßung und Selbstüberschätzung liegt den Grundcharakteren einer Stier-Löwe-Frau zugrunde.

Die Stier-Löwe-Frau besitzt eine grundsolide Ausstrahlung und neigt sehr dazu, persönlichen Wohlstand anzuhäufen. Toleranz ist ein Wort, mit dem sie (noch) auf Kriegsfuß steht. Hier hat dieser Frauentyp einen starken Entwicklungsbedarf. Ebenso gilt dies für die Verbesserung ihrer Bereitschaft zum Verzicht und zum Maßhalten. Sie ist eine überaus gut aussehende, intelligente Frau. Sie hat einen guten Geschmack und zieht somit die Blicke auf sich. Diese Frau braucht dies aber auch, denn Bestätigung und Anerkennung bedeuten ihr nicht nur viel, sondern sind die Triebfeder für ihre erfolgreichen Tätigkeiten. Sie ist eine Führungsfrau und als solche tritt sie auch bewusst und selbstsicher auf.

Niveau und Stil muss die Stier-Löwe-Frau nicht lernen, vielmehr ist ihr das in die Wiege gelegt worden. Guter Geschmack und tolle Kleidung sind für sie der Maßstab ihrer Persönlichkeit. Hierfür gibt sie auch beträchtliche Summen aus. Schöne Reisen und schöne Urlaube genießt sie in vollen Zügen. Ein schönes Ambiente mit einem tollen Partner und einem schmackhaften Menü runden für sie einen schönen Abend ab.

Fleiß, Ausdauer und Geradlinigkeit sind die Stärken der Stier-Löwe-Frau im Beruf. Ihr ist nichts zu viel und keine Arbeitszeit zu lang. Sie arbeitet mit viel

Herzblut, bis sie ihren Auftrag erfüllt und umgesetzt hat. Lob und Anerkennung sucht sie und braucht sie als Bestätigung für ihre besonderen Leistungen. Sollte diese Anerkennung über einen längeren Zeitraum ausbleiben, kommt bei dieser Frau Frust auf und die Leistungen gehen rapide zurück. Ziele und Visionen hat sie immer vor Augen, sie geht immer neue Wege und probiert Neues aus. Stillstand heißt für sie Rückschritt - und das ist etwas, was sie überhaupt nicht ertragen kann.

Als Mutter und Hausfrau ist die Stier-Löwe-Frau ebenfalls nahezu perfekt, alles muss rasch gehen. Sie delegiert zum richtigen Zeitpunkt und arbeitet überaus effektiv. Jeder muss ihrer Meinung nach im Haushalt sein Scherflein dazu beitragen, damit alles gut und gezielt läuft. Dennoch bedeutet diesem Frauentyp die berufliche Herausforderung mehr als nur Hausfrau zu sein. Im Beruf bekommt sie die Streicheleinheiten, die sie so sehr für ihr Ego braucht. Und dafür ist eine Stier-Löwe-Frau immer bereit, bis an die Grenzen des Machbaren zu gehen.

Sie ist also definitiv eine interessante Frau ...

ZWILLING

Aszendent Löwe

Der Zwilling-Löwe-Charakter prägt eine überaus dynamische und sehr erfolgreiche Frau. Sie ist immer von einer inneren Unruhe erfüllt und dem Drang, alles schnell und sofort zu machen. Dadurch verbreitet sie eine unglaubliche Nervosität und überträgt diese auch leicht auf ihre Mitmenschen - welche ihr dafür nicht unbedingt dankbar sind.

Die Zwilling-Löwe-Frau selbst setzt sich durch ihr Verhalten stets stark unter Druck und überfordert dabei auch ihre Gesundheit, was langfristig zu nicht mehr korrigierbaren Krankheitsbildern führen kann. Schon deshalb sei dieser Frau angeraten, auf die Signale ihres Körpers zu achten und rechtzeitig Maßnahmen wie Zeiten der Regeneration, mentales Training, Yoga und sonstige gesundheitsfördernde Aktivitäten einzuleiten. Ihr Körper und ihre Gesundheit werden es ihr danken.

Der quicklebendige Zwilling gewinnt durch die dem Löwen eigene Dynamik enorm an Durchsetzungsvermögen, Stärke und Souveränität. Im Gefühlsbereich ist diese Frau dadurch ebenfalls eine Größe und derart sicher im Verhalten, dass ihr so schnell keiner das Wasser reichen kann. Deshalb ist es für die Zwilling-Löwe-Frau überhaupt kein Problem, die Karriereleiter entsprechend schnell zu erstürmen und sich im Beruf auch fest zu etablieren. Führung und Erfolg ist ihr in die Wiege gelegt worden. Alles, was sie anpackt, wird schnell und zuverlässig umgesetzt, sodass ihre Vorgesetzten immer nur staunen können und sich immer wieder fragen, wie diese Frau das nur macht. Aber das liegt auf der Hand bei der Zwilling-Löwe-Frau, schon wegen ihrer angeborenen Talente, ihrem Temperament und ihren analytischen Fähigkeiten. Sie besitzt eine ungewöhnlich rasche Auffassungsgabe und natürlich eine entsprechende Kreativität sowie eine besondere strategische Ausrichtung.

Viele männliche Kollegen können der Zwilling-Löwe-Frau oft nicht folgen und haben deshalb immer wieder diverse Probleme mit dieser Person und neigen dann dazu, einen völlig falschen Eindruck von ihr zu entwickeln. Deshalb ist es hier für die Zwilling-Löwe-Frau auch wichtig, das Gespräch zu suchen, um Aufklärung zu geben. Auf eines muss man bei ihr aber besonders achten: Sie erwartet einen bestimmten Führungsstil, der sich in der Sprache und im niveauvollen Verhalten widerspiegelt. Sollte das nicht der Fall sein, kann sie reichlich unbequem werden, und die Zusammenarbeit wird keine Früchte tragen. Konfrontation scheut sie nicht, vielmehr geht sie diese vehement an und zieht ihr Ding durch. Gerade hier zeigt sie Profil und Führungsstärke, was dieser Frau dann und wann als Arroganz ausgelegt wird.

Im Urlaub sucht die Zwilling-Löwe-Frau die sportliche Variante, gepaart mit schönem Ambiente und einem wunderschönen gemeinsamen Essen mit ihren Freunden oder ihrer Familie. Aber auch hier muss Bewegung und Aktivität im Vordergrund stehen. Sie liebt das Abenteuer und ist auch bereit, gewisse Risiken einzugehen.

Unterm Strich finden wir in der Zwilling-Löwe-Frau eine tolle, gut aussehende Charakterfrau mit hohem Niveau ...

KREBS

Aszendent Löwe

Wer ein echter Krebs ist, der ist auch ein hochsensibler Mensch - was sowohl positive wie auch negative Merkmale in sich vereint. So ist die Krebs-Löwe-Frau empfindsam, empfänglich sowie leicht beeindruckbar, und die Psyche spielt bei ihr eine entscheidende und wichtige Rolle. Unter diesem Gesichtspunkt ist klar, dass dieser Charakterzug vorsichtig und oft zurückhaltend agiert, bis er überhaupt in Schwung kommt. Dieser Charakter muss seinen zarten Kern schließlich irgendwie schützen.

Die Krebs-Löwe-Frau verlässt sich in der Regel voll auf ihr Gefühl und nicht auf den "gesunden Menschenverstand" - und fährt meist gut damit. Es besteht allerdings die Gefahr, dass dann und wann tiefe Enttäuschungen entstehen und der Krebs bei deren Aufarbeitung unnötig viel Energie verbraucht. Krebs-Charaktere werden von Liebeskummer besonders hart getroffen, weil sie mit ihrem Herz auch ihre Seele verschenken - womit der Partner womöglich in manchen Fällen überfordert ist. Wer jedoch in der Lage ist, sich in die tiefschichtige Gefühlswelt des Krebses hineinzuversetzen, wird neue Dimensionen kennen lernen. Liebe, Wärme und Geborgenheit sind für diesen Charakter ein elementares Thema. Was Zuneigung und Romantik anbetrifft, so können höchstens Fische-Charaktere dem Krebs Konkurrenz machen. Im Übrigen sind Krebs-Charaktere hilfsbereit und prädestiniert dafür, ihren Mitmenschen alles von den Augen abzulesen. Es bedarf keiner besonderen Betonung, dass die Krebs-Frau überaus treu und anhänglich ist. Statt oberflächlich zu agieren, schlägt diese Frau lieber Wurzeln - selbst am Arbeitsplatz schätzt der Krebs die familiäre Atmosphäre. Doch egal was Krebs-Löwe-Frauen tun, sie sind immer mit Herz und Seele bei der Sache.

Ein gemütliches Heim und ein harmonisches Familienleben (oder auch Partnerschaft) ist für den Krebs der Schlüssel zum Erfolg. Ein sicherer Platz, an dem er die raue Welt vergessen kann, ist sehr oft enorm wichtig für diesen Charakter. Mit der Löwe-Prägung als Aszendent verändert der häusliche und oft verschlossene Krebs seine Grundhaltung, er wird dominanter, offener und zielstrebiger. Aber auch die Sehnsucht nach Anerkennung, Lob und Nähe wird stärker und wichtiger. In der Gesellschaft bewegt sich dieser

Charakter offen und aktiv, was jedoch dann und wann zu Konflikten führen kann.

Die Überbrückung des Gegensatzes Krebs-Löwe setzt auf lange Sicht einen gewissen Lernprozess voraus, doch an Flexibilität mangelt es hier gewiss nicht. Generell liebt der Krebs die Zurückgezogenheit, während der Löwe das Rampenlicht braucht. Aus diesem Grund ist diese Verbindung nicht ganz einfach. Andererseits kann gerade die Löwe-Kraft dazu beitragen, dass sich der Krebs seine Träume erfüllen kann.

Zusammenfassend lässt sich sagen, dass die Krebs-Löwe-Frau eine mitfühlende Persönlichkeit ist, die viel Selbstbewusstsein, Verantwortungsgefühl und Beschützerinstinkte entwickelt. Sie kümmert sich um Schwache und Benachteiligte und liebt Kinder in besonderem Maße ...

JUNGFRAU

Aszendent Jungfrau

Der Charakterzug einer doppelten Jungfrau-Frau ist bodenständig, erdverbunden und sozial. Ihre intellektuellen Fähigkeiten richten sich nach vernünftigen, analytischen und methodischen Eckpfeilern.

Bei der Jungfrau-Jungfrau-Frau hat alles Ordnung und System. Chaos und Zufälligkeiten werden von ihr verabscheut. Sie hat einen Hang zur Vorratshaltung und Lagerkapazität für schlechte Zeiten. Präzision, Gründlichkeit und Zuverlässigkeit spielen bei ihrem Charakter eine tragende Rolle. Ebenfalls großgeschrieben wird bei ihr die Allgemeinbildung und detailliertes Fachwissen. Sie ist fleißig und zuverlässig, jedoch auch bedingt sensibel. Für Luftschlösser hat dic Jungfrau-Jungfrau-Frau wenig übrig, auch nicht in Herzensangelegenheiten. Themen wie Liebe, Ehe und Partnerschaft werden nach vernünftigen und wohl überlegten Grundsätzen geregelt.

Die doppelte Jungfrau-Frau hat ein äußerst kritisches Urteilsvermögen, bei dem dann und wann doch sehr divergierende Meinungen auftreten. Hier muss dieser Frauentyp stark an sich arbeiten, um diese Altlasten, diese Gewohnheits- und Verhaltensmuster zu ändern. Sie neigt zum Festhalten und zum Besitzen, was in der Partnerschaft doch öfter als nötig Probleme bereitet. Übermäßig gesellig und lebenshungrig ist die Jungfrau-Jungfrau-Frau (noch) nicht. Als Gast ist sie jedoch sehr gerne gesehen und auch beliebt.

Hilfsbereitschaft wird bei ihr großgeschrieben. Sie gibt mehr als sie bekommt. Das heißt, ihre Waage hat häufig Schieflage, jedoch immer zu ihren Ungunsten. Hier entsteht dann und wann Frustration, sie ärgert sich und ist oft enttäuscht.

Der Aszendent Jungfrau hat natürlich einen erheblichen Einfluss auf ihren Grundcharakterzug. Die nüchterne Jungfrau wird durch den Jungfrau-Einfluss aus dem Aszendenten noch großzügiger und somit wird der Hang zum Dienen wesentlich erhöht. Ihr Helfersyndrom schlägt nach einiger Zeit in Depression um, weil die Jungfrau-Jungfrau-Frau nur für die anderen da ist und sich selbst nichts gönnt. Hier sollte sie schnell umdenken und auch ihr Ego wesentlich erhöhen bzw. verändern.

Für die Gesellschaft ist diese Frau ein Juwel, für sich selbst ist sie in ihrem Verhalten immer der Verlierer. Also sollte sie umdenken, sich in den Vordergrund stellen und sich selbst etwas gönnen – und vor allem lernen, ganz schnell auch mal "Nein" zu sagen und dabei zu bleiben. Schnell wird sich die Jungfrau-Jungfrau-Frau dann besser fühlen und das Leben wird für sie erträglicher. Sie hat es wirklich verdient ...

WAAGE

Aszendent Jungfrau

Zwei friedvolle Prägungen, eine praktische Übereinstimmung von Gefühl und Verstand spielen im Charakterzug einer Waage-Jungfrau-Frau die tragende Rolle. Dies heißt, dass ihre Prägungen sich nicht nur gut ergänzen, sondern sich in einigen Bereichen auch stark unterstützen. Damit sind die Voraussetzungen für diesen Frauentyp ideal, sie muss nun nur noch durch zusätzliche persönliche Entwicklung ein Optimum an Möglichkeiten herausholen.

Ein schöner, ästhetischer Lebensstil wird im Verhalten der Waage-Jungfrau-Frau ein wenig in den Hintergrund treten, dafür werden ihre Bescheidenheit, ihre Vernunft und ihre familiären Interessen stark in den Vordergrund gerückt und hier eine zentrale Rolle spielen. Ihre Arbeit wird bei dieser Frau immer im Mittelpunkt stehen, aber auch ihr Vergnügen wird nicht zu kurz kommen, auch wenn es manchmal den Anschein hat. Die Kompromissbereitschaft der Waage-Jungfrau-Frau und ihre Anpassungsfähigkeit sind stark entwickelt und nehmen einen festen Platz in ihrem täglichen Grundverhalten ein. Was dadurch etwas in Mitleidenschaft gezogen wird, ist ihre Entschlusskraft und ihr Durchsetzungsvermögen. Hier sollte sie versuchen, durch mentales Training, Suggestion und Meditation ein besseres Gleichgewicht herzustellen. Dass ihr dies möglich ist, steht außer Frage, sie muss es nur tun und auch wirklich wollen.

Es ist wirklich so, dass diese beiden Prägungen sich ergänzen, ausgleichen und unterstützen. Das heißt, es gibt keine Extreme im Grundverhalten der Waage-Jungfrau-Frau, sondern es findet immer ein Dialog unter den verschiedenen Gesinnungen statt. Sie lebt einen hohen Anspruch, aber nicht so hoch, dass es bei ihr arrogant wirkt, sondern solide und dezent. Auf ihr Äußeres legt sie sehr viel Wert und sie hat einen eigenen, aber sehr guten Geschmack in Kleidung, Einrichtung und Urlaubswünschen.

Diese Frau sucht die Führung, aber auch den Ausgleich, liebt schönes Ambiente und ist eine große Genießerin. Wenn man von ihren Schwächen berichten sollte, dann sind diese zum einen oft zu große Hilfsbereitschaft, sie gibt mehr als sie nimmt. Das heißt auch: Ein "Nein" sollte ganz bewusst ein "Nein" bleiben. Damit hat dieser Frauentyp echte Probleme. Das sollte sie wirklich ernsthaft überdenken. Oft kommt es auch vor, dass sie Dinge für sich behält, nicht redet, sich somit belastet und dadurch verärgert sowie zum Teil auch depressiv werden kann. Also sollte sie sich ihre Sorgen oder Probleme ruhig von der Seele reden und sich hin und wieder auch Freunden und Bekannten anvertrauen. Damit würde sich die Waage-Jungfrau-Frau einen großen Gefallen tun, dann würde sie ihre Energien nicht sinnlos vergeuden.

Als Mutter, Hausfrau und Partnerin ist diese Frau unschlagbar, nicht nur was ihren Ideenreichtum angeht, sondern auch wie sie mit allem umgeht und wie sie die Leute immer wieder begeistern und überraschen kann.

Sie ist eine bewundernswerte Frau mit großer Arbeitsleistung und immer einem offenen Ohr für die Sorgen anderer. Die Waage-Jungfrau-Frau sollte aber nur darauf achten, dass sie selbst nicht zu kurz kommt, denn wenn es jemand verdient hat geliebt zu werden, dann ist es sie ...

SKORPION

Aszendent Jungfrau

Die Konstellation einer Skorpion-Jungfrau-Frau, sprich ihre beiden Prägungen lassen sich problemlos vereinen. Dies gelingt dadurch, dass nicht mit Ellenbogen, sondern vielmehr mit systematischer und analytischer Kopfarbeit gehandelt wird.

Aufgrund ihres fundierten Wissens gelingt es der Skorpion-Jungfrau-Frau, ihre Meinung gezielt und sachlich an den Mann zu bringen bzw. durchzusetzen. Obwohl ihr Temperament aufgrund besonderer Ereignisse immer wieder einmal mit ihr durchgeht, ist sie dank ihrer besonderen Prägung in der Lage, ihre Emotionen im Zaum zu halten und dosiert vorzugehen.

Grundsätzlich ist dieser Charakter eine Frau, die die Führung sucht und sich dort auch sehr schnell etabliert. Ihre Bodenständigkeit, gepaart mit großer Loyalität, sowie ihr Feingefühl und ihre Vorausahnung ermöglichen es ihr, sehr erfolgsorientiert vorzugehen und viele ihrer Kollegen und Kolleginnen mitzureißen und zu begeistern. Es gibt natürlich auch einige, die nicht bereit sind, mit ihr an einem Strang zu ziehen, weil sie bei ihrer Schnelligkeit und ihrem enormen Antrieb nicht mitgehen möchten und sich ihr daher zeitweise auch widersetzen. Man kann eben nicht alles haben. Verbessern könnte die Skorpion-Jungfrau-Frau ihre Situation hier manchmal, wenn sie diplomatischer und etwas gelassener vorgehen würde. Dies lässt sich durch mentales Training, Suggestion und Meditation ohne weiteres lernen.

Die soziale Haltung der Skorpion-Jungfrau-Frau verbunden mit ihrer großen Hilfsbereitschaft hilft ihr wiederum über größere Hürden hinweg. Dass sie nach Wärme und Zuneigung sucht und dies auch dringend für ihren Energiehaushalt benötigt, merkt man dann, wenn sie gefühlsmäßig nicht ausgeglichen ist bzw. auch einmal launenhaft und leicht depressiv wirkt.

Manchmal neigt die Skorpion-Jungfrau-Frau dazu, ihre Hilfsbereitschaft zu übertreiben, indem sie ungewünschte Eingriffe in die Arbeit ihrer Kollegen und Kolleginnen vornimmt, was diese wiederum nicht besonders lustig finden, weil sie sich damit gedemütigt und überfahren fühlen. Hier sollte sie lieber den Druck herausnehmen und es so halten, wie es in der Politik gefordert wird, und sich nicht in fremde Angelegenheiten einmischen. Die Skorpion-Jungfrau-Frau sollte diese Freiräume lieber für ihre Freunde nutzen, sie werden es ihr danken.

Als Mutter, Hausfrau und Ehefrau oder auch als Partnerin ist die Skorpion-Jungfrau-Frau vorbildlich und stets für ihre Familie da. Die Familie ist außerhalb des Berufes sowieso ihr zentraler Mittelpunkt. Dort fühlt sie sich bestätigt und glücklich zugleich. Über ihre Kochkünste, verbunden mit einem exzellenten Service, braucht man nicht extra zu reden.

Die Skorpion-Jungfrau ist eine gefühlvolle, wunderbare Frau mit einem permanenten Antrieb sowie positiver Ausstrahlung und einem sonnigen Gemüt ... Was kann einem Besseres passieren?

SCHÜTZE

Aszendent Jungfrau

Hier haben wir eine Frau mit einer sehr stark differenzierten Gefühlswelt und einem ausgeprägten Helfersyndrom, das schon lange nicht mehr im Normalbereich liegt. Dies ist auch ihr grundsätzliches Problem. Denn auf der einen Seite hat sie eine großzügige Lebenseinstellung, auf der anderen Seite ist sie jedoch kleinlich, ordnungsliebend und perfektionistisch - und das passt einfach überhaupt nicht zusammen. Meist überlegt sie zu lange, bevor sie endlich handelt.

Für die Schütze-Jungfrau-Frau ist es wichtig, die Kontrolle über ihre Gefühle und ihr tägliches Tun zu erhalten. Deshalb sei ihr empfohlen, ein mentales Training, Suggestion und Meditation anzugehen, um ihre Gewohnheits- und Verhaltensmuster zu überprüfen und entsprechend zu verändern. Wenn sie das wirklich tut, wird sie spüren, welch ein Potenzial in ihr schlummert und welche Möglichkeiten dadurch entstehen.

Dieser Charakter ist eine Frau, die starken Gefühlsschwankungen unterliegt und somit zum Teil auch wankelmütig agiert. Man kann dies korrigieren, wenn es ihr Gegenüber versteht, sie sprachlich und gefühlsmäßig so zu berühren, wie die Schütze-Jungfrau-Frau es sich wünscht. Dass dies allerdings nicht immer der Fall ist, liegt auf der Hand, und deshalb ist sie selbst gefordert, ihre Feinfühligkeit und Sensibilität in den Griff zu bekommen und viele Dinge einfach lockerer und gelassener zu sehen.

Wärme und Zuneigung sind natürlich ganz wichtige Lebensinhalte für sie, die man auch berücksichtigen sollte. Ferner ist jedem, der sie einigermaßen gut kennt, bekannt, dass sie keine Kontrolle und schon gar keine Bevormundung leiden kann. Noch ein wichtiger Faktor: Wenn es nicht nach ihren Wünschen geht, neigt sie dazu, das Pferd schnell zu wechseln; dies wiederum zeigt wenig Konstanz und somit bringt man ihr auch kein besonderes Vertrauen entgegen.

Nun kommt die zweite Seite im Charakter der Schütze-Jungfrau-Frau ins Spiel: Hier ist sie sehr sozial eingestellt, immer hilfsbereit, manchmal herrschsüchtig und in wenigen Fällen neigt sie auch zu leichten Depressionen, die wiederum aus ihrem Hang kommen, zu viel zu geben; denn umgekehrt - und dies ärgert sie berechtigterweise maßlos - kommt in den meisten Fällen sehr wenig zurück. Aber sie hat es selbst in der Hand, hier einen Ausgleich für ihr Ego herzustellen.

Im Beruf macht sich die Schütze-Jungfrau-Frau das Leben oft selbst schwer, weil sie zu verbissen und mit viel zu viel Gefühl an die Dinge herangeht. Sie könnte um einiges lockerer und entspannter bleiben und sich die Vorgänge und Entscheidungen von einer anderen Seite ansehen - und sie wird spüren, wie gut es ihr dabei geht.

Als Mutter und Hausfrau ist die Schütze-Jungfrau-Frau großartig, alle profitieren von ihr, alle mögen sie und schätzen ihre Kochkünste und ihre Einfälle, die sie immer wieder täglich auf den Tisch bringt. Die Familie ist nicht nur ein wichtiger Bestandteil in ihrem Leben, vielmehr ist sie der zentrale Punkt, von dem aus die Schütze-Jungfrau-Frau ihre Kraft und auch ihre Energie nimmt. Dort findet sie Halt und fühlt sich bestätigt für das, was sie tut und wie sie es tut.

Das Wichtigste für diese Frau ist, sich auf den Weg zu machen und ihre Potenziale zu ergründen und nach außen zu bringen. Wenn ihr das gelingt, wird sie ihren Lebenswert und ihr Lebensgefühl exorbitant erhöhen - und eine zufriedene und glückliche Frau sein ...

STEINBOCK

Aszendent Jungfrau

Hier kommen zwei Prägungen zusammen, die unglaublich perfekt miteinander harmonieren und kommunizieren, immer zum Wohle der Gesellschaft.

Die Steinbock-Frau mit dem Aszendenten Jungfrau ist sehr strebsam und verantwortungsbewusst. Arbeit ist bei ihr nicht das halbe, sondern das ganze Leben. Und das ist auch schon ein besonderes Problem, weil natürlich die Gefahr besteht, ausgenutzt zu werden und zu wenig Freizeit für sich selbst zu haben.

Ihre Ordnungsliebe und ihre Genauigkeit sind schon bewundernswert, aber auch hier wird manchmal ein bisschen übertrieben. Ein bisschen weniger würde auch reichen. Die Steinbock-Jungfrau-Frau ist besonders emsig und fleißig und extrem bescheiden, ja manchmal viel zu bescheiden. Durch ihr Übermaß an Pflichtbewusstsein kommt es schon immer wieder vor, dass sie für ihre persönlichen Verhältnisse zu wenig Zeit hat und dadurch auch oft gesundheitliche Probleme bekommt. Unbedingt sollte sie sich regelmäßig und rechtzeitig auch immer wieder eine Auszeit gönnen. Ob es nun eine Massage oder ein Besuch im Frei- oder Hallenbad ist, spielt dabei keine Rolle. Wichtig ist, dass sie zu ihrer inneren Mitte findet und ihren Akku wieder aufladen kann, um ihre kommenden vielfältigen Aufgaben ohne Probleme bewältigen zu können.

Dass die Steinbock-Frau mit Jungfrau-Aszendent eine sensible, tiefgründige und wärmende Frau ist, ist wirklich etwas Wunderbares. Dennoch hat sie es nicht nötig, sich ausnutzen zu lassen oder gar als Dienerin der Herren der Schöpfung zu fungieren. Es liegt jedoch oft an ihr selbst und ihrem Grundverhalten, warum das so ist. Sie ist aber wahrlich nicht auf dieser Welt, um es nur den anderen recht zu machen, sondern sie ist auch auf dieser Welt, um zu empfangen und zu erhalten. Aber das muss sie einfach lernen - und zwar schnell, ehe es zu spät ist. Dieser Frauentyp sollte lernen, "Nein" zu sagen und dann auch beim "Nein" zu bleiben.

Jeder Mensch, der eine Steinbock-Jungfrau-Frau um sich haben darf, kann sich glücklich schätzen, denn er hat nicht nur eine gute Freundin und Partnerin, sondern auch eine Frau mit einem riesengroßen Herzen und einer unendlichen Wärme, Liebe und Zuneigung bei sich. Es gibt im gesamten Charakterbereich der Frauen nicht einen einzigen Charakter, der ihr hier das Wasser reichen kann, und darauf kann sie mächtig stolz sein. Als "Mutter Teresa" könnte man sie ohne weiteres bezeichnen, denn diese Formulierung trifft bei ihr den Nagel auf den Kopf. Ja, sie hätte auch den Nobelpreis verdient!

Ganz wichtig bei der Steinbock-Jungfrau-Frau ist, sie in ihrer Welt zu verstehen, sie im Herzen zu berühren und somit den Weg zu ihrem Innersten zu finden. Wem das gelingt, der hat einen Menschen gefunden, den er nie wieder verlieren wird. Sie ist eine großartige Frau, weil sie weder Machtansprüche hat noch im Mittelpunkt zu stehen braucht. Bescheidenheit, Liebenswürdigkeit und eine nie enden wollende innere Wärme und Zuneigung zeichnen diese Frau aus ...

WASSERMANN

Aszendent Jungfrau

Dieser Charakter ist intelligent, zukunftsorientiert und modern. Ein Wassermann-Jungfrau-Charakter legt Wert auf Unabhängigkeit und Humanität. Zudem denkt diese Frau in großen Dimensionen und unterscheidet sich dadurch grundsätzlich von ihrer Umwelt. Im Umgang ist sie anspruchsvoll und Niveau ist für sie Normalität. Alles andere zählt für sie nicht.

Strebsamkeit und das Bestreben, immer wieder etwas Neues dazulernen zu können, werden im Leben der Wassermann-Jungfrau-Frau immer eine wichtige Rolle spielen und auch ihren Lebensrhythmus bestimmen. Dabei ist sie anstrengend und tiefgründig. Sie will alles wissen und gibt auch nie auf; notfalls hinterfragt sie alles noch einmal, um auch die restlichen Details zu erfahren. Geistige und praktische Fähigkeiten dominieren ihren Charakter. Ihre Neugier bezieht sich nicht nur auf Weiterbildung, sondern auch besonders auf zwischenmenschliche Kontakte.

Es ist sehr schwer, einen für sie passenden Lebenspartner zu finden, und es wird nur wenigen vorbehalten sein, sie als Frau oder Partnerin gewinnen zu dürfen. Ihr Partner muss in der Lage sein, ihre Gefühle zu begreifen bzw. zu lesen, denn nur dann ist eine harmonische Partnerschaft möglich.

Mit Kritik und Niederlagen steht dieser Charakter dagegen auf Kriegsfuß, denn damit kann diese Frau nur schwerlich umgehen. Oftmals legt sie auch die Dinge auf die Goldwaage – hier kann sie noch viel an sich arbeiten. Darüber hinaus muss man ihr Freiraum und Gestaltungsmöglichkeiten einräumen, damit sie ihre Kreativität ausleben kann. Vertrauen ist das Maß aller Dinge für diesen Frauentyp!

Mit dem Einfluss der Jungfrau kommt beim Wassermann-Typ ein weiterer interessanter Aspekt hinzu: Er verleiht dieser Frau ein hohes Maß an sozialer Kompetenz und Menschlichkeit. Anderen zu dienen und für sie zu sorgen, ist für die Wassermann-Jungfrau-Frau normal, und sie tut dies aus tiefstem Herzen und voller innerer Überzeugung. Allerdings ist sie enttäuscht, wenn man nicht erkennt, was sie alles tut und sie keinerlei Lob oder Anerkennung für ihr Handeln bekommt. Sie wartet zwar nicht darauf, aber sie freut sich umso mehr, wenn ihr Engagement gewürdigt wird. Das bedeutet ihr sehr viel.

Mit ihrer Einsatzfreude steht die Wassermann-Jungfrau-Frau gerne im Dienst der Menschheit. Somit ist festzuhalten, dass ihr Mittelpunkt - ob beruflich oder privat - immer die Menschen sein werden ...

FISCHE

Aszendent Jungfrau

Die Fische-Jungfrau-Frau hat eine Prägung mit zwei ganz unterschiedlichen Prinzipien, die einander nur schwerlich verstehen, also zwei Prägungen, die völlig unterschiedlich denken und fühlen, und deshalb ist es nicht leicht für diese Frau, einen Weg zu finden, um eine Einheit herzustellen ... Aber nichts ist unmöglich!

Logik und Präzision zum einen, sowie Hoffnung und Wunschdenken zum anderen sind eben ein ziemlich krasser Gegensatz. Aber: Aus dieser extremen Mischung kann sich ein sehr ausgeprägtes Verantwortungs- und vor allem auch Mitgefühl entwickeln. Und die Fische-Jungfrau-Frau ist in der Lage, ihre analytischen und medialen Fähigkeiten zu verbinden - also eine geborene Problemlöserin.

Wichtig dabei ist, dass sie ihr Wachstum und ihre persönliche Weiterentwicklung voranbringt, indem sie alte Gewohnheits- und Verhaltensmuster verändert und neue Muster in ihrem Unterbewusstsein manifestiert. Dies geschieht durch mentales Training, Suggestion und Meditation.

Auf der einen Seite besitzt die Fische-Jungfrau-Frau gute Führungseigenschaften mit enorm viel Feingefühl, auf der anderen Seite aber will sie keinem weh tun. Das geht natürlich nicht, hier muss sie mehr Stärke entwickeln. Geben und Nehmen ist normal, bei dieser Frau ist es aber so, dass sie überwiegend gibt und so gut wie nichts nimmt. Das geht lange gut, aber irgendwann wird sie feststellen, dass sie sich ausgenutzt fühlt und ihre ganze Energie verschwindet. Dies kann so weit gehen, dass sie leichte Depressionen bekommen kann und ihre Unzufriedenheit immer größer wird. Sie sollte nach einem "Nein" auch beim "Nein" bleiben und nicht immer wieder in alte Muster zurückfallen. Hier muss sie hart an sich arbeiten und ihren Egoismus mehr zum Einsatz bringen, sonst wird sie immer auf der Verliererstraße landen, und das möchte doch niemand gerne.

Ihre Hilfsbereitschaft und ihre Liebenswürdigkeit werden demnach oft missbraucht und ausgenutzt. Die Fische-Jungfrau-Frau sollte den Mut und die Kraft haben, angebotene Hilfe in Anspruch zu nehmen. Dies ist keine Schande und steht ihr auch zu. Sie ist eine wunderbare Frau mit derart vielen positiven Anlagen und Neigungen, dass sie selbst auch davon profitieren sollte.

Als Mutter und Hausfrau oder als Ehefrau und Partnerin ist sie großartig; sie besitzt Wärme, Zuneigung, Verständnis und hat immer ein offenes Ohr für die Probleme ihrer Liebsten. Ja, man kann sagen, die Fische-Jungfrau-Frau ist ein Juwel für die Menschheit, eine große leidenschaftliche Dienerin für alle Menschen, nur sollte sie daran denken, dass sie auch das Recht hat, geliebt zu werden ...

WIDDER

Aszendent Jungfrau

Bei dieser Prägung gilt es zwar, erhebliche Widersprüche zu vereinen, aber ein grundsätzliches Problem ergibt sich daraus nicht unbedingt. Eine Widder-Jungfrau-Frau wird wenig draufgängerisch agieren, vielmehr ist sie bescheidener, überlegt und systematisch.

Aus ihrem Geburtstag (Widder) hat dieser Frauentyp Ordnungssinn, Wissensdurst und geistig logische Talente, die sie höchst effektiv und gewinnbringend einsetzt. Aus ihrer Geburtsstunde (Jungfrau) bringt sie soziale Gerechtigkeit, Verständnis für eine Sache an sich und ein Helfersyndrom mit. Nun ist es entscheidend, wie sie diese unterschiedlichen Prägungen in ihrem Sinne und zu ihrem Erfolg einsetzt und zielgerichtet nutzt.

Eines ist sicher, die Widder-Jungfrau-Frau ist eine starke Persönlichkeit mit klaren Vorstellungen vom Leben und vor allen Dingen mit klaren Vorstellungen, wie sie etwas umgesetzt haben will. Sie möchte keine Einengung, keine Bevormundung und schon gar keine Kontrolle. Hier ist dieser Frauentyp sehr empfindlich und verletzbar, durch ein derartiges Verhalten verliert sie das Vertrauen, welches sie braucht, um frei und unabhängig arbeiten zu können. Das ist ein entscheidender Punkt in der Zusammenarbeit mit ihr. Wer das beherzigt, wird ein wunderbares Arbeiten mit ihr haben, wer nicht, wird sie deutlich kennen lernen ...

Im beruflichen Bereich ist die Widder-Jungfrau-Frau sehr ehrgeizig und willensstark, loyal und kämpferisch. Alles, was sie sich in den Kopf setzt, wird erledigt und umgesetzt. Sie braucht dafür aber viel Spiel- und Freiraum und vor allen Dingen das notwendige Vertrauen.

Im privaten und familiären Bereich gibt die Widder-Jungfrau-Frau oft viel zu viel und empfängt zu wenig. Das führt irgendwann dazu, das sie sich zunächst ärgert, die Folge ist Frustration und in der Konsequenz dann Depression, vor allem im zunehmenden Alter. Dies kann sie rechtzeitig verhindern, wenn sie hier einige Gewohnheits- und Verhaltensmuster durch persönliche Weiterentwicklung ändert und den Gegebenheiten anpasst. Zu lernen auch einmal "Nein" zu sagen, auch wenn es schwer fällt, wäre der erste Schritt hierzu.

Dass die Widder-Jungfrau-Frau eine herausragende Mutter und Hausfrau ist, muss hier keine besondere Erwähnung finden. Für ihre Familie und ihre Angehörigen tut sie mehr als notwendig ist, deshalb ist sie natürlich in diesem Kreis und darüber hinaus sehr beliebt. Lernen sollte sie auch noch, mehr zu regenerieren, sich selbst ein bisschen wichtiger zu nehmen und sich dann und wann etwas Schönes zu gönnen ...

Wenn der Widder-Jungfrau-Frau diese Vorhaben gelingen, wird sie eine ausgeglichene und vor allem immer liebenswerte, zufriedene Frau sein.

STIER

Aszendent Jungfrau

Die Stier-Jungfrau-Frau hat einen großartigen Charakter und ist ein wunderbarer Mensch. In erster Linie lebt sie für ihre Umwelt, ihre Freunde und ihre Bekannten. Ganz einfach: Sie ist zu gut für diese Welt. Sie ist eine Dienerin vor dem Herrn - natürlich im positiven Sinne - und ist immer da, wenn andere ihre Hilfe brauchen. Dabei denkt sie aber zu wenig an sich selbst, weswegen sie unbedingt lernen muss, sich selbst wichtiger zu nehmen, egoistischer zu werden und den Mut aufzubringen, auch einmal "Nein" zu sagen.

Darüber hinaus sollte sie stärker auf ihren Körper und ihre Körpersignale achten. Denn sie regeneriert zu wenig oder gar nicht und führt ihrem Körper somit keine neue Energie zu, sondern verbraucht nur dessen Kraft. Kein Wunder also, wenn ihr Akku fast immer leer ist. Hier muss sie dringend eine Veränderung herbeiführen, um langfristig ihre innere Balance erhalten zu können. Zudem ist sie durch dieses ständig gebende Verhalten anfällig für Krankheiten, da sich ihr Körper überhaupt nicht erholen kann.

Natürlich kann die Stier-Frau mit Aszendent Jungfrau in einer solchen Situation nicht glücklich sein oder gar zu innerer Zufriedenheit gelangen; dabei ist sie seit langer Zeit auf der Suche nach dem Glück. Das belastet sie und deshalb muss sie genau hier ansetzen, um ihre Gewohnheits- und Verhaltensmuster zu korrigieren und zu verändern. Sie muss sich jetzt wehren, um ihr Gleichgewicht wiederzuerlangen. Wenn die Stier-Jungfrau-Frau das jetzt nicht tut, wird sich diese Situation nicht verbessern, vielmehr werden ihre Probleme immer größer werden. Soweit sollte sie es nicht kommen lassen. Dieser Frauentyp ist jetzt und heute gefordert, die Veränderung bei sich selbst einzuleiten und ihr persönliches Ich deutlich in den Vordergrund zu stellen.

Natürlich kann der Partner der Stier-Jungfrau-Frau in dieser Beziehung eine maßgebliche Rolle spielen. Dabei muss er lernen, sie zu lesen und zu verstehen. Sie muss ihm klarmachen, dass er sie auch bei der täglichen Arbeit unterstützen und ihr seine Hilfe im Tagesgeschehen anbieten sollte.

Mögen nun diese Gedanken bei der Stier-Jungfrau-Frau einen Ruck auslösen und sie dorthin bringen, wo sie immer schon sein wollte. Sie sollte stets daran denken, dass sie wunderbare charakterliche Grundanlagen in sich trägt, die nur darauf warten, entwickelt zu werden ...

ZWILLING

Aszendent Jungfrau

Hier wird die Zwilling-Dynamik durch den Einfluss des Jungfrau-Aszendenten stark relativiert. Im Klartext heißt das: Die überaus aktive und dominierende Zwilling-Frau wird mit dem Einfluss der Jungfrau etwas ausgebremst und immer wieder auf den Boden der Tatsachen zurückgeholt. Oft ist das kein Nachteil, aber immer wieder ein Hemmnis, wenn es um rasche Entscheidungen gehen muss.

Die Zwilling-Jungfrau-Frau ist sehr zuverlässig, kommunikativ und sehr beliebt bei Kunden und bei ihrer Umwelt. Ihr sozialer Aspekt und ihre humanitären Gedanken sind tiefgründig ausgeprägt und attestieren ihr einen ausgeglichenen Charakterzug.

Im Führungsverhalten hat die Zwilling-Jungfrau-Frau dann und wann Probleme, wenn es darum geht, unpopuläre und schwierige Entscheidungen zu treffen. Hier möchte sie häufig auf der Seite des Schwächeren stehen und helfen und hat dadurch in der Entscheidungsfindung oft erhebliche Schwierigkeiten.

Im Kolleginnen- und Kollegenkreis genießt sie eine hohe Akzeptanz. Sie ist absolut loyal und sehr beständig. Eine große Entscheidungsfreude ist diesem Frauentyp nicht in die Wiege gelegt worden. Deshalb finden wir sie meist in der zweiten Führungsebene, wo der zwischenmenschliche Bereich und die soziale Komponente eine Rolle spielen, da ist sie immer gefragt und beliebt. Administration, Kundenpflege und Umgang mit Menschen sind ihre größten Stärken und ihr darüber hinaus auch ein besonderes Bedürfnis.

Im privaten Bereich ist die Zwilling-Jungfrau-Frau ausgeglichen, hilfsbereit und verständnisvoll. Dass sie eine gute Mutter ist, und dies auch gerne von ihren Kindern spüren möchte, ist ihr ein großes Anliegen. Manchmal muss sie lernen, "Nein" zu sagen, um auch ein bisschen etwas für sich in Anspruch nehmen zu können. Damit ist vor allem gemeint, dass sie dazu neigt, oft zu wenig zu regenerieren, und sie somit ihre Energien ausschließlich für andere verwendet. Dies macht sie dann und wann traurig, im schlimmsten Fall kann es zu Depressionen führen. Dann ist es meistens zu spät. Also sollte sich dieser Frauentyp das wirklich zu Herzen nehmen, rechtzeitig agieren und für sich selbst ein wenig mehr Egoismus an den Tag legen.

Mit ihrem Charakterzug kann die Zwilling-Jungfrau-Frau im Allgemeinen recht zufrieden sein; wichtig ist nur, dass sie sich auch genügend Freiheiten nimmt und ihrem Körper und ihrem Wohlbefinden das zuführt, was sie verdient haben ...

KREBS

Aszendent Jungfrau

Hier haben wir eine ganz besondere Prägung unter den Frauen-Charakteren, besonders deshalb, weil es kaum einen Charakter gibt, der derart viel zu geben versteht, wie das bei der Krebs-Jungfrau-Frau der Fall ist. Das kann natürlich auch oft belastend für sie sein, wenn sie nicht rechtzeitig die Bremse tritt.

Man könnte auch sagen, diese Frau ist geboren worden, um zu dienen und immer und überall zu helfen. Für die Gesellschaft und für die Menschen, die um sie herum leben, ist das wunderbar; die Frage ist nur, ob sie das tatsächlich auch immer so will und ob es ihr nicht irgendwann zu viel wird. Die Menschen suchen diesen Frauentyp auch, weil ihre Ausstrahlung vermittelt: "Ich kann dir helfen, ich werde dir helfen, wir finden schon einen Weg". Die Krebs-Jungfrau-Frau sollte sich im Gegenzug einmal die Frage stellen: "Wer hilft mir, wenn es mir schlecht geht?"

Die Gefahr liegt hier darin, dass es auch zur Gewohnheit werden kann, sich so wie sie zu verhalten. Darum ist es sehr wichtig für die Krebs-Jungfrau-Frau, mit dem Umdenken zu beginnen und nach einem "Nein" auch beim "Nein" zu bleiben und nicht immer alles hinzunehmen. Geben ist bei ihr mehr als ein bloßes Wort, den Geben kommt bei ihr aus dem Herzen und ist für sie eine große Freude. Nur sollte die Krebs-Jungfrau-Frau nicht vergessen, dass, wenn man nie nimmt, der Tag kommt, an dem man unglücklich oder auch verzweifelt werden kann. Natürlich kann das lange dauern, oft bis ins hohe Alter, bis man endlich spürt, dass man ausgebrannt und leer ist, dann ist es aber meistens viel zu spät. Sie sollte frühzeitig reagieren und ihre Gewohnheits- und Verhaltensmuster überprüfen, um sie notfalls zu korrigieren. Dies geschieht durch persönliche Weiterentwicklung, mentales Training, Suggestion oder Meditation. Denn: Aus Gedanken werden Worte, aus Worten werden Handlungen, aus Handlungen werden Gewohnheiten, aus Gewohnheiten werden Charaktereigenschaften, aus Charaktereigenschaften wird dein Charakter, dein Schicksal!*

Im Beruf ist die Krebs-Jungfrau-Frau eine herausragende Vermittlerin, eine Säule zwischen Führung, Angestellten und Arbeitern. Führungsanspruch hegt sie nicht. Der zwischenmenschliche Bereich ist ihr sehr wichtig, dort fühlt sie sich geborgen und aufgehoben.

In der Familie hat sie einen sehr hohen Stellenwert, sie ist das Zentrum innerhalb ihrer Familie, mit hoher Akzeptanz aufgrund ihrer Wärme und Zuneigung, die sie ihren Familienmitgliedern immer zuteil werden lässt. Anerkennung und Lob sind sehr wichtig für die Krebs-Jungfrau-Frau und beflügeln sie enorm. Mittelpunkt und Prestige braucht sie nicht, dafür ist sie zu bescheiden; wichtiger ist ihr der Zusammenhalt in der Familie und in ihrem näheren Umfeld.

Die Krebs-Jungfrau-Frau ist bescheiden, angenehm, hilfsbereit, liebenswert, eine wunderbare Frau für alle diejenigen, die am Boden geblieben sind und die Bodenhaftung nicht verloren haben. Im Prinzip ist sie ein Juwel für die Menschen und es ist schön, wenn man sie kennen und erleben darf ...

LÖWE

Aszendent Jungfrau

Die Löwe-Jungfrau-Frau ist eine dynamische, erfolgsorientierte Frau mit hoher sozialer Kompetenz. Gerne steht sie im Mittelpunkt und hat damit überhaupt kein Problem, im Gegenteil, sie genießt es, dort zu stehen und alle Augen auf sich gerichtet zu fühlen.

Die Löwe-Jungfrau-Frau besitzt Antrieb und Begeisterung und liebt es, großartige Aufgaben zu übernehmen und diese auch planvoll umzusetzen. Sie sucht

* Vgl. Franziska Krattinger: "Erfolgsrezepte", Silberschnur Verlag 2004

die Führung und sie braucht diese, um ihr seelisches Gleichgewicht zu finden. Wichtig dabei ist, dass man sie ernst nimmt und das Lob und die Anerkennung keinesfalls vergisst. Denn Lob und Anerkennung sind für sie von großer Bedeutung, dadurch erhält sie Ansporn und ist bereit, mehr als das notwendige Soll zu bringen. Ihre Lebenseinstellung ist geprägt von Erfolg und großen Taten. Sie braucht immer wieder eine neue Herausforderung, an der sie wachsen und sich entwickeln kann. Stillstand ist für sie Rückschritt.

Im Umgang mit der Löwe-Jungfrau-Frau muss man den richtigen und angemessenen Ton finden, sonst gibt es keine Basis der Zusammenarbeit. Sie ist sehr sensibel und verletzbar. Kontrolle und Bevormundung mag sie nicht. Der richtige Ton zum richtigen Zeitpunkt ist für sie entscheidend und von maßgeblicher Bedeutung. Sie ist aber auch eine Frau, die bereit ist zu geben, zu unterstützen und zu helfen. Manchmal übertreibt sie es jedoch mit ihrer Hilfe und ihrem persönlichen Engagement. Dann kommt auch oft die Verärgerung darüber, dass sie nichts zurückbekommt, und sie fühlt sich letztendlich ausgenutzt. Deshalb sollte sie lernen, ihr Geben zu dosieren und sich nicht planlos zur Verfügung zu stellen. Dass sie das aus ihrem Herzen macht, ist bekannt, aber es gibt auch viele Menschen, die diese von ihr gelebte Großzügigkeit über Gebühr ausnutzen. Hier sollte sie ihre Verhaltensmuster überprüfen und den Gegebenheiten anpassen.

Im Sport ist die Löwe-Jungfrau-Frau sehr engagiert und tut gerne etwas für ihre Gesundheit. Der gesundheitliche Aspekt ist für sie generell von großer Bedeutung, weil sie nur bei guter Gesundheit ihre Leistungen abrufen kann.

Als Mutter und Hausfrau ist diese Frau einfach toll, weil sie ihre Kinder und die übrigen Familienmitglieder begeistern kann und ihnen immer eine positive Grundhaltung vorlebt. Sie besitzt viel Feingefühl für die Sorgen und Dinge des Lebens, deshalb sucht man häufig ihre Nähe, vor allen Dingen aber ihren Rat.

Die Löwe-Jungfrau-Frau ist eine sehr interessante Frau mit großer Aktivität, großem Vorbild-Verhalten und einem ausgesprochen sozialem Verständnis. Für die Gesellschaft ist sie eine bedeutende Frau, weil sie die Ärmel hochkrempelt und immer mit gutem Beispiel vorangeht ...

WAAGE

Aszendent Waage

Die doppelte Waage-Frau gehört zu den potenziellen Führungsfrauen innerhalb der weiblichen Grundcharaktere, ausgestattet mit einem hohen Führungsanspruch und einem sehr dominanten, manchmal auch egoistischen Führungsverhalten.

Die Waage-Waage-Frau bringt nahezu alles mit, was nötig ist, um die Kriterien einer Führungskraft zu erfüllen. Ihr Anspruch an Beruf, Privatleben oder auch an die Gesellschaft ist insgesamt sehr hoch. Diese Frau geht mit gutem Beispiel voran und erwartet dies auch von anderen. Oft wird sie missverstanden, weil ihre Erwartungen und Vorstellungen von vielen ihrer Kollegen und Kolleginnen nicht nachvollzogen werden können. Hier muss die Waage-Waage-Frau lernen und begreifen, dass es viele Menschen gibt, die weder ihr Niveau besitzen noch ihr in vielen Dingen folgen können. Sie muss öfter ein bis zwei Stufen hinabsteigen, um diese Menschen dort abzuholen, wo sie stehen. Dadurch wird der Eindruck, dass sie arrogant sei, relativiert, und man versteht sie.

Dass die Waage-Waage-Frau einen gesteigerten Wert auf ihr Aussehen und ihre Figur legt, ist für sie selbst normal. Das ist ihr in die Wiege gelegt worden. Ungepflegte oder oberflächliche Menschen werden mit ihr kaum in Kontakt kommen, denn diese lehnt sie von vornherein ab. In der Gesellschaft fällt die Waage-Waage-Frau immer positiv auf, weil sie einen besonderen, sehr individuellen Geschmack an Kleidung und sonstigen Accessoires hat.

Sie ist eine Kämpferin mit viel Geschick, Antrieb und Begeisterung. Erfolg im Beruf ist für sie sehr wichtig, weil sie diese Bestätigung für ihre Seele und ihr Glücksempfinden braucht. Sie ist aber auch bereit, dafür vieles zu entbehren und viel Fleiß für ihre Ziele zu investieren. Sie hat immer ein neues Ziel vor Augen und ist bereit, hart dafür zu arbeiten.

Als Gesprächspartnerin überzeugt sie mit herausragender Rhetorik und besonderem Stil. Sie ist beliebt, man mag sie, und die Männerwelt fühlt sich stark zu ihr hingezogen. Die Waage-Waage-Frau mag es gerne, Männer um sich herum zum haben.

Die Familie bedeutet ihr sehr viel, dort tankt sie die Kraft für ihren Beruf, der ihr nach der Familie am meisten bedeutet. Anerkennung, Lob und Bestätigung sind ihr Lebenselixier. Diese Frau liebt eine raffinierte Küche, schönes Ambiente und wunderschöne Urlaube am Meer, am besten in der Karibik.

Gute Freunde sind der Waage-Waage-Frau wichtig, weil sie so gerne lacht und lustig ist, aber ein bestimmtes Niveau muss immer vorhanden sein. Macho-Typen sind nicht nach ihrer Vorstellung. Sie liebt das gehobene, niveauvolle Klientel. Hier sagt man ihr des Öfteren Überzogenheit und Arroganz nach, was jedoch überhaupt nicht stimmt. Es ist einfach ihre Prägung, einen bestimmten Stil zu wahren und auch zu pflegen.

Die Waage-Waage-Frau ist eine großartige, interessante, intelligente und starke Persönlichkeit, was dann und wann auch gerade mit männlichen Kollegen zu divergierenden Meinungen führen kann. Aber sie geht das immer gelassen an und findet in der Konsequenz immer wieder die passende Lösung.

Also heißt es für diesen Frauentyp, sich nicht vom Weg abbringen zu lassen und ihre eigenen Vorstellungen und Gedanken zu leben. Sie schafft das locker ...

SKORPION

Aszendent Waage

Die Skorpion-Waage-Frau ist ein toller, sensibler, sehr fleißiger und absolut loyaler Charakter. Sie liebt die Verantwortung und sie zieht diese auch an. Arbeit und Verantwortung ist der Lebensinhalt einer Skorpion-Waage-Frau. Es ist ihr nichts zu viel. Sie geht immer mit gutem Beispiel voran und überzeugt mit überdurchschnittlichen Arbeitsleistungen. Sie neigt jedoch dazu, vieles an sich zu reißen und dadurch natürlich Kolleginnen und Kollegen zu überfordern. Sie arbeitet extrem schnell, weil ihr alles leicht von der Hand geht. Viele haben damit ein Problem, weil sie ihr nicht folgen können. Dadurch entstehen oft Missverständnisse und divergierende Meinungen. Hier sollte sie lernen, dann und wann den Druck herauszunehmen und nicht zu übertreiben. Die Kollegen und Kolleginnen werden es ihr danken.

Anerkennung, Lob und Bestätigung bedeutet der Skorpion-Waage-Frau nicht nur viel, sondern sie ist nahezu davon abhängig. Wird ihr diese Anerkennung über einen längeren Zeitraum hinweg verwehrt, macht sich das in ihrem Grundverhalten durch schlechte Laune bemerkbar. Kontrolle und Bevormundung mag sie nicht. Das sollte man bei ihr, wenn es schon notwendig ist, mit sehr viel Feingefühl anwenden.

Die Skorpion-Waage-Frau ist eine stolze Frau, legt sehr viel Wert auf ihr Äußeres und erwartet von ihrer Umwelt Niveau und hohen Anspruch. Sie neigt zum Widerspruch und übertreibt das dann und wann. Auch muss sie immer das letzte Wort haben, hier sollte sie souveräner werden und stark an sich arbeiten.

Die Skorpion-Waage-Frau ist eine tolle Gastgeberin und eine leidenschaftliche Köchin. Vier oder auch mehr Gänge zuzubereiten, ist für sie die größte Freude. Sie liebt das Kochen und mag regelmäßige Einladungen von Freunden. Das genießt sie und es gibt ihr sehr viel für ihre Seele.

Oft überfordert die Skorpion-Waage-Frau ihren Körper und ihre Möglichkeiten. Hier muss sie noch lernen, dass, wer viel arbeitet, auch viel regenerieren und ausspannen muss, um die Akkus wieder aufzuladen – oft verstößt sie dagegen.

Im Beruf wie auch im privaten Bereich ist immer Verlass auf sie, es gelingt ihr, alles unter einen Hut zu bringen und ihre Ziele nie aus den Augen zu verlieren.

Eine besondere Begabung ist ihre Vorausahnung, sie spürt oftmals Dinge schon, wenn andere noch gar nicht darüber nachdenken. Oft ist dies aber auch eine Belastung für sie, weil sie es eigentlich noch gar nicht wissen möchte.

Dass die Skorpion-Waage kein Diplomat ist, weiß sie selbst und das wird sie auch nicht ändern, aber für ihre Mitmenschen ist sie immer und zu jeder Zeit ein Gewinn und eine Bereicherung ...

SCHÜTZE

Aszendent Waage

Die Schütze-Waage-Frau ist eine Frau mit einer klaren Vorstellung, wie es im Leben laufen soll und laufen muss. Ihre Prägungen begünstigen sie in den meisten Fällen, bis auf einen Punkt, und das ist ihre doch sehr schwankende

Gefühlswelt, verbunden mit ihrer Laune, die dann doch sehr differenziert und wechselnd zur Geltung kommt.

Mit diesen erheblichen Gefühlsschwankungen – himmelhoch jauchzend oder zu Tode betrübt – gibt die Schütze-Waage-Frau vielen Menschen oft Rätsel auf. Dies ist ein Bereich, an dem sie dringend arbeiten muss, um hier Konstanz zu entwickeln. Sie darf es nicht zulassen, in ihren Gefühlsbereichen so stark hin und her zu wechseln. Sie sollte versuchen ein Mittelmaß zu finden, das es ihr ermöglichen wird, Energien zu sparen und für andere Aktivitäten einzusetzen.

Die Schütze-Waage-Frau hat Charisma, eine tolle Ausstrahlung und ist auch in ihrem Grundverhalten und Auftreten nahezu perfekt. Dass sie immer die Spitze sucht, ist völlig normal und ihr einfach in die Wiege gelegt worden. Sie mag es, wenn man sie um Rat fragt, und in der Regel hat sie auch immer eine passende Antwort parat. Der Umgang mit ihr gestaltet sich in der Regel normal, wenn man sich um Niveau, Anstand und Gefühl bemüht. Denn hier neigt sie oft vorschnell zu Vorurteilen und negativen Bewertungen. Dies wiederum hat mit ihrer persönlichen, sehr eigenen Art zu tun.

Die Sprache ist bei ihr das entscheidende Führungsinstrument: Wie berührt man sie im Herzen, welchen Wortschatz wendet man bei ihr an ... Immer wenn man nicht den richtigen Ton findet, hat man im Prinzip bei dieser Frau schon verloren, man kommt nicht an sie heran, sie blockiert und ist ablehnend.

Oft ist ihr Verhalten für Schwächere und Menschen, die nicht ihr Niveau haben, nicht nachzuvollziehen. Hier ist ein Lernprozess ebenfalls dringend nötig. Manchmal ist es durchaus sinnvoll, dass man aufgrund der Umstände, einen Gang zurückschaltet und sich auf das Niveau der Gesprächspartner einpendelt. Dies ist nicht immer leicht, aber von Vorteil, weil man dadurch hohe Akzeptanz erfährt und nicht als arrogant eingestuft wird.

Die Schütze-Waage-Frau liebt sportliche Urlaube und gibt dort immer ihr Bestes. Höchstleistungen sind für sie selbstverständlich. Sie liebt auch die damit verbundenen Abenteuer.

Egal, wo dieser Frauentyp auftritt, aufgrund ihrer Persönlichkeit und ihrer persönlichen Ausstrahlung ist sie automatisch Anziehungspunkt und Mittelpunkt zugleich, eben eine interessante und großartige Frau ...

STEINBOCK

Aszendent Waage

Hier haben wir eine Frau mit zwei sehr starken, aber sehr unterschiedlichen Prägungen, die es ihr nicht leicht machen, diese ohne Probleme unter einen Hut zu bekommen. So ist in dieser Kombination der Einklang leider nicht so einfach zu finden.

Der ausgeprägte Lebensernst der Waage und die sehr sensible Disziplin des Steinbocks müssen über Veränderung diverser Gewohnheiten und Verhaltensmuster langsam zueinander geführt werden. Das ist grundsätzlich möglich, wenn die Steinbock-Waage-Frau bereit ist, in die Veränderung zu gehen und durch mentales Training, Persönlichkeitsentwicklung und Meditation einen solchen Weg zu finden. Wenn sie dies schafft, und davon kann man ruhig überzeugt sein, wird sie mehr Souveränität, Lockerheit und Gelassenheit erreichen. Dann ist dieser Frauentyp auch mit sich selbst zufrieden, kann sich viel Energieverlust ersparen und lebensfroher und beschwingter seine Aufgaben bewältigen.

Zunächst legt die Steinbock-Waage-Frau Wert auf ihr Äußeres, das ist ihr ein Bedürfnis, des Weiteren hat sie einen hohen Anspruch, dem nicht alle genügen, dies ist aber ihr gutes Recht. Sie ist kreativ, dominant und führungsbezogen. Der richtige sprachliche Umgang ist eine weitere Voraussetzung, wie und ob man mit ihr arbeiten oder auch kommunizieren kann. Wer nicht die richtige Sprache zu ihr findet, wird auch wenig Chancen bekommen, mit ihr gemeinsam etwas zu unternehmen bzw. etwas zu erreichen. Oft unterstellt man der Steinbock-Waage-Frau Arroganz und zurückhaltendes Verhalten. Das ist zum Teil berechtigt, nicht aber was die angebliche Arroganz betrifft, sie wirkt lediglich arrogant, weil sie zunächst abwartend und sicherheitsbedacht agiert. Sie ist nicht sofort Feuer und Flamme, sondern, im Gegenteil, mehr ein Realist, sie braucht eine gewisse Zeit der Annäherung und der Vertrauensbildung, bevor sie sich öffnet und sich so verhält, wie man sich das grundsätzlich wünscht. Aber, wenn sie einmal Vertrauen gewonnen hat, dann erkennt man sie nicht wieder. Man könnte sagen: einmal gewonnen, für immer gewonnen.

Für die Steinbock-Waage-Frau ist es ein wichtiger Umstand, auf der sicheren Seite zu sein und Vertrauen zu haben, nur dann ist sie auch in ihrer Seele zufrieden. Kritik und Niederlagen sind Elemente, die ihr sehr zu Herzen gehen, hier sollte man angemessen und vorsichtig agieren.

Oft nimmt sie sich banale Dinge zu Herzen und braucht sehr lange, um diese zu verarbeiten. Sie ist kein großer Diplomat, aber hier ist weniger manchmal mehr, denn sie neigt dazu, vorschnell zu reden. Dann ärgert sie sich selbst über ihr Verhalten, kann es aber nicht mehr rückgängig machen. Deshalb hier der Rat: Einmal mehr überlegen, bevor es ausgeplaudert werden muss - und sie kann sich viel Ärger und Energieverlust ersparen.

Wenn man die Steinbock-Waage-Frau im Herzen berührt und ihre Sympathie gewonnen hat, dann hat man eine sehr loyale, zuverlässige Partnerin für ein ganzes Leben, geprägt von einer unendlichen Treue und Liebe ...

WASSERMANN

Aszendent Waage

Dieser Charakter ist einer der ausgeprägtesten im Frauenbereich mit den größten Potenzialen, die eine Frau überhaupt besitzen kann. Ihre Ansprüche in allen Bereichen des Lebens und des täglichen Umgangs sind sehr hoch.

Die Wassermann-Waage-Frau benötigt ein hohes Maß an Freiheit und Selbstständigkeit, in der sie sich bewegen und austoben kann. Einengung, Bevormundung und Kontrolle wären für sie eine Belastung, die sie nicht akzeptieren würde. Sie übernimmt gerne schwierige und umfangreiche Aufgaben, die sie dann auch souverän erledigt. Je größer und schwieriger eine Aufgabe ist, desto mehr Energien setzt sie frei. Sie braucht auch das regelmäßige Gespräch, um Einzelheiten und Ungereimtheiten aus dem Weg schaffen zu können. Sie geht dabei in die Tiefe, um bestimmte Dinge, die für sie wichtig erscheinen, zu ergründen und an der Wurzel zu fassen.

Die Wassermann-Waage-Frau verfügt über eine natürliche Autorität und einen damit verbundenen Führungsanspruch. Die Bereitschaft, Verantwortung zu übernehmen, ist bei ihr stark ausgeprägt und Verantwortung stellt für sie kein Problem dar. Im Gegenteil: Nur Befehlsempfänger zu sein, würde sie nicht glücklich machen. Diese Frau legt gesteigerten Wert auf Stil sowie auf einen ehrlichen und seriösen Umgang. Gerade der ehrliche Dialog spielt in ihrem Leben eine sehr wichtige Rolle.

Freundschaft und Kameradschaft bedeuten der Wassermann-Waage-Frau sehr viel, auch dann, wenn es sie "das letzte Hemd kostet". Sie ist tolerant, verständnisvoll und diskussionsfreudig. Von nebensächlichen Dingen oder Äußerlichkeiten lässt sie sich nicht beeindrucken. Entscheidend ist für sie, was hinter der Fassade steckt.

Der Aszendent Waage hat einen beachtlichen Einfluss auf den Grundcharakter der Wassermann-Frau. So zeichnen sie hohe Ideale, Wohltätigkeit und selbstlose Vorsätze aus. Die Verbindung von Harmonie (Waage) und Menschlichkeit (Wassermann) ist zudem grundsätzlich positiv. Schwierigkeiten können jedoch mit der konsequenten Umsetzung auftreten. Denn Wassermann-Typen sind zwar sehr wohl zielorientiert, doch nicht unbedingt zielstrebig veranlagt. Es gibt immer wieder Ablenkungen, die sie dann vom rechten Weg abweichen lassen. Doch gerade dieser Wesenszug macht diesen Charakter wiederum sehr sympathisch – und so kommt die Wassermann-Waage-Frau auch mit Charme ans Ziel ...

FISCHE

Aszendent Waage

Bei der Fische-Waage-Frau haben wir eine besondere Prägung von Gefühlsbetontheit, aber auch immer wieder Unentschlossenheit, womit sie sich oft selbst das Leben schwer machen kann. Sie hätte es bestimmt nicht nötig, derartige Verhaltensweisen zu leben. Denn mit ihrer Prägung aus der Geburtsstunde (Waage) ist sie herausragend positioniert.

Bei der Fische-Waage-Frau ist ein gutes Führungsverhalten vorhanden, sie hat eine besondere Neigung zu gutem Geschmack, liebt schöne Ambiente und hat immer den Anspruch an sich selbst, unter den Besten zu sein. Ein Strich durch die Rechnung wird ihr durch die Prägung aus ihrem Geburtstag (Fische) gemacht. Hier ist sie zum Teil zu feinfühlig, zu tiefgründig und dadurch stark verletzbar. Diese Frau braucht viel Harmonie, Wärme und Zuneigung.

Um ihr Selbstwertgefühl immer wieder zu stabilisieren, braucht sie außerdem Lob und Anerkennung. Es ist nun ganz wichtig, die Stärken, die sie aus ihrem Aszendenten hat, nicht durch die Schwächen aus ihrem Sonnenzeichen zu verlieren. Deshalb sei ein mentales Training empfohlen, um ihre defizitären Gewohnheiten und Verhaltensmuster festzustellen und sie zu korrigieren. Dadurch erhöht sie ihre Souveränität und wird in ihrer ganzen Persönlichkeitsstruktur stabiler und sicherer. Dass sie das "drauf" hat, diese Frage stellt sich bei ihr nicht, nur muss sie es einfach tun und die Veränderung in Angriff nehmen. Dann wird sie ein hohes Maß an Selbstsicherheit und Zufriedenheit erlangen ...

Natürlich spielt die Sprache bei der Fische-Waage-Frau eine ganz entscheidende Rolle. Sie ist nun mal sehr fein und empfindlich in ihrer Gefühlswelt, und das ist nichts Negatives, im Gegenteil, sie hat ja auch viel Freude damit. Ihre Stärken liegen klar in ihrem sehr guten Auftreten, einem über dem gewohnten Durchschnitt liegenden Grundverhalten und einem konstant hohen Niveau.

Diese Frau liebt das Schöne in allen Bereichen des Lebens und kann unheimlich liebenswert und nett sein, wobei Wärme und Zuneigung bei ihr besonders wichtige Faktoren sind.

Sowohl im Beruf wie auch in der Familie spielt die Fische-Waage-Frau die erste Geige und trägt gerne die Verantwortung. Ihre größte Stärke ist ihre Freundlichkeit, mit der sie eigentlich überall sämtliche Sympathien gewinnt. Man mag sie und man ist auch gerne in ihrer Gesellschaft. Hilfsbereitschaft gehört auch zu ihren ersten Tugenden. Außerdem versteht sie sehr viel von der Liebe, von der irdischen wie auch von der göttlichen. Dies wiederum hat etwas mit der Tiefgründigkeit und der sehr feinen Gefühlswelt dieses Charakters zu tun.

Mit wenig Aufwand kann die Fische-Waage-Frau sich weiterentwickeln und dann zu den großen Frauen-Charakteren aufsteigen. Sie hat es selbst in der Hand, sie muss es nur wollen ...

WIDDER

Aszendent Waage

Die Widder-Waage-Frau ist eine Frau mit herausragenden Anlagen. Sie besitzt Ausdauer und ein überdurchschnittliches Führungspotenzial. Sie zeigt Stärke nach außen, doch im Innersten ihres Herzens sieht es ganz anders aus.

Liebe, Wärme und Zuneigung sind die Elemente im Leben der Widder-Waage-Frau, und sie zieht ihre ganze Kraft und Energie daraus. Wenn sie diese Gefühle allerdings nicht erhält bzw. nicht spüren kann, kann sie stur, unnahbar, ungerecht und sehr launisch werden. Es gibt wenige Partner oder Kollegen, die ihr Verhalten und ihre Denkweise verstehen. Deshalb wird die Widder-Waage-Frau auch oft zu Unrecht völlig falsch eingeschätzt und bewertet. Doch die Schuld daran trägt sie zum größten Teil selbst. Sie muss lernen, anders denkende Charaktere zu akzeptieren und zuzulassen, dass diese nicht immer ihrer Meinung sind. Hier hat eine Widder-Waage-Frau generell einen wichtigen Lernprozess vor sich.

Für viele Menschen ist sie einfach zu stark bzw. sie wirkt durch ihre Unnahbarkeit so. Lockerheit und Gelassenheit müssen daher das tägliche Ziel dieses Frauentyps sein.

Die Widder-Waage-Frau hat eine klare Vorstellung vom Leben, ist aber nach wie vor auf der Suche nach dem wahren Glück. In einer Beziehung braucht sie ein großes Maß an Freiheit und Verständnis, eine zu starke Enge schnürt sie ein und sie fühlt sich damit nicht wohl. Viele Männer haben ein Problem mit ihr, entweder weil sie mit starken Frauen nicht umgehen können, oder weil sie diese beherrschen wollen - und gerade das ist bei einer Widder-Waage-Frau nicht möglich. Denn sie lässt sich grundsätzlich von nichts und niemandem beherrschen.

Oft neigt die Widder-Waage-Frau dazu, sehr egoistisch und rechthaberisch zu sein. Dabei könnte sie unheimlich viel aus ihrem Potenzial machen, wenn sie ihre Verhaltens- und Gebrauchsmuster ein wenig korrigieren würde und ihre "Altlasten" aufzugeben bereit ist. Sie erreicht dadurch mehr Souveränität. In einer solchen Frau steckt sehr viel Energie, die sie nur angemessen dosieren muss. Also sollte sie ihr Glück in die Hand nehmen und sich überlegen, ob sie bereit ist zur Veränderung, zum persönlichen Wachstum – damit gelangt die Widder-Waage-Frau auf einen neuen Weg, der es ihr ermöglicht, innere Zufriedenheit zu erreichen ...

STIER

Aszendent Waage

Bei dieser Konstellation geben sich zwei doch leicht unterschiedliche Prägungen ein Stelldichein. Sie machen die Stier-Waage-Frau überaus charmant und entgegenkommend und zudem zu einem jederzeit gern gesehenen und geschätzten Gast.

Die Stier-Waage-Frau liebt die schönen Künste und die Kultur allgemein und ist durch und durch ästhetisch veranlagt. Manchmal kann dieser Charakter aber auch recht bequem und gelassen sein. Liebenswürdigkeit kann man bei ihr großschreiben, Dynamik nur dann, wenn es Sinn macht und für sie daraus etwas Sinnvolles entstehen kann. Also manchmal könnte sie auch einen kleinen Schubs gut vertragen, um endlich anzugreifen ...

Charakterlich ist die Stier-Waage-Frau eine bodenständige, sehr loyale und liebevolle Frau mit dem Hang zum Dienen, natürlich im positiven Sinne; sie ist bereit, viel zu geben, ohne zu hinterfragen, was eigentlich zurückkommt. Das geht auch lange gut, doch manchmal übertreibt sie es mit ihrer Bereitschaft immer zu geben, dann schlägt es um in Ärger, Verletzbarkeit und in letzter Konsequenz auch in leichte Depressionen, denn die Waage zwischen Geben und Nehmen hat nun eine deutliche Schieflage. Hier sollte dieser Frauentyp in Zukunft ein bisschen darauf achten, ihre Gewohnheiten und Verhaltensmuster zu korrigieren und durch neue zu ergänzen. Dies geschieht durch mentales Training, Suggestion und Meditation.

Auf der anderen Seite hat eine Stier-Waage-Frau durchaus die Fähigkeit zu führen und Team-Mitglieder entsprechend zu motivieren. Sie hat einen hohen Anspruch an die Dinge des Lebens und legt einen gesteigerten Wert auf anspruchsvolle Kleidung und luxuriöse Feinheiten. Sie ist eine Genießerin und liebt ein schönes Ambiente, insbesondere schöne Bilder und Einrichtungsgegenstände.

Sie erfreut sich an schönen Blumen, Schmuck und einem traumhaften Urlaub in der Karibik. So fühlt sie sich wohl und kann viel Kraft schöpfen ...

In der Gesellschaft ist die Stier-Waage-Frau etabliert und genießt dort einen besonderen Stellenwert. Sie liebt es, wenn man ihr Komplimente macht und sie hofiert. Auf den Umgangston legt sie besonders viel Wert, weil Niveau und Anstand für sie besondere Werte sind. Eine gut entwickelte so genannte Kinderstube setzt sie bei jedem ihrer Freunde und Geschäftspartner voraus. Wer sich nicht an diese Spielregeln hält, wird es frühzeitig durch ihr Verhalten spüren. Sie kann dann sehr unangenehm und unnahbar werden, um dieses Verhalten zu strafen.

Letztendlich ist die Stier-Waage-Frau eine sehr attraktive, liebenswerte und in manchen Bereichen sehr resolute Frau mit dem Hang zum Perfektionismus. Ein bisschen mehr Diplomatie und Einfühlungsvermögen würden ihr hierbei oft sehr hilfreich sein. Die Stier-Waage-Frau könnte dies ja einfach einmal ausprobieren, sie wird überrascht sein ...

ZWILLING

Aszendent Waage

Hier treffen zwei großartige, sehr unterschiedliche Charaktere aufeinander. Die Zwilling-Waage-Frau ist schneller als die Polizei erlaubt - in ihrem Denken, ihrer Aktivität und der Umsetzung ihrer Ziele. Dadurch entstehen oft Reibungen mit ihren Kolleginnen und Kollegen oder auch anderen Personen. Denn die meisten können ihrer Schnelligkeit nicht folgen und bezeichnen sie dann immer wieder als arrogant, was aber bei ihr überhaupt nicht zutrifft.

Ihre Prägung aus dem Geburtstag ist nun mal so, dass bei der Zwilling-Frau alles schnell, juristisch ausgedrückt "ohne schuldhaftes Verzögern", gehen muss. Oft ist sie natürlich zu schnell und es passieren ihr dadurch auch einige vermeidbare Fehler, die sie bei mehr Souveränität verhindern könnte. Hier ist bei ihr Wachstum notwendig, einige Verhaltensmuster sollten geändert und den Gegebenheiten angepasst werden.

Im Beruf scheut die Zwilling-Waage-Frau keine Aufgabe, nichts ist ihr zu schwer, alles wird probiert und umgesetzt. Oft verblüfft sie damit ihre Vorgesetzten. Sie hat allerlei praktische, zweckmäßige und geistige Talente. Blitzartig werden Vor- und Nachteile durchdacht sowie schlagfertig argumentiert. Merkwürdigerweise bringt diese Frau es fertig, mehrere Dinge gleichzeitig zu tun, ohne sich zu verhaspeln. Besonders erkennt man sie an ihrem elastischen Gang und daran, dass sie stets in Eile ist.

Die Zwilling-Waage-Frau ist aufgeschlossen und freundlich, wenn auch gefühlsmäßig ein wenig unverbindlich. Apropos Gefühl: Zärtliche Romantiker kommen bei ihr nicht unbedingt auf ihre Kosten. Vielmehr mangelt es ihr ein wenig an Fantasie und einem gewissen Urvertrauen. Und so wird ihre Liebe vom Kopf gesteuert. Heiraten steht bei ihr nicht an erster Stelle. Sie ist wissbegierig und kontaktfreudig und will das Leben erst einmal ausprobieren und studieren, bevor sie sich endgültig festlegt.

Mit dem Einfluss der Waage als Aszendenten gehört die Zwilling-Waage-Frau zu den liebeswürdigsten der Zwilling-Varianten. Auf jeden Fall ist das eine sehr harmonische Verbindung. Oft genügt bei dieser Frau ein verbindliches Lächeln bzw. ein freundliches Wort, um an das Ziel ihrer Träume zu kommen. Harten Konfrontationen geht sie geschickt aus dem Weg, das mag sie nicht. Künstlerische und kulturelle Neigungen und Talente sind bei der Zwilling-Waage-Frau besonders ausgeprägt.

Darüber hinaus besitzt sie viel Charme und Esprit. Sie ist eine Frau mit einem bestimmten Anspruch an alle Dinge des Lebens; ihr Geschmack bezüglich Kleidung, Einrichtung und Ambiente ist außergewöhnlich.

Die Aura und das gesamte Auftreten und Grundverhalten bei einer Zwilling-Waage-Frau ist etwas Besonderes – sie ist eine großartige Frau mit viel Niveau ...

KREBS

Aszendent Waage

Hinter diesem Charakter verbirgt sich ein hochsensibler Mensch, der sowohl viele positive wie auch einige negative Merkmale aufweist. So ist die Krebs-Waage-Frau sehr empfindsam und tief beeindruckbar – in erster Linie auf psychischer

Ebene. Sie ist vorsichtig und zurückhaltend, und bis sie in Schwung kommt, kann es schon etwas länger dauern. Sie hat eine gemütvolle und feinfühlige Art sowie einen ganz zarten Kern. Krebs-Waage-Frauen verlassen sich in der Regel voll auf ihr Gefühl, anstatt auf den so genannten gesunden Menschenverstand zu bauen.

Liebe und Geborgenheit ist ein elementares Thema für die Krebs-Waage-Frau. In Sachen Hingabe, Zärtlichkeit und Romantik können höchstens Fische-Charaktere dem Krebs Konkurrenz machen. Doch bleiben gerade Krebs-Frauen von Liebeskummer nicht verschont, da sie mit ihrem Herz auch ihre Seele verschenken und dabei so manchen Partner überfordern. Die Krebs-Waage-Gefühlswelt ist tiefschichtig; wer tief in sie eindringt, kann wahrlich neue Dimensionen kennen lernen.

Im Übrigen ist die Krebs-Waage-Frau sehr hilfsbereit und dafür prädestiniert, den Menschen aus ihrer Umgebung vieles von den Augen abzulesen. Sie liebt ein gemütliches Heim und ein harmonisches Familien- oder auch Partnerleben. Harmonie ist bei dieser Frau sowieso der Schlüssel zum Erfolg. Sie ist treu, anhänglich und sehr liebevoll zu ihren Mitmenschen. Dabei ist sie weder oberflächlich noch risikofreudig veranlagt, sondern sie schlägt lieber dort Wurzeln, wo sie ist.

Auch am Arbeitsplatz schätzt die Krebs-Waage-Frau mehr als alles eine familiäre Atmosphäre. Egal was sie tut, sie ist immer mir Herz und Seele bei der Sache. Mit der Waage-Prägung als Aszendent verändert der häusliche und verschlossene Krebs seine Grundhaltung: Er wird dominanter, offener und zielstrebiger. Auch in der Gesellschaft ist dieser Frauencharakter also aktiver und offener, was dann und wann zu inneren Konflikten führt. Denn das Zusammentreffen zweier unterschiedlicher Charaktere macht auf lange Sicht einen Lernprozess nötig. Flexibilität hat die Krebs-Waage-Frau genügend, nur an Entschlusskraft mangelt es ihr ab und zu.

Als Diplomat und Vermittler ist die Krebs-Waage-Frau unübertroffen, ganz zu schweigen von ihrem hintergründigen Charme. Wenn es ihr in Zukunft gelingt, ihre Zurückhaltung und Verschlossenheit mit Aktivität und Dynamik in Einklang zu bringen, entsteht eine Traumkombination, die ihresgleichen suchen wird. Die Krebs-Waage-Frau ist dann in der Lage, sich auf jeder Ebene positiv in Szene zu setzen ...

LÖWE

Aszendent Waage

Dieser Charakter ist ausschließlich dynamisch, optimistisch und stark erfolgsorientiert. Außerdem ist bei einer Löwe-Waage-Frau stets eine innere Unruhe zu spüren. Das Anspruchsdenken ist in allen Bereichen extrem hoch und wird getragen von einer großen Feinfühligkeit, verbunden mit einer sehr sensiblen gedanklichen Welt.

Die Sonne (der Löwe) als Lebensquelle ist gleichzeitig der Stern des Lebens – kein Wunder also, dass diese Charaktere vor Vitalität und Dynamik nur so strotzen. Besonders ausgeprägt ist ihr Selbstvertrauen, das man oft sogar Gottvertrauen nennen kann.

Die Löwe-Waage-Frau ist ein stolzer Mensch mit besonderen Fähigkeiten. Führungsanspruch und Machtanspruch sind ihr in die Wiege gelegt worden. Aber auch Güte, Großzügigkeit und Beschützerinstinkte sind bei dieser Frau besonders stark ausgeprägt. Sie hat ein großes Herz für Schwächere und vom Schicksal Benachteiligte. Sobald sie solche Menschen unter ihre Fittiche genommen hat, haben diese nichts mehr zu befürchten.

Wärme, Zuneigung, Verständnis und das Eingehen auf die Gefühlswelt der Löwe-Waage-Frau sind der Gradmesser ihres Grundverhaltens und ihrer Stimmung. Hier liegt auch oft der Grund für eine gewisse Traurigkeit und Zerrissenheit, sowie manchmal auch ihr nicht nachvollziehbares Unverständnis bei diversen Vorgängen und Anlässen. Diese Faktoren können bei einer solchen Frau durch Geld oder sonstige materielle Dinge nicht aufgewogen werden. Bewunderung und Aufmerksamkeit bedeuten ihr sehr viel – viel mehr als beispielsweise eine Gehaltserhöhung, denn sie braucht Anerkennung und Zuneigung für ihr inneres und seelisches Gleichgewicht.

Es gibt viele Menschen, die der Löwe-Waage-Frau geistig und vom Niveau her nicht folgen können, was jedoch für sie selbst häufig nicht nachvollziehbar ist.

Hier muss die Löwe-Waage-Frau lernen, umzudenken und die Erwartungen an andere öfter einmal niedriger anzusetzen, um diese nicht zu überfordern.

Der soziale Aspekt im Charakter der Löwe-Waage-Frau ist stark ausgeprägt; ihre besonderen Stärken sind gesunder Ehrgeiz und konstante Ausdauer. Darüber hinaus besitzt sie einen besonderen Instinkt für den sicheren Erfolg. Dies gilt jedoch nicht für ihr Privatleben. Dort lässt die Löwe-Waage-Frau sich häufig zu stark von ihren Gefühlen leiten, was sie jedoch meist auf die Verliererstrasse bringt. Sie investiert von Anfang an zu viel und hat dann Probleme, sich zu lösen. In der Liebe, im Umgang mit ihrem Partner und mit der Gesellschaft hat dieser Frauentyp zudem hohe Erwartungen und Vorstellungen. Werden diese Erwartungen nicht annähernd erfüllt, belastet sie damit ihre Gefühlswelt und somit ihre Stabilität sowie ihr Gleichgewicht. In diesen Bereichen wird sie viele Enttäuschungen erleben und muss sich deshalb sehr viel damit beschäftigen und die Situationen entsprechend gewichten.

Mit dem Einfluss der Waage als Aszendenten kommt ein weiterer Charakterzug hinzu, der diesen Grundcharakter zu den geselligsten und harmoniebedürftigsten Charakteren überhaupt macht. Auch in der äußeren Erscheinung spiegeln sich klar die Waage-Eigenschaften wider und die Löwe-Waage-Frau besticht durch Eleganz und Ausgeglichenheit - und versteht sich auf die Kunst zu leben. Gelegentlich rückt zwar ein gewisses, recht eigenes Verhalten in den Vordergrund, doch ihr Charme ist unwiderstehlich und macht alles wieder wett. Und sollte das einmal nicht ausreichen, so schlägt in ihrer Brust ein großes, weiches Löwenherz. Allein etwas mehr Diplomatie könnte der Löwe-Waage-Frau ab und an nicht schaden ...

JUNGFRAU

Aszendent Waage

Der Charakter einer Jungfrau-Waage-Frau ist so einmalig wie gegensätzlich: Die sozial eingestellte Jungfrau und die rechthaberische, egozentrische Waage werden es nicht leicht haben, immer den richtigen Weg zu finden. So wird es in vielen Bereichen erhebliche Probleme geben. Entscheidend wird sein, welcher Charakterzug sich durchsetzen wird.

Setzt sich der Waage-Charakter eher durch, erhebt die Jungfrau-Waage-Frau einen klaren Führungsanspruch, und die soziale Komponente spielt eine untergeordnete Rolle. Denn nun tritt das Ich in den Vordergrund und fordert gesellschaftliche Anerkennung. Sie entwickelt dabei einen hohen Anspruch, der nicht nur an sie selbst gerichtet ist, sondern sich auch auf ihre Umgebung ausweitet. Dies wiederum wird dieser Frau von ihren Kollegen als Arroganz ausgelegt.

Die Stärken der Jungfrau zeigen sich dagegen in einem überaus großen Sozialverhalten. Geben bedeutet hier mehr als Nehmen. Dies hat natürlich zur Folge, dass ein solcher Charakter ausgenutzt wird.

Die Jungfrau-Waage-Frau will besitzen, was wiederum in einer Partnerschaft ihrem Mann zu wenig Freiraum lässt. Dies lassen sich die wenigsten Männer gefallen und brechen aus, um sich einen passenderen Ersatz für diese Frau zu suchen. Zum Teil neigt dieser Frauentyp auch zur Herrschsucht und zu einem übersteigerten Selbstbewusstsein.

Viele beneiden sie um ihre Schönheit, um ihr Auftreten und nicht zuletzt um ihren guten Geschmack. Im Freundes- und Kollegenkreis ist sie sehr beliebt und gern gesehen.

Ihre Familie und ihr eigenes Haus bedeuten ihr viel, dafür wird die Jungfrau-Waage-Frau ihre ganze Kraft einsetzen.

Es wird für die Jungfrau-Waage-Frau stets eine Herausforderung sein, ihre beiden Ausprägungen – Vernunft und Lebenskunst – so einzusetzen, dass sie den gewünschten Erfolg erzielen kann. Wichtig ist, dass sie beide Charakterzüge zu einem Ganzem vereint, um die jeweils guten Eigenschaften leben zu können. Doch eines wird dieser Frau sicherlich nicht passieren: nicht zu wissen, was sie in schwierigen Situationen tun soll. Denn dafür ist sie zu gut ausgestattet und kann immer das richtige Register ziehen und die Menschen mit ihrem spontanen Verhalten verblüffen. Die Jungfrau-Waage-Frau ist immer für eine Überraschung gut ...

SKORPION

Aszendent Skorpion

Dieser Charakter ist eine wunderbare Frau mit einzigartigen Gefühlen und Möglichkeiten, aber man muss sie verstehen und man muss sie im Herzen berühren, um sie zu begreifen.

Die Skorpion-Skorpion-Frau ist geradlinig, ehrgeizig, kämpferisch, nicht diplomatisch und sehr verletzbar. Mit diesen Charakterzügen kann man sie umfassend beschreiben. Egal was diese Frau macht, sie tut es immer mit Herzblut und mit einem hohen Verantwortungsbewusstsein. Sie kennt im Prinzip zwei Farben: Schwarz oder Weiß, damit ist ihre nicht vorhandene Diplomatie umschrieben. Dies ist auch ein großes Problem in ihrem Leben. Von ihrer Denkweise her gibt es entweder Sein oder Nichtsein. Hier muss die Skorpion-Skorpion-Frau lockerer und gelassener werden, um ihren Mitmenschen die Chance zu geben, sie zu verstehen und zu begreifen.

Dass die Skorpion-Skorpion-Frau nur das Beste will, ist keine Frage, dass es aber nicht immer so läuft, wie sie sich das vorstellt, ist eine andere Sache. Sie sucht grundsätzlich Verantwortung und Führung. Wenn man ihr diese Verantwortung überträgt, kann man auch sicher sein, dass sich der Erfolg einstellt. Denn ihr Ehrgeiz und ihr Fleiß sind schon bemerkenswert. Sie ist eine Kämpferin und gibt nie auf, auch dann nicht, wenn ihre Gesundheit darunter leidet.

Der Vorgesetzte einer Skorpion-Skorpion-Frau benötigt eine hohe Sozialkompetenz wie auch ein hohes Feingefühl und viel Sensibilität, um sie erfolgreich zu führen, weil sie in diesem Bereich extrem empfindlich und verletzbar ist. Am liebsten ist es ihr, wenn sie ihre Arbeit so tun kann, wie sie es richtig findet.

Eine besondere Stärke hat sie in der Vorausahnung. Sie spürt und erahnt Dinge schon, wenn andere noch gar nicht darüber nachdenken. Das ist sowohl eine Stärke wie auch oft eine Belastung, weil sie Dinge auch dann schon spürt, wenn sie es eigentlich noch gar nicht möchte.

Als Mutter und Partnerin ist die doppelte Skorpion-Frau großartig. Die Familie geht bei ihr über alles. Sie ist eine tolle Gastgeberin und eine ausgezeichnete Köchin mit viel Feingefühl und tollen Gerichten. Mit oberflächlichen Menschen, Witzen und dummen Sprüchen kann und will sie nichts anfangen.

Die Doppel-Skorpion-Frau steht im Leben und in allen Situationen sprichwörtlich ihren “Mann” ...

SCHÜTZE

Aszendent Skorpion

Die Prägungen der Schütze-Skorpion-Frau werden gezeichnet von Leidenschaft und kämpferischer Einstellung. Obwohl diese Frau in ihrer Struktur sehr differenziert ist, gibt es keine großen Reibungspunkte, vielmehr ergänzen sich ihre Prägungen, wenn die eine oder die andere Schwächen zeigt.

Der Schütze-Skorpion-Frau ist es ein ganz besonderes Anliegen, ihre Freiheit und, noch wichtiger, ihre Unabhängigkeit unter allen Umständen zu wahren. Nichts würde sie mehr belasten, als von jemandem abhängig zu sein, damit könnte und möchte sie nicht leben. Sie würde in so einem Falle seelisch zu Grunde gehen und hätte keine Freude mehr am Leben. Deshalb ist es für diesen Frauentyp sehr wichtig, sich frühzeitig auf eigene Füßen zu stellen und ihren Weg, ihr Ziel und ihre Wünsche alleine und selbstständig zu realisieren.

Ganz wichtig ist der Schütze-Skorpion-Frau auch, ob in der Partnerschaft oder auch im Beruf, dass man sie nicht einengt, zu etwas zwingt oder sie gar bevormundet. Das wäre ein Punkt, alles und sofort zu beenden. Damit würde sie auch nicht glücklich werden, das muss man sich bei ihr einfach merken und immer daran denken.

Das Engagement der Schütze-Skorpion-Frau ist ungebrochen und immer von großer Begeisterung gestützt. Dabei ist es egal, ob es um persönliche Belange geht oder auch um berufliche Interessen. Sie gibt immer ihr Bestes und macht grundsätzlich keine Unterschiede. Mit einem scharfen Urteil ist ihr Charakter meistens schnell bei der Hand und in der Regel liegt sie damit immer richtig. Das hat aber auch viel mit ihrer Intuition zu tun, sie hat eine besondere Gabe des Vorausgefühls, das heißt, sie spürt und erkennt Dinge oder Geschehnisse sehr frühzeitig und hat ein ganz feines Händchen dafür. Eines ihrer größten, aber wirklich einzigen Probleme ist ihre schwankende Gefühlswelt: Himmelhoch jauchzend oder zu Tode betrübt, so könnte man es ausdrücken.

Die Schütze-Skorpion-Frau kennt keinen Mittelbereich, in dem sie ihre Stimmungen abschwächen, mildern oder gar reduzieren könnte. Das kann sie durch mentales Training, Suggestion und Meditation in den Griff bekommen. Oft nimmt sie auch viele Dinge zu persönlich und zieht sich einen Schuh an, der ihr überhaupt nicht gehört.

Diplomatie ist ebenfalls keine besondere Stärke von ihr; sie könnte mit etwas Geschick und Verständnis doch vieles einfacher und ruhiger gestalten. Oft ist weniger mehr - diesen Satz sollte sie sich besonders merken.

Als Mutter, Hausfrau und Partnerin ist die Schütze-Skorpion-Frau einzigartig, schnell in ihren Umsetzungen und ebenso zielorientiert wie im beruflichen Bereich.

Ein sportlich angelegter Urlaub mit immer wieder wechselnden Sportarten ist für sie eine willkommene Herausforderung, die wichtig für sie ist, weil sie dadurch Bestätigung findet und an ihre Grenzen gehen kann.

Wer diesen Charakter als Frau und Partnerin haben darf, kann sehr stolz sein, nicht nur weil die Schütze-Skorpion-Frau perfekt aussieht, sondern auch, weil sie sehr aktiv und intellektuell auftritt - einfach eine tolle, adrette und bezaubernde Frau ...

STEINBOCK

Aszendent Skorpion

Die Steinbock-Skorpion-Frau ist ein ganz besonderer Charakter. Man könnte auch sagen: ein Ausnahmecharakter, was das grundsätzliche Auftreten und das Verhalten in der Öffentlichkeit angeht.

Eine Steinbock-Skorpion-Frau ist unglaublich unnahbar. Zunächst ist sie sehr verschlossen, man kommt sehr schwer an sie heran. Das hat damit zu tun, dass sie ein sehr kritischer und vor allen Dingen an Sicherheit denkender Mensch ist. Die Sprache, mit der man diese Frau bedient oder anspricht, ist entscheidend, ob man mit ihr ins Gespräch kommt oder nicht. Sie legt einen gesteigerten Wert auf Umgang und Niveau. Es ist für sie der so genannte Türöffner. Sie liebt die leisen Töne und den absolut korrekten Umgang. Sie ist unheimlich strebsam und erfolgsorientiert und kann ihre Stärken entwickeln, wenn man sie versteht und mit ihr umgehen kann. Das ist aber auch entscheidend bei diesem Frauentyp.

Der Vorgesetzte der Steinbock-Skorpion-Frau muss Vertrauen in sie haben und er muss fair mit ihr umgehen. Kontrollen mag sie nicht, dies zerstört sofort das aufgebaute Vertrauen. Loyalität muss man dieser Frau nicht predigen, das ist bei ihr eine Grundvoraussetzung und wird von ihr gelebt und umgesetzt. Lob und Anerkennung tut ihr gut, besser noch, sie braucht dies, um ihre Energien aufzuladen und immer im Leistungshoch bleiben zu können.

Fleiß und Ehrgeiz ist der Steinbock-Skorpion-Frau in die Wiege gelegt worden. Sie arbeitet gerne und viel. Überstunden machen ihr daher nichts aus, sie tut es gerne. Führungsaufgaben und Verantwortung strebt sie nicht nur an, sondern sie fühlt sich dort zu Hause – man muss sie nur wirken und handeln lassen. Je mehr Vertrauen man dieser Frau schenkt, umso mehr Leistung kann sie abrufen.

Im privaten Bereich ist die Steinbock-Skorpion-Frau eine wunderbare Hausfrau und Mutter. Sie gibt alles für ihre Familie und nimmt sich selber gerne zurück. Die Familie ist ihr ein und alles und somit ein wunderbarer Ausgleich für ihren Beruf. Sie ist eine tolle Gastgeberin und eine ausgezeichnete Köchin. Freunde und Bekannte kommen gerne zu ihr. Die Entwicklung ihrer Kinder liegt ihr sehr am Herzen. Dafür scheut sie auch keine Mühe, um ihnen fast alles zu ermöglichen. Was sie lernen sollte, ist, in vielen Bereichen lockerer und gelassener zu agieren und mit ihren Energien besser hauszuhalten.

Ihre Sensibilität in Ehren, aber manchmal legt die Steinbock-Skorpion-Frau vieles auf die Goldwaage und belastet sich damit, was sie eigentlich überhaupt nicht nötig hätte.

Als Frau ist sie großartig und mit einem unglaublichen Vorausgefühl ausgestattet: Viele Dinge und Vorkommnisse spürt sie, bevor andere überhaupt darüber nachdenken. Das ist oft nicht leicht, weil sie sich dadurch natürlich auch oft belastet und sich über "ungelegte Eier" Gedanken macht.

Die Steinbock-Skorpion-Frau ist ein Gefühlsmensch und ist auch als solcher zu behandeln. Der Ton macht bei ihr die Musik. Wer es versteht, mit ihr angemessen, fair und loyal umzugehen, hat eine Freundin für das ganze Leben ...

WASSERMANN

Aszendent Skorpion

Dieser Charakter stellt eine äußerst interessante, gegensätzliche Mischung dar. Die Wassermann-Skorpion-Frau findet zum einen keine innere Ruhe, zum anderen sieht sie viele Dinge zu eng und zu verbissen. Ihre Sensibilität ist ihr gar oft ein Dorn im Auge bei ihrem Handeln und Tun.

Ihre Geradlinigkeit ist für sie selbst normal, für ihre Umwelt allerdings oftmals nicht nachvollziehbar. Hieraus entwickeln sich Probleme und für sie zusätzlich hohe Energieverluste.

Die Wassermann-Skorpion-Frau ist eine Reformerin und legt eine höchst fortschrittliche Gesinnung an den Tag. Sie legt großen Wert auf ihre persönliche Unabhängigkeit und steht für Humanität. Sie ist an ideellen und universellen Weisheiten interessiert, weniger aber an irdischen Gütern. Vielmehr verfolgt sie große Pläne und anspruchsvolle Ziele. Sie legt ferner Wert auf Stil sowie auf einen seriösen und ehrlichen Umgang. Bezeichnend für sie ist es auch, dass sie den Tatsachen immer auf den Grund gehen will und sich nicht mit Oberflächlichkeiten anfreunden kann. Sie erwartet, dass man ihr zuhört und sie auch versteht. Wenn sie das Gefühl hat, dass das nicht der Fall ist, verletzt sie dies. Denn der ehrliche Dialog, der wiederum mit ihrer Sensibilität gekoppelt ist, hat eine große Bedeutung für sie.

Freundschaft und Kameradschaft bedeuten der Wassermann-Skorpion-Frau sehr viel. Unter diesem Gesichtspunkt werden allerdings auch Liebesangelegenheiten betrachtet. Von nebensächlichen Dingen und reinen Äußerlichkeiten lässt sie sich jedoch nicht beeinflussen. Für diese Frau ist es immer nur entscheidend, was hinter der Fassade steckt. Was es damit auf sich hat, entdeckt sie dann auch sehr schnell, denn sie verfügt über eine außergewöhnliche Intuition, die von ihrem Skorpion-Aszendenten herrührt. Im wahrsten Sinne des Wortes verfügt die Wassermann-Skorpion-Frau über Vorahnungen, sie spürt lange im Voraus, dass sich irgendetwas tut oder dass eine Veränderung naht. Dieses Gefühl ist nicht immer gut, denn gewisse Dinge will sie eigentlich gar nicht wissen ...

Beruflich hat die Wassermann-Skorpion-Frau genaue und sehr idealistische Vorstellungen. Sie kann sowohl erfinderisch als auch in sozialen Berufen oder in Berufen mit Lehrtätigkeit arbeiten und begeistern. Eines ist sicher: Sie wird nie aufhören zu lernen, denn immer wenn sie ein Ziel erreicht hat, ist sie bereits dabei, das neue Ziel anzuvisieren.

Mit dem Einfluss des Skorpions erhält diese Frau eine weitere sensible Strömung, die ihr viel Positives bringt, die sie aber auch schwierig macht, da sie durch die Geradlinigkeit und die innere Unruhe für viele Menschen nicht berechenbar ist. Daher kann die Verbindung Wassermann-Skorpion hochexplosiv sein. Der Skorpion-Einfluss macht den Wassermann-Charakter zum bedingungslosen Einzelkämpfer. Das Problem dabei besteht darin, dass bestimmte Vorstellungen zu fixen Ideen werden können, die man unter allen Umständen zu realisieren versucht. Hieraus entsteht oftmals eine körperliche und physische Überbelastung. Eine selbstkritische Betrachtungsweise und Flexibilität gehört daher mit zu den wichtigsten Lernaufgaben. Dennoch sind Frauen mit diesem Wassermann-Skorpion-Charakter stets faire Gegner bzw. großartige Mitstreiter ...

FISCHE

Aszendent Skorpion

Die Fische-Skorpion-Frau besitzt einen wunderbaren, liebevollen und sensiblen Charakter. Geprägt von einer starken Sensibilität und einer großen Vorausahnung, spürt sie viele Ereignisse, Vorgänge und Tatsachen schon lange, bevor es andere Menschen überhaupt merken. Dies ist auch ihr größtes Vermögen und ihr größter Reichtum.

Wärme, Liebe und Zuneigung sind die Elemente, nach denen die Fische-Skorpion-Frau sich immer sehnt und die ihr Leben im Wesentlichen stark beeinflussen. Deshalb ist der Umgang mit dieser Frau auch nicht immer leicht, denn wer es nicht versteht, ihre Gefühle zu lesen oder gar zu deuten, wird sehr schwer den Zugang zu ihr finden. Hier ist sie empfindlich und auch stark verletzbar. Der Ton macht bei ihr wirklich die Musik. Sie hat kein Verständnis für niveaulose oder gar überhebliche und oberflächliche Menschen. Wenn sie das feststellt, zieht sie sich ganz schnell zurück und entfernt sich vom Tatort. Das wird ihr oft als arrogant und überheblich ausgelegt, ist aber ganz und gar nicht der Fall; vielmehr verletzt es diesen Frauentyp sehr und sie fühlt sich in diesem Umfeld überhaupt nicht wohl. Sie ist so veranlagt, dass man die Form wahren und die Kirche im Dorf lassen sollte. Sie ist kritisch und vorsichtig und nicht sofort offen und gesprächsbereit. Die Fische-Skorpion-Frau geht zunächst auf Nummer sicher und prüft sehr sorgfältig ihr Umfeld und die Gegebenheiten. Hier ist sie einfach vorsichtig und überlässt nichts dem Zufall.

Im Beruflichen ist sie extrem zuverlässig und sehr bodenständig. Eine liebevolle Führung macht sie glücklich und spornt sie zu großen Taten an. Selbstständiges Arbeiten ohne Kontrolle strebt dieser Charakter immer an. Lob und Anerkennung zum richtigen Zeitpunkt erhöhen ihre Moral und steigern ihre Leistungsbereitschaft. Übrigens: Angemessene Anerkennung bewirkt oft Wunder bei dieser Frau, während die Nichtbeachtung ihrer Leistungen sie krank und unglücklich macht.

Die Fische-Skorpion-Frau ist eine wunderbare Mutter und Hausfrau. Kochen und das Bewirten von Gästen macht ihr nicht nur Freude, vielmehr macht sie das mit großer Begeisterung und Hingabe.

Diese Frau ist nie überheblich und immer bescheiden, sie braucht den Mittelpunkt nicht, sondern kann sich auch zurückziehen und sehr zurückhaltend sein. Ihre Persönlichkeit ist sehr natürlich, aber immer mit Wärme verbunden. Ihr Lebenselixier besteht aus einer intakten, liebevollen Beziehung zu allen Menschen. Sie ist auch sehr fürsorglich und nie anmaßend.

Die Fische-Skorpion-Frau ist eine tolle Frau, mit ganz natürlichen Merkmalen, aber mit einer starken inneren Wärme und einer tiefen Zuneigung zu Menschen, die sie mag, anders ausgedrückt: ein wunderbarer Mensch in Gottes Schöpfung ...

WIDDER

Aszendent Skorpion

Dieser Charakter steht für Dominanz, Durchsetzungsvermögen, Sensibilität und zum Teil auch sture Grundmuster. Hier haben wir eine Frau, an der sich viele ihrer Mitmenschen die Zähne ausbeißen ...

Die Widder-Skorpion-Frau ist unheimlich persönlichkeitsstark, dominiert mit ihrer Aura und hat den Mut und die Kraft, sich nicht nur durchzusetzen, sondern auch ihre Ziele mit einer Präzision zu verfolgen, die ihresgleichen sucht.

Als Führungskraft ist sie eine Größe, weil ihre Art zu führen einfach genial ist. Sie weiß, was sie will, und sie weiß auch, was sie tun muss, um ihre Vorgaben in die Tat umzusetzen. Diese Frau will und braucht keine Kontrolle. Das sollte man in der Zusammenarbeit mit ihr unbedingt beachten. Denn hier ist ein Punkt, wo man sie schnell auf die Palme bringen kann und vor allen Dingen die Zusammenarbeit dann keine Früchte trägt.

Aufgrund ihrer besonderen charakterlichen Anlagen ist die Widder-Skorpion-Frau natürlich auch stärker verletzbar als jeder andere Charakter. Sie hat eine unglaubliche Dominanz und Fähigkeit aus ihrem Geburtstag (Widder), aus ihrer Geburtsstunde (Skorpion) kommt ihre Sensibilität und ihr Erfolgsdenken. Zusammen sind diese beiden Charakterzüge kaum zu übertreffen.

Entscheidend ist die Umgangweise mit der Widder-Skorpion-Frau, und hier spielt natürlich der Ton eine gewichtige Rolle. Wenn diese Frau irgendwo empfindlich ist, dann im Bereich der Sprache. Wie berührt man sie, welchen Ton wendet man bei ihr an? – Hier sollte man immer vorab überlegen, mit welcher Schärfe, mit welcher Tonart man sie anspricht, denn hat man sich einmal im Ton vergriffen, ist die Basis zu ihr mehr als gestört. Jetzt verschließt sie sich und keiner kommt mehr an sie heran. Sie ist dann erst mal beleidigt und eingeschnappt, und ihre Leistung fällt schnell und rapide ab.

Wichtig ist, dass im Umfeld der Widder-Skorpion-Frau, ob privat oder geschäftlich, gute Harmonie und stetes Vertrauen vorherrscht. Ihre Leistungsbereitschaft und ihre Kommunikation ist abhängig von großem Vertrauen und Ehrlichkeit. Sie muss das Gefühl der Wärme und Zuneigung haben, um Großartiges bewegen zu können. Lob und angemessene Anerkennung beflügeln sie und motivieren sie zusätzlich, Außergewöhnliches zu leisten. Frei- und Spielraum in ihrer Tätigkeit sind die Triebfeder für ihre große Leistungsbereitschaft.

Familie und Haushalt regelt die Widder-Skorpion-Frau neben ihrer beruflichen Vollauslastung locker, bei ihr geht alles schnell und unbürokratisch. Kurze Wege und schnelle Entscheidungen prägen ihren Führungsstil. Verantwortung und Entscheidungskompetenz sind ihr Leben. Sie ist eine Macherin und lebt dies auch allen Freunden und Bekannten vor.

Die Widder-Skorpion-Frau ist unheimlich geradlinig und wertvoll und entwickelt ihre Fähigkeiten und Erfolge aus einem Urvertrauen der Gesellschaft. Sie ist eine großartige, interessante Persönlichkeit ...

STIER

Aszendent Skorpion

Die Stier-Skorpion-Frau ist eine hochinteressante Persönlichkeit, bei der die Gefühlswelt eine herausragende Rolle spielt und die sie natürlich auch immer wieder in Konflikte bringt, die überhaupt nicht notwendig wären – aber so ist eben ihre Prägung.

Die Stier-Skorpion-Frau ist bodenständig, erfolgshungrig und sehr geradlinig. Ihre Stärken liegen in einer ausgeprägten Disziplin, einem kaum zu übertreffenden Fleiß und einem Engagement, welches man nur sehr selten antrifft. Diese Frau glaubt, nicht ersetzbar zu sein; sie opfert sich auf und achtet teilweise nicht auf ihre Gesundheit. Sie geht oft an die Grenzen und wird dann bitter enttäuscht.

Für die Gesellschaft ist es schwer, sie zu lesen und ihr Verhalten zu begreifen. Dieser Frauentyp gibt viel und nimmt zu wenig. Dies führt oft zu Missverständnissen, an denen sie zum Teil selbst schuld ist. Die Stier-Skorpion-Frau muss lernen, diplomatischer zu sein und viele Dinge nicht immer auf die Goldwaage zu legen. Darüber hinaus muss sie mehr kommunizieren, um falsch gelaufene Dinge zu erläutern und aufzuklären. Der Ton macht bei dieser Frau wirklich die Musik; wer sie im Herzen falsch berührt, sie falsch anspricht, hat in der Regel schon verloren. Man muss wissen, dass sie eine ganz empfindliche Seele hat, unheimlich tief empfindet und somit sehr leicht verletzbar ist.

Wem es gelingt, diese Frau im Herzen zu berühren und ihre Gefühle zu begreifen, der hat mit ihr einen wunderbaren Menschen gewonnen. Denn Hilfsbereitschaft, Unterstützung oder sonstige Hilfe ist für sie nie ein Problem. Was die Stier-Skorpion-Frau tut, kommt immer aus ihrem Herzen, und sie tut es mit Leidenschaft und vor allem gerne.

Im Beruf ist die Stier-Skorpion-Frau ein Volltreffer, engagiert bis in die Haarwurzeln, bereit, bis zum letzten Tag Einsatz zu bringen, um ihre Ziele zu erreichen. Hier ist ihr nichts zu viel, auch Überstunden oder Samstag und Sonntag zu arbeiten macht ihr nichts aus. Was sie jedoch will und auch braucht, ist Anerkennung und ehrliches Lob zum richtigen Zeitpunkt. Das ist für diesen Frauentyp wie eine Gehaltserhöhung, Labsal für ihre Seele. Ihr Chef sollte sich frühzeitig damit beschäftigen, mit welcher Führung sie optimal funktioniert. Denn in diesem Bereich kann alles scheitern: Druck, Bevormundung und Kontrolle wären die Elemente, mit denen die Stier-Skorpion-Frau überhaupt nicht umgehen kann und will.

Als Mutter und Hausfrau ist die Stier-Skorpion-Frau unschlagbar, hat immer alles im Griff. Auch hier ist sie schneller als viele andere. Sie ist darüber hinaus eine vorzügliche Gastgeberin, der es immer wieder gelingt, mit besonderen Aktivitäten und Überraschungen ihre Gäste zum Staunen zu bringen. Im Stier-Skorpion-Charakter finden wir eine großartige Frau mit Tiefgang ...

ZWILLING

Aszendent Skorpion

Bei dieser Prägung wird es keinem langweilig und nie eintönig. Bei der Zwilling-Skorpion-Frau ist Feuer und Bewegung im Spiel. Sehr unterschiedlich und differenziert sind ihre beiden Prägungen. Aber trotz immer wiederkehrender Schwierigkeiten meistert sie ihre Situation mit Bravour.

Auf der einen Seite ist die Zwilling-Skorpion-Frau hektisch, unruhig und immer zu neuen Taten bereit, auf der anderen ist sie oft auch einmal unschlüssig, wenig diplomatisch und dann und wann auch verletzt, gekränkt und traurig. Hier sollte sie ansetzen und ihre sehr differenzierten Verhaltensmuster besser koordinieren, um zu einem ausgeglichenen Grundverhalten zu kommen. Ihre vorhandenen Potenziale zu nutzen, bedeutet für diesen Charakter zu lernen, wie sie Diplomatie und Taktverhalten in Einklang bringen kann und wie sie ihre persönliche, einmalige Ausstrahlung zu ihrem Vorteil und zu ihrem Erfolg nutzen kann. Bei etwas mehr Souveränität und Feingefühl und weniger

Angriffsfläche, sprich mit etwas mehr Sensibilität, kann diese Frau ein Profil entwickeln, welches seinesgleichen suchen wird.

Genialität, Ehrgeiz, Geradlinigkeit und Loyalität sind die größten positiven Merkmale der Zwilling-Skorpion-Frau. Unterstützt wird sie durch ihren permanenten Antrieb und ihre Begeisterungsfähigkeit. Vervollständigt und ergänzt werden diese positiven Merkmale durch eine sehr starke Intuition und eine regelrechte Besessenheit, alles machen zu wollen und nie aufzugeben. Natürlich hat diese Frau auch einige negative Merkmale, die dieses positive Bild leicht stören, wie zum Beispiel: geringe Kritikfähigkeit und oft zu wenig Selbstwertgefühl. Manchmal mutet sie sich auch zu viel zu, dadurch entstehen körperliche Probleme und Schwierigkeiten, und immer wieder will sie mit dem Kopf durch die Wand - alles Dinge und Verhaltensformen, die sie locker in den Griff bekommen könnte. Gezieltes mentales Training, Suggestion und Meditation helfen ihr, die im Unterbewusstsein manifestierten Muster und Blockaden rasch zu verändern und neue Muster zu entwickeln, die ihr dann das Leben leichter und (noch) erfolgreicher machen.

Im beruflichen Bereich ist die Zwilling-Skorpion-Frau eine feste Größe; dort wo sie ist, ist Bewegung und Aktivität. "Geht nicht - gibt's nicht!", das könnte von ihr stammen. Manchmal schießt sie natürlich auch etwas über das Ziel hinaus. Hier muss man sie sanft und bestimmt etwas ausbremsen, um sie wieder in die normale Bahn zurückzuführen.

Für viele Kollegen ist sie oft zu schnell in ihrer Denkweise und in der Umsetzung ihrer Vorhaben. Die Folge kann sein, dass sie als arrogant und als Besserwisserin tituliert wird und so dann und wann ein Bild entstehen kann, das auf sie überhaupt nicht zutrifft. Hier kann und sollte die Zwilling-Skorpion-Frau vorbeugen, indem sie sich mehr auf die Menschen einstellt, auch mal den Druck herausnimmt und sich auf die Fähigkeiten und Möglichkeiten anderer einstellt. Oft ist es auch gut, eine Stufe hinabzusteigen und die Menschen dort abzuholen, wo sie stehen.

Der Zwilling-Skorpion-Charakter ist eine besondere Frau mit viel Esprit, toller Ausstrahlung und einem nie müde werdenden Engagement in allem, was sie tut. Toll, weiter so!

KREBS

Aszendent Skorpion

Diese Frau ist ein echter, durch den Skorpion verstärkter Krebs und somit ein sensibles, empfindsames Wesen. Die Schmerzgrenze der Krebs-Skorpion-Frau ist niedrig, das heißt, sie legt viele Dinge auf die Goldwaage und belastet sich damit, was überhaupt nicht nötig wäre. Sie ist aber auch gemütvoll und neben ihrer Empfindlichkeit sehr feinfühlig. In einer äußerlich rauen Schale steckt bei ihr aber doch immer der leicht verletzbare Kern.

Grundsätzlich kann die Krebs-Skorpion-Frau sich auf ihr Gefühl verlassen, da sie durch den Skorpion-Einfluss über eine starke Vorausahnung und Intuition verfügt. Sie kann bestimmte Dinge eben voraussagen und -empfinden. Was sie sich unbedingt aneignen sollte, ist mehr Diplomatie und Überlegung, um nicht immer so spontan zu antworten, ohne sich die Konsequenzen überlegt zu haben. Damit erleichtert sie sich den Umgang mit Kollegen und Freunden und sie erlangt mehr Souveränität.

Liebe und Harmonie sind ein elementarer Bestandteil ihres Lebens, und Hingabe, Zärtlichkeit und Romantik sind wahrlich keine Fremdwörter für sie. Im Übrigen ist dieser Frauen-Charakter sehr hilfsbereit und geradezu dafür prädestiniert, ihren Mitmenschen alles von den Augen abzulesen. Die Krebs-Skorpion-Frau liebt ein gemütliches Heim und eine ansprechende Atmosphäre. Wichtig ist für sie auch ein sicherer Hort, an dem sie die raue Welt vergessen und entspannen kann.

Die Krebs-Skorpion-Frau ist eine sehr treue und zuverlässige Partnerin, die stets nach Zuneigung, Wärme und Anerkennung strebt. Egal, was sie tut, sie ist immer mit Herz und Seele bei der Sache. Der starke Einfluss des Skorpion-Aszendenten auf ihren Grundcharakter verleiht dieser Frau ein Höchstmaß an Feinfühligkeit und natürlicher Verletzbarkeit. Hier hat sie auch ihr Hauptproblem: Sie nimmt Kritik immer persönlich und geht sofort zum Angriff über. Doch das ist ein entscheidender Fehler, denn dieses Verhalten geht immer nur auf Kosten ihrer eigenen Energie. Hier muss sie noch an ihrer Souveränität und Gelassenheit arbeiten. Auch mit Niederlagen sollte dieser Frauentyp lernen, lockerer umzugehen, denn diese gehören zum Leben dazu und weisen den Weg zum Erfolg!

Für die Krebs-Skorpion-Frau ist es wichtig, in Zukunft ihre Gefühle dosiert einzusetzen und viele Dinge gelassener zu sehen. Wenn sie das umsetzen kann, wird es ihr auf Dauer wesentlich besser gehen. Vor allem aber lebt sie bedeutend glücklicher und mit weniger Gefühls- und Energieaufwand ...

LÖWE

Aszendent Skorpion

Der Charakter einer Löwe-Skorpion-Frau geht von dynamisch bis explosiv. Ihre Prägungen sind sehr erfolgsorientiert, zum Teil auch sehr egozentrisch. Damit hat die Löwe-Skorpion-Frau dann und wann auch ein Problem in der Gesellschaft, im Kollegenkreis und darüber hinaus. Hier muss sie persönliche Entwicklung und Wachstum anstreben. Diese Frau hat genaue Vorstellungen, die sie zum Teil kompromisslos umsetzt, ohne Rücksicht auf Verluste. Dadurch entstehen Akzeptanzprobleme, auch Ablehnung kann die Folge sein.

Ihre Lebensziele sind mehr als anspruchsvoll, immer wieder schießt sie hier über das Ziel hinaus, und so manches Ziel endet in einer Sackgasse. Die Mäßigung ihres Ego-Bedürfnisses und ihres Ehrgeizes sollte die wichtigste Lebensaufgabe für eine Löwe-Skorpion-Frau sein. Wenn sie das in den Griff bekommt, ist sie unschlagbar. Auch was ihre oft grundlose Eifersucht angeht, sollte sie versuchen, diese in den Griff zu bekommen.

Generell gesehen ist die Löwe-Skorpion-Frau nun mal eine Führungsfrau, da gehört sie auch hin, etwas anderes wäre nichts für sie. Sie benötigt den Mittelpunkt und Anerkennung, Freiraum und Vertrauen. Wenn diese Voraussetzungen vorhanden sind, bewegt sie die Welt. Ihr Engagement und ihre Leidenschaft, Großes zu bewegen, ist immer ihr Ziel und auch ihre Berufung. Diese Frau besitzt eine rasche Auffassungsgabe und eine sehr schnelle Umsetzung. Das heißt, sie ist sehr fleißig und überaus schnell in ihren Tätigkeiten. Damit haben viele ihrer Kollegen und Kolleginnen eminente Probleme, und es entsteht deswegen oft Neid und Missgunst.

Kontrolle und Bevormundung mag eine Löwe-Skorpion-Frau grundsätzlich nicht. Die richtige Sprache zur richtigen Zeit ist das, was sie sucht und will.

Man muss diesen Frauentyp im Herzen berühren und ihm in seiner Gefühlswelt begreifen. Dann ist er locker und leicht zu führen.

Entscheidungen zu treffen und sie entsprechend umzusetzen, ist für die Löwe-Skorpion-Frau immer eine große Herausforderung und eine große Freude. Nichts kann sie glücklicher machen als beruflicher Erfolg und die Bestätigung ihrer Arbeit.

In allen Bereichen ist es für die Löwe-Skorpion-Frau wichtig, sich etwas mehr Zeit zum Regenerieren zu nehmen und auch eine kleine Auszeit einzuplanen, um sich wieder zu erholen. Ihr unermüdlicher Fleiß und Einsatz in allen Ehren, aber etwas mehr Ruhe und Gelassenheit dabei tun gut und führen auch zum Ziel.

In der Familie ist die Löwe-Skorpion-Frau der absolute Macher und Bestimmer. Es geht alles schnell und effektiv. Für den Haushalt und sonstige Belange beschäftigt sie eine Haushälterin, denn für Hausarbeit hat sie selbst nie die notwendige Zeit, um alles im Griff zu haben. Im Urlaub sucht sie die sportliche Herausforderung, aber auch das schöne Ambiente, um glücklich zu sein und sich lebendig zu fühlen. Die Löwe-Skorpion-Frau ist eine großartige, aber auch anstrengende Frau mit dem Hang zur Perfektion ...

JUNGFRAU

Aszendent Skorpion

Bei der Jungfrau-Skorpion-Frau treffen zwei Prägungen aufeinander, wie sie extremer nicht sein könnten. Sie ist eine Frau, die man erst einmal in ihrer Denkweise und in ihrem Grundverhalten begreifen muss ... Wem es nicht gelingt, sie – in welcher Situation auch immer – im Herzen zu berühren, der hat meistens ein Problem mit ihr oder sie ein Problem mit ihm. Denn die Prägung vom Geburtstag her (Jungfrau) ist sehr sozial, bodenständig, hilfsbereit und dem Dienen im positiven Sinne zugeneigt. Das nennt man zuweilen auch Helfersyndrom. Aus ihrer Geburtsstunde (Skorpion) hingegen ist ihre Prägung ganz anders, hier ist sie sehr sensibel, schnell verletzbar, fleißig, erfolgsorientiert, nimmt viele Dinge sehr persönlich und ist sehr von Lob und Bestätigung ihrer Leistungen abhängig. Diese beiden Grundcharaktere nun unter einen Hut zu bringen, sodass sie einigermaßen kooperieren, ist gar nicht so einfach. Deshalb ist es wichtig, dass diese Frau einige Gewohnheiten und falsch angewandte Verhaltensmuster überprüft bzw. - wenn nötig - angemessen verändert. Dies geschieht durch mentales Training, persönliche Weiterentwicklung, Suggestion und Meditation.

Beruflich haben wir in der Jungfrau-Skorpion-Frau eine sehr gute Teamarbeiterin mit dem Hang zur Führung. Die Führungsposition wird jedoch von ihr nicht unbedingt angestrebt. Man kann ihr zu jedem Thema Fragen stellen und sie weiß immer eine Antwort. Viele Menschen fühlen sich zu ihr hingezogen, weil sie die notwendige Wärme vermittelt, die die meisten Menschen suchen. Oft ist es aber auch so, dass sie gibt, gibt, gibt und dabei das Nehmen vergisst. Dann trifft ein, worunter dieser Frauentyp immer wieder leidet, nämlich ausgenutzt zu werden oder zumindest das Gefühl von Ausnutzung zu haben, was dann auf Dauer zu Depressionen bei ihr führen kann. Dem kann sie wirkungsvoll vorbeugen, wenn sie lernt, "Nein" zu sagen und auch bei dem "Nein" zu bleiben und nicht immer wieder in alte Muster zurückzufallen.

Im Haushalt und in der Familie ist die Jungfrau-Skorpion-Frau eine Größe, weil sie nicht nur alles kann, sondern dies auch noch mit Herzblut und Begeisterung erfüllt. Ob es Kochen, Backen oder Einrichten ist, es schmeckt immer ausgezeichnet und sieht immer gut aus. Besonders bei Einladungen, insbesondere bei neuen Gästen, wächst sie über sich hinaus. Sie macht alles mit großer Freude, und das spüren ihre Gäste.

Um glücklich zu sein, braucht diese Frau Anerkennung, Wärme und Zuneigung. Ihr Anspruch an das Leben ist normal und nicht überzogen; sie ist mit kleinen Dingen schnell glücklich zu machen. Dies ist auch eine ihrer Stärken, da sie sich über kleine Geschenke sehr freuen kann.

Wer sie als Frau und Partnerin gewonnen hat, hat eine loyale, vor allen Dingen treue Partnerin für das ganze Leben. Denn wenn die Jungfrau-Skorpion-Frau sich einmal auf einen Partner festgelegt hat, lebt sie den Spruch aus der Kirche "Bis dass der Tod euch scheidet" - und das meint sie auch so.

WAAGE

Aszendent Skorpion

Hier vereinen und reiben sich zwei großartige Prägungen innerhalb eines ganz außergewöhnlichen Charakters. Für viele Menschen in der Gesellschaft ist die Waage-Skorpion-Frau sehr schwer zu lesen und besonders schwer in ihrem Verhalten zu begreifen. Sie ist eine sehr starke Frau mit enorm vielen Ansätzen und Fähigkeiten, die aber auch in ihrer Seele sehr schnell verletzbar ist.

Stil und Niveau, Anspruch und Kreativität zeichnen die Waage-Skorpion-Frau aus. Sie ist schon etwas Besonderes. Dies beginnt mit ihrer Denkweise und hört mit ihrem hohen Anspruchsdenken auf.

Fleiß und die Umsetzung ihrer Aufgaben ist für sie etwas ganz Normales. Sie tut es immer mit Herzblut und größter Loyalität. Aber der Ton macht bei ihr die Musik, und da muss man schon aufpassen, wie man sie anspricht und sie im Herzen berührt. Oberflächlichkeiten und dumme Sprüche haben bei ihr keinen Platz. Ebenso verabscheut sie lautes Geschrei und Profilierungssucht. Damit kann sie nichts anfangen.

In ihrer Arbeitsweise ist sie schnell und zielgerichtet, vorausschauend und effektiv. Führung und Führungsaufgaben zu übernehmen, das ist ihr in die Wiege gelegt. Dies ist für sie immer eine Herausforderung und gibt ihr Antrieb, ihre Leistungen zu erhöhen und zu beschleunigen. Für viele ihrer Kolleginnen und Kollegen arbeitet sie zu schnell und gilt als Streberin, was sie in Wirklichkeit aber nicht ist. Es geht ihr einfach alles grundsätzlich leicht von der Hand, und Verantwortung und Erfolgsdruck spornen sie an, Top-Leistungen abzuliefern. Lob und Anerkennung ist für diese Frau nicht nur wichtig, sondern ist die Bestätigung für ihre herausragenden Leistungen. Mit Kritik und Niederlagen hingegen hat sie echte Probleme. Hier kann und sollte sie an sich arbeiten, um mehr Souveränität zu erreichen. Sie hat es eigentlich nicht nötig, sich hier zu quälen, weil sie einfach gut ist.

Ihre Vorausahnungen, die sie im Blut hat, sind oft ein Hindernis für die Waage-Skorpion-Frau, weil sie meist Dinge schon lange im Vorfeld erkennt, die sie oft selbst eigentlich gar nicht wahrhaben will. Dass sie ein Feingefühl für

Schönheit, Ambiente und guten Geschmack hat, kommt aus ihrer Grundprägung (Waage). Ihre zum Teil überhöhte Sensibilität hingegen kommt aus der Prägung ihrer Geburtsstunde (Skorpion). Hieraus wirkt sie auch des Öfteren unnahbar und zurückhaltend, bis sie ein Gefühl zu dem jeweiligen Menschen enwickeln kann.

Als Mutter und Hausfrau ist die Waage-Skorpion-Frau streng, gerecht und liebevoll. Disziplin jedoch ist für sie ein enorm wichtiger Faktor. Diese Disziplin erwartet sie auch von ihrer Umwelt. Sie ist ferner sehr zielorientiert. Beruflich wie auch privat lebt diese Frau einen bestimmten Anspruch. Alle, die das nicht verstehen wollen oder können, haben keine Chance, mit ihr in Kontakt zu treten bzw. mit ihr Geschäfte machen zu können.

Sie ist eine außergewöhnliche Persönlichkeit mit besonderen Fähigkeiten, die aber auch nicht leicht zu führen ist. Hier benötigt man nicht nur Fingerspitzengefühl, sondern auch große Fähigkeiten. Wenn man das bei der Waage-Skorpion-Frau beachtet, kann man sagen, dass man einen Diamanten an seiner Seite hat ...

SCHÜTZE

Aszendent Schütze

Eine Schütze-Frau mit Aszendent Schütze steht mit beiden Füßen im Leben. Aktivität und Schwung bestimmen ihren Lebensrhythmus. Sie ist oft schneller als sie denken kann.

Reisen und Termine bestimmen den Tagesablauf der doppelten Schütze-Frau. Sie ist eine Managerin, die etwas bewegen will. Stillstand bedeutet für sie Rückschritt. Für viele ihrer männlichen Kollegen ist sie oft zu schnell und zu hastig - aber das ist ihr Element. Unwesentliche Dinge interessieren diese Frau nicht, ihre Konzentration ist immer auf das Wesentliche, auf das Machbare gerichtet. Erfolg bedeutet diesem Frauentyp nicht nur viel, sondern er ist auch Befriedigung für ihre Seele. Sie hat es gerne, wenn man sie wirken lässt und ihr in ihrer Aufgabenstellung viel zutraut und ihr auch die volle Verantwortung überträgt. Kontrolle und Bevormundung lehnt sie ab, bei einem derartigen Verhalten empfindet eine Schütze-Schütze-Frau einen Vertrauensverlust, der es ihr auf Dauer nicht mehr ermöglicht, erfolgreich und konzentriert zu arbeiten. Ihre Führung sollte so ausgelegt sein, dass sie ein hohes Maß an Spielraum und Entscheidungskompetenz hat. Je mehr Vertrauen man ihr schenkt, umso mehr Leistung kann sie abrufen.

Das Führungspotenzial einer Schütze-Schütze-Frau ist gut strukturiert, mit viel Feingefühl und dem notwendigen Verständnis. Was sie lernen muss, ist die Kontrolle über ihre Gefühlswelt. Hier hat sie einige Schwierigkeiten. Diese Frau kann schnell ganz erfreut, ganz oben sein; allerdings kann sie bei negativen Erfahrungen genauso schnell ganz unten sein. Ein Mittelmaß kennt sie (noch) nicht. Das hat zur Folge, dass sie durch diesen Fahrstuhleffekt sehr viel Energie und in ihrem Führungsverhalten auch die notwendige Konstanz verliert.

Die Doppel-Schütze-Frau liebt ausgedehnte Reisen und ist auch ein besonderer Kulturmensch. Reisen in besondere Landschaften und andere Kulturen strebt sie immer an.

Als Gastgeberin überrascht diese Frau immer mit hohem Niveau und besonderen Einfällen. Es macht ihr Spaß, gute Freunde und Bekannte um sich herum zu haben, um zu diskutieren und Freude zu haben. Ihre Ziele und Visionen sind stets hoch angesiedelt, immer mit der Bereitschaft, sie schnell erreichen zu können. Oberflächliche Partner und Menschen mag sie nicht. Sie ist beständig auf der Suche nach niveauvollen Menschen, mit denen sie Spaß hat und tolle Gespräche führen kann.

Glücklich ist die Schütze-Schütze-Frau dann, wenn alles um sie herum in geordneten und liebevollen Bahnen verläuft ...

STEINBOCK

Aszendent Schütze

Bei dieser Prägung wird die realistische Steinbock-Frau ihren Ehrgeiz nicht nur für den sozialen Aufstieg nutzen, sondern auch für höhere Werte einsetzen. Denn der Sinn des Lebens liegt mit diesen Prägungen nicht nur im Materiellen, sondern auch in der öffentlichen Anerkennung.

Moral und Ethos sind die wichtigsten Triebfedern im täglichen Handeln der Steinbock-Schütze-Frau. Sie wird ihre Lebensaufgabe finden und darin aufgehen wie kaum ein anderer Frauen-Charakter. Sie ist eine sehr interessante Frau mit ganz besonderen Eigenarten, die man verstehen muss, um ihr Handeln zu begreifen. Diese Frau hat ein ganz eigenes Muster mit sehr sensiblen Gedanken und Vorstellungen.

Der Ton ist ausschlaggebend, ob es mit ihr klappt oder nicht. Man muss sie im Herzen berühren, um sie nicht nur zu öffnen, sondern auch den Zugang zu ihr zu erhalten. Druck und Bevormundung ist nicht ihre Welt. Hier verschließt sich die Steinbock-Schütze-Frau, und es kommt keiner mehr an sie heran. Mit diesen Verhaltensformen kann und will sie nichts anfangen. Sie kann dadurch ihre Leistung nicht abrufen, weil sie sich dann blockiert fühlt. Gerade umgekehrt muss es daher bei dieser Frau laufen: Trifft man den richtigen Ton am richtigen Ort, ist sie bereit, alles zu geben und ihre Leistung zu bringen.

Die Steinbock-Schütze-Frau ist im Allgemeinen zunächst unnahbar und baut eine Mauer um sich herum auf. Dies dient ihr zunächst als Selbstschutz, bis sie Sicherheit verspürt, erst dann öffnet sie sich ganz. Im Beruf braucht sie somit Freiheit, Vertrauen und Rückendeckung von Seiten ihres Vorgesetzten, dann kann sie ihre Potenziale leben und große Leistungen abrufen.

Ähnlich sieht es auch im familiären Bereich aus: Einengung und Kontrolle lassen bei diesem Frauentyp Zweifel und Missmut aufkommen, was dazu führt, dass sie ärgerlich und oft auch unangemessen reagiert. Sie ist eine stolze und intellektuelle Frau mit dem Wunsch nach Freiheit, Harmonie und Verständnis. Man tut gut daran, ihre Sensibilität und ihr Feingefühl zu akzeptieren und auch zu verstehen, dass sie einfach anders geartet ist als viele ihrer Bekannten und Freunde. Ja, die Steinbock-Schütze-Frau ist etwas Besonderes, sie legt einfach viel Wert auf Umgangsformen und Traditionen, die dem eigenen Handeln Sicherheit verleihen.

Dass die Steinbock-Schütze-Frau darüber hinaus eine besondere soziale Ader verspürt, ist nichts Außergewöhnliches, für sie aber ein wichtiger Bestandteil im gesellschaftlichen Bereich. Dann und wann übertreibt sie diese soziale Grundhaltung, was dann für sie doch eher eine Belastung wird. Sie sollte, wenn sie "Nein" sagt, auch bei dem "Nein" bleiben und nicht immer wieder in alte Muster zurückfallen.

In der Natur holt die Steinbock-Schütze-Frau sich ihre verbrauchte Energie zurück, ausgedehnte Reisen zu historischen Stätten runden ihre Vorlieben ab und bringen ihr Glück und Zufriedenheit.

Sie ist ohne Zweifel eine besondere Frau mit besonderen Eigenarten und einer unglaublichen Wärme und Zuneigung für alle Menschen ...

WASSERMANN

Aszendent Schütze

Die Wassermann-Schütze-Frau ist eine außergewöhnliche, starke Persönlichkeit und hätte es nicht nötig, sich das Leben so schwer zu machen. In vielen Situationen ist sie nicht locker genug und reagiert zum Teil überhastet und zu aggressiv.

Die Wassermann-Schütze-Frau neigt zur Rechthaberei, kann mit Kritik schwer umgehen und fühlt sich auch oft angegriffen. In ihrer Gefühlswelt gibt es noch keinen Ausgleich. Entweder ist sie total erfreut oder am Boden zerstört. Ein Mittelmaß bzw. ein Abfangen ihrer Probleme gibt es noch nicht. Hier muss dieser Charakter lernen, nicht alles so extrem zu sehen, sondern eben mehr

Verständnis und Gleichgewicht zu entwickeln, denn unterm Strich geht es immer zu Lasten ihrer eigenen Energie und ihrer Gesundheit. Diese Gefühlsschwankungen verursachen natürlich auch bei ihr Launen, die wiederum von ihrer Umwelt gar nicht gerne zur Kenntnis genommen werden.

Die Stärken der Wassermann-Schütze-Frau im beruflichen Bereich liegen in ihrem Arbeitseifer und in ihrer hohen Leistungsbereitschaft. Um diese Stärken zu entwickeln und konstant zu halten, braucht sie ein hohes Maß an Arbeitsfreiheit und Toleranz. Kontrolle und Bevormundung sollte man bei diesem Frauentyp vermeiden.

Eine weitere Stärke von ihr ist die Bereitschaft, immer dazuzulernen und sich weiterzuentwickeln. Sie möchte auch überall dabei sein und in alle Belange involviert sein. Neuem gegenüber ist sie grundsätzlich aufgeschlossen. Ihr Ziel ist es, wenn etwas erreicht ist, sofort etwas Neues obendrauf zu setzen. Stillstand ist für sie Rückschritt.

Die Wassermann-Schütze-Frau neigt ganz klar zum Führen und hat auch ein gutes Führungspotenzial. Ihr Vorgesetzter benötigt ein gutes Fingerspitzengefühl, um bei ihr den richtigen Ton und vor allen Dingen die richtige Wortwahl zu finden. Denn sie ist unglaublich empfindlich, was die Führungskompetenz angeht. Bevormundung, Kontrolle und dauernde Einmischung in ihren Führungsstil und ihr Führungsverhalten mag sie überhaupt nicht. Sollte diese Kontrolle und Einmischung über einen längeren Zeitraum hinweg anhalten, wird sie darüber nachdenken, das Unternehmen zu verlassen. Manchmal praktiziert sie ein übersteigertes Selbstwertgefühl, was dann den Kolleginnen und Kollegen sauer aufstößt.

Im privaten Bereich gibt es nur wenige Partner, die mit dem Persönlichkeitsprofil und der starken Persönlichkeit einer Wassermann-Schütze-Frau zurechtkommen. Sie braucht einen Partner, zu dem sie aufsehen kann und der die Sprache spricht, die sie sich wünscht. Darüber hinaus muss er Toleranz leben und ihr ein Höchstmaß an Freiraum einräumen.

Wenn es der Wassermann-Schütze-Frau gelingt, ihre beiden starken Charaktere einigermaßen aufeinander abzustimmen und mit viel Feingefühl und Lernbereitschaft zu leben, wird sie überhaupt keine Probleme haben, ihre Visionen und Ziele zu erreichen ...

FISCHE

Aszendent Schütze

Dieser Charakter wird geprägt von außergewöhnlichen Gefühlen und großer Leidenschaft, insbesondere für Reisen in die große, weite Welt.

Sowohl im Führungsbereich als auch im Familienleben liegen die besonderen Stärken der Fische-Schütze-Frau. Sie ist eine starke Persönlichkeit, die nicht nur herzlich sein kann, sondern auch zupackt. Man kann sie nicht unter Druck setzen, da sie diesen gar nicht erst annimmt. Kontrolle und Bevormundung lehnt sie ab, und alle, die es damit versuchen, werden bei ihr scheitern. Denn Freiraum und Vertrauen sind ihre Schlüsselthemen, und nur, wenn diese gegeben sind, kann sie ihre Energie voll zum Ausdruck bringen.

Sie kann aufopferungsvoll kämpfen und sich genauso leidenschaftlich hingeben, wenn der richtige Zeitpunkt dafür da ist. Gesteuert wird dies alles von ihrer Gefühlswelt, die quasi ihr Kapital darstellt, da sich hier die Stärken sowie die Schwächen ihrer Persönlichkeit finden lassen.

Die Fische-Frau mit Schütze-Aszendent ist mit Fähigkeiten ausgestattet, die häufig ans Übersinnliche grenzen: Todsicherer Instinkt und Weit- und Hellsichtigkeit sind besonders stark ausgeprägt. Außerdem besitzt sie eine lebhafte Fantasie, die ihr auch immer wieder schöne Träume beschert. Ihr Leben wird von Anfang an von Visionen genährt und bestimmt.

Menschen bedeuten ihr sehr viel. Mit Menschen zu arbeiten und zu kommunizieren, stellt für sie einen wichtigen Bestandteil ihres täglichen Lebens dar. Aggressives Verhalten oder die berühmte Ellenbogen-Mentalität liegen ihr vollkommen fern; sie behauptet sich vielmehr über ihr Gefühl und ihre Grundanlagen.

Gesellschaft bedeutet der Fische-Schütze-Frau sehr viel, jedoch sucht sie sich die Leute aus, die auch ihrem Niveau entsprechen. Ein gewisses Niveau ist für sie in allen Lebensbereichen sehr wichtig und sie legt großen Wert darauf. Es kann gar nicht "hoch genug" sein für sie – je anspruchsvoller, desto besser. So liebt sie auch ein gepflegtes Ambiente, Ästhetik und schöne Urlaube.

In der Liebe wie auch im beruflichen Leben ist sie außergewöhnlich, denn halbe Sachen gibt es bei ihr nicht. Ihre Devise lautet: Ganz oder gar nicht! Sie liebt mit Haut und Haar, mit Leidenschaft und Hingabe. Also braucht sie einen starken Partner mit sehr viel Feingefühl, doch vor allen Dingen muss er sie mit Wärme und Zuneigung belohnen. Macho-Typen sind daher nicht die Welt der Fische-Frau mit Schütze-Aszendent, genauso wenig Blender oder Angeber. Sie hat einen hohen Anspruch und vertritt diesen auch. Aus einer idealen Verbindung heraus schöpft sie ihre Zufriedenheit und lebt ihr Leben als erfolgsorientierte und ehrgeizige Frau. Sie wird nie vor schweren Aufgaben kapitulieren, sondern immer weiter nach vorne marschieren.

Die Fische-Schütze-Frau ist hingebungsvoll und hilfsbereit in ihrem Umgang mit allen Menschen - selbst gegenüber solchen, die es im Grunde nicht verdienen. Ihr Fische-Herz schlägt für (fast) alles. Deshalb hat sie auch dann und wann einige Sonderstreicheleinheiten verdient! Mit dem Schütze-Einfluss wird ihr Wesenszug geringfügig verstärkt, ihre Führungsdominanz erhöht und ihre Sensibilität intensiviert. Der Schütze-Aszendent erhöht ferner ihren dauernden Drang nach Veränderung sowie ihre Reiselust. Disziplin und Selbstbeherrschung sind darüber hinaus charakteristische Wesensmerkmale.

Menschen, die es nicht verstehen, die Wesenszüge einer Fische-Schütze-Frau von Beginn an richtig einzuschätzen - geschweige denn zu verstehen -, werden mit ihr große Probleme haben: Sie ist eine außergewöhnliche Persönlichkeit mit tief greifenden Gefühlen ......

WIDDER

Aszendent Schütze

Die Widder-Schütze-Frau ist eine feurige, aber sehr harmonische Prägung. Optimismus, Begeisterung, gute Vorsätze und ideelle Ziele sind bei diesem Charakter im Überfluss vorhanden.

Die Widder-Schütze-Frau muss sich austoben können, insbesondere im Sport und in ihrer Freizeit findet sie dazu genügend Gelegenheiten und Möglichkeiten, so ist sie sehr zufrieden. Diese Frau ist mutig und entschlossen, hat aber einen unglaublichen Gerechtigkeitssinn. Moral steht bei ihr ganz oben. Sie ist von sich selbst absolut überzeugt und glaubt fest an die Dinge des Lebens. Ihr Ziel ist es immer, die Welt insgesamt zu verbessern, was natürlich ein schwieriges Unterfangen ist, aber dieser Charakter ist davon überzeugt, zumindest einen kleinen Beitrag leisten zu können.

Wie schon gesagt, ist die Widder-Schütze-Frau ein sehr eigenständiger Charakter mit einer doch sehr wechselnden Gefühlswelt, aber sie sieht immer Licht am Ende des Tunnels. Diese Frau ist bereit, für die Sache alles zu geben und sich bis zur Erschöpfung zu verausgaben; Kampf ist angesagt bis zur letzten Möglichkeit. Das ist es auch, was sie auszeichnet: Sie gibt nie auf, auch dann nicht, wenn der Kampf verloren scheint. Irgendwie kommt sie immer wieder zurück, denn natürlich spielen auch Glück und Zufall eine Rolle.

Man muss aber auch bei dieser Frau bestimmte Spielregeln beachten, man darf sie weder bevormunden noch kontrollieren, das mag sie nicht und lässt es auch auf Dauer nicht zu. Des Weiteren muss man ihr viel Spiel- und Freiraum einräumen und sie zu nichts drängen. Nichts stört sie mehr als Einengung und Bevormundung. Wenn das geschieht, verliert sie jegliche Kraft und Energie und es bricht für sie die Vertrauensbasis zusammen, die im Prinzip ihre entscheidende und wichtigste Triebfeder ist. Vertrauen und Freiraum ist ihr Leben, Lob und Anerkennung zum richtigen Zeitpunkt, wenn es dann auch noch ehrlich gemeint ist, ihre Motivation. Dieser Frauentyp kann unheimlich viel bewegen, wenn man sie gewähren lässt und sie in ihrem Vorhaben unterstützt und begleitet.

Die Widder-Schütze-Frau besitzt ein überdurchschnittliches Führungspotenzial und die notwendige Verantwortungsbereitschaft. Auch aus Niederlagen lernt sie für die kommenden, schweren Aufgaben. In der Gesellschaft hat sie einen klaren Standpunkt, benötigt aber nicht unbedingt den Mittelpunkt. Hier agiert sie oft aus der Distanz mit präzisen und überraschenden Argumenten.

Die Arbeiten für Familie und Haushalt delegiert die Widder-Schütze-Frau gerne, schon aus dem Grund, weil ihr die Zeit fehlt. Doch natürlich kocht sie schon mal gerne und bewirtet Familie, Freunde und Gäste.

Die Widder-Schütze-Frau ist eine starke, entschlossene und mutige Frau mit einem Gespür für Diplomatie und außergewöhnliche Entscheidungen. Schwache Männer jedoch sollten sich bei ihr warm anziehen ...

STIER

Aszendent Schütze

Die Stier-Frau mit Aszendent Schütze ist eine sensible, bodenständige und auf Harmonie bedachte Frau. Geben und Nehmen sind bei ihr nicht ausgewogen verteilt, vielmehr ist sie eine Frau, die gerne gibt und hilft, aber nur selten den entsprechenden Dank dafür erhält. Sie stellt sich selbst nicht in den Vordergrund und ist immer und zu jeder Zeit hilfsbereit. Ihr Geben kommt aus tiefstem Herzen und aus voller innerer Überzeugung. Dennoch ist sie gelegentlich verletzt und traurig, weil sie doch auch gewisse Erwartungen hat, die letztendlich nicht erfüllt werden. Daneben besteht die Gefahr, ausgenutzt zu werden.

Belastungen und Sorgen trägt sie meist allein aus, ohne dass sie sich anderen gegenüber öffnet und ihre wahren Gefühle zeigt – das ist oftmals ein Fehler. Dafür ist sie eine zwar verschlossene und nachdenkliche, aber strategisch sehr gute Organisatorin: Organisieren ist ihr in die Wiege gelegt. Nichts ist ihr dabei zu viel; sie kann selbst aus dem Nichts entwickeln und gestalten.

Durch den Einfluss des Schützen ist die Stier-Frau zusätzlich ein lebensbejahender Mensch. Sie reist gerne und liebt die Kultur.

Grundsätzlich ist sie ein aufgeschlossener und sympathischer Mensch. Familie und Umwelt bedeuten ihr sehr viel. Die Anerkennung und Zuneigung aus diesen Bereichen beflügelt sie; sie zieht ihre ganze Kraft daraus. Freunde und anspruchsvoller Umgang bedeuten ihr ebenfalls viel. Sie legt gesteigerten Wert auf ihr persönliches Äußeres und auf Niveau, Ambiente und schönes Essen. Genauso geben ihr angenehme Gesellschaft oder eine ansprechende Landschaft sehr viel für ihre Seele.

Es gibt eine Rolle, die ihr gleichsam auf den Leib geschrieben ist: die der geschätzten und beliebten Gastgeberin. Sie genießt die häusliche Idylle und lässt andere großzügig daran teilhaben. Auf sie ist immer Verlass; Familiensinn und Fürsorglichkeit zeichnen sie ebenfalls aus.

Die Stier-Aszendent-Schütze-Frau ist treu und erwartet das Gleiche von ihrem Partner. Als Partnerin ist sie nahezu perfekt: sinnlich, zärtlich und romantisch. Allerdings lässt sie sich lieber verführen, statt die Zügel selbst in die Hand zu nehmen.

Sie hält lange, manchmal auch zu lange an bestimmten Dingen fest, worunter sie auch leidet. Ein besonderer Schwerpunkt liegt hierbei auf dem finanziellen Aspekt. So wird auch weder Mühe noch Arbeit gescheut, um sich den Traum vom eigenen Häuschen im Grünen erfüllen zu können - und den meisten Stieren gelingt dies auch. Dabei können diese auch ihre Ambitionen als Hobbygärtner voll ausleben, was ihrer starken Verbundenheit zur Natur entspricht.

Die Stier-Frau mit Schütze-Aszendent ist grundsätzlich zu Höherem berufen. Idealismus und Realismus lassen sich bei dieser Kombination recht gut in Einklang bringen. Wenn es überhaupt ein Problem bei ihr gibt, dann ist es ihre wankelmütige Gefühlswelt. Hier leidet sie, weil sie keinen Mittelweg findet: entweder ist sie vollkommen glücklich oder total traurig. Daran sollte sie in Zukunft arbeiten ...

ZWILLING

Aszendent Schütze

Die Zwilling-Frau mit Aszendent Schütze steht mit beiden Beinen im Leben, sie ist eine Eroberin und will oft zu viel. Das holt sie dann immer wieder auf den Boden der Tatsachen zurück. Ihr Leben ist geprägt von Bewegung, raschen Entscheidungen und schnellen Maßnahmen.

Die Zwilling-Schütze-Frau ist ein unruhiger Mensch, der nie richtig zur inneren Mitte findet, und das ist auch ihr Grundproblem, woran sie in der Zukunft arbeiten sollte. Dieser Charakter ist oft so schnell, dass viele Menschen ihr nicht folgen können. Aus dieser Situation heraus unterstellt man ihr dann gerne Arroganz, die aber bei dieser Frau überhaupt nicht vorhanden ist, vielmehr ist es ihre Persönlichkeit, ihre Aura die zum Tragen kommt.

Die Zwilling-Schütze-Frau ist eine großartige Frau mit Visionen und Vorstellungen vom Leben. Sie muss aber daran denken, dass es viele Menschen gibt, die ihr nicht das Wasser reichen können. Und hier muss dieser Frauentyp umdenken lernen und auch einmal einen Gang zurückschalten. Oft mutet sie sich zu viel zu, wenn es dann nicht nach ihren Wünschen verläuft, ist sie zutiefst verletzt und traurig. Und das ist eben die andere Seite ihres Lebens.

Ihre Gefühlswelt kennt oben und unten. Sie kennt aber (noch) kein Mittelmaß. Das heißt, entweder fühlt sie sich himmelhoch jauchzend oder zu Tode betrübt. Und das kann auf Dauer kein Zustand für sie sein. Die Zwilling-Schütze-Frau muss lernen, ihre Gefühle in den Griff zu bekommen und sie in eine gewisse Ausgeglichenheit zu führen. Damit erreicht sie weniger Energieverlust und eine höhere Grundstabilität. Ihr Wankelmut bezüglich ihrer Gefühlswelt muss sich stabilisieren.

Im Beruf steht die Zwilling-Schütze-Frau ihren so genannten Mann. Ihre Ziele sind immer Führungspositionen mit viel Verantwortung und Kompetenz. Wichtig ist hier der richtige Ton, denn von dem ist diese Frau mehr oder weniger stark abhängig. Bevormundung und Kontrolle kann und will sie nicht ertragen. Sie braucht viel Freiraum und hundertprozentiges Vertrauen. Wenn sie das bekommt, läuft sie zur Höchstform auf, denn die Fähigkeit zur schnellen Umsetzung ist diesem Charakter in die Wiege gelegt worden.

Als Mutter und Hausfrau beschäftigt die Zwilling-Schütze-Frau gerne eine Haushälterin, die ihr hier zur Hand geht und sie unterstützt. Damit meine ich nicht, dass sie nicht gerne im Haushalt tätig ist, vielmehr hat sie aufgrund ihres Engagements im Beruf nicht die Zeit dazu.

Dieser Frauentyp liebt sportliche Urlaube mit viel Aktivität und einem wunderschönen Ambiente in tollen Restaurants und schönen Häusern. Sie ist der geborene Genussmensch und steht dazu. In der Gesellschaft mag man die Zwilling-Schütze-Frau, und das soll auch so bleiben ...

KREBS

Aszendent Schütze

Hier haben wir eine Frau mit zwei Prägungen in der Brust, die sich im Grunde völlig fremd sind. Bis die Krebs-Frau mit dem Aszendenten Schütze den harmonischen Mittelweg gefunden hat, kann es einige Zeit dauern und sie muss zahlreiche seelische Belastungen durchstehen. Doch wenn dies erreicht ist, wird ihr gefühlsbetonter Idealismus ein besonders intensives soziales Engagement an den Tag bringen.

Der Reiselust einer Krebs-Schütze-Frau tut das keinen Abbruch, sie sollte nur nicht vergessen, wo sie hergekommen ist und wo ihre Wiege stand. Denn bei allem Drang nach Freiheit und der großen weiten Welt braucht diese Frau doch immer wieder den häuslichen Herd und die familiäre Bindung. Was soll damit ausgedrückt werden? Nun, dieser Charakter ist sehr differenziert und auch sehr wechselhaft. Auf der einen Seite sucht die Krebs-Schütze-Frau die Abwechslung, den Wandel, die Bewegung und die große weite Welt, auf der anderen Seite kommen dann Zweifel, Unsicherheiten und Gefühlsschwankungen ins Spiel, bis hin zu Depressionen und Momenten, in denen sie nicht recht weiß, was sie überhaupt will. Diese Gefühlsschwankungen ziehen sich bei der Krebs-Schütze-Frau wie ein roter Faden durch das Leben. Dies ist darin begründet, dass dieser Frauentyp eine sehr extreme Gefühlswelt besitzt, die nur oben und unten kennt. Ein Mittelmaß ist ihr weder bekannt noch strebt sie dies an, weil sie gar nicht weiß, wie sie das kontrollieren kann. Dennoch ist es für eine solche Frau wichtig, sich darüber Gedanken zu machen, wie sie in die innere Mitte kommen kann und somit ein notwendiges und für sie wichtiges Gleichgewicht herstellen kann. Nur dann, wenn sie dies erreicht, wird es ihr in Zukunft besser gehen und sie kann ausgeglichener und zufriedener sein.

Es liegt der Krebs-Schütze-Frau auch sehr viel an der heimischen Situation, also an einer intakten und harmonischen Familie, zufriedenen Kindern und einem liebevollen Mann. Oft lässt sie sich auch ausnutzen und ärgert sich danach maßlos darüber, was sie wiederum enorm viel Energie kostet.

Im beruflichen Bereich ist die Krebs-Schütze-Frau häufig hin- und hergerissen, zum einen möchte sie in die Führung, zum anderen zweifelt sie wieder daran, ob sie sich das überhaupt zutrauen kann. Immer wieder kommen diese wechselnden Gefühle hoch und irritieren diesen Frauentyp dermaßen, dass sie oft nicht weiß, welchen Weg sie beschreiten soll. Darum ist es sehr wichtig für sie, mit mentalem Training, Suggestion und Meditation zu beginnen, damit sie ihre manifestierten, nicht optimalen Verhaltensmuster auf den Prüfstand stellen und diese durch geeignete Muster ergänzen kann. Danach wird ihr Allgemeinbefinden konstanter, zufriedener und positiver sein. Das wiederum schafft im Leben der Krebs-Schütze-Frau mehr Freude und Zuversicht sowie wesentlich mehr Zufriedenheit. Es geht ihr eben dann einfach besser, und die Akzeptanz bei den Menschen, Freunden und Bekannten wird nachhaltig steigen.

Dann ist die Krebs-Schütze-Frau die Frau, die sie immer sein wollte, nämlich gelassen, erfolgreich und allseits beliebt und geschätzt. Dafür lohnt es sich doch, am eigenen Charakter zu arbeiten ...

LÖWE

Aszendent Schütze

Die Löwin mit dem Aszendenten Schütze ist eine Frau, deren Prägungen sich optimal ergänzen und ausgezeichnet harmonieren. Sie versprüht eine wohltuende Wärme und eine große Herzlichkeit. Sie besitzt eine ausgeprägte Selbstsicherheit, die Arroganz nicht nötig hat. Sie tritt authentisch auf und demonstriert eine starke Überzeugungskraft sowie eine "ritterliche Gesinnung".

Die Löwe-Schütze-Frau strebt stets nach Horizonterweiterung und kann die gewonnene, gebündelte Energie zum Wohle aller einsetzen. Ihre Lebenseinstellung ist mit tiefem Sinn erfüllt, dafür tritt ihr Ego gerne ein wenig in den Hintergrund. Auf jeden Fall ist die Löwe-Schütze-Frau eine ganz besondere Frau, mit vielen Attributen und besonderen Neigungen und Fähigkeiten. Sie hat eine außergewöhnliche Aura und eine fantastische wärmende Ausstrahlung, sowie ein perfektes Auftreten. Auf Kleidung legt diese Frau einen gesteigerten Wert, ihre perfekte Frisur rundet ihr Auftreten und ihre Präsenz ab.

Sie ist eine Macherin, ja eine Anführerin, sie geht mit gutem Beispiel voran und erwartet dies auch von ihrem Umfeld. Wann und wo auch immer diese Frau auftritt ist Bewegung; sie hat Flair und begeistert die Menschen, insbesondere die Männerwelt. Ja, die Löwe-Schütze-Frau ist begehrt, und man sucht ihre Nähe und das Gespräch mit ihr ...

Als Führungskraft und Managerin arbeitet die Löwe-Schütze-Frau hart; Überstunden sind bei ihr ein tägliches Muss. Auf der anderen Seite braucht sie diesen Druck, sie braucht Aktivität und es muss sich einfach etwas bewegen. Dieser Frauen-Charakter liebt die Herausforderung und das Ungewisse und hat überhaupt keine Angst davor, für schwerwiegende Entscheidungen eine Lösung zu finden.

Als Ausgleich zu ihrem beruflichen Stress betreibt die Löwe-Schütze-Frau intensiv und regelmäßig Sport, und auch dort gibt sie immer ihr Bestes, um als Siegerin die Arena zu verlassen. Siegen und Gewinnen gehört zu ihrer Lebenseinstellung, und dafür ist sie bereit, alles zu geben und bis zur Erschöpfung zu kämpfen. Kultur und wichtige gesellschaftliche Ereignisse runden das Engagement dieser Frau ab, auch dort spielt sie eine herausragende und überzeugende Rolle.

Haushalt und Familie kommen zwar nicht zu kurz, aber hier setzt die Löwe-Schütze-Frau zu ihrer Unterstützung schon Hilfspersonal ein, um über die Runden zu kommen und die notwendigen Pflichten zu erfüllen.

Sie gehört zur Elite der Frauencharaktere, also sie ist unter den TOP TEN von 144 Grundcharakteren angesiedelt. Und das sagt wohl schon einiges über ihre Person und Persönlichkeit. Man müsste alles im Superlativ beschreiben, um eine solche Frau im Detail zu bewerten. Kurz und bündig: ihr Feingefühl, ihr Intellekt und ihre wunderbare Ausstrahlung machen sie zu einer bedeutenden, hochinteressanten Frau mit unglaublichen Möglichkeiten und zu einer faszinierenden Persönlichkeit.

Schon die Löwe-Schütze-Frau kennen zu dürfen, ist eine Bereicherung für das Leben ...

JUNGFRAU

Aszendent Schütze

Hier haben wir eine sehr sozial eingestellte Frau mit dann und wann wechselnder Gefühlswelt. Eine Frau für die Menschen dieser Welt. Man könnte sie auch im positivem Sinne eine Dienerin nennen, denn die Jungfrau-Schütze-Frau gibt sehr viel und bekommt zu wenig zurück – und das ist auch das Problem.

Die Jungfrau-Schütze-Frau wird deshalb auch immer Berufe mit sozialtherapeutischem Einschlag suchen und dort mit großem Erfolg arbeiten. Menschen bedeuten dieser Frau sehr viel. Sie macht keinen Unterschied, was die Rasse oder den Status angeht. Für sie sind alle gleich, und das ist gut so. Sie hat immer ein besonderes Gefühl für Menschen, die in Not sind oder große Probleme haben. Und sie findet auch immer eine Lösung, um diesen Menschen zu helfen. Sie hat ein Helfersyndrom und übertreibt es leider auch in vielen Fällen, denn häufig bleibt sie selbst auf der Strecke. Das äußert sich durch permanente Überlastung, sie fühlt sich unwohl und unausgeglichen. Natürlich ist sie auch oft enttäuscht und ärgert sich über diverse Verhaltensformen, die man ihr entgegenbringt. Hier muss die Jungfrau-Schütze-Frau lernen, den notwendigen Abstand aufzubauen und auch einmal das Wort "Nein" zu gebrauchen. Das fällt ihr sicher schwer, aber das kann und sollte sie lernen, denn die Gefahr, dass sie ausgenutzt wird, ist bei diesem Frauentyp sehr groß.

Die Familie bedeutet der Jungfrau-Schütze-Frau sehr viel, aber auch hier gibt es Enttäuschungen, weil sie grundsätzlich alles in die Hand nimmt und somit auch die Familienmitglieder verwöhnt. Spätestens dann, wenn sie einmal "Nein" sagt, kommt sofort die Antwort: "Bis jetzt hast du das doch immer gemacht ..." Hier sollte sie dann und wann Grenzen setzen und auch die Kinder und den Partner in die Arbeit mit einbinden. Die Jungfrau-Schütze-Frau bekommt die Erlaubnis, durchaus ein bisschen egoistischer zu werden und sich auch selbst öfter einmal etwas zu gönnen. Sie hat sich das redlich verdient, und sie muss rechtzeitig davon Gebrauch machen. Denn auch ihre Kraft geht irgendwann zu Ende und dann beginnen die Krankheiten, die sich aufbauen und im schlimmsten Fall mit Depressionen enden. Und so weit sollte dieser Charakter es nicht kommen lassen. Das hat sie nicht verdient.

Die Jungfrau-Schütze-Frau ist eine tolle Frau mit großer Bescheidenheit und einem großen, menschlichen Herz. Sie hat es verdient, dass man sie liebt, achtet und in jeder Beziehung unterstützt. Sie hat viel für die Menschen getan und sie wird noch viel für sie tun, aber sie sollte daran denken, dass sie auch einen Anspruch auf Dankbarkeit und Anerkennung hat. Menschen wie sie sind ein Glücksfall und ein Juwel für die Menschheit ...

WAAGE

Aszendent Schütze

Bei den Prägungen der Waage-Frau mit Aszendent Schütze und ihren charakterlichen Voraussetzungen wird es keine Schwierigkeiten geben, diese miteinander in Einklang zu bringen. Ihre anspruchsvolle Gesinnung im sozialen wie auch im moralischen Bereich spielen hier schon eine besondere Rolle.

Was ganz besonders bei der Waage-Schütze-Frau auffällt, ist, dass die Gesellschaft sie sehr sympathisch findet und sie somit von Anfang an einen besonderen Stellenwert in allen Bereichen des Lebens hat. Das liegt natürlich auch daran, dass diese Frau sehr zu idealistischen Höhenflügen neigt, wie sie auch hohe Ansprüche an alles im Leben hat. Sie ist eine Frau des Anspruchs, eine Frau mit einer unglaublichen, natürlichen Ausstrahlung, aber auch eine Frau, die den Mut zum Widerspruch hat und sich vor nichts, aber auch gar nichts versteckt. Viele Menschen, insbesondere Männer, haben mit diesem Frauentyp Probleme, weil sie entweder ihre starke Persönlichkeit nicht akzeptieren wollen oder auch weil sie sich von einer Frau nicht führen lassen wollen. Die Waage-Schütze-Frau selbst hat damit kein Problem, weil sie ihre Richtung und schon gar nicht ihren persönlichen Stil verlassen wird, nur weil der eine oder andere nicht mit ihr mithalten kann. Notfalls muss jener dann eben die Konsequenzen ziehen.

Für die Waage-Schütze-Frau spielt das äußere Auftreten genauso eine Rolle wie die inneren Werte eines Partners oder Kollegen. Dass sie gut aussieht, sich außergewöhnlich stilvoll kleidet, das muss bei ihr nicht erwähnt werden. Das ist ihr in die Wiege gelegt worden und das ist auch eine ihrer größten Stärken. Sie weiß einfach, wann sich was gehört und sie hat immer die passende Kleidung zum passenden Anlass.

Leichte Probleme hat sie dann und wann mit ihrer Gefühlswelt, denn hier kennt diese Frau nur hoch und tief, oder auch hopp oder topp. Hier besteht die Möglichkeit einer persönlichen Entwicklung durch mentales Training, Suggestion und Meditation. Mit ihrer Gefühlswelt hauszuhalten und sie richtig dosiert einzusetzen, muss das Ziel der Waage-Schütze-Frau sein, um ein energetisches Gleichgewicht in ihrer Gefühlswelt zu erreichen. Denn durch ihre derzeitige Situation verliert sie oft viel Energie und braucht dann wieder viel Zeit, um dies aufzuholen. Sie muss einfach lernen, nicht immer alles zu eng und zu verbissen zu sehen, sondern es abmildern, indem sie den Druck herausnimmt und nicht ganz nach unten durchgereicht wird. Wenn das diesem Frauencharakter gelingt, wird sie sich besser fühlen und in ihren Emotionen ausgeglichener sein.

Die Waage-Schütze-Frau ist eine bekennende Reisende und hat ein besonderes Interesse an Kunst und Geschichte. Ihre Reisen werden mit Bedacht ausgesucht und sehr wechselhaft gestaltet. Es muss unbedingt Bewegung und Aktivität dabei sein.

Als Partnerin und Ehefrau ist die Waage-Schütze-Frau nahezu perfekt. Es gibt keine Plattform, auf der sie sich nicht bewegen könnte, deshalb ist es eine große Freude, mit einer solchen Frau zusammen zu sein - es ist schon ein großes Privileg ...

SKORPION

Aszendent Schütze

Obwohl die Prägungen einer Skorpion-Frau mit dem Aszendent Schütze doch sehr unterschiedlich sind und sich eigentlich nicht ergänzen, gibt es keine großen Probleme im Zusammenwirken ihrer Charakterzüge. Die Prägung aus der Geburtsstunde (Schütze) dominiert ganz klar, die aus dem Geburtstag (Skorpion) steht hier mehr in der zweiten Reihe. Dabei erscheint ihr Charakter auf den ersten Blick als ausgesprochen großzügig, tolerant und sehr beweglich.

Freiheitsliebe und Individualität werden bei dieser Frau perfekt gelebt und verkörpert. Diese beiden Attribute ziehen sich durch ihr ganzes Leben und sie werden immer eine bedeutende Rolle in ihren Überlegungen spielen, egal was da kommt.

Dieser Frauentyp hat eine besondere Befähigung, andere zu begeistern und in ihren Bann zu ziehen. Heiter und zielbewusst strebt sie geistige Ideale an, wobei sich ganz nebenbei der gewünschte Erfolg einstellt.

Ein Makel findet sich dennoch in ihrem Verhalten: Durch ihre Eigennützigkeit, auch Egoismus genannt, verliert die Skorpion-Schütze-Frau doch manchmal an Glaubwürdigkeit. Das sollte sie rasch ändern und ihre Glaubwürdigkeit nicht in Frage stellen lassen.

Die Skorpion-Schütze-Frau ist sehr sensibel, fleißig, zielorientiert und schnell in ihren Umsetzungen. Ihre Gefühlswelt kann ihr jedoch immer wieder einen Strich durch die Rechnung machen. Es gibt bei ihr zunächst nur schwarz oder weiß, oben oder unten. Und das ist auch ihr größtes Problem. Ein Mittelmaß, einen konsolidierten Ausgleich, ein Abfangen ihrer Gefühle in der Mitte – das alles sollte sie schnell lernen, um ihre Energieverluste in Grenzen zu halten. Mehr Lockerheit und Gelassenheit würden den Weg dazu ebnen. Mentales Training, Suggestion und Meditation beschleunigen diesen Veränderungsprozess. Wenn die Skorpion-Schütze-Frau das geschafft hat, dann hat sie gewonnen, denn dann kann sie nach Belieben agieren und immer angemessen auf Situationen reagieren.

Ganz wichtig im Umgang mit der Skorpion-Schütze-Frau, egal wo und wann, ist der richtige Ton, denn der bestimmt ganz klar entweder ein Füreinander oder Gegeneinander. Es gibt nur wenige Frauen, die dermaßen vom Ton und der Führung abhängig sind, wie das bei einer Skorpion-Schütze-Frau der Fall ist. Das muss nichts Negatives sein, aber es kann für sie immer wieder eine Belastung darstellen, die sie gar nicht nötig hätte. Sie sollte nicht immer alles auf die Goldwaage legen und die diversen Aussagen von Freunden, Bekannten, Kollegen und Kolleginnen etwas lockerer und entspannter betrachten, dann wird sie feststellen, dass es ihr dabei besser geht.

„Manchmal ist weniger mehr", diesen Satz sollte sich die Skorpion-Schütze-Frau merken und dabei auch an ihre persönliche Regeneration denken. Wer so hart arbeitet wie sie, der sollte auch seinen Akku immer wieder aufladen. Rom ist schließlich auch nicht an einem Tag erbaut worden ...

Wenn man die Sprache der Skorpion-Schütze-Frau spricht und versteht, dann hat man wirklich eine zuverlässige, treue und vor allem loyale Partnerin, der nichts, aber auch gar nichts zu viel ist, und das will etwas heißen ...

Männer-Charaktere

STEINBOCK

Aszendent Steinbock

Die Stärken der doppelten Steinbock-Prägung liegen klar in der fast unheimlichen Präzision und in der Bereitschaft, Verantwortung zu übernehmen und auch die Konsequenzen zu tragen. Der Steinbock-Steinbock-Mann versteht es stets, aus wenig viel zu machen - und das nicht nur eigennützig, sondern auch zum Wohl der Allgemeinheit.

Allerdings: Seine Perfektion ist gelegentlich so übertrieben, dass sie ins Negative gehen kann. Mit der Steinbock-Steinbock-Konstellation ist man manchmal mehr "bestraft", als es einem lieb sein kann. Sie macht es ihrem Träger schwer, innerhalb der Gesellschaft richtig Fuß zu fassen. Dazu kommt auch das ausgeprägte Sicherheitsdenken, besonders bei Geldangelegenheiten, wo es oft an Geiz grenzt.

Unnahbarkeit, Verschlossenheit, Härte und übertriebener Ehrgeiz sind die Eigenschaften, die diesem Charakter oft zugeschrieben werden. Diese Außenwirkungen machen ihm oft zu schaffen, da sie im Inneren gar nicht so zutreffen müssen.

Wenn es dem doppelten Steinbock-Mann gelingt, durch mentales Training, Suggestion und Meditation das Grundverhalten etwas zu lockern, gelassener zu werden und seine Gefühle mehr einzubringen - sich mehr von innen zu zeigen –, wird er ein Höchstmaß an Sympathien und Akzeptanz erhalten – nicht nur in der Gesellschaft, sondern auch bei Mitarbeitern, Freunden und Bekannten.

Er sollte versuchen, mit Kritik und Niederlagen positiv umzugehen, denn das sind die nötigen Umwege und Prüfsteine auf dem Weg zum Erfolg. Lockerheit und Unverkrampftheit sind angesagt! Die Basis in Form von Talenten und Fähigkeiten ist zweifellos da; diese müssen nur gezielt und effektiv eingesetzt werden – und da gehören zur harten Arbeit und Tätigkeit eben auch Regeneration und Entspannung ...

Als Vater, Partner oder auch als Freund kann man sich hundertprozentig auf den Steinbock-Steinbock-Mann verlassen. Geld und Vermögen wird bei ihm nie fehlen, denn er beherrscht das Anlegen und Vermehren von Geld. Nur eins kann er damit nicht vermehren und erkaufen: Liebe und Gesundheit kommen aus einer anderen Quelle, und die muss der Steinbock-Steinbock-Mann aufsuchen lernen ...

WASSERMANN

Aszendent Steinbock

Wassermann mit Steinbock – das sind zwei Prägungen, die sich perfekt verstehen und dazu noch blind ergänzen! Beide Charakterzüge verfügen über eine Vielzahl an Talenten und Fähigkeiten. Die Prägung durch den Geburtsmonat ist für Strategie, Innovation und charmantes Auftreten verantwortlich, die Prägung aus der Geburtsstunde für Perfektion, Präzision, überdurchschnittlichen Fleiß und Disziplin: Der Wassermann schmiedet und plant, der Steinbock sorgt für die kontinuierliche und effektive Durchführung.

Der Mann mit dieser Konstellation hat strategisches Geschick mit der nötigen Vorsicht und konstanten Ausdauer, mit der Ziele erreicht und somit Erfolge eingefahren werden. Er hält wenig von utopischen und überzogenen Höhenflügen, sondern setzt auf nüchterne und realistische Tatsachen.

Er ist nicht nur ein Macher, sondern vom Typ her ein erfolgreicher Unternehmensführer mit allerdings nicht ganz einfachen Führungsmethoden. Die

Zusammenarbeit mit ihm ist nicht einfach, weil sein Anspruch an die Kollegen und Mitarbeiter sehr hoch ist, er kaum Verständnis für Schwächere aufbringt und somit oft Angst und Unlust im Kollegenkreis hervorruft.

Er ist kaum kritikfähig, sodass niemand gegen ihn zu votieren wagt - somit steht die Stimmung und das Betriebsklima nicht immer zum Besten. Doch gerade diese "weichen Fakten" sind oft die entscheidenden beim Erfolg.

In einem anderen Bereich weiß das der Wassermann-Steinbock-Mann ja nur zu gut: Es hat sich längst herumgesprochen, dass er ein großer Charmeur ist ... Die Frauen fliegen auf ihn, und er genießt das in vollen Zügen.

Er legt großen Wert auf Loyalität, und zwar bei allen Menschen, mit denen er zusammenarbeitet, zusammenlebt oder sonst etwas zu tun hat. Wer einmal dieses Credo verletzt hat, wird nie wieder zu ihm zurückkehren können ... Denn seine Enttäuschung und Verletztheit ist dann so groß, dass er zu einer Versöhnung nicht mehr bereit ist.

Umgekehrt können sich die Seinen - Familie, Kinder und Freunde - auf ihn verlassen, zumindest in Punkto Geld, Sicherheit und Zuverlässigkeit. Was zu verbessern ist - daran sollte er arbeiten -, ist, einfach mehr Zeit für die Seinen zu haben.

FISCHE

Aszendent Steinbock

Eine schwache und eine starke Prägung dominiert diesen Charakterzug. Dennoch gibt es keine großen Konflikte, weil sich der Fische-Grundzug vom Steinbock keinesfalls unterdrückt fühlt, sondern stattdessen die Stärken und besonderen Vorzüge des Aszendenten gerne in Anspruch nimmt, dabei umgekehrt dem Steinbock-Wesenszug dann im Gefühlsbereich große Dienste erweist: Der Steinbock-Einfluss legt dem verträumten und sensiblen Fische-Charakter ein Korsett an und bringt ihn somit in eine sichere und stabile Lage. Der Fische-Charakter wird gestärkt; er wird stabiler, realistischer und ausdauernder.

Gründlichkeit und Zuverlässigkeit kehren so in das oft diffuse und saloppe Fische-Leben ein. Der berufliche und soziale Aufstieg wird dadurch auf sichere Beine gestellt; das "Sichfreischwimmen" gelingt dann relativ schnell.

Wenn man nun diese beiden sehr unterschiedlichen Charakterzüge in Einklang bringt, partizipiert insbesondere der Steinbock-geprägte Gefühlsbereich sehr stark. Die Tendenz zur Unnahbarkeit wird aufgelockert und der Zugang zu Mitarbeitern, Freunden und Bekannten wird wesentlich erleichtert. Spätestens dann, wenn die anspruchsvolle Verbindung dieser beiden Charakterzüge gelungen ist, kann man einiges vom Fische-Steinbock-Mann erwarten!

So ist er ein Mann, dem lange Arbeitszeiten und Überstunden überhaupt keine Probleme bereiten, im Gegenteil. Ganz wichtig ist ihm im Arbeitsleben seine Eigenständigkeit, deshalb ist er überwiegend selbstständig oder in Führungspositionen tätig.

Sicherheit ist ihm stets ein besonderes Bedürfnis, sie ist sozusagen sein Lebensinhalt. Dementsprechende Rücklagen sind Bestandteil der Lebensphilosophie des Fische-Steinbock-Mannes. Dass sich seine Familie somit finanziell auf ihn verlassen kann, steht ohne Zweifel fest, denn sein Einkommen ist so sicher wie die Bank von England ...

Dennoch geht das ungewollt zu Lasten der Familie, denn Frau und Kinder leiden unter der Nibelungentreue, die der Fische-Steinbock-Mann zur Arbeit hat. Hier sollte er lernen, Egoismus und Perfektion etwas zurückzufahren und sich zumindest am Wochenende mehr der Familie zuzuwenden.

WIDDER

Aszendent Steinbock

Zwei Prägungen von besonderer Klasse, die aber auch nicht ganz leicht miteinander harmonieren: Die kämpferische, bodenständige, harmoniesüchtige Widder-Natur trifft auf den sturen, perfektionistischen, erfolgsbesessenen Steinbock-Einfluss. Es gibt nur wenige männliche Charaktere, die eine derart starke Prägung in sich vereinen können. Das garantiert einerseits Erfolg pur, bringt aber auch viele Reibungen und Belastungen mit sich. Die Kunst besteht darin, diese grundsoliden, aber starken und eigenwilligen Charaktere unter einen Hut zu bringen - und sie vor allem vor Reibungsverlusten miteinander zu schützen!

Wenn der Widder-Steinbock-Mann es schafft, die Unzuverlässigkeit des Widders zu neutralisieren und die Zurückhaltung und die Unnahbarkeit des

Steinbocks aufzulösen, dann steht er wie ein Fels in der Brandung und ist in der Lage, die allerschwierigsten Situationen zu meistern. Konzentration und Vernunft, Ausdauer und Reife sind dann einsame Spitzenklasse.

Als Teamleader ist er geboren, der Widder-Steinbock-Mann; seine Stärken liegen nicht im Reden, sondern im Tun: Er ist eben wirklich ein Führer, der es vormacht, kein Manager, der alles nur vom Schreibtisch aus erklärt ... Präzision und Schnelligkeit, sowie das Gefühl für das Machbare sind seine besonderen Waffen, mit denen er von Sieg zu Sieg, von Erfolg zu Erfolg eilt ...

Natürlich leidet seine Familie und seine Umwelt darunter, denn Zeit hat er so gut wie nie. Allerdings kann man sich dafür auf den Widder-Steinbock-Mann als Vater, Partner, Ehemann und Freund zu 100 Prozent verlassen: Gesagtes wird getan, Versprochenes eingehalten, finanziell ist er immer gut sortiert .... Gleichwohl sollte er lernen, sein Geld unter die Leute zu bringen und auch einmal zu genießen und nicht nur anzuhäufen und zu vermehren.

Und mit Kritik und Niederlagen hat er massive Probleme. Hier ist noch ebenso wie im Gefühlsbereich Entwicklung notwendig: Er zeigt seine Gefühle oft gebremst und hat Hemmungen, sein wahres Inneres zu zeigen. Dadurch entsteht oft kein transparentes Bild vom Widder-Mann mit Steinbock-Aszendenten, und seine Außenwirkung entspricht nicht seiner wahren inneren Liebe und Fürsorge.

STIER

Aszendent Steinbock

Der Stier-Charakter unter dem Steinbock-Einfluss bildet eine Kombination, mit der sich ohne weiteres gut und erfolgreich leben lässt: Ein gesunder Ehrgeiz aus der Geburtsstundenprägung (Steinbock), unterstützt durch die Bodenständigkeit aus der Prägung des Geburtstages (Stier), treibt den Träger dieser Kombination unaufhaltsam dem Ziel zu. Geruht wird erst, wenn der Gipfel erklommen, das Ziel erreicht und der Erfolg gesichert ist. Perfektion gepaart mit Kreativität und einem unerschrockenen Antrieb lässt den Stier-Steinbock-Mann alle angepeilten Ziele meist vorzeitig erreichen.

Seine größten Stärken auf dem Weg zum Ziel sind Geduld, Konstanz und Durchsetzungsvermögen. Das kann so weit gehen, dass der Stier-Steinbock-Mann "über Leichen geht". Das wird ihm von der Gesellschaft und auch von seinen Partnern und Freunden natürlich übel genommen. Häufig spielen jedoch auch Neid und Missgunst eine Rolle - man gönnt ihm den Erfolg nicht, vor allem dann nicht, wenn er eben durch besondere Umstände entsteht.

Seine wirklichen Feinde sind Niederlagen und Kritik, denn damit kann er nicht sehr gut umgehen. Er sollte daher wissen, dass diese ein Wegbereiter für weitere Erfolge sein können. Eine weitere "Problemzone" ist der Gefühlsbereich: Hier verschließt sich der Stier-Steinbock-Mann oft und lässt seine wahren Gefühle nicht recht zu. Dadurch entsteht in der Öffentlichkeit ein Bild von ihm, das ihm in keinster Weise entspricht. Wenn er lernt, seine Gefühle richtig einzusetzen, dann wird ihm das zusätzliche Sympathie und Akzeptanz bringen.

Auch ist es unbedingt notwendig, ein wenig mehr Regeneration und persönliche Entspannung einfließen zu lassen - Familie und Freunde werden es ihm danken. Denn ansonsten tut der Stier-Steinbock-Mann für seine Familie alles und er will auch immer, dass hier nichts anbrennt. Man kann sich auf ihn verlassen und man ist bei ihm auch nie verlassen. Wichtig dabei ist aber auch, dass ihm seine Familie den Freiraum einräumt, den er zur Umsetzung seiner Ziele und Aufgaben benötigt - hat er den, so erfreut er sich als Vater, Partner und Freund einer hohen Wertschätzung.

ZWILLING

Aszendent Steinbock

Diese beiden Prägungen kommen sich zwar nicht besonders gelegen, können sich aber untereinander sehr unterstützen, wenn die Bereitschaft dazu da ist: Der rastlose und wankelmütige Zwilling wird hier durch den bodenständigen und perfektionistischen Steinbock gut stabilisiert. Der vorhandene Ehrgeiz, die Disziplin und das Durchhaltevermögen erfahren eine starke Entwicklung und werden gefestigt. Zudem wird die Zuverlässigkeit maßgeblich erhöht und der Treuegedanke bekommt einen besonderen Stellenwert.

Insgesamt ist der Zwilling-Steinbock-Mann ein lebenslustiger Charakter, der oft zu schnellen Handlungen neigt, aber dann immer wieder Zweifel aufbaut. Und diese Zweifel hemmen ihn in seinem Tatendrang und in seiner Entwicklung. Oft zieht er sich dann unverständlicherweise zurück und ist dann nicht wieder zu erkennen ... Auf der anderen Seite gibt er das umgekehrte Bild ab, da ist er offen, freundlich, hilfsbereit und zu allerlei Späßen aufgelegt ... Also insgesamt darf er locker und gelassen bleiben und sollte dabei die Kirche immer wieder im Dorf lassen.

Beruflich sucht der Zwilling-Mann mit dem Steinbock-Aszendenten ausschließlich den Erfolg; dafür ist er bereit, hart und angemessen zu arbeiten und entsprechend zu investieren. Vertrauen ist sein Schlüsselwort, ohne Vertrauen keine Basis, hier ist er teilweise überempfindlich und sieht dann viele Dinge auch sehr eng, zum Teil mit zu wenig Verständnis für die Sache.

Die Sprache ihm gegenüber ist entscheidend für eine gute Zusammenarbeit. Wem es nicht gelingt, seine Seele, sein Herz zu berühren, hat auf Dauer Schwierigkeiten mit ihm: Wenn er nicht will, kann man ihn zu nichts, aber auch zu gar nichts bewegen.

Als Vater, Ehemann und Freund ist er absolut zuverlässig - nicht euphorisch, aber sehr korrekt. Das, was er sagt, hält er auch, egal unter welchen Umständen. Mit Kritik muss man ihm vorsichtig begegnen, denn hier hat er massive Probleme: Kritik ist für ihn immer gleichbedeutend mit Niederlage, und die hasst er wie die Pest ...

KREBS

Aszendent Steinbock

Krebs als Sonnenzeichen, Steinbock über dem Horizont: Zwei Prägungen, die sich nicht feindlich, aber oft ratlos gegenüberstehen: Sehr gegensätzliche Eigenschaften und Bedürfnisse müssen in Einklang miteinander gebracht werden, um einen gemeinsamen Weg zu finden ... Die Hauptaufgabe dieser Prägung besteht darin, die unkontrollierte Gefühlswelt zu disziplinieren und ihren Träger in ruhige Gewässer zu führen. Die zartbesaitete Seele des Krebs-Mannes muss mit dem ihm vom Steinbock angelegten Korsett erst fertig werden. Wenn das gelingt, dann gehört der Krebs-Steinbock-Mann zu den beständigsten und beharrlichsten Charakteren, wobei das tiefe Innenleben völlig erhalten bleibt.

Er ist ein friedliebender Mann mit viel Tiefgang, hoher Sensibilität und einem harmonischen Umgangsbereich. Für ihn zählt nicht das harte und zähe Ringen um große Erfolge wie sonst beim Steinbock-Einfluss; vielmehr möchte er in Ruhe und mit Gelassenheit seine Aufgaben bewältigen. Deshalb ist er eher bescheiden als extrovertiert, ihm genügt das normale Maß des Lebens. Seine Bescheidenheit und Genügsamkeit spiegelt sich in allen Lebensbereichen, ob beruflich oder privat. Der Krebs-Mann mit Steinbock-Aszendent ist ein Mann der leisen Töne, der in geordneten und ruhigen Bahnen leben möchte.

Seine Talente und Fähigkeiten sind nicht unbedingt im Top-Management-Bereich angesiedelt, dafür hat er Talent für Musik und Gesang, wenn ihm der Einfluss des Aszendenten auch immer wieder mal einen Strich durch die Rechnung macht.

Denn der Steinbock will im Vergleich zum Krebs den totalen Erfolg. Seine Perfektion und Präzision sind oft eine Belastung für die Gefühlswelt des Krebses: Gefühlsmäßig ist der Steinbock eher unnahbar und weniger offen.

Als Vater, Partner oder Ehemann ist der Krebs-Steinbock-Mann zuverlässig und immer um das Wohl seiner Familie besorgt. Finanziell kann man sich auf ihn verlassen – eine stete Eigenschaft des Steinbock-Aszendenten; denn der Krebs alleine hätte hier keine so guten Karten: ihm ist der Sicherheitsaspekt nicht der wichtigste Teil im Leben, er zieht das schöne Leben vor und genießt lieber ...

LÖWE

Aszendent Steinbock

Zwei großartige Charakterprägungen treffen hier aufeinander: Beide Aspekte sind extrem erfolgsorientiert, aber jeder für sich in eine andere Richtung. Die stolzen, intensiven Gefühle des Löwe-Charakters treffen auf die nüchterne und realistische Gedankenwelt des Steinbock-Aszendenten. Es bedeutet viel Anstrengung, diese Energien zu bündeln und sie in eine gemeinsame Richtung zu lenken.

Der Löwe-Steinbock-Mann lebt einen überdurchschnittlich entwickelten Ehrgeiz, der schon an die Grenze des Unmöglichen reicht, unterstützt von einer Ausdauer und Beharrlichkeit, die ihresgleichen sucht. Was ihn besonders auszeichnet, ist die Bescheidenheit, mit der er die erbrachten Leistungen sieht und bewertet. Hier muss man ihm einfach ein großes Kompliment machen, weil er keineswegs zum Überziehen oder gar Angeben neigt.

Dennoch ist da natürlich eine extreme Eitelkeit. Dieser Charakter lebt eben erfolgsorientiert und nach dem Motto: "Von nichts kommt nichts." Er legt sehr viel Wert auf die äußere Erscheinung und pflegt einen soliden Umgang. Dynamik und Vitalität stehen bei ihm ganz oben an. Führungsqualitäten und Machtanspruch sind ihm in die Wiege gelegt. Auch Großzügigkeit und Beschützerinstinkte sind sehr ausgeprägt. Ein besonderes Herz hat der Löwe-Steinbock-Mann für Schwächere und vom Schicksal benachteiligte Menschen.

Im Gefühlsleben ist ihm Bewunderung und Aufmerksamkeit sehr wichtig, wenn er es auch nicht zugeben wird. Niederlagen und Kritik sind seine größten Gegner. Er beschäftigt sich intensiv damit und kann da nicht sofort zur Tagesordnung übergehen.

In der Liebe ist er nahezu perfekt, er lässt sich nicht lumpen und ist alles andere als kleinkariert. Man könnte ihn einen Kavalier der alten Schule nennen ... Dennoch steht er sich gefühlsmäßig immer wieder auf den eigenen Füßen herum, da er diverse Gefühle nicht nach außen zeigen mag. Hier hat er noch einen enormen Entwicklungsbedarf.

Dennoch gehört der Löwe-Steinbock-Mann von allen 144 möglichen männlichen Charakteren zu den TOP TEN, und das ist schon eine besondere Auszeichnung ...

JUNGFRAU

Aszendent Steinbock

Diese beiden Prägungen streben zusammen in *eine* Richtung, wenn sie auch vom Intellekt her völlig unterschiedlich sind. Der Jungfrau-Aszendent-Steinbock-Mann verfügt über eine Menge geistiger Qualitäten, über Fleiß und Ausdauer. Er schafft es immer wieder, unglaubliche Leistungen zu erbringen. Allerdings ist er dabei vom Ehrgeiz geradezu besessen. Als ein großer Egoist, Perfektionist und Stratege versteht er es vorbildlich, aus Asche Gold zu machen. Seine Disziplin und Standhaftigkeit sind bewundernswert, und selbst wenn er das Gas herausnimmt und die Handbremse anzieht, fährt der Jungfrau-Steinbock-Mann immer noch genügend Erfolge ein. Hier ist der Jungfrau-Steinbock-Mann einfach aufgrund seiner ausgezeichneten Charaktermerkmale den Gleichgesinnten um Längen voraus. Ja, es ist ihm in die Wiege gelegt, erfolgreich zu sein, ganz einfach, weil er die Talente und Fähigkeiten besitzt, die anderen schlicht fehlen ...

Er ist dabei der festen Überzeugung, dass Geld beruhigt; daher wird Geld in seinem gesamten Leben immer eine bedeutende Rolle spielen. Doch bei aller bemerkenswerten Geschäftstätigkeit, die er tagtäglich betreibt, vergisst er oft die Annehmlichkeiten des Lebens. Ihn belastet das weniger, doch sein Umfeld - Frau, Kinder und Freunde - ist nicht besonders begeistert, weil er so gut wie nie Zeit hat. Er sollte sich auch mal mit Dingen beschäftigen, die sich nicht um Geld, vielmehr aber um die Seele und um den zwischenmenschlichen Bereich drehen.

Er sollte sich einen Spruch merken: “Mit Geld kann man sich nicht alles kaufen, schon gar nicht die Gesundheit.” Darüber sollte er nachdenken. Es ist daher dem Jungfrau-Steinbock-Mann zu empfehlen, das Leben zu genießen, sich Zeit für Urlaube und die Kinder zu nehmen, indem er etwas mit ihnen unternimmt. Diese werden es ihm danken, und es wird ihn selbst auch glücklich machen. Er darf ruhig seine Gefühle zeigen und muss damit nicht länger hinter dem Berg halten, denn Gefühle sind doch die Hauptsache des Lebens ...

Er muss auch lernen, mit Kritik und Niederlagen umzugehen und sie als gemachte Erfahrungen auf dem Weg zum Ziel anzusehen. In der Niederlage erkennt man den wahren Charakter, das, was wirklich dahinter steckt. Niederlagen gehören zum Leben wie die Luft zum Atmen. Also: Locker und entspannt bleiben und souverän agieren, ist die Devise - denn der Jungfrau-Steinbock-Mann ist doch sowieso unschlagbar, nur wenige können ihm das Wasser reichen. Wozu also die Anstrengung? Wenn es ihm gelingt, Lockerheit ins Lebens zu bringen, so gewinnt er automatisch mehr Sympathie und Akzeptanz - und dadurch mehr Ansehen ...

WAAGE

Aszendent Steinbock

Diese Charakterkonstellation birgt von der Einstellung ihres Trägers her zwei völlig konträre Prägungen in sich; doch falls es - wenn auch anfangs mit vielen Schwierigkeiten - gelingt, diese in sich zu vereinigen, wird der Waage-Steinbock-Mann erfolgreich, ja sehr erfolgreich agieren.

Die Energie, die es braucht, um die Prägungen unter einen Hut zu bekommen, kann sich ihr Träger bei einer nur etwas anderen Einstellung sparen. Er müsste einfach mehr an seinen relativ stark manifestierten Mustern im Unterbewusstsein arbeiten. Die Lösung ist ein gezieltes mentales Training bzw. Suggestion und Meditation. Dadurch kann dieser Charakter ein außergewöhnliches Ergebnis erzielen, was ihm mehr Akzeptanz und Sympathie bescheren würde.

Denn vom Können her ist er kaum zu schlagen, allerdings schlägt er sich immer selbst, weil er sich in seinem Verhalten, insbesondere mit seinen Gefühlen schwer tut. Bei ihm passen einfach viele Attribute nicht zusammen: Der Waage-Typ ist ein harmoniebedürftiger, ausgleichender Vermittler mit der Gabe zur emotionalen Führung, doch der Steinbock-Aszendent wirkt sich hier negativ aus und bringt Unruhe hinein: besessen vom Erfolg, stur, extrem ehrgeizig, sparsam und egoistisch. Besonders zum Tragen kommt, dass der Steinbock generell Gefühle nur schwer zeigen und mit Kritik und Niederlagen überhaupt nicht umgehen kann. Mit ihm nimmt der Waage-Steinbock-Mann Kritik meist persönlich und kann dann nicht mehr sachlich und neutral agieren. Allzu lange hält er an ihr fest, beschäftigt sich auch im Unterbewusstsein über mehrere Tage damit, und das kann seine Stimmung wohl kaum heben ... Das hält die Menschen davon ab, mit ihm in Kontakt zu treten.

Anders ausgedrückt: Er könnte es sich leichter machen, wenn er lockerer und gelassener wird und seinen Gefühlen mehr Raum lässt. Eine Studie hat bewiesen, dass 80 Prozent des Erfolges aus den Emotionen kommen - nicht aus dem Verstand -, und da hat der Waage-Steinbock-Mann gewaltigen Nachholbedarf.

Im beruflichen Bereich gehört er ohnehin zu den konstantesten und erfolgreichsten Menschen, im privaten Bereich hat er dagegen etwas mehr Mühe.

Er legt Wert auf Sicherheit und geht deshalb keine Risiken ein. Bevor er etwas kauft, unterschreibt oder bestellt, wird alles zunächst daraufhin geprüft, ob es zur Zeit überhaupt sinnvoll ist ...

Der Waage-Steinbock-Mann spricht zwar nicht über Geld, aber Geld ist ihm wichtig, es muss immer genügend davon vorhanden sein, dafür sorgt er schon rechtzeitig ... Deshalb hat er auch einige Geldanlagen so verteilt, dass keine großen Risiken damit verbunden sind. Bei spekulativen Geldgeschäften macht er nicht mit. Dafür ist er einfach zu vorsichtig.

Im Sport wie auch in der Freizeit will er wie im Beruf immer gewinnen, Niederlagen verderben ihm auch hier die Freude. (Locker bleiben - es geht einem besser damit!)

Als Ehemann, Vater oder auch sonst als Partner ist man bei ihm finanziell immer auf der richtigen Seite, er ist fürsorglich und hilfsbereit, doch im Gefühlsbereich kann er an Liebe und Wärmevermitteln noch einiges dazulernen ...

SKORPION

Aszendent Steinbock

Dieser Charakter ist so einmalig wie gegensätzlich. Seine Prägungen sind einerseits sehr unterschiedlich zum anderen gibt es auch wieder sich ergänzende und unterstützende Elemente. Bekämpfen werden sich diese Aspekte nicht, aber es gibt doch so viele Unterschiede und Reibungspunkte, dass diese einem das Alltagsleben zum Teil schon schwer machen können ...

Besonders in der Außenwirkung bekommen die Geschäftspartner und Freunde den Skorpion-Steinbock-Mann immer wieder zu spüren: Er scheut weder Tod noch Teufel und geht im Leben immer in den Grenzbereich, wo es auch schon mal richtig weh tun kann.

Als Typ will und kann er sich eben durchsetzen. Das geht aber oft auch auf die Kosten seiner Mitmenschen. Mit Leidenschaft, Zähigkeit und Ehrgeiz nimmt er jeden Kampf auf und ist dabei nur schwer einzuschätzen. Eine gewisse Lockerheit und Gelassenheit im Detail fehlt ihm. In seinem Grundverhalten ist er oft starr und zu wenig flexibel.

Andererseits ist der Skorpion-Aszendent-Steinbock-Mann mit Talenten und Gaben ausgestattet, von denen andere nur träumen können. Nur – er muss sich auch mit ihnen identifizieren! Dies fällt ihm oft schwer, weil er seine wahren Gefühle nicht so gut zeigen kann.

Er verfügt über eine starke Intuition, das heißt, er hat Vorausahnungen und kann viele Dinge vorhersehen. Damit ist er gegenüber vielen Mitmenschen im Vorteil. Nachteilig dabei ist, dass er oft auch allzu vorsichtig und kritisch agiert, was wiederum viele nicht verstehen können oder wollen.

Es ist nicht ganz leicht zu erklären, was die Faszination des Skorpions ausmacht. Besonders in Sachen Liebe verdreht der Skorpion-Charakter nicht nur die Köpfe, sondern auch die Herzen der Frauen. Bei aller Differenziertheit dieser Prägung besteht kein Zweifel, dass Gefühle auch höchst intensiv, stürmisch und leidenschaftlich geäußert werden können. Der Skorpion-Steinbock-Mann liebt sozusagen mit Haut und Haar.

Große Probleme hat er mit Kritik und Niederlagen, hier hat er enormen Entwicklungsbedarf. Mit seiner Steinbock-Prägung aus der Geburtsstunde verfügt er im positiven Sinne über Tugenden wie eisernern Willen, unerbittlichen Einsatz und großen Ehrgeiz. Oft wirkt er dabei unnahbar, hart und fremd. Dies ist jedoch ein Sicherheitsfaktor und Selbstschutz zugleich. Der Blick hinter die Fassade lohnt bei ihm, denn hier findet sich ein empfindsames, reiches Gemüt.

Ein weiteres Problem ist bei ihm, dass er sich sehr ungern in die Karten schauen lässt. Da er aber kein Diplomat ist, wird er dadurch öfter ins Fettnäpfchen treten. Manchmal ist weniger mehr ... oder mehr Offenheit ist angesagt.

Wärme und Zuneigung sind für ihn elementar und wichtig. Besonderen Wert legt er auf Ehrlichkeit im Umgang mit seiner Person. Wer sich hier nicht an die Regeln hält, hat bei ihm für immer verloren. Hier gibt's kein Zurück.

Wer es versteht, ihn so zu nehmen wie er ist, und dann noch die richtige Sprache zu ihm findet, der hat ein wunderbares Auskommen mit ihm; wer es nicht versteht, hat ihn ihm stets einen erbitterten Gegner. Doch darauf sollte man sich bei ihm nicht einlassen, denn man wird auf der Verliererseite sein ...

SCHÜTZE

Aszendent Steinbock

Zwei ungemein starke Prägungen treffen hier aufeinander; zwei absolute Erfolgscharaktere bestimmen hier gemeinsam im Gleichschritt die Richtung.

Die Ziele, die der Schütze-Steinbock-Mann sich vornimmt, sind immer an der Grenze zum Utopischen, also an der Grenze des Machbaren. Aber für ihn können die Ziele nicht hoch genug sein, er geht für sie bis an die Grenzen seiner Leistungsfähigkeit - wenn es sein muss auch darüber.

Sein unermüdliches Handeln und seine klaren Konsequenzen tragen wesentlich zur Verwirklichung seiner Ziele bei. Der Schütze-Steinbock-Mann gehört zu den ehrgeizigsten aller Schütze-Charaktere und nimmt unter den 144 männlichen Grundtypen einen Top-Ten-Platz ein.

Höchste Gipfel werden anvisiert, und bei ihm kommt der Steinbock-Realismus vor dem Schütze-Idealismus. Dadurch entwickelt gerade dieser Charakter ein ausgeprägtes Verantwortungsbewusstsein für sich und für sein Umfeld.

Im Beruf ist er einsame Klasse; es gibt kaum jemanden, der ihm das Wasser reichen kann. Er ist schnell in der Auffassungsgabe, diszipliniert in der Umsetzung, perfekt im Handling.

Gerade neue und unbekannte Objekte tun es ihm an; er sucht die unbekannte Herausforderung - umso aktiver und interessierter geht er an die Sache heran. Er ist bereit, unbekannte Risiken einzugehen und größere Investitionen zu tätigen, auch wenn es schief gehen kann. Diese Risiken sind für ihn oft eine besondere Herausforderung, um an die Grenzen des Unmöglichen zu gehen.

Natürlich kann so etwas auch mal schief gehen, doch der Schütze-Steinbock-Mann ist in der Lage, schnell zu vergessen und Dingen nicht nachzuweinen. Dann wird eben ein neues Projekt in Angriff genommen - und das wird dann richtig erfolgreich.

Der Schütze-Steinbock-Mann ist ein Macher und hat sich diesen Namen redlich verdient. Er redet nicht lange, sondern tut die Dinge. "Geht nicht - gibt's nicht" - dieser Satz könnte von ihm stammen. In seiner Grundhaltung ist er immer positiv eingestellt.

Was er dringend lernen muss, ist auszuspannen und zu regenerieren. Er übertreibt eben gerne maßlos und gönnt sich einfach viel zu wenig Ruhe, doch damit beutet er seinen Körper aus. Die Gefahr besteht, dass er über kurz oder lang gesundheitlich angeschlagen sein wird und sich dann nur sehr schwer davon erholen kann. Er sollte daran denken: Geld und Erfolg sind nicht alles!

In der Familie genießt er einen hohen Stellenwert, man schätzt seine klare Linie und die damit verbundenen klaren Aussagen. Die Menschen kommen gerne zu ihm, um sich den einen oder anderen Rat zu holen. Man schätzt seine Spontaneität und vor allen Dingen seine Hilfsbereitschaft. Insbesondere für Hilfsbedürftige und schwächere Menschen hat er immer ein offenes Ohr. Hier macht es ihm überhaupt nichts aus, die eine oder andere Spende bereitzustellen.

Sportlich ist er ein Ass; alles was er macht, führt dank seiner Präzision und seines Engagements zum Erfolg. Er ist nicht nur ein interessanter Mann, sondern auch einer, auf den man sich zu 100 Prozent verlassen kann ...

WASSERMANN

Aszendent Wassermann

Zwei Prägungen in doppelter Potenz bringen die positiven Eigenschaften dieses Charakters besonders zum Ausdruck (und die negativen natürlich auch).

Seine absoluten Stärken sind Humanität, Flexibilität und ein überaus großes Verständnis für alle Belange des Lebens. Zu seinen ganz großen Schattenseiten gehören Oberflächlichkeiten, wenn ihn etwas langweilt oder nicht interessiert (er schaltet dann einfach ab), oder unberechenbares Handeln, sobald er unter Druck gerät oder massiv angegriffen wird. Hinzu kommen auch noch manche Widersprüchlichkeiten, nämlich immer dann, wenn er sich in der Verteidigungsposition befindet.

Diese Muster kann man durch mentales Training, Suggestion und Meditation sehr gut in den Griff bekommen, dadurch erhöht sich die Souveränität und somit auch die eigene Überlegenheit ...

Gerade beim doppelten Wassermann macht dies Sinn, weil er über ein enormes Grundpotenzial verfügt, das durch dieses oder jenes Fehlverhalten dann doch reduziert wird und seine Reputation dadurch unnötig beschädigt wird. Das muss nicht sein.

Doch wie kein Zweiter kann der Wassermann-Wassermann seine Mitmenschen aufrichten und sie auf den richtigen Weg führen. Obwohl er im Innersten seines Herzens oft unruhig ist, wirkt er auf andere besänftigend und ausgeglichen. Dies wiederum hat mit seiner strategischen Ausrichtung zu tun. Es gibt kaum einen Charakter, der solch ein taktisches Geschick hat, wie er das immer wieder demonstriert.

Er ist ein harter und kompromissloser Führer, der hohe Ideale und Ziele verfolgt. Bei ihm gibt es kein Wischiwaschi und schon gar keine Unzulänglichkeiten. Alles, was er in die Hand nimmt, ist vorgeplant, exakt durchgesprochen und klar definiert. Er überlässt nichts dem Zufall und verlässt sich darüber hinaus nicht auf Anfänger. Hier ist er hart in der Sache, aber gerecht. Sein Anspruch ist immer hoch, doch viele haben damit ein Problem und können ihm nicht folgen. Solche wird er wiederum dann rasch verabschieden. Für viele ist er übermächtig, und seine Persönlichkeit und seine Ausstrahlung sagen mehr als Worte, ja, er ist eine große Persönlichkeit ...

Der andauernde Erfolg bestätigt seine Handlungen. Es gibt nur zwei Möglichkeiten bei seinen Mitarbeitern, entweder sie lieben ihn oder sie hassen ihn.

Der Umgangston mit ihm ist wichtig, egal aus welcher Richtung, denn wer es versäumt, bei ihm den richtigen Ton zu treffen, hat eigentlich schon verloren. Hier macht der Wassermann-Wassermann-Typ keine Kompromisse ... Er sieht nicht nur gut aus, sondern hat auch einen exzellenten Geschmack in Sachen Kleidung und Umgangsformen ...

Für seine Familie ist er der Größte; alle schauen zu ihm auf und haben mächtigen Respekt vor ihm. Seine Familie ist sein Herzblut, dort holt er sich die Erholung und die Regeneration, die er für seine beruflichen Aufgaben braucht. Seine Frau ist sein persönlicher Berater, andere kommen nur selten an ihn heran. Er ist kein großer Plauderer, sondern mehr ein Aktivist, also einer, der macht und tut und nicht viel redet. TUN ist sein Schlüsselwort, denn reden können viele, aber TUN nur wenige ...

Also – er ist ein großartiger Mann mit dem Hang zu Fairness und Ehrlichkeit; doch wenn einer einmal diese Kriterien durchbricht, kann der doppelte Wassermann auch einmal aggressiv und laut werden und ein Donnerwetter in den Raum schreien ...

FISCHE

Aszendent Wassermann

Zwei Prägungen, die sehr gut harmonieren und aufgrund der genialen Talente und Fähigkeiten maximalen Erfolg bewirken können.

Obwohl der Fische-Charakter sich keinesfalls an die Leine nehmen lässt, ist er doch vom strategischen Verhalten des Wassermann-Aszendenten überzeugt und folgt in vielen Dingen des Lebens dessen Vorschlägen und Überzeugungen.

Die herausragendste Eigenart dieser Kombination ist das soziale Empfinden und der sehr starke Gemeinschaftssinn.

Banalitäten spielen in dieser Charakterstruktur überhaupt keine Rolle, beim Fische-Wassermann-Mann dreht es sich nur um das Wesentliche, um das Machbare.

Dennoch ist es für ihn ganz wichtig, die universellen Zusammenhänge zu entdecken und zu begreifen. Weil bei ihm Intuition und Weitsichtigkeit besonders gut ausgeprägt sind, kann manches universelle und zwischenmenschliche Geheimnis gelüftet bzw. entschleiert werden ...

Aufgrund seines Intellekts und seiner raschen und schnellen Auffassungsgabe ist der Fische-Mann mit Wassermann-Aszendent prädestiniert für höhere Aufgaben und besondere Projekte.

Der laute Ton kommt bei ihm eher selten vor, seine Stärke liegt klar in der Sachlichkeit, in sehr wohl überlegten und gut formulierten Ansätzen und vor allen Dingen in seinem bestechenden Grundverhalten.

Sein Auftreten, wo auch immer, ist getragen von Stil und Niveau und einer Art und Weise, wie man sie sich grundsätzlich wünscht. Angefangen von der Kleidung bis hin zum Detail ist immer alles top. Er überlässt nichts dem Zufall, sondern bereitet sich auf seine Aufgaben gewissenhaft und konzentriert vor.

Seine Außenwirkung ist eine Augenweide, und hinzu kommt, dass er ein großer Charmeur und Sympathieträger ist und somit die Leute neugierig macht und diese auch sehr gerne auf ihn zukommen.

Eine besondere Anziehungskraft hat er auf Frauen, zunächst mit seinem Äußeren, und dann natürlich mit seiner Art, wie er mit Frauen kommuniziert. Hier geht es nicht um plumpe Anmache, sondern um stilvolles Verhalten.

Auch im Beruflichen hat bei ihm alles Hand und Fuß. Dort kommt ihm sein strategisches Geschick und seine unglaubliche Intuition zugute. Er spürt viele Kleinigkeiten längst im Voraus und kann sein Handeln dann entsprechend abstimmen, was ihm natürlich im Vergleich zu seinen Gesprächspartnern enorme Vorteile bringt.

Hinzu kommt, dass er ein großartiger Redner und Rhetoriker ist und es blendend versteht, sich gut zu verkaufen.

Was ihm oft schwer fällt, ist Menschen zu begreifen, die weder sein Niveau noch seine Klasse haben; hier ist es wichtig für ihn zu lernen, auf deren Stufe hinabzusteigen und sie dort abzuholen. Denn sonst besteht bei ihm oft die Gefahr, dass er diese Menschen oberflächlich behandelt und dann bei diesen der Eindruck entsteht, er sei arrogant und unzugänglich. Das ist für ihn ein Lern- und Veränderungsprozess ...

Als Vater, Partner oder auch als Freund ist er äußerst beliebt, weil er immer die richtigen Worte zur richtigen Zeit findet und in jeder Situation eine brauchbare Lösung bereithält. Seine Frau und seine Kinder sind stolz auf ihn, weil er ihnen die notwendige Wärme, Liebe und Zuneigung vermitteln kann. Er gehört zu den ganz großen positiven Charakteren unter den Männern, und das ist ein guter Grund, so weiter zu machen ...

WIDDER

Aszendent Wassermann

Hier treffen zwei großartige Prägungen mit unglaublichen Anlagen, Talenten und Fähigkeiten aufeinander. Schwierig wird es nur, die sehr differenzierten und zum Teil komplizierten Grundmuster zu vereinen - doch mit Geschick und Diplomatie ist dies auf jeden Fall möglich.

Der Widder-Mann mit Wassermann-Aszendent ist ein großer Reformer und Idealist, der keine Mühen scheut, die schwierigsten Aufgaben anzugehen, um sie dann auch erfolgreich zu meistern. Sein Ziel, sein Fokus ist stets der Fortschritt, und wenn es geht, möchte er der Konkurrenz immer um eine Armlänge voraus sein ... Dafür ist er bereit, hart und kompromisslos zu arbeiten und seinen Mitarbeitern und Kollegen alles abzuverlangen. Er ist ein Kämpfer durch und durch, aber nicht mit den so genannten Ellenbogen, sondern mit Geist (und Geistesblitzen).

In erster Linie steht er für humane und soziale Gerechtigkeit, sein zweites großes Anliegen ist die persönliche Unabhängigkeit. Das ist ihm sehr wichtig, denn nichts ist schlimmer für ihn, als von jemandem abhängig zu sein und dienen zu müssen. Dafür ist der Widder-Wassermann-Mann nicht geboren und dazu ist er daher auch keinesfalls bereit. Aufgrund seiner einzigartigen Prägungen ist er besonders technisch begabt, sehr erfinderisch und seiner Zeit meist ein großes Stück voraus, was natürlich viele Leute im Allgemeinen oder Geschäftspartner im Speziellen neidisch macht.

Der Widder-Wassermann-Mann ist ein Hardliner, ein strenger und disziplinierter, aber auch verständnisvoller und einfühlsamer Chef, wenn die Gegebenheiten dafür sprechen. Gerade für sozial Schwache und Hilfsbedürftige hat er immer ein offenes Ohr und ist bereit zu helfen.

Oft geht er natürlich auch mit dem Kopf durch die Wand, meistens dann, wenn er nicht verstanden wird oder wenn die Menschen seine Gedanken nicht begreifen oder begreifen wollen. Er hat dann zu wenig Geduld und will alles mit der Brechstange durchsetzen. Natürlich gibt es Partner und Kollegen, die seine Geschwindigkeit nicht mitgehen können oder wollen, wofür er jedoch wenig Verständnis hat. Hier trennt sich sehr schnell die Spreu vom Weizen: Schwache und wenig tolerante Mitarbeiter werden dann vorzeitig die Segel streichen und das Schiff verlassen, andere wiederum werden motiviert, beginnen zu begreifen und zu kämpfen – diese werden dann auch belohnt.

Der Widder-Wassermann-Mann ist in vielen Institutionen und Verbänden ehrenamtlich tätig und hinterlässt dort eindrucksvoll seinen Stempel. Seine Meinung und seine Gedanken sind dort sehr gefragt und er ist bekannt als herausragender Redner und Reformer. Sein Wort hat Gewicht und die Menschen schätzen seine offene und ehrliche Art. Er ist niemand, der um die Dinge herumredet, vielmehr bringt er die Dinge auf den Punkt, auch wenn dies oft weh tut. In manchen Fällen könnte er etwas diplomatischer vorgehen, aber danach ist ihm eben nicht. Nichts ist ihm lieber als die ungeschminkte Wahrheit. ("Die Wahrheit ist wahr, wenn sie auch weh tut.")

Als Vater, Partner oder auch als Freund ist er eine Größe, ein Mann der Tat und ein Mann der Klarheit – so kennt man ihn und so schätzt man ihn. Oft ist es nicht leicht, ihn zu begreifen, aber in letzter Konsequenz hat er immer recht. Seine Familie, seine Frau und seine Freunde sind stolz auf ihn und sehr froh, ihn in ihrer Mitte zu haben: ein wirklicher Leader, der nie kneift, der immer sein Bestes gibt und der niemanden im Stich lässt – eben ein fairer Partner und Freund ...

STIER

Aszendent Wassermann

Hier handelt es sich um zwei Prägungen, die sich sehr zwiespältig zueinander verhalten, da sie in ihren Eigenschaften und Denkstrukturen völlig konträr angelegt sind. Dennoch ist der Erfolg in beiden Prägungen sehr stark ausgeprägt - wenn auch auf ganz unterschiedliche Weise.

Es ist ein starkes soziales Interesse und humanes Engagement vorhanden, doch bevor ideelle Utopien wirklich gelebt werden können, müssen Ego-Bedürfnisse und Bequemlichkeiten überwunden werden. Eines ist auf jeden Fall jetzt schon sicher: Dieser Stier-Charakter ist der originellste und modernste unter allen Stier-Charakteren! Er ist ein Lebens- und Liebeskünstler, ein Charmeur auf höchstem Niveau. Eine besondere Sensibilität und ein großes Harmoniebedürfnis werden ihm nachgesagt - und manchmal übertreibt er es hier ein wenig ...

Bodenständigkeit, Kreativität und taktisches Gespür sind seine herausragenden Eigenschaften, hinzu kommt sein strategisches Geschick im Verhandeln mit Geschäftspartnern. Die finanzielle Sicherheit wird bei ihm groß geschrieben und das Streben nach Eigentumswerten hat er immer im Blick. Familiensinn und Fürsorglichkeit haben bei ihm einen hohen Stellenwert. Ehrgeiz und Erfolg im privaten wie auch im beruflichen Bereich stehen bei ihm an erster Stelle.

Als Liebhaber ist der Stier-Wassermann-Mann nahezu perfekt, denn das Einfühlungsvermögen für das Wesentliche beherrscht er wie kein anderer. Sinnlichkeit, Zärtlichkeit und die dazugehörige Romantik runden sein Grundverhalten ab. Natürlich lässt er sich auch gerne verführen, anstatt die Zügel selbst in die Hand zu nehmen. Doch es gibt noch eine Rolle, in der er unübertroffen ist, nämlich die Rolle des Gastgebers. Er liebt die häusliche Idylle und lässt auch andere großzügig daran teilhaben.

Es gibt jedoch auch eine zweite Seite seines Charakters, bei der seine beiden Prägungen oftmals keine Einigung erreichen. So möchte er auf der einen Seite gerne sein soziales Engagement zeigen, doch auf der anderen Seite lässt sein Egoismus und seine Bequemlichkeit dies nicht zu. Dann gibt es natürlich Konflikte innerhalb seines Verhaltens, was dann auch seine Umwelt zu spüren bekommt. Dabei verliert er dann an Sympathie und Akzeptanz - und darüber sollte er nachdenken. Notfalls könnte er ein mentales Training beginnen, um diese Muster in den Griff zu bekommen.

Eines ist jedenfalls bei ihm immer gesichert: Der Erfolg. Damit ist nicht der Erfolg um jeden Preis gemeint, sondern vielmehr der mit einer klar definierten Disziplin erreichte Erfolg. Harmonie oder Revolution – das ist hier die Frage, die letztendlich über das persönliche Wohl entscheidet.

Als Mann oder Partner, als Freund oder Kollege ist er immer auf der Siegerstraße, und wenn er das einmal nicht ist, wird er alles tun, um schnellstmöglich wieder dorthin zu gelangen. Denn es ist einfach seine große Stärke, aus wenig viel zu machen und nie aufzugeben ...

ZWILLING

Aszendent Wassermann

Eine höchst erfreuliche Kombination und Prägung! Humanität und wissenschaftliches Interesse ergeben zwar einen sehr wechselvollen Charakter, doch der schätzt seine Unabhängigkeit über alles ... Hinsichtlich Improvisationstalent und Erfindergeist ist der Zwilling-Wassermann-Mann kaum von einem anderen männlichen Grundcharakter zu überbieten.

Seine Mischung setzt sich zusammen aus hochgeistigen Anlagen und Talenten sowie einem gut ausgeprägten Idealismus mit dem starken Hang, alles im Leben durch unermüdliche Forschung zu erreichen und somit die Schwierigkeiten im Leben gewaltlos und mit guten Argumenten zu meistern.

Seine größte Stärke ist seine strategische Ausrichtung, gepaart mit rascher Auffassungsgabe und effizienter Umsetzung. Manchmal ist er damit seinen Partnern, Vorgesetzten oder Geschäftsfreunden zu schnell. Sein Tatendrang im beruflichen wie auch im privaten Bereich ist ungebrochen. Ihm ist nichts zu viel und schon gar nichts zu schwer. Es muss immer eine Herausforderung geben, die noch nicht da war, und an der andere schon gescheitert sind: Solche Aufgaben liebt er, hier scheut er keine Kosten und Mühen, um die Aufgabe zu lösen, egal wie viel Zeit er dann einsetzen muss ... Ja, er versteht sich als Pionier und ist bereit, jeden noch so holprigen Weg mit allen Konsequenzen zu gehen ...

Sein strategisches Geschick aus der Geburtsstunde (Wassermann) hilft ihm dabei, taktisch klug und mit viel Diplomatie die schwierigen Aufgaben positiv zu gestalten.

Ja, er ist ein Macher, ein Tausendsassa und ein großer Charmeur auf den Bühnen dieser Welt. Menschen zu begeistern, zu überzeugen und sie in die von ihm gewünschte Richtung zu bewegen, ist eine seiner leichtesten Übungen ...

Die Menschen mögen ihn, weil er ein Leader, ein Führer ist, und weil er die Dinge vormacht und beweist und nicht nur davon erzählt ... Das macht ihn so sympathisch und zugänglich.

Seine Aura stahlt (fast) immer. Negative Gedanken gibt es bei ihm nicht, eher neigt er zu utopischen Gedanken (ein bisschen Übertreibung soll ja gut für die Motivation sein). In der Gesellschaft ist er ein anerkannter, erfolgreicher Top-Manager, einer, wie ihn auch die Frauen suchen ...

Gutes Niveau, geradliniges Verhalten und natürlich seine charismatische Ausstrahlung helfen ihm, sein Standing in der Gesellschaft zu festigen.

Gerade für Hilfsbedürftige oder sonstige Menschen, denen es nicht so gut geht, hat er immer ein offenes Ohr.

Seine Familie, seine Frau ist stolz auf ihn, nicht nur auf seinen Erfolg, sondern auch auf seine Zuverlässigkeit und sein soziales Engagement innerhalb und außerhalb der Familie.

Er weiß, wo er hingehört, was ja nicht heißen muss, dass er das Leben nicht in vollen Zügen genießen kann, aber er weiß eben ganz genau, was geht und wo definitiv Schluss ist, und darauf sind viele neidisch.

Also, Frauen aufgepasst! Sollten Sie einen derartigen Charakter ledig oder frei kennen lernen, greifen Sie zu, denn die Chance kehrt so schnell nicht wieder ...!

KREBS

Aszendent Wassermann

Eine schwächere und eine starke Prägung bestimmen diesen Grundcharakter und somit auch seine Chancen und Möglichkeiten. Der Krebs ist ein empfindsamer Mann mit einer noch empfindlicheren Seele, deshalb versteckt er sich

Kazuo Murakami

Der göttliche Code des Lebens
Ein neues Verständnis der Genetik

152 Seiten, gebunden
€ (D) 14,90
ISBN 978-3-89845-226-7

Glück, Freude, Inspiration oder Dankbarkeit können nützliche Gene aktivieren – das ist das Ergebnis der Forschungen des Genetikers und Biowissenschaftlers Murakami, der seine Erkenntnisse in diesem Buch in klarer und allgemeinverständlicher Form darlegt – und so endlich der weit verbreiteten These, das Schicksal sei bereits im Genom festgelegt, eine deutliche Absage erteilt.

www.silberschnur.de · E-Mail: bestellung@silberschnur.de
SILBERSCHNUR

Verlag
»Die Silberschnur« GmbH
Postfach 41
D-56590 Horhausen

Ja, ich möchte gerne weitere Informationen erhalten.

Bitte senden Sie mir ❍ per E-Mail *oder* ❍ per Post

❍ Ihr Verlagsprogramm

Jetzt NEU! ❍ Informationen zu Seminaren

Informationen zu Büchern über:

❍ Astrologie ❍ CD & Hörbuch ❍ Esoterik
❍ Gartenwelten ❍ Lebenshilfe ❍ Mensch & Umwelt
❍ Romane ❍ Tarot & Karten ❍ Wissenschaft

Name, Vorname

Telefon E-Mail

Straße, Hausnummer

Land, PLZ, Ort

Ich erkläre mich einverstanden, dass der Verlag »Die Silberschnur« und Kooperationspartner meine Daten zu Direktmarketingzwecken verwenden dürfen.

Ja, ich möchte gerne weitere Informationen erhalten.

Bitte senden Sie mir ❍ per E-Mail *oder* ❍ per Post

❍ Ihr Verlagsprogramm

Jetzt NEU! ❍ Informationen zu Seminaren

Informationen zu Büchern über:

❍ Astrologie ❍ CD & Hörbuch ❍ Esoterik
❍ Gartenwelten ❍ Lebenshilfe ❍ Mensch & Umwelt
❍ Romane ❍ Tarot & Karten ❍ Wissenschaft

Name, Vorname

Telefon E-Mail

Straße, Hausnummer

Land, PLZ, Ort

Ich erkläre mich einverstanden, dass der Verlag »Die Silberschnur« und Kooperationspartner meine Daten zu Direktmarketingzwecken verwenden dürfen.

häufig hinter seiner rauen Schale ... Im Gegensatz dazu will der Wassermann diese Schale sprengen, denn bei ihm sind Fortschritt und Freiheit angesagt ...

Also muss es die Bestrebung des Krebs-Wassermann-Mannes sein, diese so unterschiedliche Mischung in Einklang zu bringen, um ein Höchstmaß an Effizienz und Erfolg zu erzielen. Dass dies möglich ist, haben viele vergleichbare Männercharaktere bereits nachhaltig vorgelebt.

Die Kombination aus diesen beiden Prägungen hält auch gute Wechsel- und Ergänzungsmöglichkeiten bereit. Voraussetzung hierfür jedoch ist ein gezieltes mentales Training, Suggestion und Meditation, um die vorhandenen Verhaltensmuster zu lokalisieren und zu verändern.

Der Krebs-Wassermann-Mann steht zwischen der Pole-Position und der zweiten Reihe, also einerseits nicht ganz vorne, andererseits nicht weit entfernt davon. Diesen letzten Sprung nach vorne muss er sich noch erarbeiten.

Vom Grundsatz her ist er ein bequemer, intelligenter, insbesondere musikalischer und strategischer Mann mit dem Hang, sich nicht quälen zu wollen, wenn es eng wird ... Dann zieht er sich lieber zurück, obwohl in seiner Brust auch die Fähigkeit vorhanden ist, richtig Gas zu geben - nur die notwendige Bereitschaft und Motivation fehlt ab und zu.

Ganz anders ist das im privaten Bereich, hier ergänzen sich seine Charakterprägungen perfekt. Er ist nicht nur ein großartiger Charmeur und Frauenliebling, sondern auch einer, der das Flirten von Kind auf gelernt hat, hinzu kommt seine besondere Neigung für die Musik und den Gesang. Hier begeistert er nicht nur seine (männlichen) Zuhörer, sondern auch die vielen versammelten Frauen ...

Hier ist er dann in seinem Element und kann sich kaum bremsen. Dass er darüber hinaus auch noch Stil und perfektes Aussehen mitbringt, untermauert seine Vormachtstellung.

Schon aufgrund dieser Tatsache macht es Sinn, seine berufliche Tätigkeit in den Bereich Musik, Gesang, Theater, Oper oder Operette zu verlegen. Denn dort ist er in der Lage, seine vielfältigen Talente und Fähigkeiten in die Tat umzusetzen und auch großartige Erfolge zu feiern.

Als Vater, Partner oder auch als Freund ist er hoch geschätzt, weil man seine sympathische und immer hilfsbereite Art besonders mag. Er hat für jeden und alle immer eine Lösung und ist auch bereit, gerade den Schwächeren und Hilfsbedürftigen Hilfe zu gewähren.

Im Urlaub will er genießen, keine Hektik, keinen Stress, schönes Ambiente, dazu runden ein wunderbares Essen und ein schönes Glas Rotwein dann den Abend ab. Auch Kultur kommt bei ihm nicht zu kurz. Er liebt wunderschöne Kirchen, vor allen Dingen aber schöne Bilder.

Rundum ist er ein angenehmer, verlässlicher Mann mit Stil und Anstand. Seine Eitelkeit hält sich in Grenzen, sodass seine Frau und seine Kinder so richtig stolz auf ihn sein können ...

LÖWE

Aszendent Wassermann

Zwei großartige Prägungen treffen hier aufeinander, die sich jedoch in starker Opposition gegenüber stehen, was natürlich auf diverse Widersprüche hinweist. So muss der Löwe die ihm so wichtige Selbstdarstellung etwas in den Hintergrund rücken, um der Uneigennützigkeit des Wassermanns gerecht zu werden. Wenn es gelingt, das in den Griff zu bekommen, wird der Löwe-Wassermann-Mann zu großem Ruhm und Anerkennung gelangen. Denn seine Talente und Fähigkeiten, die er aus seinen beiden starken Prägungen zieht, sind kaum von irgendeinem Charakter zu übertreffen.

Der Löwe-Wassermann-Mann ist eine Führungspersönlichkeit und steht mit beiden Beinen im Leben. Klare Linie, klare Entscheidungen, effiziente Umsetzung charakterisiert seinen Führungsstil. Er lässt nichts anbrennen und trennt sehr schnell das Unwesentliche vom Wesentlichen. Das ist eine seiner ganz großen Stärken.

Er hält nicht viel von großen und langen Diskussionen; er steht für schnelle und konstruktive Entscheidungen. Was er überhaupt nicht mag, sind Besserwisser und die so genannten Dampfplauderer, die nur reden und reden, aber nichts tun.

Er besitzt eine hohe Antriebskraft sowie eine ungeheure Dynamik und erwartet dies auch von seinen Kollegen und Mitarbeitern. Natürlich begeistert er diese Menschen mit seiner Art und reißt sie mit, in seinem Sog zu schwimmen.

Hinzu kommt seine strategische Ausrichtung, die es ihm ermöglicht, qualitativ und erfolgreich zu arbeiten. Er ist ein Macher (und auch ein eitler Mann) mit klaren Vorstellungen, wie etwas im Leben zu funktionieren hat.

Manchmal schießt er natürlich auch über das Ziel hinaus, denn nicht alles, was er sich vorstellt und umsetzt, kann er umgekehrt von seinen Mitarbeitern und Freunden erwarten. Hier muss er schon trennen und nachdenken, warum das nicht möglich ist: Denn mit seinen Prägungen ist er eben besonders gut ausgestattet worden. Andere werden seine Qualität und Schnelligkeit in bestimmten Arbeitsabläufen nie erreichen, sodass er hier Abstriche machen muss. Nur Wenige können ihm das Wasser reichen - deshalb muss er auch begreifen, dass andere nicht genauso stark sind wie er, aber ihre Qualitäten eben woanders haben - wer weiß, ob sie nicht gerade dort liegen, wo bei ihm ein dunkler Fleck ist?

In der Gesellschaft hat er einen festen Platz. Man sucht seinen Rat und fragt ihn nach seiner Meinung. Seine Aussagen haben immer Gewicht und finden ausschließlich positive Resonanz. Seine Familie ist sein größtes und persönliches Glück. Dort bezieht er seine ganze Kraft her, und man lässt ihm da den Freiraum, den er so dringend braucht. Seine Frau hat ein ausgesprochenes Taktgefühl und weiß genau, wann er sich etwas Bestimmtes wünscht oder wann besonders liebe Freunde und Bekannte eingeladen werden sollen. Dies schätzt er sehr und würdigt dies durch besondere liebenswerte Aufmerksamkeiten. Rundum ist der Löwe-Wassermann-Mann also ein glücklicher und erfolgreicher, zufriedener Ehe- und Geschäftsmann, ein Mann für große Taten ...

JUNGFRAU

Aszendent Wassermann

Eine geniale Prägung im Männercharakter. Diese beiden Aspekte haben derart viele Talente und Fähigkeiten in sich vereint, dass es einem schon fast Angst wird:

Das ist sie, die absolute Nummer 1 unter allen 144 Männercharakteren!

Der Jungfrau-Mann mit Wassermann-Aszendent ist als Mann unschlagbar - egal, was er tut. Er ist ein Individualist, mit einem scharfen Geist, einer sensationellen Perfektion, einem unnachahmlichen strategischen Geschick und einem außergewöhnlichen Führungsstil. An ihm kommt keiner vorbei, selbst dann nicht, wenn er unfaire oder auch unseriöse Mittel anwenden würde.

Sein Grundverhalten ist derart geschliffen, dass er auf jede Situation angemessen und konkret reagieren kann. Er ist ein exzellenter Leader mit Vorbildverhalten und einem unermesslichen Wissen.

Viele Neider bewegen sich in seinem Gesellschaftskreis, und viele können nicht begreifen, warum er derart erfolgreich agiert und immer auf der Siegerstraße ist ... Aber sein Erfolg kommt nicht von ungefähr, sondern wird präzise geplant und diszipliniert umgesetzt.

Seinem Bauchgefühl kann er blind vertrauen, er ist ein unglaublicher Diplomat und Taktierer; vor allem hat er die notwendige Geduld und Kraft, auch in schwierigen Situationen einen klaren Kopf zu behalten.

Seine Intelligenz ist überdurchschnittlich, sein Feingefühl wie eine Präzisionsmaschine und sein Antrieb und sein Wille immer auf höchstem Niveau.

Natürlich ist er auch ein Gentleman, ein Charmeur und ein hervorragender Gesprächspartner. Er gehört zu den wenigen Spitzenmanagern, die keinen Mittelpunkt und keine Plattform brauchen, um sich darzustellen. Nein, er agiert aus der Basis, aus einem sicheren Abstand, aber rhetorisch brillant und überzeugend.

Nicht selten bittet man ihn bei besonderen Reden und Vorträgen um seine geschätzte Mitarbeit.

Von Mitarbeitern, Kollegen und Geschäftspartnern verlangt er sehr viel, manchmal zu viel, aber auf der anderen Seite belohnt er besondere Anstrengungen und besondere Leistungen mit außergewöhnlichen Ideen und tollen Preisen. Trotz seiner Strenge und Härte liebt er seine Mitarbeiter - der Grund liegt darin, dass er auch immer loyal und fair mit ihnen umgeht.

Es gibt dennoch zwei Punkte in seinem Leben, mit denen er dann und wann doch leichte Probleme hat, nämlich Kritik und Bevormundung. Damit kann er überhaupt nicht umgehen. Die Folgen sind dann Aggression und laute Töne, manchmal auch ein nicht nachvollziehbares Verhalten.

Seine Familie, seine Frau und seine Kinder sind das Herzstück, sein Kleinod, aus dem er Kraft und Energie schöpft. Der Jungfrau-Wassermann-Mann kann wirklich stolz auf sich sein, denn seine konstante Ausgeglichenheit ist faszinierend, seine Talente und seine Fähigkeiten sind ein Reichtum für ihn, und die Art und Weise, wie er auftritt, hat nicht nur Niveau, sondern auch einen ganz besonderen Stil. Frauen lieben ihn und sind gerne in seiner Nähe, das ist doch was ...

WAAGE

Aszendent Wassermann

Ideale und harmonische Prägungen dominieren diesen besonderen Charakter: Ein Charakter voller Harmonie, Strategie und vor allem Menschlichkeit.

Mit der Prägung aus der Geburtsstunde (Wassermann) erhält ihr Träger eine geistige Brillanz und besonderen Einfallsreichtum. Außerdem ergeben sich aus dieser Verbindung idealistische, humane und verständnisvolle Teamplayer (Gruppenmenschen).

Die soziale Motivation verbunden mit einem entsprechenden Engagement steht beim Waage-Wassermann-Mann immer im Vordergrund. So findet er immer eine gute Sache, für die sich das Engagement lohnt und die dabei auch noch Freude bereitet.

Freundschaften nehmen bei diesem Grundcharakter einen großen Stellenwert ein.

Meistens wird bei ihm weniger die Emotion, als die geistige Übereinstimmung eine besondere Rolle spielen.

Beruflich steht er grundsätzlich an der Spitze. Andere Ziele hatte er schon als Heranwachsender nicht. Vieles ist ihm in die Wiege gelegt, angefangen von seiner strategischen Ausrichtung über sein emotionales Verständnis bis hin zur klaren Entscheidungsfindung.

Unwesentliche Dinge spielen in seinem Leben, ob beruflich oder privat, keine Rolle; bei ihm gibt es nur Wesentliches - Dinge, die eine Entscheidungsgrundlage haben. Über andere Dinge verliert er keine Zeit und schon gar keine Gedanken.

Er ist ein Mann der Tat, ein Mann, der schnelle Entscheidungen sucht. Auch dann, wenn es Reibungen gibt, ist er grundsätzlich bereit, eine vernünftige Lösung zu finden.

Von seinen Mitarbeitern erwartet er Höchstleistungen und die Bereitschaft, immer ihr Bestes zu geben. Mit Gejammer und Problemen sollte man nicht so oft zu ihm kommen, denn er erwartet einfach, dass nach Lösungen gesucht wird und eigenständig entschieden wird. Hier hat er dann bei gemachten Fehlern auch das nötige Verständnis. Für ihn gilt der Spruch: "Wo gearbeitet wird, fallen auch Späne."

Was er überhaupt nicht mag und wo er richtig ärgerlich werden kann, sind Bevormundungen, Besserwisserei und unnötiges dummes Geschwätz von Leuten, die keine Ahnung haben.

Seine Ziele sind immer realistisch und erreichbar, wenn auch große Anstrengungen notwendig sind.

Die Aura des Waage-Wassermann-Mannes hat eine mächtige Ausstrahlung, sodass insbesondere Frauen seine Art mögen und sich gerne in seinem Umfeld aufhalten.

Natürlich ist er auch ein großer Charmeur, dem es gelingt, mit seiner lockeren, verbindlichen Art die Frauen in seinen Bann zu ziehen. Das genießt er dann auch und zieht daraus viel positive Energie.

Für seine Familie ist er ein großartiger Mensch, Vater und Freund. Großzügig und sehr tolerant ist er bereit, auch mal tiefer in die Tasche zu greifen und außergewöhnliche Wünsche seiner Lieben, sprich Frau und Kinder, zu erfüllen. Er sagt sich: "Man lebt nur einmal", und dann ist für seine Lieben nichts zu viel. Die Familie ist für ihn sowieso ein Kleinod, wo er Kraft tanken und die Schönheiten des Zusammenlebens bei schönem Essen und Trinken in vollen Zügen genießen kann. Aufgrund seiner beruflichen Anspannung, vieler Reisen und langwieriger Gespräche ist das Zuhause-Sein die beste Regeneration für die kommenden schwierigen Aufgaben ...

SKORPION

Aszendent Wassermann

Die Unterschiede könnten nicht größer sein als bei diesen beiden Prägungen: Hier trifft ein intuitiver, verletzbarer und auch unnahbarer Charakterzug auf einen strategischen, intellektuellen und dynamischen Charakterzug – also zwei Wesen in einer Brust, die sich sehr schwer vereinen lassen, weil die Unterschiede sehr krass und nur schwer überwindbar sind.

Jede Seite glaubt für sich, richtig zu liegen, und keine ist wirklich bereit, einen Kompromiss einzugehen - was die einzige Möglichkeit wäre, die Talente und Fähigkeiten dieser Prägung einigermaßen in Einklang zu bringen.

Auch wenn es schwer fällt: Der Skorpion-Wassermann-Mann muss sich durchbeißen und sich das eine oder andere Mal anpassen und sich für die bessere der beiden Lösungen entscheiden. Es macht überhaupt keinen Sinn, hier innerhalb der widerstreitenden Naturen Macht auszuüben und es auf Kosten der Persönlichkeit auszutragen. Der Skorpion-Wassermann-Mann neigt dazu, sich zu zerfleischen und dadurch seine Außenwirkung in Misskredit zu bringen.

Dass er des Öfteren schon ins Fettnäpfchen getreten ist, das weiß er ganz genau. Es geht hier nicht um Sein oder Nichtsein, sondern es geht um seine Person, vor allen Dingen um seine Reputation. Wenn sein Ansehen einmal Schaden erlitten hat, ist es umso schwerer, wieder in die Spur zurückzufinden. Die Menschen bewerten schließlich nach dem Verhalten einer Person, nach Auftreten und Sympathie. Und wenn das Vertrauen einmal verloren gegangen ist, ist es sehr schwer, das wieder herzustellen. Leider ist der Skorpion-Wassermann-Mann prädestiniert dafür, hier immer an die Grenzen zu gehen.

Streit geht er grundsätzlich nicht aus dem Weg; manchmal provoziert er ihn sogar, indem er die Leute vor den Kopf stößt und sie zynisch behandelt. Dadurch verliert er natürlich oft sein gesamtes Ansehen, nur weil er mit Kritik oder auch anderen Zurechtweisungen nicht klar kommt. Er sollte sich an seine eigene Nase fassen und sein Verhalten maßvoll überprüfen.

Der Skorpion-Mann mit diesem Aszendenten sollte lernen, sich die Stärken aus dem Wassermann mehr zunutze zu machen, dann ist er auf der sicheren Seite, denn hier ist Taktgefühl, Diplomatie und klare Vorgehensweise seine Stärke. Darüber hinaus verfügt er hier über einen hohen Sympathiewert.

Es macht für ihn Sinn, seine gesamten Muster zu überprüfen und festzustellen, welche davon ihm Vorteile und einen guten Auftritt ermöglichen.

Beruflich ist er sehr fleißig; alle gesetzten Vorhaben werden in der Regel planvoll umgesetzt. Dass er die Anerkennung sucht und braucht, versteht sich von selbst. Er sollte öfter das Gespräch zulassen, seine Emotionen wahrnehmen und daran denken, dass die Emotionen 80 Prozent des Erfolges ausmachen. Emotionen sind ein Reichtum für einen Menschen und eine große Gabe. Dass er davon viel besitzt, weiß er eigentlich, und dass er sie jedoch oft nicht leben kann, ist unverständlich und bringt ihn in ein dunkles Licht, wo er wirklich nicht hingehört. Denn kaum ein Mensch hat derart viele Gefühle und Empfindungen wie er. Das hat damit zu tun, dass er Dinge vorausspürt, wo andere noch gar nicht angefangen haben, darüber nachzudenken. Das ist sein größtes Kapital, mit dem er sehr differenziert umgeht.

Seiner Familie sollte er mehr Aufmerksamkeit schenken, allen voran seiner Frau und seinen Kindern; er sollte sich einfach mehr Zeit nehmen, um auch deren Sorgen und Nöte zu verstehen, sie werden es ihm mit Wärme danken ...

SCHÜTZE

Aszendent Wassermann

Er kann sich glücklich schätzen, der Schütze-Wassermann-Mann, denn hier treffen zwei Prägungen aufeinander, die sich von ihren Möglichkeiten her optimal ergänzen und somit große Talente und Fähigkeiten hervorbringen!

Zunächst ist es eine sehr harmonische Verbindung, die von der Abenteuerlust und vom Reformeifer geprägt ist. Das gesamte Denken und Handeln ist jedenfalls auf eine bessere Zukunft hin ausgerichtet. Seine Selbstlosigkeit, verbunden mit seiner Humanität, spricht schon eine eindeutige und klare Sprache.

Sein Engagement in allen Dingen des Lebens ist unübertroffen, der damit verbundene Glaube hinsichtlich der gesteckten Ziele ist unerschütterlich.

Für soziale, politische oder karitative Zwecke ist er bereit, seinen letzten Groschen zu opfern. Dies macht ihn natürlich in allen Gesellschaftsbereichen beliebt und sehr sympathisch. Man könnte ihn einen "Macher" nennen, und das ist nicht übertrieben, denn alles, was er beginnen wird, wird er bis auf ganz wenige Ausnahmen erfolgreich umsetzen.

Sein Führungsstil ist klar, diszipliniert und fair. Klare Ansagen und klare Anweisungen sind sein Markenzeichen, wobei er immer und jederzeit mit gutem Beispiel vorangeht. Nie würde er etwas von Mitarbeitern verlangen, was er selbst nicht vormachen kann. Das ist es, was ihn so populär und interessant macht. Er kann nicht nur delegieren, sondern auch selbst Hand anlegen. Seine Ziele und Vorgaben sind immer hoch und gerade noch erreichbar. Aber er braucht dieses Knistern und diese Herausforderung ...

Dass er ein großer Charmeur ist, das ist jedem hinreichend bekannt. Denn das ist eine weitere Domäne bei ihm: Wunderbare Frauen kommen an ihm nicht vorbei ...

Seine Aura, natürlich auch sein Aussehen, zieht Frauen förmlich an; nicht dass er das nicht mag, aber manchmal ist es ihm dann doch zu viel ...

Seine Einstellung ist immer positiv und begeisternd, deshalb haben Träumer, Langweiler und wie man sie sonst noch nennen möchte, in seinem Umfeld keine Chance.

Er neigt natürlich auch dazu, die Dinge beim Namen zu nennen und nimmt dabei kein Blatt vor den Mund. Da er von seinen Qualitäten ganz ohne Zweifel überzeugt ist, seine Sache als die gerechte und richtige ansieht, gerät er schon mal in Gefahr, anmaßend und dünkelhaft zu wirken. Im Eifer kann es sein, dass er sich um Kopf und Kragen redet.

Aber damit hat er auch kein Problem, denn Niederlagen oder auch Angriffe steckt er gut weg und geht zur Tagesordnung über. Dies ist übrigens seine größte Stärke: Er hält sich nicht mit unwesentlichen Dingen auf, sondern geht schnell zum Wesentlichen über.

In der Familie ist er ohne Wenn und Aber der unumstrittene Herrscher, wobei er das ganz locker sieht. Es ist ihm einfach in die Wiege gelegt, mit klaren Worten und klaren, unmissverständlichen Aussagen den Weg zu bestimmen. Seiner Familie bringt er Wohlstand, ein schönes und sorgenfreies Leben. Von allen Schütze-Charakteren ist er die Nr. 1, unter den 144 männlichen Charakteren ist er unter den TOP FIVE zu finden.

STEINBOCK

Aszendent Wassermann

Ein Mann mit zwei starken Prägungen, die vom Intellekt und Auftreten her jedoch völlig unterschiedlich und im täglichen Handling nicht so leicht zu nehmen sind. Das Problem liegt hier darin, dass die vorhandenen Stärken - wie natürlich auch die Defizite - in ganz unterschiedliche Richtungen tendieren und es somit sehr schwer ist, diese zu koordinieren und sie als Einheit zu präsentieren. Hierunter leidet der Steinbock-Wassermann natürlich am meisten, weil er sich oft selbst im Wege steht und sich so das Leben unnötig schwer macht.

Man könnte bei seinem Charakter von einer "winterlichen Kälte" sprechen, ohne das negativ zu meinen. Im Klartext heißt das: Bei ihm herrscht eine starke Zurückhaltung vor, was ihn nach außen natürlich oft in einem völlig anderen Licht erscheinen lässt, als er wirklich ist. Dadurch wird er natürlich sehr oft falsch bewertet und eingeschätzt, doch spätestens nach einigen persönlichen Worten wird sich das ändern, und die Menschen lernen ihn von einer ganz anderen Seite kennen.

Was ist nun zu tun, um das zu ändern? Ganz wichtig ist bei diesem Typ ein mentales Training, Suggestion und Meditation, um seine Strukturen zu öffnen und lockerer zu machen. Seine manifestierten Gewohnheits- und Verhaltensmuster muss er auf den Prüfstand stellen und sie auf ihre Wertigkeit hin überprüfen. Natürlich muss er auch alte Muster aus dem Verkehr ziehen und neue Muster installieren. Seine Konzentration und seine geistige Einstellung zum täglichen Tun ist oft verkrampft, extrem und zu starr. Er will immer ein großes Ziel schnell erreichen, dadurch ist er aber nicht locker genug. Er ist zu starr auf sein Ziel fixiert, sein Fokus hat nur einen Punkt, den er nicht mehr aus dem Auge lässt.

Dem Steinbock-Wassermann ist der Erfolg das einzig Wichtige, das ist sein Leben. Dafür tut er mehr, als eigentlich notwendig ist. Ein zweiter Platz zählt für ihn nicht. Deshalb könnte der folgende Satz von ihm stammen: "The second winner is the first loser!"

Im Beruf ist er sehr streng, unheimlich diszipliniert und ein wirklicher Stratege. Er überlässt nichts dem Zufall; alles ist bei ihm bis zum letzten Punkt vorausgeplant. Von seinen Mitarbeitern und Kollegen erwartet er Höchstleistungen, alles andere zählt nicht. Wer diese Vorgaben nicht erfüllen kann, wird sich nicht lange in seinem Umfeld aufhalten können, er wird sich einfach nicht wohl fühlen, denn der Steinbock-Mann mit Wassermann-Aszendent gilt als wenig kompromissbereit.

Er ist außerdem in vielen Ansätzen seines Lebens sehr konservativ und wenig zugänglich für Neues. Er baut lieber immer wieder auf Altes und Bewährtes. Hier gibt es dann und wann auch Konflikte, die dann in Niederlagen enden, was für ihn ein wirkliches Problem ist, denn Niederlagen und Kritik sind seine größten Feinde. Damit hat er richtig Probleme; hier muss er enorm dazu lernen.

Als Vater, Partner oder auch als Freund ist er hundertprozentig zuverlässig, aber auch sehr unnahbar und sehr zurückhaltend. Seine Familie, insbesondere seine Frau, vermissen oft Wärme und Zuneigung, die nur sehr verhalten von ihm kommen. Hier sollte er auch nachdenken und seine starre, oft auch sture Haltung aufgeben und lockern. Seine Familie würde dies sehr begrüßen ...

FISCHE

Aszendent Fische

Hier treffen zwei Prägungen aufeinander, die zusammen einen einmaligen Charakter in der Männerwelt bilden. Der doppelte Fische-Mann zählt zu den empfindsamsten und einfühlsamsten Charakteren, die es überhaupt unter Männern gibt. Wie kein anderer Charakter kann er sich auf seinen Instinkt und sein Gefühl verlassen. Der Erfolg gibt ihm in vielen Bereichen des Lebens recht, aber es sind vornehmlich nur bestimmte berufliche Zweige, in denen er erfolgreich arbeiten kann.

Mit Sicherheit liegen seine Stärken nicht in den Bereichen Vertrieb und Verkauf, vielmehr fühlt er sich in kreativen, sozialen und juristischen Berufszweigen wohl. Seine Stärke liegt ausschließlich im Dialog, in Erzählungen und in menschlichen Zusammenhängen, womit Berufe wie Arzt, Jurist, Maler, Zeichner, Analytiker usw. für ihn in Frage kommen.

Antrieb, Disziplin, Pünktlichkeit, Druck und Begeisterung sind für den Fische-Fische-Mann dagegen Fremdwörter und haben in seinem Lebensinhalt wenig Platz. Er braucht die Selbstständigkeit, das eigenständige Vorgehen, die Kompetenz der Entscheidung und der Vorgehensweise. Er hat ein großes Problem, in einer hektischen, dynamischen, sehr erfolgsorientierten und unter Zeitdruck stehenden Gemeinschaft oder in einem solchen Team zu arbeiten. Das macht dem Fische-Fische-Mann keine Freude, denn er mag weder Druck noch Bevormundung, noch möchte er sich nach vorgegebenen Zeiten richten. Er will und wird seine Zeit, wann und wo er arbeitet, selbst bestimmen. Er hat kein Problem damit, am Samstag oder Sonntag zu arbeiten, im Gegenteil, er arbeitet zu gänzlich ungewöhnlichen Zeiten, je nach Lust und Laune und immer dann, wenn er meint, jetzt etwas tun zu müssen. Dies findet nicht immer die Zustimmung seiner Frau und seiner Familie, denn dies stört schon dann und wann den Familienfrieden. Der damit verbundene Ärger und Verdruss interessiert ihn wenig, hier ist er egoistisch und sehr eigen.

Kritik kann er ferner überhaupt nicht vertragen und schon gar nicht damit umgehen. Dieser Mann nimmt vieles zu persönlich und zieht sich einen Schuh an, der ihm überhaupt nicht gehört.

Beispielhaft allerdings ist seine Hingabe, mit der ein Fische-Fische-Mann sich anderen Menschen zuwendet. Sein todsicherer Instinkt und seine Vorausahnung sind seine größten Trümpfe, die er in sich trägt und die ihm oft viele Möglichkeiten eröffnen. Im Umgang mit Mitarbeitern und auch Freunden ist er meist sehr unnahbar und schwer einzuschätzen, denn er öffnet sich zunächst wenig; er wartet erst einmal ab und taktiert ... In seinem Verhalten ist er oft undurchsichtig, wenig transparent und verschlossen. Das ist aber seine Art, an die man sich wohl gewöhnen muss.

Er hat nicht nur Freunde, zwar keine richtigen Feinde, aber man ist ihm gegenüber zunächst vorsichtig und weniger offen, das hängt mit seinem Grundverhalten zusammen.

Als Vater, Partner oder auch als Freund kann man immer auf die Hilfe und Unterstützung des Fische-Fische-Mannes zählen. Für sozial Schwache und Hilfsbedürftige hat er stets ein offenes Ohr und bietet auch jederzeit seine Unterstützung an.

Frauen lieben seine wärmende und liebenswürdige Art und seinen niveauvollen Umgang; hier kann der Fische-Fische-Mann, wenn er verliebt ist, sämtliche Register ziehen und es macht ihm große Freude, Frauen zu erobern und sie glücklich zu machen - doch manchmal übertreibt er das ein bisschen, meist ist weniger mehr ...

WIDDER

Aszendent Fische

Diese Kombination geht völlig unterschiedliche Wege und hat wenig Gemeinsamkeiten. Die beiden Prägungen eines Widder-Mannes mit Aszendent Fische müssen lernen, voneinander zu profitieren, um zum einen die gegenseitigen Stärken anzunehmen und zum anderen die gegenseitigen Defizite zu reduzieren.

Es beginnt eigentlich schon bei den Emotionen. Das Verhalten des Widder-Fische-Mannes aus seiner Geburtsstunde (Fische) kommt mit dem impulsiven, kämpferischen und siegessicheren Widder nur wenig zurecht. Oft ist dieser Mann verträumt, dafür hilfsbereit, aber die mangelnde Disziplin bereitet ihm immer wieder große Probleme innerhalb der Gesellschaft. Oft neigt er auch dazu, seine persönlichen Fähigkeiten zu überschätzen und erleidet dadurch immer wieder Schiffbruch, was ihn zum einen viel Energie kostet, zum anderen aber auch oft auf den Geldbeutel drückt.

Wichtig ist für den Widder-Fische-Mann, dass er klare, machbare Ziele findet, sich an diesen orientiert und sie dann auch in die Tat umsetzt. Es nützt wenig, wenn er in utopischen Bereichen träumt und die Wirklichkeit auf ganz andere Weise direkt vor ihm steht. Manchmal hat man bei ihm durchaus das Gefühl, dass er den Realitätssinn verloren hat.

Dieser Charakter muss lernen, auf der einen Seite seine Begeisterung zu zügeln und auf der anderen Seite seine Disziplin und Geradlinigkeit zu erhöhen. Dieser Mann sollte sich vornehmen, erst eine Aufgabe zu Ende zu führen, bevor er eine neue beginnt, dann wird es ihm auch möglich sein, ein System in seinen Ablauf zu bringen und die Übersicht zu behalten.

Im Beruf ist der Widder-Fische-Mann ehrgeizig, aber oft zu stur und wenig kompromissbereit. Sein Bestreben ist es auch, immer als Führungskraft zu arbeiten und dort erfolgreich zu sein. Dass Führen aber auch eine große Kunst ist und ein permanentes tägliches Lernen voraussetzt, will er nicht immer wahrhaben. Die große Kunst besteht nämlich darin, die unterschiedlichen Charaktere so zu führen, das diese zum einen bereit sind, seinen Anweisungen und Vorgaben bedingungslos zu folgen und darüber hinaus in besonderen Situationen die Ärmel hochzukrempeln und die Kohlen aus dem Feuer zu holen. Und das kann und wird nur geschehen, wenn sie vom Widder-Fische-Mann auch in der vorausgegangenen Zeit immer fair und korrekt behandelt worden sind. Und das ist bei ihm nicht immer der Fall, weil er schon Zeiten und Momente hat, wo er hart, kompromisslos und manchmal auch ungerecht handelt. Das kosmische Gesetz sagt: "Alles was du verursachst, bekommst du irgendwann wieder zurück." Diplomatie spielt also bei diesem Männertyp eine gewichtige Rolle, und die gehört nicht zu seinen besonderen Stärken. Manchmal ist weniger mehr, das sollte der Widder-Fische-Mann nie vergessen.

Wie im Beruf, so ist es beim Widder-Fische-Mann auch in der Partnerschaft und in der Freizeit: Auch hier ist der Wechsel vorprogrammiert, nicht selten kommt es vor, dass er bis zu drei Mal oder auch öfters verheiratet bzw. geschieden ist. Konstanz ist auch hier ein Fremdwort. Zu stark und zu schnell lässt er sich verleiten und verlässt seine alten Wege, um es auf neuen wieder einmal zu versuchen. Zu stark ist die Versuchung, etwas Schöneres und Besseres zu bekommen. Aber meistens kommt nichts Besseres nach, und das sollte diesem Mann ein für allemal zu denken geben.

Für den Widder-Fische-Mann ist es wichtig, sich auf das Wesentliche zu konzentrieren, seine vielfältigen Möglichkeiten zu nutzen und damit Ruhe und Gelassenheit in sein Leben zu bringen - und der Erfolg wird nicht lange auf sich warten lassen ...

STIER

Aszendent Fische

Der Stier-Mann mit Aszendent Fische ist an Güte, Hilfsbereitschaft und Selbstlosigkeit kaum zu überbieten. Seine beiden Prägungen sind harmonisch und immer kompromissbereit.

Der Stier-Fische-Mann fühlt sich insgesamt wohl bei seinem Verhalten, bei ihm zählen nicht die materiellen, sondern die ideellen Erfolge. Er ist bodenständig und sehr intuitiv - eine große Fähigkeit, die ihn aber immer wieder einmal emotional in Bedrängnis bringt. Oft ist dieser Mann zu verträumt und zu wenig diszipliniert für entscheidende Vorhaben. So kommt es schon immer wieder vor, dass er Termine nicht einhält oder noch schlimmer, dass er zu gemeinsamen Treffen viel zu spät erscheint.

Dafür ist der Stier-Fische-Mann als Ansprechpartner und Seelentröster unschlagbar. Auch kann er sehr tolerant sein, wenn auch oft nur aus lauter Bequemlichkeit. Der Stier-Fische-Charakter ist ein Mann der leisen und überlegten Töne, der es liebt, aus dem Hintergrund zu agieren, und der den Mittelpunkt scheut. Er ist sehr kreativ, absolut bodenständig und in seinen Handlungen überlegt und gelassen.

Im Beruf ist der Stier-Fische-Mann meistens in produzierenden und vermittelnden Tätigkeiten. Führen liegt ihm nicht so sehr, weil er hier einige Defizite im Umsetzen hat. Er arbeitet gerne an zweiter Stelle und hat auch kein Problem damit. Wichtig ist ihm dabei, dass er genügend Freiräume hat und nicht permanent unter Druck steht. Denn Druck und Bevormundung ist ein Verhalten, welches er überhaupt nicht leiden und ausstehen kann. Dieser Mann kreiert und gestaltet gerne und hat dafür ein ganz besonderes Feingefühl, deshalb arbeitet er auch oft und gerne in Textilbereichen, auch in künstlerischen Agenturen oder im Bereich der Malerei. Es kommt ihm zugute, dass er viel Geduld mitbringt, Angefangenes immer wieder verändert, bis es dann zur Serienreife fertig ist.

Oft ist dieser Charakter ein verschlossener und nachdenklicher Mann, häufig auch sehr sensibel. Er könnte manche Dinge einfach lockerer sehen und nicht alles auf die Goldwaage legen. Der Stier-Fische-Mann ist ein treuer und zuverlässiger Partner, vorausgesetzt, er lebt in einer festen Partnerschaft. Er gibt viel Wärme, Liebe und Zuneigung, erwartet aber umgekehrt ebenso diese Elemente zurück.

Seine größten Möglichkeiten entwickelt der Stier-Fische-Mann in sozialen Berufen, dort findet er seine Berufung, weil er dort seine Talente und Fähigkeiten optimal einbringen kann. Es ist einfach sein Thema, mit Menschen in sozial schwierigen Situationen umzugehen, ihnen Wege aufzuzeigen und ihnen ihre Wünsche vom Mund abzulesen. Die Menschen mögen und lieben ihn, weil dieser Mann Vertrauen aufbaut und andere dort abholt, wo sie sich derzeit befinden ...

Seine Familie, seine Frau und seine Kinder sind glücklich und stolz auf den Stier-Fische-Mann, weil er sich viel Zeit für ihre Sorgen und Nöte nimmt, sich rührend um die Kinder kümmert und mit ihnen spielt und viel unternimmt.

Rundum ist dieser Charakter ein zufriedener und angenehmer Mann, wenn auch manchmal die Flexibilität und die rasche Entscheidung ein wenig darunter leidet. Aber dieses Defizit kompensiert er mit seiner überaus freundlichen und liebenswerten Art.

Man kann sich auf den Stier-Fische-Mann verlassen, man sucht seine Nähe und seinen Rat und das ist für ihn eine tolle Bestätigung seines Verhaltens und motiviert ihn, diesen Weg immer so zu gehen (und das ist gut so) ...

ZWILLING

Aszendent Fische

Zwei Prägungen, die eklatante Probleme miteinander haben und nur sehr schwer für ihren Träger in den Griff zu bekommen sind. Der hyperaktive Zwilling mit seiner großen Wankelmütigkeit und der sensible und hingabefähige Fische-Charakter finden sehr schwer einen gemeinsamen Weg. Zu unterschiedlich sind die Aspekte und deren Vorstellungen vom Leben und der Zweisamkeit.

Es bleibt dem Zwilling-Fische-Mann aber nichts anderes übrig, als zu versuchen, im Laufe der Zeit durch Lernen und Üben einen Weg zu finden, beide Seiten zu integrieren. Es ist ja nicht so, dass der Zwilling-Fische-Mann keine Talente und Fähigkeiten besäße, im Gegenteil. Nur ist es hier so, dass die Talente und Fähigkeiten nicht harmonieren, da sie von der Anlage her völlig unterschiedlich sind. So ist der Zwilling ein Tausendsassa, der überall und schnell etwas bewegen will und dabei oft die Kontrolle aus den Augen verliert. Oft ist er auch zu oberflächlich und zu vertrauensselig, sodass er immer wieder einmal auf die Nase fällt und nicht selten auch viel Geld dabei verliert. Der Fische-Charakter hingegen ist eher ein humaner, langsamer Entscheider, der es mit der Schnelligkeit und Disziplin überhaupt nicht hat und alles in Ruhe und in Gelassenheit regeln will. Nur keinen Druck und keine Bevormundung, sonst läuft beim Fische-Typ gar nichts. Darüber hinaus ist er sehr eigen und egoistisch, oft stellt er sich bei bestimmten Dingen quer, um Zeit zu gewinnen und die Bewegung, die Schnelligkeit zu stören. Pünktlichkeit von einem Fische-Mann zu verlangen, ist schlichtweg eine Frechheit, "der Fisch geht und kommt, wann er will", auch wenn es zu unmöglichen Zeiten ist. Auch Samstag und Sonntag können beim Fische-geprägten Charakter normale Arbeitszeiten sein, dafür macht er eben am Montag frei, wie er es nun einmal gerade möchte oder wie es ihm gerade einfällt. Normen und Regeln bräuchte es für den Fische-Typ nicht zu geben. Hier setzt er seine eigenen Maßstäbe.

Oft ist also für den Zwilling-Fische-Mann die Unentschlossenheit ein wahres Handicap, ebenso aber auch seine Beeinflussbarkeit.

Seine besonderen Stärken liegen dafür ebenfalls in seinem Wesen begründet: Vorurteile kennt dieser Mann nicht, deshalb kommt er mit allen Menschen gleich gut zurecht. Die Menschen fassen oft sehr schnell Vertrauen zu ihm, weil er ihnen durch sein sympathisches Wesen auch zu jeder Zeit die richtige

Tür öffnet. Gerade für sozial Schwachen und hilfsbedürftigen Menschen hat der Zwilling-Fische-Mann immer ein offenes Ohr für deren Belange und Sorgen. Menschen zu helfen ist ihm ein Bedürfnis, dies ist ihm in die Wiege gelegt worden.

Der Zwilling-Fische-Mann selbst erwartet von seiner Umwelt die notwendige Wärme und Zuneigung. Hier ist er empfänglich, und es gibt für ihn nichts Schöneres als ein ehrlich gemeintes Lob. Dieser Mann ist ganz stark von den täglichen Gegebenheiten abhängig, einfach weil diese Emotionen seine Seele berühren und ihn rundum glücklich machen.

Beruflich muss er nicht unbedingt in der Führung tätig sein, obwohl er hier gespalten ist. Seine Zwilling-Seite möchte das schon, die Fische-Seite möchte es aber lieber ruhiger und langsamer angehen lassen. Also ist ihm die zweite Reihe auch recht, solange man ihn in Ruhe lässt.

Als Vater oder auch als Partner ist der Zwilling-Fische-Mann immer bestrebt, Harmonie zu leben und das Leben gerade in der Freizeit zu genießen. Auch hier will er nichts überstürzen. "In der Ruhe liegt die Kraft", das könnte von einem Zwilling-Fische-Mann sein. Alles was auch hier hektisch und mit Durck abläuft, ist nicht sein Ding, also immer gemütlich und liebevoll bitte ...

KREBS

Aszendent Fische

Die beiden Prägungen eines Krebs-Mannes mit Aszendent Fische sind nicht von Härte und Durchsetzungsvermögen geprägt, vielmehr dominiert bei ihm die Menschlichkeit, was für ihn persönlich nicht immer leicht sein wird.

Der Krebs-Fische-Mann ist sehr tiefgründig, sensibel und lebt auch in einer von ihm entwickelten und gewünschten Traumwelt, die jedoch mit der harten Realität des Lebens oft sehr wenig zu tun hat. Dadurch kommt er auch in Bedrängnis und in unverhoffte Schwierigkeiten, die ihn zum Teil weit zurückwerfen. Er lebt in einer Mystik, hat eine enorme Hilfsbereitschaft und ein beachtliches Mitgefühl für andere. Natürlich sind das auch Stärken, die andere Menschen in dieser Form nicht haben und nie haben werden, aber es bringt diesen Mann oft nicht weiter, und das ist das eigentliche Problem in seinem Charakterzug. Der Krebs-Fische-Mann braucht auch Standhaftigkeit und mentale Stärke, um die schwereren Prozesse im Leben bewältigen zu können. Oft wirkt er in gewissen Phasen auch orientierungslos und ängstlich; dennoch darf man sich hier nicht täuschen lassen, denn sein Instinkt ist untrüglich und letztendlich auch für ihn der einzige Schlüssel zum Erfolg. Oft weiß nur der Himmel, wie es der Krebs-Fische-Mann eigentlich macht. Aber das wird immer sein Geheimnis bleiben.

Er ist ein "Kümmerer", der sich um alle menschlichen Probleme um ihn herum sorgt. Im Team erkennt er als einer der ersten Fehlentwicklungen und Spannungen, er ist auch derjenige, der sich mit Feinfühligkeit bemüht, wieder Harmonie herzustellen. Für ihn sind die Fragen Seelenfrieden oder Unrast, Innigkeit oder Ablehnung, Liebe oder Hass das zentrale Thema. Dieser Charakter ist immer bemüht, Frieden zu erhalten oder wieder zu erlangen. Er operiert daher immer umsichtig und vorsichtig. Dynamisches Vorpreschen mag der Krebs-Fische-Mann nicht, lieber geht er zwei Schritte zurück und einen nach vorne.

Die großen Stärken des Krebs-Fische-Mannes liegen in der Musik oder auch in der Malerei. Dort sind seine Wurzeln und dort hat er auch Erfolg. Druck, Bevormundung und ständige Zurechtweisung ist für ihn mehr als unangenehm und macht ihn zudem unglücklich. Dieser Mann ist ein kreativer, selbstständiger und melancholischer Mensch, der seine Freiräume braucht, um seine kreative Ader spielen zu lassen. Deshalb ist er auch in Berufen, in denen er eigenständig verantwortlich wirken kann, oder er ist selbstständig, wobei ihm keiner den Rhythmus vorgibt.

Der Krebs-Fische-Mann ist ein großartiger Liebhaber und Partner, der viele Ideen in die Zweisamkeit einbringt und mit Leidenschaft bei der Sache ist. Die Frauen lieben sein Feingefühl, seinen behutsamen Umgang und seine vermittelnde Wärme und Zuneigung. Oft kommt dieser Mann auch in Konflikte, wenn ihm mehrere Frauen zum gleichen Zeitpunkt begegnen.

Als Vater, Partner oder auch Freund ist der Krebs-Fische-Mann sehr beliebt und geschätzt, weil man seine Wärme und Liebenswürdigkeit sucht und sich auch wünscht.

Was der Krebs-Fische-Mann auf jeden Fall durch mentales Training, Suggestion und Meditation verbessern könnte, ist seine Standfestigkeit und seine Positionierung in der Gesellschaft, indem er mehr Konstanz und Härte lebt.

LÖWE

Aszendent Fische

Zwei Prägungen, wie sie unterschiedlicher nicht sein könnten. Auf der einen Seite der aktive und dynamische Löwe, auf der anderen Seite der sensible Fisch, der keine großen Auftritte liebt.

Wie soll das gut gehen? Es wird und muss gut gehen, entscheidend dabei ist, wie schnell der Löwe-Fische-Mann bereit ist, diese unterschiedlichen Merkmale zu erkennen und permanent an deren Entwicklung und notfalls auch Veränderung zu arbeiten. Es wird ein langer und schwerer Weg für den Löwe-Fische-Mann sein, um die vorhandenen Talente und Fähigkeiten, die ohne Zweifel beide Prägungen haben, nur leider in sehr unterschiedlicher Weise, zu vereinen. Es wird ein beständiges Geben und Nehmen sein müssen und auch oft große inhaltliche Konflikte geben, aber es wird ein erfolgreicher Weg möglich sein.

Eines muss der Löwe-Fische-Mann schnell lernen: nach innen zu strahlen, Hingabe zu entwickeln, um dann überzeugend und vor allem hilfreich nach außen zu wirken. Die Gefahr, sich zurückzuziehen und Phlegma zu entwickeln, um sich dann auch noch in Passivität zu verlieren, ist natürlich gegeben. Anderseits hat dieser Männertyp unendliche Möglichkeiten, sich zum Wohltäter der Menschheit zu entfalten. Er sollte einfach lernen, das große Rad, an dem er so gerne drehen möchte, kleiner zu gestalten, kleinere Brötchen zu backen, auf den Boden der Tatsachen zurückzukehren und die ganz normalen Spielregeln des Lebens zu begreifen. Es ist nicht wichtig, im Mittelpunkt zu stehen und große Reden zu halten, es ist nicht wichtig, zu protzen oder gar maßlos zu übertreiben und es ist überhaupt nicht wichtig, der wichtigste Mensch auf dieser Welt zu sein ...

Es gilt hier für den Löwe-Fische-Mann zu versuchen, einen Mittelweg zwischen Dynamik und Souveränität zu finden. Nutzt er seine kreativen und intuitiven Möglichkeiten aus der Prägung seiner Geburtsstunde (Fische), so wird dieser Mann Erfolg im Stillen haben, ohne die große Trommel rühren zu müssen.

Dieser Charakter will und braucht einen bestimmten Stil und eine niveauvolle Sprache, die es ihm ermöglichen, ohne Belastungen und mit vollem Vertrauen seine Aufgaben zu verrichten. Die Menschen um ihn herum bedeuten diesem Mann nicht nur viel, sondern sind ein wichtiger Inhalt für sein Glücklichsein. Wärme, Liebe und Zuneigung sind die wesentlichsten Elemente im Leben des Löwe-Fische-Mannes. Lob und Anerkennung sind ein wichtiger Bestandteil für sein Selbstbewusstsein.

Dass der Löwe-Fische-Mann ein besonderer Genießer ist, ist allen hinreichend bekannt. Ob es nun um ein schönes Restaurant oder um gepflegtes Essen geht, hier ist der Löwe-Fische-Mann bestens informiert und weiß, wo man zu welcher Zeit hingeht. In diesem Punkt ist er sich auch von seinen beiden Prägungen her einig. Ja, er fühlt sich wohl im Beisein attraktiver und schöner Frauen. Hier ist er der Charmeur, hier zeigt er seinen Stil und seine ganz besonderen Umgangsformen. Die Frauen mögen das und fühlen sich darum in seiner Nähe auch sehr wohl.

Für seine Familie ist dieser Mann der Pascha, nicht negativ gemeint, eher positiv. Der Löwe-Fische-Mann ist einfach die anerkannte Persönlichkeit, die immer zum Scherzen aufgelegt ist, immer einen Rat hat und außerdem immer zum Helfen bereit ist. Auch für karitative Zwecke ist er stets ansprechbar, und gerade für sozial Schwache und Hilfsbedürftige hat er immer ein offenes Ohr. Es kommt nicht selten vor, dass er größere Summen spendet und damit dem Leid und der Not der betroffenen Menschen Abhilfe leistet.

Der Löwe-Fische-Mann ist ein Mann mit einem wachen Geist, einer starken Intuition und unglaublichen inneren Reserven ...

JUNGFRAU

Aszendent Fische

Hier haben wir einen Mann mit zwei spannungsreichen Prägungen, Realität und Fantasie prallen hier aufeinander. Die Aufgabe und zugleich die Schwierigkeit des Jungfrau-Fische-Mannes ist es, seine goldene Mitte zu finden.

Er wird sich nichts davon kaufen können, wenn man ihm bescheinigt, dass er den feinfühligsten und selbstlosesten Jungfrau-Charakter aller Jungfrau-Männer besitzt. Um die gewünschte Mitte zu finden, muss er seine manifestierten Verhaltensmuster ändern, und das kann er ausschließlich durch mentales Training, Suggestion und Meditation erreichen. Auch wenn es für diesen Charakter zunächst viel Aufwand bedeutet, unterm Strich wird es ihm viel bringen und seine gesamte Persönlichkeit stärken. Ein besonderes Problem ist auch seine mangelnde Antriebskraft, die er auch mit schlauen und intelligenten Reden nicht kompensieren kann.

Dass der Jungfrau-Fische-Mann ein besonderes Gefühl für notleidende Mitmenschen hat, ehrt ihn und er stärkt diese schon allein durch seine Anteilnahme. Der Jungfrau-Fische-Mann blüht richtig auf und ist in seinem Element, wenn es um soziale Aspekte geht, wenn er Menschen helfen kann, wenn Menschen auf ihn zugehen und seine Hilfe fordern. Dann spürt man sein Feingefühl und seinen Bezug zu den Sorgen anderer, dort ist er zu Hause, da kann er dann plötzlich aus sich herausgehen und auch die Führung übernehmen.

Dieser Männertyp ist ein großer Individualist, gepaart mit einem tiefen Verständnis für die Vorgänge im Leben. Seine Talente und seine Fähigkeiten gehören auch ohne Zweifel zum oberen Drittel, nur in der Praxis ist dieser Mann dann nicht spontan genug. Er neigt dazu, zu lange zu zögern, kommt zu spät zur Entscheidung und ist dann meistens der Verlierer, wenn es um konkrete Dinge geht.

Ein weiteres Problem liegt darin begründet, dass der Jungfrau-Fische-Mann Kritik weder annehmen noch damit umgehen kann. Er verschließt sich dann und lässt keinen an sich heran. So gilt er deswegen auch oft als Einzelgänger, ist unnahbar und dadurch natürlich auch nicht der Sympathischste. Viele Menschen in seinem Umfeld schätzen diesen Mann dadurch falsch ein und bilden sich einen ganz eigenen persönlichen Eindruck von ihm, der mit Sicherheit so aber nicht zutrifft. Hier sollte er gegenhalten und sich mehr öffnen, mehr auf die Menschen zugehen und auch selbst einmal das Gespräch suchen.

Das größte Problem dieses Charakters ist das Gefühl, eingeengt zu werden und dienen zu müssen. Er ist von Grund auf ein selbstständiger Mann, der ungern im Auftrag anderer steht, deshalb ist er auch meist als Selbstständiger tätig. Da kann er machen, wann und wie er es will. Dieser Mann hasst die Pünktlichkeit und noch schlimmer: Fixtermine. Alles, was mit Disziplin und Druck zu tun hat, ist nicht sein Fall. Er arbeitet gerne, aber auch zu unregelmäßigen Zeiten, egal ob Samstag oder Sonntag, er arbeitet dann, wenn er Lust und Laune dazu hat.

Das ist nicht immer im Sinne seiner Familie, denn hier gibt es oft unterschiedliche Auffassungen, aber sein Egoismus ist einfach zu stark ausgeprägt und lässt sich hier auf keine Kompromisse ein - auch wenn der Streit vorprogrammiert ist.

Der Jungfrau-Fische-Mann sollte versuchen, ein bisschen an sich zu arbeiten und zu begreifen, dass beispielsweise seine Frau ihren Mann und seine Kinder ihren Vater brauchen, mehr als er vermuten würde ...

WAAGE

Aszendent Fische

Bei dem Waage-Mann mit Aszendent Fische treffen zwei Prägungen aufeinander, die sich gegenseitig nicht weh tun, aber auch keinesfalls groß unterstützen. Beide Charaktere sind auf Harmonie und Frieden ausgerichtet. Die Entschlussfreudigkeit ist in beiden Fällen nicht sonderlich groß ausgeprägt. Hier sollte der Waage-Fische-Mann stark an seiner Entwicklung arbeiten, um dies in der Zukunft positiver zu gestalten.

Von allen Waage-Charakteren gehört der Waage-Fische-Mann sicherlich zu den wankelmütigsten und zugleich zu den unentschlossensten. Unübertroffen ist aber seine Sensibilität, sein Feingefühl und seine Intuition. Alle, die Hilfe brauchen, finden bei diesem Mann immer ein offenes Ohr, Verständnis und den nötigen Trost. Seine Hingabe und Liebesfähigkeit ist ebenfalls einmalig und bisher unerreicht. Grundsätzlich finden wir in diesem Charakter einen sensiblen, emotionalen und sehr verletzbaren Menschen. Der Waage-Fische-Mann besitzt ein hohes Maß an Feingefühl und benötigt viel Freiraum, in dem er seine Entscheidungen ausgewogen und wohl überlegt treffen kann. Druck erzeugt bei diesem Männertyp nur Gegendruck und lässt keine Basis entstehen. Mit Druck kann man bei ihm überhaupt nichts, aber auch gar nichts erreichen. Im Gegenteil, es bringt ihn weit weg und lässt nichts entstehen.

Bevormundung, Kontrolle und Kritik sind ebenfalls Punkte, mit denen der Waage-Fische-Mann nichts anfangen kann und will. Wenn dies geschieht, ist die gemeinsame Sache schon wieder beendet, bevor sie begonnen hat.

Ausgesuchte Freunde und eine liebenswerte Gesellschaft mag er sehr. Dort fühlt er sich wohl und auch zu Hause. Dieser Mann ist zum Teil verschlossen und stark in sich gekehrt. Immer dann, wenn ihn etwas bedrückt oder belastet, tritt dieser Zustand ein. Hier sei mentales Training, Suggestion und Meditation sehr empfohlen, um diese Muster zu verändern. Wärme, Liebe und Zuneigung sind seine Triebfedern, die ihn motivieren und zu Höchstleistungen führen.

Unübertroffen ist der Waage-Fische-Mann in seiner Kreativität, seiner Hilfsbereitschaft und seinem Verständnis schwachen und hilfsbedürftigen Menschen gegenüber.

Sein Arbeitsstil ist nicht leicht zu definieren, er kann mal hart arbeiten, aber umgekehrt dann je nach Situation die Dinge schleifen lassen. Was ein solcher Mann überhaupt nicht mag, sind feste Arbeitszeiten. Aber in der Regel ist der Waage-Fische-Mann ein selbstständiger Unternehmer und somit für seine Arbeitszeiten selbst verantwortlich. Da kann es schon vorkommen, dass er das ganze Wochenende durcharbeitet und sich dann am Montag frei nimmt. Dies ist natürlich ganz und gar nicht im Sinne seiner Familie, aber damit hat dieser Mann kein Problem. Notfalls ist er auch bereit, einen kleinen Streit zu akzeptieren. Dies ist nun mal der Freiraum, den er sich nicht nehmen lässt, auch wenn er dann und wann auf Unverständnis seitens der Familie und seiner Freunde stößt.

So ist der Waage-Fische-Mann nicht immer einfach einzuordnen und immer für Überraschungen gut ...

SKORPION

Aszendent Fische

Die beiden Prägungen des Skorpion-Mannes mit Aszendent Fische symbolisieren ein einziges Geheimnis unter den Grundcharakterarten, kein einziger unter den 144 Männer-Charakteren kann nur annähernd an seine Talente, Eigenarten und Fähigkeiten anknüpfen, was natürlich nicht heißt, dass dieser Mann die besten Charaktereigenarten besitzt, sondern es bezieht sich auf bestimmte Elemente seines Charakters, die man als einmalig bezeichnen muss.

Der Charakter des Skorpion-Fische-Mannes ist wahrlich rätselhaft, getragen von Mystik und Magie und dem "wissenschaftlich Unerklärbaren". Seine beiden Prägungen leben aus dem Urgrund, aus der Tiefe, wobei sich daraus ein stürmisch-leidenschaftliches, hingebungsvolles Innenleben entwickelt. Diesem Mann kann man grundsätzlich alles anvertrauen und man wird (fast) auf alles eine entsprechende Antwort erhalten.

Getragen wird sein Grundkonzept von einer hohen Sensibilität, großer Feinfühligkeit und einer einzigartigen Kreativität. Diese Konstellation macht den Skorpion-Fische-Mann wohl nicht zum schnellen Entscheider, aber sie gibt ihm die Möglichkeit, außergewöhnliche Dinge zu planen und auch langfristig in die Tat umzusetzen, was dann von allen Beteiligten wohlwollend zur Kenntnis genommen wird.

Der Skorpion-Fische-Mann ist ein Tüftler und ein Gestalter, der Zeit braucht und sich die Zeit nimmt, derartige Vorgänge umzusetzen. Antrieb, Begeisterung und Schnelligkeit sind nicht seine Triebfedern, dies passt auch nicht zu seinem Grundcharakterzug, der eben ganz anders tickt und gestrickt ist. Dieser Mann mag weder unter Druck noch unter Bevormundung arbeiten, da ist er nicht glücklich. Schon aus diesem Grund zieht er meistens die Selbstständigkeit vor oder er hat eine eigene Planstelle in einem Konzern, wo er eigenständig, eigenverantwortlich und ohne Kontrolle wirken und arbeiten kann.

Die Waffen des Skorpion-Fische-Mannes in der Verteidigung sind Zynismus und sehr direkte Argumente. Kritik und Niederlagen verträgt dieser Männertyp überhaupt nicht. Hier ist er verwundbar. Hier muss er hart an sich arbeiten; mentales Training, Suggestion und Meditation würden ihm hier eine große

Hilfe sein. Vieles sieht er oft zu persönlich, fühlt sich schnell angegriffen und geht schnell zur Verteidigung über. Er kann auch ein Eigenbrötler sein, oft auch ein einsamer Mann, der sich völlig aus der Gesellschaft zurückzieht und somit von vielen Menschen aufgrund seines Verhaltens, oft zu Unrecht, als komisch abgestempelt wird. Hieran ist er aber meist selbst schuld.

Die Familie ist dem Skorpion-Fische-Mann sehr wichtig. Dieses homogene Umfeld der Wärme, Liebe und Zuneigung braucht er, um seinen Akku wieder aufzuladen. Oft ist es für seine Frau aber auch schwierig, weil er gerade am Wochenende die Arbeit nicht loslassen kann. Und so kann es schon vorkommen, dass er den ganzen Sonntag im Büro verbringt und seine Familie nichts von ihm hat. Mit diesem Mann Urlaub zu machen, ist ebenso ein Problem, weil er auch im Urlaub immer wieder von seiner Arbeit eingeholt wird.

Was die Liebe angeht, hat der Skorpion-Fische-Mann ein besonderes Gefühl für Frauen entwickelt ... Die Frauen sind von ihm begeistert und unsterblich in ihn verliebt; da lebt er seine wahren Gefühle aus, und das macht ihn anscheinend sehr glücklich ...

SCHÜTZE

Aszendent Fische

Beim Schütze-Mann mit Aszendent Fische wirken zwei besondere Prägungen, die ihre Stärken und Schwächen optimal untereinander austauschen und somit Defizite und Stärken gut in den Griff bekommen. Mit einem besonderen Instinkt, Mitgefühl und Hilfsbereitschaft geht dieser Charakter seinen Weg.

Themen wie Liebe und Hoffnung bestimmen das Leben des Schütze-Fische-Mannes. Seine Ansprüche sind wohl hoch, aber nicht utopisch, vor allem ist dieser Mann nicht verbissen, sondern hat alles unter Kontrolle. Er sagt sich einfach, dass man mit dem zufrieden sein kann, was man hat. Gesundheit ist das höchste Gut im Leben.

Der Schütze-Fische-Mann ist ein wahrer Freund und angenehmer Weggefährte, weil er Ruhe und Gelassenheit ausstrahlt. Natürlich ist er zu gegebener Zeit auch ein kleiner Träumer, aber das sei ihm gegönnt. Schön, dass er noch träumen kann.

Eine Gefahr jedoch besteht bei diesem Charakter latent: die Gefahr, dass er ausgenutzt wird. Hier muss dieser Mann auch lernen, hin und wieder "Nein" zu sagen und auch einmal eine unpopuläre Entscheidung zu treffen.

Der Schütze-Fische-Mann ist ein lebensbejahender und reisefreudiger Mensch, der immer wieder gerne zu seinen Wurzeln zurückkehrt. Seine Vorstellungskraft, um etwas Besonderes zu entwickeln und zu gestalten, ist groß und stellt eine seiner Triebfedern dar. Seine Ideen und seine Wunschvorstellungen lassen sich in der Regel gut in die Tat umsetzen. Wenn er ein größeres Projekt in Angriff nimmt, dann zieht er es auch ohne Wenn und Aber durch - oft zum Leidwesen seiner Familie und seiner Freunde, weil er dann für diese keine Zeit hat. Nicht selten kommt es vor, dass auch ein Wochenende darunter leiden muss, aber für ihn ist das kein Problem.

Dass der Schütze-Fische-Mann ein ganz besonderer Genießer ist, ist seinem Umfeld bekannt, vor allem liebt er schöne Restaurants mit tollem Ambiente und vorzüglichem Essen. Dazu muss es ein klassischer Rotwein sein, und auch eine gute Zigarre sollte nicht fehlen. Hier ist dieser Männertyp auch nicht kleinlich; wenn die Leistung stimmt, ist er gerne bereit, einen angemessenen Preis dafür zu bezahlen.

Wenn er in Urlaub fährt, dann sollte es mit viel Abwechslung sein, sowohl ruhige Momente müssen möglich sein, wie auch Golf, Tennis und Gleitschirmfliegen nicht fehlen sollten. Im Urlaub kann dieser Mann am besten entspannen, weil er dann vom Arbeitsprozess weit weg ist, weswegen er kurze Urlaube immer wieder einbauen sollte. Länger als ein bis zwei Wochen hält der Schütze-Fische-Mann es sowieso nicht aus. Dann wird er unruhig und kann den Urlaub gar nicht mehr genießen.

Der Schütze-Fische-Mann ist auch in vielen Ehrenämtern tätig, insbesondere, wenn es um wohltätige Zwecke geht. Für sozial Schwache und Hilfsbedürftige hat er ein besonderes Verständnis, nicht zuletzt weil er ein tiefes Gefühl für die Belange und Sorgen dieser Menschen hat. Es macht ihm einfach viel Freude zu helfen und auch zu sehen, wie sich dort der Fortschritt und die Entwicklung einstellt.

Insgesamt gesehen ist der Schütze-Fische-Mann ein sehr angenehmer, fröhlicher und immer gut aufgelegter Mann, der nimmer müde wird zu helfen und zu unterstützen. Seine Ausgeglichenheit und seine Freundlichkeit sind schon fantastisch ...

STEINBOCK

Aszendent Fische

Zwischen den beiden Prägungen Steinbock und Fische liegen Welten. Unterschiedlicheres kann kaum ein Charakter in sich vereinen als dies hier der Fall ist. Die Gegensätze "hart - weich" und "Realist - Träumer" sind hier extrem stark ausgeprägt und demnach hat dieser Charaktertyp gewaltige Schwierigkeiten, was das Zusammenspiel seiner Anlagen angeht. Es müssen sehr große Anstrengungen unternommen werden, um hier dennoch einigermaßen zur Harmonie zu kommen.

Grundsätzlich ist das nur möglich, wenn der Steinbock-Aspekt bereit ist, seine selbst gesteckten Grenzen zu überschreiten und sich auf die unergründliche Weite des Fische-Lebens einzulassen. Gefördert und erleichtert werden kann dies durch mentales Training, Suggestion und Meditation. Hier können die manifestierten Grundmuster aufgelöst und durch neue ergänzt werden.

Dann kann das große Talent des Steinbock-Fische-Mannes, tiefe Einsichten zu gewinnen und zu erahnen, optimal und effektiv eingesetzt werden. Dann ist er in vielen Dingen und Entscheidungen anderen immer einen Schritt voraus ...

Der Steinbock-Fische-Charakter ist auf der einen Seite ein Mann mit hoher Präzision und totaler Perfektion, auf der anderen Seite hat er wiederum Probleme, seine Gefühle eindeutig zum Ausdruck zu bringen, obwohl er die Fähigkeiten dazu hätte.

So muss er einfach lernen, seine Talente und Fähigkeiten aus seinen beiden Prägungen so zu bündeln, dass er damit erfolgreich arbeiten kann und sich daraus auch ein Vorteil für ihn entwickelt. Denn Fähigkeiten hat er mehr als genug; so ist er jedoch kritisch, bodenständig und immer auf Sicherheit bedacht, was ihm natürlich die notwendige Lockerheit raubt.

Auf der anderen Seite hat der Steinbock-Fische-Mann eine enorme Intuition, ist sehr feinfühlig und kreativ und besitzt eine besondere Gabe aus dem Fische-Einfluss, nämlich Tiefgang in der Seele und ein gutes Bauchgefühl, das er stets zu seinem Vorteil nutzen kann. Er erspürt Vorgänge und erkennt, wenn jemand nicht die Wahrheit spricht, und das ist ein Vorteil, der mit nichts, aber auch gar nichts zu vergleichen ist.

Als Vorgesetzter oder auch als Chef sollte der Steinbock-Fische-Mann lockerer und entspannter sein sowie auch die Bedürfnisse und Wünsche seiner Kollegen und Mitarbeiter akzeptieren und nicht nur seine eigene Meinung als vorherrschend gelten lassen. Dadurch gewinnt er weder Freunde noch Sympathien. Auch seine Mitarbeiter und Kollegen sind intelligent und haben bestimmte Vorstellungen vom Leben, nicht nur der "Herr Allwissend" ... Also muss der Steinbock-Fische-Mann lernen, auf die Leute zuzugehen, sich deren Meinungen anzuhören und auch andere Vorschläge und Vorstellungen zu akzeptieren. Er wird sehr schnell erkennen, dass vieles positiv und zu gebrauchen ist und er dadurch einen besseren Zugang zu den Menschen bekommt.

Seine Partner- und Vaterrolle spielt der Steinbock-Fische-Mann sehr durchwachsen, oft hat er zu wenig Zeit für seine Lieben, auch zeigt er in vielen Belangen zu wenig Verständnis für eine Sache und schraubt seine Erwartungen gegenüber seinen Kindern viel zu hoch. Die Folge bei diesen ist Angst und Zurückgezogenheit.

Dieser Charakter sollte zu begreifen versuchen, dass Wärme, Liebe und Zuneigung die Triebfedern sind, die ein liebevolles Miteinander in Freude und Harmonie sichern und gewährleisten ...

WASSERMANN

Aszendent Fische

Zwei ganz großartige Prägungen treffen bei dem Wassermann-Fische-Mann aufeinander, zwei Charakterzüge, die sich blind verstehen und sich in fast jeder Situation positiv ergänzen und stärken. Man kann sagen, ihr Träger gehört zu den hilfsbereitesten und selbstlosesten Männern.

Der Wassermann-Fische-Mann besitzt einen festen Glauben an das Gute im Menschen, hat ein großes Herz für karitative Zwecke, für hilfsbedürftige Menschen und besonders für sozial Schwache. Es ist deshalb auch nicht selten, dass er in entsprechenden Organisationen entweder das Sagen hat oder für solche Institutionen ehrenamtlich tätig ist. Es ist für ihn eine ganz normale Pflicht und Einstellung, gerade diesen Bereichen große Aufmerksamkeit zu schenken. Das hat mit seinem Grundcharakter zu tun, der tiefgründig, sensibel, intuitiv und sehr strategisch ausgerichtet ist.

Das Herz des Wassermann-Fische-Mannes ist immer am Nabel der Zeit. Er ist nicht der große vordergründige Führer, vielmehr arbeitet er aus der Distanz mit einer leisen, aber bestimmten Sprache. Die Menschen mögen ihn, weil er stets gelassen, ruhig und souverän agiert, immer mit Feingefühl und immer mit der notwendigen, strategischen Ausrichtung.

Er fühlt Vorgänge im Voraus und kann dadurch maßvolle und immer gerechte Entscheidungen zum Wohle aller treffen. Deshalb ist er auch ein sehr gefragter Mann, der in vielen Bereichen des täglichen Lebens seinen Einfluss geltend machen kann und eine sehr hohe Akzeptanz aller Beteiligten genießt.

Der Wassermann-Fische-Mann braucht aber auch seinen Freiraum und seine Entscheidungskompetenz; man darf ihn weder einengen noch bevormunden, sonst hat er ein Problem. Hier ist er eigen und hat eine ganz bestimmte Vorstellung vom Geschäftsleben. Meistens hat es aber auch damit zu tun, dass es ganz wenige Partner, Mitarbeiter und Freunde gibt, die in der Lage sind, ihm das Wasser zu reichen bzw. die über seine Talente und Fähigkeiten verfügen. Bereits beim ersten Kontakt oder Dialog entscheidet sich, ob es eine Basis zur Zusammenarbeit gibt oder nicht. Hier ist er hart und zu keinen Kompromissen bereit. Manche legen ihm das als Arroganz aus, was es aber wirklich nicht ist. Es liegt ganz einfach an seiner Persönlichkeit, an seiner großartigen Aura.

Dass der Wassermann-Fische-Mann darüber hinaus ein besonderer Charmeur ist, ist den Menschen, die mit ihm arbeiten, nicht verborgen geblieben. Sein Auftreten, sein Stil, seine exzellente Kleidung – all das deutet natürlich schnell darauf hin, mit wem man es zu tun hat.

Seine Familie, seine Frau und seine Kinder lieben ihn, weil er immer ausgeglichen, immer ruhig und gelassen agiert, auch dann, wenn es kritisch wird und nicht so erfreuliche Ereignisse anstehen. Aber das ist eine seiner ganz großen Stärken, dass er in Druck und Notsituationen immer einen klaren Kopf behält, nie die Kontrolle verliert und immer der Situation angemessen reagiert.

Diese besondere Stärke mögen auch Frauen sehr, und deshalb suchen gerade sie immer den Zugang zum Wassermann-Fische-Mann und schätzen und bewundern seine liebenswerte Art.

Er ist wirklich ein einzigartiger und großartiger Mann, der Wertschätzung besonders verdient hat ...

WIDDER

Aszendent Widder

"Power-Prägungen", so könnte man die beiden Charaktere des Widder-Widder-Mannes nennen, aber auch die Bezeichnungen "Mit dem Kopf durch die Wand", "Feuer", "Begeisterung" und "Antrieb um jeden Preis" treffen seinen Wesenskern.

Der doppelte Widder-Mann ist glaubwürdig und durchschlagend, im wahrsten Sinne des Wortes also ein Vulkan, der nie aufhört zu beben. Euphorie und impulsiver Tatendrang sind sein Markenzeichen. Doch so viel Power beschert ihm - mangels besonnener Überlegung - auch so manche Panne. Man kann diesen Mann schon ein Kraftpaket nennen, das durch seine beiden Prägungen eine Konstanz und Durchsetzungskraft erreicht, die bravourös funktioniert und zusätzlich auch noch eine Menge Harmonie ausstrahlt. Der Widder-Widder-Mann ist ein Kämpfer, der sich vor nichts, aber auch gar nichts fürchtet. Am liebsten erledigt er Pionieraufgaben, wo man im Vorhinein nicht weiß, was auf einen zukommt. Aber gerade diese Ungewissheit reizt ihn, die Aufgaben anzugehen und sie zur Zufriedenheit aller Beteiligten zu lösen und erfolgreich zu beenden.

Beruflich ist der Widder-Widder-Mann ausschließlich in der Führungsebene tätig und hier auch meistens in Top-Positionen, denn untergeordnet zu arbeiten, fällt ihm wirklich schwer. Mit diesem Männertyp umzugehen bzw. ihn erfolgreich zu führen, ist daher sehr schwer; entweder man findet die richtige Sprache zu ihm, oder man lässt es lieber ganz. Hier ist ein Mann, der den Widerspruch liebt, keinen Streit scheut und sich gerne reibt. Er ist niemals ein Mitläufer und schon erst recht niemand, der den Mund hält. Im Prinzip hat er immer das letzte Wort. Der Satz "Nur tote Fische schwimmen mit dem Strom" könnte von einem Widder-Widder-Mann stammen. Eines seiner größten Probleme ist es, dass er immer mit voller Kraft an Dinge herangeht und seine Kraft nie dosiert, doch damit verpufft auch oft ein großer Teil seiner Energie.

Mehr Diplomatie, mehr innere Ruhe und Gelassenheit sind Faktoren, die der Widder-Widder-Mann noch sehr gut entwickeln kann. Mentales Training, Suggestion und Meditation würden ihm dabei definitiv weiterhelfen.

Im Gefühlsbereich, sprich im Bereich der Emotionen, hat dieser Mann sehr große Defizite. Er ist schnell begeistert und schnell verliebt, doch hier fehlt ihm einfach die Konstanz und der Weitblick. Dabei hält er mit seiner Persönlichkeit und seinem sympathischen Verhalten durchaus die Trümpfe in der Hand, und die Menschen, insbesondere das weibliche Geschlecht, finden ihn interessant und suchen auch seine Nähe. Oft ist er dadurch hin- und hergerissen und tanzt dann schon ab und zu auf zwei Hochzeiten, wobei er dann auch gezwungen ist, zu Notlügen zu greifen. Mit der Treue hat der Widder-Widder-Mann auch so seine leichten Schwierigkeiten, und so ist es gar nichts Besonderes, wenn in seinem "Lebensbuch" mehrere Ehen - und natürlich auch Scheidungen - zu Buche stehen können.

Der Widder-Widder-Mann ist natürlich im Auftreten perfekt, seine Aura, seine Persönlichkeit, sein Charme laden zu mehr ein. Flirten ist für ihn eine seiner leichtesten Aufgaben, Frauen sind begeistert und fühlen sich in seinem Umfeld sehr wohl. Für ihn bedeutet es eine wohltuende Abwechslung zu seinem beruflichen Stress. Aber es sei ihm gegönnt, es ist ja nichts Verwerfliches daran, sich gut mit dem weiblichen Geschlecht zu verstehen.

Soweit der Widder-Widder-Mann in einer festen Bindung/Ehe steht, kann man sich absolut auf ihn verlassen, solange man ihm seinen Freiraum zugesteht ...

STIER

Aszendent Widder

Bei einem Stier-Mann mit Aszendenten Widder treffen Kreativität und Kampfbereitschaft zusammen, zwei Prägungen mit zwei unterschiedlichen Wegen, um auf die Erfolgsspur zu kommen. Beide Prägungen wollen den unbedingten Erfolg, nur die Sichtweise und das Vorgehen ist derart unterschiedlich, dass Konflikte nicht auszuschließen sind.

So ist der Stier mehr der lautlose und etwas vorsichtige Führer, dagegen ist der Widder ein Draufgänger und Haudegen, der immer wieder Porzellan zerbricht. Um diese beiden Charaktere nun unter einen Hut zu bringen, ist von Seiten des Stier-Widder-Mannes schon ein bestimmter Aufwand nötig. Eine besondere Hilfe hierbei wäre ein gezieltes mentales Training, Suggestion und Meditation. Mit diesem Training gelingt es ihm, seine manifestierten Grundmuster zu erkennen, zu verändern und durch neue Verhaltensmuster zu ergänzen. Der Erfolg liegt dann auf der Hand, weil er nun in der Lage ist, sein Verhalten zu steuern und seine Möglichkeiten, Talente und Fähigkeiten optimal und gewinnbringend einzusetzen.

Aufgrund seiner Kreativität und seines besonderen Feingefühls ist der Stier-Widder-Mann meist in Berufen tätig, in denen diese Eigenschaften auch gefordert und notwendig sind. Das kann beispielsweise die Textilbranche oder auch der Grafikbereich sein, aber auch als Rechtsanwalt oder Notar spielt dieser Mann eine große Rolle.

Von seinen Mitarbeitern verlangt er viel, manchmal zu viel. Der Stier-Widder-Mann sollte nicht immer von seinen eigenen Voraussetzungen ausgehen, sondern beachten, dass Mitarbeiter nicht sein Niveau und sein Können haben müssen, also sollte er auch Abstriche machen und das notwendige Verständnis dafür aufbringen. Wenn die Mitarbeiter so ideal wären wie er, dann wäre er selbst ja nicht mehr so gut - das sollte ihm zu denken geben.

Bodenständigkeit ist die größte Tugend, die der Stier-Widder-Mann besitzt, ebenso ist er ein treuer und beständiger Weggefährte insbesondere auch in der Ehe und Partnerschaft.

Mit Kritik hat dieser Männertyp einige Probleme, weil er immer alles auf die Goldwaage legt, dabei ist nicht immer alles so gemeint, wie er es zum Teil interpretiert. Lockerer und gelassener sein ist hier die Devise, und das Gesagte erst einmal wirken lassen, bevor man sich dazu aggressiv äußert und sich verausgabt. Kontrolle und Bevormundung sind zwei Punkte, die der Stier-Widder-Mann klar ablehnt, damit kann und will er nicht umgehen. Also ist es wichtig, die richtige Sprache bei ihm zu finden, am besten ist es, ihn im Herzen zu berühren, dann hat man jeglichen Zugang zu diesem Mann. Auch wenn er es nicht zugeben möchte, aber Lob und Anerkennung tun ihm nicht nur gut, sondern beflügeln ihn geradezu zu großen neuen Taten ...

In der Freizeit macht der Stier-Widder-Mann gerne und viel Sport, ist bereit sich zu quälen und geht immer wieder an die Grenzen seiner Leistungsfähigkeit.

Er kann aber auch genießen; besonders gerne geht dieser Männertyp schön essen, wichtig dabei ist ihm ein schönes Ambiente, eine gute Atmosphäre und liebenswerte Freunde.

Die Familie, seine Frau und seine Kinder sind dem Stier-Widder-Mann sehr wichtig und bedeuten ihm sehr viel. Aus der Familie holt er sich das Gleichgewicht, das er im Beruf so dringend braucht. Auch in gemeinnützigen Organisationen ist er immer wieder zu finden. Gerade für sozial Schwache und hilfsbedürftige Menschen hat dieser Mann ein offenes Ohr und hilft durchaus auch einmal unbürokratisch.

Ansonsten ist der Stier-Widder-Mann ein Mann mit Stil, Niveau und guten Manieren, einer der weiß, wie schön das Leben sein kann ...

ZWILLING

Aszendent Widder

Eine hochexplosive Prägung trifft hier bei dem Zwilling-Mann mit Widder-Aszendent aufeinander, zwei Charakterzüge, die ganz unterschiedliche Grundmuster haben und sehr häufig in ganz andere Richtungen "denken" und somit auch diverse persönliche Konflikte herbeiführen ...

Bei dem Zwilling-Widder-Mann ist es ganz wichtig, die Gewohnheiten und Verhaltensmuster auf Qualität und Effizienz hin zu überprüfen und sich neue, passende Muster anzueignen. Dies geschieht am besten und erfolgreichsten durch ein gezieltes mentales Training, durch Suggestion und Meditation. Wenn dieser Mann das ernsthaft in Erwägung zieht und sein Wachstum und seine Entwicklung konstant aufbereitet, wird er eine persönliche Stärke und Qualität erreichen, die ihm nachfolgend beste Erfolge generiert. Nur muss er dies eben tatsächlich anpacken; wenn nicht, so wird er immer wieder seinem Glück hinterherlaufen, weil seine Potenziale sinnlos verpuffen und somit nicht den gewünschten und erhofften Erfolg erzielen.

Der Zwilling-Widder-Mann hat sehr wohl ein sprühendes und zuversichtliches Temperament, aber auch eine sorglose Inkonsequenz, abhängig von seiner Gefühlswelt. Geistig ist dieser Männertyp stets auf der Höhe und seinen Zielen oft um Längen voraus, nur zum Schluss geht ihm zumeist die Luft aus und alles verpufft. Die eingesetzte Energie löst sich in Luft auf, und aller Einsatz war umsonst. Gerät dieser Mann unter Druck, kann es passieren, dass er Fairness und Aufrichtigkeit vergisst und mit Mitteln arbeitet, die sich nicht gehören und die vor allem überhaupt nicht zu ihm passen. Dann greift er schon mal in die Trickkiste, und alle Beteiligten wundern sich und wissen nicht mehr, was sie davon halten sollen.

Große Akzeptanz und Sympathie bringt ihm das natürlich allemal nicht. Also, "Schuster bleib bei deinem Leisten" und gehe deinen gewohnten und ehrlichen Weg ...

Oft wird der Zwilling-Widder-Mann von seinen eigenen Gedanken und Geistesblitzen überrumpelt, lässt eine angefangene Aufgabe einfach liegen und widmet sich der neuen, für ihn oft hoffnungsvolleren Aufgabe. Wenn es dann dort doch nicht so klappt, wie er sich das vorgestellt hat, hat er kein Problem, auch diese wieder zu beenden, um wieder etwas Neues zu beginnen. Und hier liegt beim Zwilling-Widder-Mann das Grundproblem begraben, nämlich seine schnelle Begeisterungsfähigkeit und seine dann folgende mangelnde Konstanz. Damit macht er und hat er bereits viel kaputt gemacht.

Dieses Kernproblem in seiner Prägung kann auch im privaten Bereich seine Kreise ziehen; nicht selten ist dieser Mann zwei, drei oder auch vier Mal schon verheiratet gewesen. Es ist ja nicht so, dass plötzlich die Liebe, Wärme und Zuneigung weg ist, vielmehr liegt es an seiner Gefühlswelt, bei Neuentdeckungen das Ältere erst einmal zurückzustellen, um das Neue, Interessantere auszuprobieren ...

Auch sein Zeitmanagement sollte der Zwilling-Widder-Mann auf Sinn und Zweck überprüfen. Stress und keine Zeit haben, hat immer etwas mit mangelnder Organisation zu tun. Und wenn man diesen Männer-Charakter trifft oder fragt, hat er nie Zeit und ist immer im Stress!

Sich einen Ort der Ruhe zu gönnen, sei dem Zwilling-Widder-Mann hier angeraten, und auch, in seinen Körper hineinzuhorchen, der wird es ihm danken. Die innere Mitte zu suchen ist sehr wichtig für diesen Mann, und wenn er dabei locker und gelassen wird, wird er schnell feststellen, dass er plötzlich Zeit hat und der Stress sich bei ihm in Grenzen hält.

Der Zwilling-Widder-Mann sollte so seine Talente und seine geistigen Anlagen für mehr Souveränität nutzen, und er wird ungeahnte Erfolge und Siege feiern. Denn an besonderen Fähigkeiten mangelt es ihm ohnehin nicht; die Menschen mögen den Zwilling-Widder-Mann, weil sich seine Sympathie überträgt ...

KREBS

Aszendent Widder

Die beiden Prägungen des Krebs-Widder-Mannes sind nicht ganz unproblematisch, weil hier zum einen die kühn stürmende Prägung aus der Geburtsstunde (Widder) aktiv ist, zum anderen die Vorsicht und Empfindsamkeit aus dem Geburtstag (Krebs) stark ausgeprägt ist. Es ist eine große Kunst und bedeutet viel Geduld, diese beiden doch sehr unterschiedlichen Prägungen auf Kurs zu bringen, aber nichts ist unmöglich ... So entsteht eigentlich ein lebenslanger Prozess zwischen "Power und Phlegma".

Dieser Kontrast im Charakter des Krebs-Widder-Mannes kann dann mal zu Gefühlsausbrüchen wie auch zu depressiven Verstimmungen führen. Allerdings kann diese Prägung auch eine starke Kreativität und wirklich kühne Fantasien entwickeln. Dennoch sei dem Krebs-Widder-Mann ein mentales Training, Suggestion und Meditation empfohlen, um mehr Konstanz in sein Leben zu bringen. Dadurch kann er viele manifestierte Gewohnheits- und Verhaltensmuster analysieren und mittelfristig verändern.

Natürlich ist der Krebs-Widder-Mann ein sensibler, auf Harmonie bedachter Mensch mit dem Hang zur Romantik. Oft verlässt er sich ausschließlich auf sein Gefühl, anstatt den gesunden Menschenverstand einzusetzen. In Sachen Hingabe, Zärtlichkeit und Romantik können diesem Mann höchstens die Charaktere aus dem Fische-Bereich Konkurrenz machen. Von Liebeskummer wird er nicht verschont, denn mit dem Herzen verschenkt ein Krebs-Widder-Mann auch seine Seele. Und da leidet er oft schlimmer als ein Hund. Er ist ferner prädestiniert dafür, seinen Mitmenschen alles von den Augen abzulesen.

Ein schönes, gemütliches Heim und ein harmonisches Familienleben ist beim Krebs-Widder-Mann der Schlüssel zum großen Glück. Er ist relativ treu, was das auch immer heißen mag, bei Partnern und Freunden. Selbst am Arbeitsplatz schätzt er eine familiäre Atmosphäre. Egal was er tut, er muss immer mit Herz und Seele dabei sein. Oberflächliche Abenteuer mag dieser Männertyp nicht, er schlägt lieber Wurzeln. Natürlich spielt bei ihm die Geburtsstunden-Prägung (Widder) eine gewichtige Rolle. Man kann sogar sagen, dass diese Prägung den Krebs-Widder-Mann im Grundsatz stärkt und Schwächen aus der Grundprägung ausgleicht und ihm immer wieder einmal einen zusätzlichen Schub nach vorne gibt.

Manchmal kommt es natürlich auch dazu, dass der Krebs-Widder-Mann es übertreibt und einfach zu viel Druck aufbaut, was sein Krebs-Gemüt überhaupt nicht will. Und dann kommt es zu Komplikationen innerhalb seiner Prägungen, die dann mit Unzufriedenheit und persönlichem Ärger verbunden sind. Ja, er ist dann unausgeglichen und auch launisch gegenüber seinen Freunden und Bekannten. Auch die Ehefrau oder seine Partnerin bekommt das häufig zu spüren. Hier verliert dieser Charakter dann natürlich an Sympathie und Akzeptanz. Selbstverständlich gleicht er das wieder mit Besonderheiten wie Liebenswürdigkeit und Charme aus, aber auf Dauer kann das auch zur Belastung werden.

Als Mensch ist der Krebs-Widder-Mann ein großer Charmeur, der weiß, wie man mit Frauen umgeht, der seinen Beruf schätzt und immer bestrebt ist, alles für seine Familie zu tun, damit es allen gut geht ...

LÖWE

Aszendent Widder

Zwei ganz starke Prägungen, zwei Autoritäten treffen bei dem Löwe-Mann mit Widder-Aszendent aufeinander, die sich mit Sicherheit nicht bekämpfen, sondern – im Gegenteil – sich gegenseitig nach vorne treiben.

Keiner kann sich und darf sich dem Löwe-Widder-Mann entgegenstellen, er wird keine Rücksicht darauf nehmen, er wird alles niederwalzen, was nicht schnell genug Land gewinnt. Ja, einfach ist dieser Mann mit Sicherheit nicht, eher anstrengend und ungeduldig. Bei ihm treffen wir auf eine Führernatur, die ihresgleichen sucht. Mut, Entschlossenheit und Selbstvertrauen sind bei ihm überproportional ausgebildet und immer präsent. Er kann begeistern und überzeugen, nicht nur sich selbst, sondern auch andere. Sein Antrieb läuft immer auf Hochtouren und er wird niemals müde.

Zum Führen ist der Löwe-Widder-Mann geboren worden, dabei hat er auch noch eine herzliche und sympathische Ausstrahlung. Er verlangt viel von seinen Mitarbeitern, ist hart, aber fair, und wer bei ihm nicht mitzieht, kann sich schnell verabschieden. Träumer und Vielredner sind nicht lange bei ihm; entweder sie gehen freiwillig oder sie werden von ihm unfreiwillig verabschiedet. Manchmal mag es ungerecht sein und auch nicht immer richtig, aber sein Unternehmenserfolg gibt diesem Mann ausnahmsweise recht.

Der Löwe-Widder-Mann lebt nach der Prämisse "Was ich kann, müssen die anderen auch können". Natürlich sollte er manchmal schon ein wenig abwägen und auch dem Schwächeren, aber Willigen eine Chance geben. Der Löwe-Widder-Mann könnte sich damit helfen, dass er sich sagt: "Wenn der andere das genauso gut kann wie ich, dann bin ich selbst nicht mehr so gut." Denn sein Maßstab ist dann und wann etwas zu hoch angelegt und bedarf schon immer wieder einer kleinen Korrektur.

Seine Entscheidungen trifft dieser Mann kurz und bündig, ohne langes Zögern, seine Linie ist gerade und nachvollziehbar. Wer ihm fair begegnet, kann umgekehrt auch Fairness erwarten, wer dagegen verstößt, hat für immer verloren. Kompromisse macht dieser Männertyp nicht, auch wenn es manchmal Sinn machen würde, aber das ist sein Stil und da gibt es kein Pardon.

Natürlich hat der Löwe-Widder-Mann auch Neider und Menschen, die ihn ablehnen, das hat aber oft damit zu tun, dass man ihm seinen schnellen und anhaltenden Erfolg nicht gönnen will. Er selbst hat damit überhaupt kein Problem, hier kommt seine Bodenständigkeit und sein eiserner Wille eindeutig zum Tragen.

In der Gesellschaft hat der Löwe-Widder-Mann eine hohe Akzeptanz, schon wegen seiner klaren Linie. Nicht dass man denken könnte, er hätte kein Gefühl, dem ist nicht so; für karitative Zwecke und sonstige Hilfsmaßnahmen hat er immer ein offenes Ohr.

Als Familienoberhaupt genießt dieser Mann enormen Respekt, seine Frau und seine Kinder sind ihm heilig, für sie würde er immer alles tun. Er liebt seine

Familie, zieht daraus unheimlich viel Kraft und genießt es, im Kreise der Familie zu feiern, schön zu essen und glücklich zu sein.

Aufgrund seiner Talente und Fähigkeiten gehört der Löwe-Widder-Mann zu den TOP FIVE aus 144 Charakteren, und dort ist er auch noch ganz vorne. Aber auch in seiner Eitelkeit ist er ganz vorne ...

JUNGFRAU

Aszendent Widder

Hier liegen zwei Prägungen vor, die sich zusammenraufen müssen. Zu unterschiedlich sind bei einem Jungfrau-Mann mit Aszendent Widder die Vorstellungen der unterschiedlichen Prägungen. Einzeln gesehen sind sie beide auf ihre Art stark und erfolgsorientiert, aber eben mit ganz verschiedenen Anschauungen und Vorstellungen.

Der individuelle Jungfrau-Typ hat ein Problem mit dem dynamischen, oft hektischen und kämpferischen Widder-Typ. Es treffen hier oft ungezügelte Energien auf feststehende, geordnete und systematische Prinzipien. Ebenso werden die nüchternen Überlegungen und die Bescheidenheit des Jungfrau-Charakters konfrontiert mit der Risikobereitschaft und der Abenteuerlust des Widder-Temperaments.

Eins ist bei dem Jungfrau-Widder-Mann ganz wichtig, nämlich dass sein kluger Kopf seinen Tatendrang in die richtige Bahn lenken kann. Und dafür gibt es eine besondere Lösung. Nachdem seine Grundmuster sehr unterschiedlich und auch schwierig im Umgang sind, sei ihm dringend mentales Training, Suggestion und Meditation empfohlen. Mit dieser Maßnahme kann er seine manifestierten Grundmuster herauslösen und mit neuen Mustern besetzen. Dadurch erreicht dieser Charakter eine Ausgeglichenheit, die ihresgleichen sucht. Denn beim richtigen Einsatz seiner Muster, seiner Talente und Fähigkeiten hat er ein Potenzial, welches man bei anderen Charakteren lange suchen muss. Er muss sein Augenmerk nur verstärkt darauf richten, seine Potenziale zu bündeln und sie zweckgebunden und effizient einzusetzen.

Die besondere Stärke des Jungfrau-Widder-Mannes liegt in seiner Individualität und in seiner Perfektion und Pünktlichkeit. Seine Schwächen dagegen liegen im Übereifer, in seinem Wankelmut und in seiner selbst entwickelten Unruhe und Hast. Lernen sollte dieser Männertyp zu regenerieren und zu entspannen und er wird schnell Erfolge verbuchen. Denn alles, was mit Hast und Unüberlegtheit gemacht wird, kann nicht zum gewünschten Erfolg führen.

Große Probleme bereitet dem Jungfrau-Widder-Mann Kritik, oft nimmt er Kritik zu persönlich und vergeudet dabei unendlich viel Energie. Er sollte versuchen in der Kritik doch lieber einen Pflasterstein auf dem Weg zum Erfolg zu sehen. Kritik gehört zum Leben wie die Luft zum Atmen. Nur durch Kritik kann man sich ändern und es besser machen.

In der Gesellschaft ist der Jungfrau-Widder-Mann oft unnahbar und ganz schwer einzuordnen. Er taktiert oft und verbirgt sein wahres Gesicht. Dadurch kann ein Bild von ihm entstehen, das in Wirklichkeit überhaupt nicht auf ihn zutrifft. Für diese Irreführung ist dieser Mann aber selbst verantwortlich, weil er dies oft bewusst provoziert. Es wäre ratsam, dies in Zukunft abzustellen, er hat ein derartiges Verhalten wahrlich nicht nötig. Der Jungfrau-Widder-Mann sollte seine wahren Stärken zeigen, indem er auf die Leute zugeht, die Kommunikation sucht und die Gesprächsführung übernimmt. Er kann das besser als viele andere.

Die Familie hat es auch nicht leicht mit dem Jungfrau-Widder-Mann, auch wenn er finanziell immer alles im Lot hält, ist er doch oft sehr egoistisch seiner Frau und auch seinen Kindern gegenüber und hat auch nicht immer die Zeit, die sich seine Familie von ihm wünscht. Dieser Männer-Charakter sollte hier versuchen, Wärme und Zuneigung zu vermitteln und zu zeigen, dass er das umgekehrt genauso mag und auch braucht.

Immer dann, wenn der Jungfrau-Widder-Mann zu seiner Mitte gefunden hat und er glücklich ist, hat er die besten Ideen – und dafür lohnt es sich doch, oder?

WAAGE

Aszendent Widder

Zwei ganz starke Charakterzüge prägen den Grundcharakter des Waage-Mannes mit Widder-Aszendent. Entweder es herrscht Krieg oder Frieden – so könnte man diese Konstellation beschreiben. Die große Kunst besteht hier nun darin, diese grundverschiedenen Prägungen unter einen Hut zu bringen, um ein Höchstmaß an Gemeinsamkeit zu erreichen.

Aggression oder Sanftmut, Impulsivität oder Ausgewogenheit, es liegt wirklich auf der Hand, dass diese Konstellation mit Disziplin und Reife vereint werden muss. Wenn das gelingt - und das ist möglich - gehört der Waage-Widder-Mann zu den wirklich Großen im Charakterbereich der Männer, aber der Weg dorthin ist nicht ganz so leicht. Bei dieser Prägung kann es zwei Richtungen geben: entweder der charmante Draufgänger oder der charmante Diplomat. Sein Ziel sollte sein, beides miteinander zu vereinen, denn dann hätte der Waage-Widder-Mann die optimale Mischung getroffen ...

Bis der Waage-Widder-Mann diesen gewünschten Weg erreicht, wird es noch einige unliebsame Pannen geben, denn sein Hauptproblem liegt immer noch darin, dass er meist erst handelt und dann denkt, und das ist der fatale Fehler. Diesen zu korrigieren, ist mit mentalem Training, Suggestion und Meditation gut und rasch möglich.

Dieser Mann kann sein größte Stärke, seine Sympathie, zu seinem Vorteil nutzen. Er ist ein Sympathieträger, weil er eine sehr natürliche und freundliche Ausstrahlung hat, die sowohl von seinen Mitarbeitern und Kollegen als auch von großen Teilen der Gesellschaft positiv angenommen wird. Seine natürliche und freundliche Art, verbunden mit einer stets positiven Ausstrahlung, macht den Waage-Widder-Mann so liebenswert.

Als Führungskraft ist der Waage-Widder-Mann streng, aber auch verständnisvoll; wenn er sich jedoch etwas in den Kopf gesetzt hat, muss es um jeden Preis auch in die Tat umgesetzt werden. Und wer ihn hier im Stich lässt, hat für immer verloren, denn dieser Männertyp hat kein Verständnis und schon gar nicht für Ausreden. Wer ihn im Stich lässt, hat ein so genanntes Brandzeichen, das bei jedem Anlass sichtbar wird und die Distanz zwischen ihm und dem Kollegen oder der Kollegin stetig vergrößert, was in der Konsequenz zur Trennung führen wird. Hier kann man mit diesem Mann nicht spaßen, hier ist er auch nicht bereit zu diskutieren, obwohl er sonst im Umgang eher sehr kollegial ist. Doch es gibt beim Waage-Widder-Mann immer Momente, in denen er nicht berechenbar ist - und da sollte man bei ihm aufpassen. "Einmal verloren, immer verloren", das ist sein Spruch und von dem lässt er sich auch nicht abbringen.

Ansonsten ist dieser Mann locker und auch immer zu einem Plausch zu haben, der auch einmal mit herzhaftem Lachen endet. Bei herausragenden

Leistungen ist er auch bereit, tief in die Tasche zu greifen und das mit Prämien oder auch besonderen Anlässen zu feiern. Er selbst ist ein harter Arbeiter und vor allem ein Kämpfer. Er geht bis zum letzten Atemzug seiner Kraft, das zeichnet ihn aus und dafür ist er bekannt.

Als Vater, Partner oder auch als Freund genießt der Waage-Widder-Mann eine hohe Akzeptanz, man schätzt seine herausragenden Leistungen und man mag seinen lockeren und freundlichen Umgangston. Starallüren oder Ähnliches kennt dieser Männertyp nicht, er bleibt immer auf dem Boden der Tatsachen und er vergisst nie, wo seine Wurzeln sind, dafür sind ihm seine Eltern und Angehörigen dankbar. Für seine Familie ist er immer da, sie ist der Ort seines Glücks und seiner Zufriedenheit.

Seine Frau und seine Kinder sind für den Waage-Widder-Mann sein Heiligtum, keiner sollte sich ihnen zu aufdringlich nähern, denn dann kann er zum Tier werden, da die Liebe sein großes Glück ist ...

SKORPION

Aszendent Widder

Ein Skorpion-Mann mit Aszendent Widder hat mit Sicherheit zwei Prägungen, die keinesfalls locker harmonieren, sondern mehr den Konflikt suchen, was natürlich für seine Positionierung im Leben und in der Gesellschaft nicht gut ist. Das heißt aber lange nicht, dass er nicht einen Mittelweg finden kann.

Sicherlich ist es dem Skorpion-Widder-Mann möglich, einen solchen Mittelweg zu finden, wenn er die Bereitschaft dazu hat, seine Potenziale und Talente, die übrigens nicht wenige sind, zu bündeln und sie effektiv einzusetzen. Eine Hilfestellung dabei wäre ein mentales Training mit Suggestion und Meditation, mit dem Ziel, seine manifestierten Verhaltensmuster zu überprüfen und alte Muster aufzulösen und durch neue Muster zu ersetzen. Seine besonderen Anlagen sind Intuition, Sensibilität und Kreativität. Der Skorpion-Widder-Mann kann aber auch mit dem Kopf durch die Wand wollen und hat eine hohe Verletzbarkeit, verbunden mit Wankelmut. So ist es nun wichtig, diese Muster in Einklang zu bringen, um für ihn selbst den gewünschten Effekt zu erreichen.

Beruflich ist der Skorpion-Widder-Mann ein Eigenbrötler, das heißt, häufig ist er als Selbstständiger tätig. Das ist auch gut so, weil sich dieser Männertyp sehr schwer führen lässt, hier ist es schon notwendig, die richtige Sprache zu ihm zu finden und ihn im Herzen zu berühren, um überhaupt mit ihm in Kontakt zu kommen. Sein Hauptproblem dürfte in seiner hohen Sensibilität liegen, er nimmt einfach viele Dinge zu persönlich und zieht sich einen Schuh an, der ihm überhaupt nicht gehört. Natürlich hat diese Sensibilität auch Vorteile, der Skorpion-Widder-Mann empfindet ganz anders als der Durchschnitt und kann gewisse Dinge vorausahnen, die anderen verwehrt bleiben.

Anerkennung und Lob zum richtigen Zeitpunkt ist für den Skorpion-Widder-Mann wichtig und beflügelt ihn in seinen Aktivitäten. Speziell Anerkennung ist auch für sein Ego sehr wichtig. Immer wieder gerät dieser Männertyp auch in Streitkonflikte hinein, weil er weder taktiert noch nachgibt, hier ist er oft unvernünftig und zerstört viel dabei. Dies hat aber auch mit seinem Dickkopf und seiner Grundeinstellung zu tun. Bevor er nachgibt, macht er lieber alles kaputt, auch dann, wenn es um sein eigenes Lebenswerk geht. Er sagt sich: "Wenn ich es schon nicht haben darf, dann soll es keiner haben, lieber zerstöre ich alles, egal was da kommt." Dadurch verliert der Skorpion-Widder-Mann natürlich Akzeptanz und Anerkennung. Das sollte und bräuchte dieser Mann sich nicht anzutun, ein wenig mehr Diplomatie und Einfühlungsvermögen würden schon reichen, um hier etwas zum Guten zu verändern.

Insgesamt müsste der Skorpion-Widder-Mann mehr Ruhe, Gelassenheit und Lockerheit in seinen Arbeitsalltag bringen, mehr regenerieren und mehr entspannen, das würde seiner Seele gut tun. Dadurch könnte er mehr Freiräume schaffen und gelassener und souveräner agieren.

Ebenfalls sollte auch mehr Zeit für Frau, Kinder und Freunde eingeplant werden. Denn gerade diese Menschen sind es, die ihm in Notsituationen, bei Problemen oder Ähnlichem zur Seite stehen.

Wenn es dem Skorpion-Widder-Mann gelingt, seine Möglichkeiten zu kanalisieren und sie optimal einzusetzen, wird er große Freude mit allen Menschen haben. ("Und er lebte glücklich und zufrieden bis ans Ende seiner Tage ...")

SCHÜTZE

Aszendent Widder

Zwei überaus aktive und kämpferische Prägungen treffen bei dem Schütze-Mann mit Aszendent Widder aufeinander. Er ist zwar rast-, aber nicht ruhelos. Dieser Charakter ist immer auf der Suche nach neuen Idealen und kämpft immer für eine gute Sache, sozusagen bis zum letzten Blutstropfen. Besonders auch für andere Menschen, also nicht nur für sich selbst.

Eine der herausragenden Stärken bei dem Schütze-Widder-Mann ist Gemeinschafts- und Gerechtigkeitssinn. Dieser Mann hat eine spontane und herzliche Ausstrahlung, die ihn bei allen Menschen sehr beliebt macht. Hinzu kommt noch, dass er seine Mitmenschen an seinen beeindruckenden Höhenflügen teilhaben lässt. Man kann diesen Mann schon einen "Macher" oder "Leader" nennen, und damit übertreibt man keinesfalls. Denn seine Dynamik, sein Fleiß und seine Fähigkeit, Großes zu bewegen, lebt er täglich und zu jeder Zeit vorbildlich vor.

Von seinen Mitarbeitern, Kollegen und Partnern verlangt der Schütze-Widder-Mann nichts, was er selbst nicht ausprobiert hat. Für ihn gelten die Grundsätze: "Alles ist möglich" und "Geht nicht - gibt's nicht". Mit diesen beiden Sätzen werden alle konfrontiert, die um ihn herum in seinem Leben zu tun haben. Sollten diese sich nicht damit identifizieren können, ist das Thema für diesen Männer-Charakter schon gegessen. Dieser Mitarbeiter hat dann bei ihm keine Chance mehr. Er verlangt viel, aber er gibt auch viel, manchmal schießt er natürlich über das Ziel hinaus, aber das ist bei seinen beiden starken Prägungen normal und nichts Außergewöhnliches. Der Schütze-Widder-Mann liebt es ja auch manchmal, mit dem Feuer zu spielen, und er verbrennt sich dabei schon einmal die Finger - oder die ganze Hand. Aber das ist sein Leben.

Immer für Überraschungen und Sensationen bereit zu sein, das begeistert den Schütze-Widder-Mann und das motiviert ihn, Großes zu bewegen. Er will sich nicht mit anderen vergleichen, im Prinzip interessiert ihn das überhaupt nicht. Er will seinen eigenen, selbst geschaffenen Erfolg, und der macht ihn stolz und glücklich. Dafür ist dieser Mann bereit, alles, wenn notwendig auch seine ganze Existenz aufs Spiel zu setzen. "Wer nicht wagt, der nicht gewinnt", dieser Satz könnte von einem Schütze-Widder-Mann stammen. Dennoch sollte dieser Männertyp lernen, ein wenig ruhiger zu werden, seine Zeit für Regeneration in Anspruch zu nehmen und somit auch ein wenig auf seine Gesundheit zu achten. Denn die Gesundheit ist sein "höchstes Gut" und mit nichts, aber auch gar nichts zu bezahlen.

Auch seine Familie hat ein Recht und Anspruch auf den Schütze-Widder-Mann, seine Kinder wollen ihn nicht nur aus der Ferne sehen, sondern sie wollen auch etwas mit ihm unternehmen. Sie sind sicherlich sehr stolz auf seine beruflichen Erfolge und Leistungen, wollen aber auch daran teilnehmen und mit ihm schöne Stunden verleben. Auch im Urlaub sollte der Schütze-Widder-Mann sich bewusst vornehmen, vom Geschäft abzuschalten, denn dazu ist der Urlaub eigentlich gedacht. Also: das Handy abschalten und die schönen Seiten dieses Lebensabschnitts genießen! Seine Frau wird es ihm danken, ihn einmal eine kurze Zeit für sich allein zu haben, sie wird lange davon zehren ...

Unterm Strich ist der Schütze-Widder-Mann ein außergewöhnlicher und einzigartiger Mann, der beschenkt ist mit Talenten und Fähigkeiten. Er sollte es nur nicht übertreiben ...

STEINBOCK

Aszendent Widder

Zwei Prägungen mit krassen Gegensätzen treffen bei einem Steinbock-Mann mit Aszendent Widder aufeinander. Beherrschung, Konzentration und Perfektion treffen auf Kühnheit, Spontaneität und ein Kämpferherz.

Es wird nicht leicht sein für den Steinbock-Widder-Mann, seine sehr unterschiedlichen charakterlichen Merkmale sowie die verschiedenen Talente und Fähigkeiten in Einklang zu bringen. Wenn es aber gelingt, und das ist durch mentales Training, Suggestion und Meditation jederzeit möglich, gehört er zu den ganz Großen im Charakter-Karussell der Männer. Er muss seinen inneren Zweispalt überwinden, indem er seine vorhandenen Potenziale bündelt. Dadurch erhält er enorme Energien, die er dann kontinuierlich und gezielt einsetzen kann.

Natürlich muss dieser Charakter erst lernen, alte Muster aufzugeben und neue Muster zu entwickeln. Ein Veränderungsprozess, der nicht leicht sein wird, ihm aber sehr viel Souveränität und Stärke bringt. Es lohnt sich, die Veränderung einzuleiten und großes, persönliches Wachstum zu erzielen. Der Vorteil für den Steinbock-Widder-Mann liegt darin, dass er diese Potenziale besitzt, er muss sie nur klug und gelassen anwenden.

Dass der Steinbock-Widder-Mann den Erfolg und große Vorhaben immer vor Augen hat, ist nichts Neues, denn schon als Kind war er voller Tatendrang und ist unter den anderen Kinder immer aufgefallen, weil er eben schon da wesentlich größere Ziele und Vorstellungen hatte. Nur die Umsetzung und die Vorgehensweise war oft chaotisch und für viele nicht nachvollziehbar. Das war damals schon ein Problem für den Steinbock-Widder-Charakter. Dieser Mann hat grundsätzlich vor nichts Angst und ist auch bedingt bereit, große Risiken auf sich zu nehmen, auch wenn er manchmal Zweifel dabei hat ...

Der Steinbock-Widder-Mann neigt klar zum Unternehmertum, wo er schalten und walten kann, wie er will. Im Angestellten- oder Unterstellten-Verhältnis ist dieser Mann nicht glücklich, schon aus dem Grund, weil er grundsätzlich nicht führbar ist und es nur wenige Menschen (Vorgesetzte) gibt, die in der Lage sind, seinen Charakter zu begreifen und dementsprechend zu führen. Man braucht bei ihm die richtige Sprache, um ihn im Herzen zu berühren, erst dann ist er bereit sich unterzuordnen bzw. sich führen zu lassen. Begleiten ist bei ihm eigentlich das richtige Wort, er möchte mehr ein Partner als ein Mitarbeiter sein. Das liegt schon daran, dass viele dem Steinbock-Widder-Mann nicht das Wasser reichen können und er selbst somit dann keinen Respekt und schon gar keine Achtung vor seinem Gegenüber hat.

In seinem Gefühlsbereich ist der Steinbock-Widder-Mann auch sehr differenziert, es gibt Bereiche, wo er seine Gefühle unterdrückt und sie nicht nach außen lässt. Dadurch entsteht für den Außenstehenden ein Bild, das nicht mit dem wahren Inneren übereinstimmt. Der Steinbock-Widder-Mann wird meistens als gefühlskalt, arrogant oder überzogen bewertet. Die persönliche Akzeptanz sowie die Sympathiewerte leiden dann darunter. Seine Mitmenschen wenden sich von ihm ab, weil sie mit ihm nichts zu tun haben möchten. Der Steinbock-Widder-Mann sollte versuchen, seine wahren Gefühle zu leben und zu zeigen - und er wird mehr und mehr einen höheren Stellenwert in der Gesellschaft haben.

Ebenfalls sollte der Steinbock-Widder-Mann lernen, sich bewusst Zeit für seine Familie, für Frau und Kinder zu nehmen. Denn diese sind es, die er später, wenn er älter oder auch einmal krank ist, dringend braucht. Geld und Reichtum ist nun mal nicht alles ...

WASSERMANN

Aszendent Widder

Der Wassermann-Mann mit Aszendent Widder ist mit zwei viel versprechenden Prägungen ausgestattet, in Verbindung mit Originalität und Energie - zwei Prägungen, die sich in jeder Beziehung ergänzen und unterstützen. Der Wassermann-Widder-Mann gehört schon zu den ganz Großen in der Charakterwelt der Männer, ja zu den TOP TEN der 144 Männer-Charaktere, und darauf kann er stolz sein.

Bei ihm sprudeln die (genialen) Ideen nur so, sein Unternehmergeist kennt keine Grenzen. Er ist ein Mann, der zukunftsweisende Projekte auf die Beine stellt und sie auch immer erfolgreich umsetzt. Eine seiner ganz großen Stärken besteht darin, ungewöhnliche Ansichten wirkungsvoll zu vertreten und sie mit Beharrlichkeit durchzusetzen - hier wirkt sich sein strategisches Geschick und sein Charme günstig aus, mit denen dieser Mann seinem Gegenüber seine Meinung präsentiert ... Man kann dann eigentlich nur noch "Ja" sagen, obwohl viele erst ein "Nein" auf den Lippen hatten - aber sie tun es nicht, und das spricht klar für ihn.

Ein kleiner Wermutstropfen im Charakter des Wassermann-Widder-Mannes ist die mangelnde Ausdauer und das mangelnde Stehvermögen, oft zum Unverständnis der Betroffenen. Das ist aber ein Punkt, den er mit mentalem Training, Suggestion und Meditation gut in den Griff bekommen kann. Dadurch stärkt er zusätzlich seine Persönlichkeit und auch seine Akzeptanz.

Im Berufsleben steht der Wassermann-Widder-Mann ausschließlich an der Spitze eines Unternehmens oder ist als Führungskraft innerhalb des Konzerns tätig. Er ist ein Leader, einer, der es vormacht, der den Mitarbeitern und Kollegen zeigt, wie es funktioniert. Das schätzen die Kollegen und Kolleginnen an ihm, und deshalb ist er auch sehr beliebt. Seine Möglichkeiten reichen weit über das normale Maß hinaus, und das stärkt ebenfalls seine Position im Unternehmen. Denn eines ist auch klar: Der Wassermann-Widder-Mann ist kein Ja-Sager und schon gar niemand, der sich den Mund verbieten lässt. Hier geht er schon mal an seine Grenzen und lotet aus, wie weit er noch gehen kann. Er ist ein Hardliner, dem aufgrund seiner Argumentation und seiner Talente nicht jeder das Wasser reichen kann. Daher meiden viele die Auseinandersetzung mit ihm und überlassen diesen Part anderen im Unternehmen.

Eine seiner großen Stärken ist seine Zuverlässigkeit. Woran der Wassermann-Widder-Mann allerdings dringend arbeiten muss, ist sein Verständnis für Dinge, die nicht so laufen, wie er sich das vorstellt. Da ist er schnell wechselhaft und zeigt wenig Verständnis für das Scheitern, obwohl nicht immer die Mitarbeiter schuld sind – hier sei ihm ein bisschen mehr Ausgewogenheit und Toleranz angeraten.

Als Vater, Partner oder auch als Freund ist der Wassermann-Widder-Mann großartig, großzügig und liebenswert. Seine Familie, seine Frau und seine Kinder sind die wichtigsten Menschen in seinem Leben, für die er alles tut, damit sie glücklich und zufrieden sind. Dieser Männertyp hat für alles immer eine Lösung parat. Man kann immer zu ihm kommen, er hat auch stets Zeit.

Natürlich ist der Wassermann-Widder-Mann auch ein großer Charmeur, einer, der die Frauen anzieht und sich auch gerne mit Frauen umgibt – lieber als mit Männern. Das genießt er dann auch, und er fühlt sich so richtig wohl dabei ...

FISCHE

Aszendent Widder

Ein Fische-Mann mit Aszendent Widder hat zwei sehr unterschiedliche Prägungen, die sich zunächst komplett unterscheiden und auch nicht unbedingt großartig ergänzen, weil sie in ihren Strukturen sehr eigenständig und sehr verschieden sind.

Der Fische-Widder-Mann ist ein Individualist, sehr sensibel, extrem eigenbrötlerisch, kreativ, mit geringem Antrieb, aber dafür mit einer großen Ausdauer und Bodenständigkeit. In seiner Gefühlswelt neigt er zum Wankelmut, auch Launenhaftigkeit wird diesem Mann nachgesagt. Er ist ferner sehr eigenwillig und deshalb schwer in ein Team zu integrieren. Er zieht es vor, seinen Stil zu leben, so wie er es will. Der Fische-Widder-Mann kommt, wann er will, und geht, wann es ihm passt. Vorschriften und das Einhalten von Terminen fallen ihm schwer, es ist für ihn auch nicht wichtig, denn seine Prioritäten liegen ganz woanders.

Dieser Männertyp kann nichtsdestotrotz sehr hart arbeiten, und dies auch zu unmöglichen Zeiten. Wenn ihm die Arbeit Spaß macht, dann ist dies für ihn überhaupt kein Problem. Kontrolle und Bevormundung mag er überhaupt nicht. Vorgesetzte mit einem unangenehmen Ton lehnt er ab. Wie ist der Fische-Widder-Mann nun zu führen? – Ganz einfach: lange Leine, viel Freiraum, genügend Verantwortung und eine klare Aufgabenstellung. Dann ist er motiviert bis in die Haarspitzen. Wichtig ist auch noch viel Vertrauen und noch mehr Verantwortung.

Aufgrund seiner Grundeinstellung ist der Fische-Widder-Mann daher jedoch meist selbstständiger Unternehmer und hat dann seine eigenen Richtlinien. Eingebettet zu sein in ein festes Konzept, ist nicht sein Ding, damit hat er ein Problem. Dieser Mann braucht wie gesagt seine Freiräume und seinen Gestaltungsspielraum. Wenn der nicht vorhanden ist, fühlt er sich nicht wohl und wird es dann auch nicht allzu lange in einem Unternehmen aushalten. Man kann schon sagen, dass der Fische-Widder-Mann egoistisch ist und gerne seine Richtung vorgibt. Pünktlichkeit und Zuverlässigkeit lassen deshalb auch sehr zu wünschen übrig.

Essen und Genießen ist ein wichtiger und großer Bereich im Leben des Fische-Widder-Mannes. Er gehört zu den absoluten Kennern der Gastronomie und des Weines und versteht es, Freunde und Bekannte in besondere Restaurants und Weinstuben zu führen. Dort gibt er auch gerne den Ton an und kann die Gäste mit viel Witz und Charme sehr gut unterhalten. Hier fühlt er sich zu Hause und hier ist er auch bereit, lange auszuhalten und, wenn nötig, bis in die frühen Morgenstunden durchzufeiern.

Dass der Fische-Widder-Mann ein großer Charmeur ist, das ist seinen Freunden und Bekannten hinreichend bekannt. Mit Frauen hat dieser Mann kein

Problem, eher haben die Frauen ein Problem mit ihm, weil Treue nicht gerade seine stärkste Seite ist. Dennoch macht er die Frauen in seiner Umgebung, wenn diese dann auch noch sehr attraktiv und gut aussehend sind, rundum glücklich. Hier vergisst er die Sorgen und Nöte des Alltags und genießt diese Stunden in vollen Zügen.

Der Fische-Widder-Mann ist ein sympathischer, jedoch eigensinniger und schwer integrierbarer Mann mit viel Sensibilität und dem Wunsch nach Eigenständigkeit ...

STIER

Aszendent Stier

Hier haben wir einen Mann, dessen Prägungen exakt aufeinander abgestimmt sind - und sich nicht nur ergänzen, sondern auch in vielen Bereichen unterstützen und stärken.

Die charakterlichen Eigenschaften eines Stier-Aszendent-Stier-Mannes lassen sich wie folgt zusammenfassen: Lebensfreude, Großzügigkeit und Charme harmonisch vereint mit Gemütlichkeit, Beständigkeit und Zuverlässigkeit. Er ist ein so genannter typischer Stier-Charakter, der auch einen ausgesprochenen Dickkopf haben kann und den ein ausgeprägtes Sicherheitsbedürfnis (materiell) auszeichnet. Immer wieder zieht er sich vom Alltagsstress zurück und möchte alleine sein, um zu seiner gewohnten inneren Ruhe zu finden. Sein Lebensstil ist anspruchsvoll und immer im oberen Niveaubereich, alles andere lässt er überhaupt nicht zu.

Erfolg und Prestige gehen ihm über alles. Dafür arbeitet er hart und konzentriert, lässt sich durch nichts, aber auch durch gar nichts vom Weg abbringen, und bewegt sich geradlinig auf sein Ziel zu. Von seinen Mitarbeitern verlangt er Höchstleistungen und toleriert keine Unzulänglichkeiten. Wer sich seinem Niveau nicht anpassen oder folgen kann, wird bei ihm mittel- und langfristig keine Chance haben.

So hart er auf der einen Seite ist, so sozial ist er aber auch auf der Gegenseite. Mitarbeiter, die sich dem Unternehmen gegenüber loyal und fair verhalten, werden von ihm auch in Notsituationen tatkräftig und unbürokratisch unterstützt und nie im Stich gelassen. Seine Kollegen und Mitarbeiter haben den gebührenden Respekt vor ihm, weil sie seinen überdurchschnittlichen Einsatz, verbunden mit seiner hohen Arbeitsleistung, anerkennen und schätzen. Der Stier-Stier-Mann ist kein oberflächlicher, sondern vielmehr ein kreativer und filigraner Chef, der immer nur die beste Qualität im Sinn hat. Zwischenlösungen lehnt er ab. Sein Auftreten, seine ganze Persönlichkeit - inklusive seiner Kleidung - ist immer top. Auf diese Dinge legt er einen gesteigerten Wert. Auch in seinem Umfeld achtet er streng darauf, dass seine Anordnungen eingehalten werden.

Privat ist er eher solide, zurückhaltend und rücksichtsvoll. Diese Zeit nutzt er zum Studium diverser geschäftlicher Vorgänge, aber auch zur Regeneration und zur Erholung. Seine Familie ist ihm in dieser Zeit ein sehr wichtiger und notwendiger Faktor. Er liebt seine Kinder, natürlich auch seine Frau, und hat seine Freude daran, mit ihnen seine wenige freie Zeit zu verbringen. Hierbei geht es ihm auch darum, die Bedürfnisse seiner Familie zu befriedigen. Da kommt es schon vor, dass er mit seiner gesamten Familie zum Einkaufen fährt, in der Stadt bummeln geht und sie dann in ein schönes Restaurant zum Essen einlädt. Essen und Trinken, das sind Bereiche, die er sehr liebt und von denen er wirklich viel versteht. Es kann vorkommen, dass er auch immer wieder mit Chefköchen plaudert, um etwas über deren Kochkünste zu erfahren. Das hängt damit zusammen, dass er meistens auch ein leidenschaftlicher Hobbykoch ist, der immer wieder einmal, wenn es die Zeit erlaubt, für die gesamte Familie kocht.

Als Resümee ist über diesen Mann Folgendes zu sagen: Er ist ein großartiger Charakter mit Stil und Niveau, mit gesundem Ehrgeiz und bodenständigem Grundverhalten, immer mit dem Ziel und der Strategie, alles erreichen zu wollen. Als Vater, Partner und Freund ist er vorbildlich und äußerst liebenswert, besonders gegenüber seiner Familie.

ZWILLING

Aszendent Stier

Ein Zwilling-Aszendent-Stier-Mann bringt zwei recht unterschiedliche Prägungen aufgrund seines Geburtstages und seiner Geburtsstunde mit, die durchaus nicht optimal harmonieren. Erstaunlicherweise sind sie dennoch stark voneinander abhängig und können beim richtig dosierten Einsatz der eigenen Talente zu großartigen Erfolgen führen: Der vorhandene Stier-Einfluss bremst den “Zwillingsschaum” ein wenig aus, was insgesamt dem Grundverhalten gut tut. Eine besondere Stärke bei diesem Mann liegt in seinen geistigen Fähigkeiten, seinem kaufmännischen Talent und seinem geschickten Umgang mit Geschäftspartnern und Freunden.

Unterm Strich kommt immer etwas Lukratives heraus, weil er clever und intelligent agiert. Er ist dabei nur nicht so quirlig und hektisch, wie man es in der Regel vom Zwilling erwartet, sondern tritt eher ruhig und sicher auf. Seine besondere Stärke liegt in seinem diplomatischen und taktischen Geschick. Er hat das nötige Feingefühl, bei wichtigen Entscheidungen den rechten Weg zu gehen, ohne überheblich zu sein.

Das Bedürfnis zur regelmäßigen und ausführlichen Kommunikation ist ihm ein tägliches Anliegen. Hierauf legt er einen gesteigerten Wert, schon aus der Überlegung, dass durch Kommunikation keine luftleeren Räume entstehen und Missverständnisse grundsätzlich erst gar nicht auftreten können.

Um im Beruf immer ausgeglichen zu sein, ist für ihn die familiäre Situation sehr wichtig. Er braucht eine häusliche Umgebung und ein schön eingerichtetes Heim. Unter allen Zwilling-Geborenen gehört er sicherlich zu den häuslichsten. Gastfreundschaft ist für einen Zwilling-Stier-Mann kein Fremdwort, sondern hat für ihn schon aus der Tradition heraus einen besonderen Stellenwert.

Beweglichkeit und Engagement sind seine Triebfedern, er ist immer auf der Suche nach neuen Wegen und neuen Aufgaben. Stillstand heißt für ihn Rückschritt.

Immer im Mittelpunkt zu stehen, ist diesem Charakter nicht das Wichtigste, er kann ohne Probleme auch mal außen vor stehen.

Oft wird seine Sensibilität unterschätzt, er ist tatsächlich ein tiefgründiger und sehr feinfühliger Mann, der häufig durch unüberlegte Äußerungen von Kollegen und auch Geschäftspartnern verletzt und tief getroffen wird. Natürlich kann er das zunächst verbergen, aber vergessen wird er das nie. Und es kommt der Tag – das kann oft lange dauern –, wo er dann, ohne dass sich sein Gegenüber daran erinnert, zurückschlägt und sich befreit von dieser erlittenen Demütigung.

Alles, was ein Zwilling-Stier-Mann tut, macht er aus innerster Überzeugung und mit großer Begeisterung. Er ist ein liebevoller und zuverlässiger Ehemann und Partner; auf ihn kann man sich nicht nur verlassen, sondern er ist auch immer wieder für besondere Überraschungen gut ...

KREBS

Aszendent Stier

Diese beiden Prägungen gehören zu den harmonischsten Verbindungen überhaupt innerhalb der gesamten Charakterarten. Es gibt kaum eine vergleichbare Verbindung mit diesen Grundmustern und Eigenarten. Ein Krebs-Aszendent-Stier-Mann ist überaus gutmütig, häuslich, sparsam und beständig in seiner Gefühlswelt. Launenhaftigkeit und Stimmungsschwankungen sind bei ihm so gut wie unbekannt.

Ferner hat dieser Charakter ein besonderes Gefühl für die schönen Dinge des Lebens und weiß diese entsprechend zu schätzen und zu pflegen. Hier haben wir einen sehr sensiblen, auf Harmonie bedachten Mann, darüber hinaus empfindsam, empfänglich und leicht beeindruckbar.

Er agiert vorsichtig und oft sehr zurückhaltend, und auf sein Gefühl verlässt er sich mehr als auf seinen gesunden Menschenverstand. In Sachen Hingabe, Zärtlichkeit und Romantik kann ihm höchstens noch ein Fische-Mann Konkurrenz machen. Doch auch von Liebeskummer bleibt er nicht verschont, weil dieser Mensch mit seinem Herzen auch immer seine Seele verschenkt.

Er ist ein sehr musikalischer und hilfsbereiter Mann, besonders seinen Mitmenschen gegenüber. Wenn diese dann auch noch Frauen sind, wird er denen ihre Wünsche von den Augen ablesen. Seine Sympathie, Wärme und Zuneigung wird allseits sehr geschätzt. Ein schönes Heim, ein geordnetes Familienleben ist für ihn nicht nur der Schlüssel zum Erfolg, sondern gibt ihm Kraft und Motivation, seine gesetzten Ziel rechtzeitig zu erreichen. Bodenständigkeit und Kreativität sind mit seine größten Stärken. Er braucht darüber hinaus keinen regelmäßigen Wechsel; lieber ist es ihm, im alten Fahrwasser zu bleiben. Auf oberflächliche Abenteuer lässt er sich nicht ein, sondern geht lieber auf die sichere und gewohnte Seite. Manchmal zögert er dabei zu lange und hat zu viel Verständnis für die Belange anderer Menschen - deshalb ist die Gefahr, ausgenutzt zu werden, immer wieder akut.

Egal, was er tut, ob beruflich oder auch privat, bei ihm müssen immer Herz und Seele dabei sein. Mit dem Einfluss aus seiner Geburtsstunde (Stier) wird sein Führungsverhalten und seine ihm eigene Erfolgsstrategie positiv und wesentlich verstärkt. Natürlich werden Enttäuschungen und etwaige Niederlagen hier besonders registriert.

Im Umgang mit Kritik und Niederlagen finden sich seine Kernprobleme. Hier hat er noch wirklich starke Probleme. Vieles nimmt er oft zu persönlich und zieht sich einen Schuh an, der ihm überhaupt nicht gehört. Mehr Lockerheit und Gelassenheit würden ihn hier weiter bringen. Mit einem gezielten mentalen Training, Suggestion und Meditation kann dieser Mensch das jedoch sehr gut in den Griff bekommen. Dadurch wird auch seine Position innerhalb der Kollegen und Freunde wesentlich stabilisiert und sicherer.

Als Vater, Partner oder auch als Freund ist er sehr beliebt, nicht zuletzt weil er für alles eine Lösung findet und durch seine kreative und hilfsbereite Art so manchem aus seinen Nöten hilft. Dies weiß man bei ihm zu schätzen und sucht daher immer gerne seinen Rat und seine Unterstützung. Jede Frau darf sich glücklich schätzen, mit einem solchen Krebs-Stier-Mann verheiratet zu sein, weil sie durch seine liebenswerte Art sowie seine natürliche Wärme und Zuneigung viel Zuspruch finden wird ...

LÖWE

Aszendent Stier

Zwei äußerst starke Prägungen treffen bei einem Löwe-Aszendent-Stier-Mann aufeinander. Obwohl diese Charaktere von der Grundstruktur her völlig unterschiedlich sind, gibt es dennoch keine großen Probleme im Zusammenspiel. Die Willensstärke dieses Mannes, sein Ehrgeiz und seine Selbstsicherheit, aber auch seine Anmaßung und seine Eigenwilligkeit setzen bei dieser Kombination ihre Merkmale ...

Sein Zielbewusstsein und seine Beharrlichkeit gehen oft so weit, dass es auch immer wieder zur Verbissenheit und zur Intoleranz führen kann, was wiederum nicht besonders gut bei Partnern oder Freunden ankommt. Dass er ein großzügiges Herz hat, ist hinlänglich bekannt, genauso bekannt ist aber auch, dass er sehr materiell und auch sehr emotional veranlagt ist.

Verantwortung zu übernehmen und zu tragen ist für ihn im Beruf wie auch in der Familie eine der leichtesten Übungen. Aufpassen muss er nur – und darin besteht die Kunst –, Verantwortung nicht mit Bevormundung zu verwechseln.

Es gibt einige Feinheiten in den Charakterzügen des Löwe-Stier-Mannes zu regulieren, um sie in der Zukunft angemessen einsetzen zu können: Was seine Talente angeht, ist er wirklich auf der Sonnenseite geboren und kann aus dem Vollen schöpfen, nur macht er dies nicht immer sehr diplomatisch und schon gar nicht clever genug. Oft ist er ein Heißsporn, übertreibt und überzieht in seinem Verhalten maßlos und verletzt damit seine Mitarbeiter und Partner, sodass keine gute Stimmung entstehen kann, vor allen Dingen leidet das Betriebsklima darunter.

Im Grunde hätte ein Löwe-Stier-Mann das überhaupt nicht nötig, wenn er ein wenig mehr Verständnis und Feingefühl für seine private wie geschäftliche Umgebung entwickeln würde. Er sollte begreifen, dass er von seinen Talenten und seinen Fähigkeiten her vielen seiner Mitmenschen um Längen voraus ist und nicht erwarten darf, dass diese Menschen alles genau so gut und so schnell wie er umsetzen können. Begreift er dies nicht, wird er diesbezüglich immer wieder Enttäuschungen erleben.

Sein Ziel muss sein, auch absteigen zu können und die Leute dort abzuholen, wo sie sich aktuell befinden. Natürlich ist da auch Nachsicht und Verständnis von seiner Seite gefordert. Wenn ihm das gelingt, wird er Akzeptanz und ein wesentlich höheres Ansehen genießen. Seine Mitmenschen entwickeln Vertrauen ihm gegenüber und die Kommunikation untereinander wird aufblühen.

Ein Löwe-Stier-Mann tut gut daran zu lernen, seine Kreativität und Intuition besser auszunutzen und sich mehr von seinem Gefühl statt von seinem Habitus leiten zu lassen. Dass er ein exzellenter Redner und Motivator ist, ist nichts Neues und allen bestens bekannt, aber er sollte versuchen, dabei seine gelebte Überheblichkeit ein bisschen einzuschränken und auf ein normales Maß zurückzufahren.

Es heißt für ihn auch zu lernen, mit sachlicher Kritik besser umzugehen und diese am besten als Hilfestellung auf dem Weg zu seinem Ziel zu betrachten. Gerade in der Niederlage zeigt man seinen wahren Charakter sowie seine wirklichen Züge und Grundmuster. Niederlagen einzustecken und Kritik anzunehmen wird ihm viele Sympathien zurückbringen.

Als Ehemann, Vater, Partner und Freund ist er eine wahre Größe, man schätzt und man achtet den Löwe-Stier, er hat für alles immer eine Lösung parat, und das vergisst man ihm nicht, wenn nur nicht seine Überheblichkeit immer wieder durchkäme - aber das bekommt er auch noch in den Griff ...

JUNGFRAU

Aszendent Stier

Ein Jungfrau-Stier-Mann hat nicht nur zwei harmonische Prägungen, sondern auch zwei sich gegenseitig fördernde und ergänzende Grundcharakter-Arten. Er ist ein friedvoller, aber auch praktisch veranlagter Mann und verfügt ganz selbstverständlich über etwas, was man gemeinhin "gesunden Menschenverstand" nennt. Materielle Sicherheit steht bei ihm an erster Stelle; er lässt sich nicht auf unkalkulierbare Risiken ein, sondern setzt immer auf die sichere Seite, und damit ist er bis heute sehr gut gefahren.

Die Grundeinstellung eines Jungfrau-Stier-Mannes zur Arbeit wie auch die zum täglichen Leben ist grundsätzlich positiv. Er verfügt über ein hohes Maß an Pflichtgefühl und über eine besondere Zuverlässigkeit. Schwierigen Aufgaben nähert er sich in kleinen Schritten und führt sie dann beharrlich und konsequent aus.

Natürlich gibt es auch einige negative Merkmale, die aber nicht unbedingt groß ins Gewicht fallen, doch bei dem einen oder anderen schon Staunen hervorrufen. So haben wir es hier mit einem großen Individualisten (nicht zu verwechseln mit Egoist - obwohl auch das ein klein wenig vorherrscht) zu tun. Er lässt sich niemals mit der Masse treiben, sondern geht immer seinen eigenen, wenn nötig auch beschwerlichen Weg.

Darüber hinaus ist er enorm kreativ und strategisch handelnd ausgerichtet. Alles, was er bis heute erreicht hat, war geplant, vorausberechnet und immer solide entwickelt.

Mit Kritik und Niederlagen jedoch hat er so seine Probleme; es fällt ihm schwer, Kritik anzunehmen und sie als einen Weg zum Erfolg zu begreifen. Er fühlt sich dadurch schnell verletzt und verliert einen Großteil seiner Energie.

Hier sollte er lockerer und gelassener werden, dabei helfen würde ihm ohne Zweifel mentales Training, Suggestion und Meditation.

Als Vorgesetzter oder auch als Unternehmensführer ist er sehr geradlinig, bodenständig und leicht konservativ. Er führt mit großer Disziplin und erwartet umgekehrt von seinen Mitarbeitern eine solide Loyalität. Arbeitseinsatz und Arbeitswillen auch über die normale Arbeitszeit hinaus wird von ihm auch entsprechend honoriert.

In der Gesellschaft braucht ein Jungfrau-Stier-Mann nicht im Mittelpunkt zu stehen, schon gar nicht im öffentlichen Interesse, das liegt ihm fern. Das heißt aber nicht, dass er verschlossen oder redefaul ist. Nein, er will nur keine überzogene Aufmerksamkeit. Im Gespräch argumentiert er vielmehr gekonnt und mit Stil. Dies ist übrigens auch ein Faktor, der bei ihm eine besondere Rolle spielt: Er legt äußersten Wert auf ordentliche Kleidung, gutes Auftreten und dementsprechendes Verhalten in der Öffentlichkeit und untereinander.

Privat ist er ein ruhiger und gelassener Mann, der sich im Kreise seiner Familie wohl fühlt, der dort loslassen kann und sich gerne mit seinen Kindern beschäftigt. Egal, welche Probleme die Kinder haben, der Vater weiß immer eine Lösung.

Er genießt natürlich auch ein schönes Ambiente, vorzugsweise in der Toskana, bei Sonnenuntergang, einem schönen Glas Rotwein und, wenn er rauchen sollte, eine schöne Pfeife oder gar eine Zigarre.

Ja, man kann sagen, der Jungfrau-Stier-Mann ist ein Genussmensch – jedoch nur im Kleinen, er hat nichts übrig für große und aufgebauschte Anlässe. So etwas liegt ihm nicht. Wichtig ist für ihn ein harmonisches und glückliches Miteinander innerhalb der Familie ...

WAAGE

Aszendent Stier

Zwei Prägungen mit ganz besonderen Eigenschaften treffen beim Waage-Aszendent-Stier-Mann aufeinander. Diese sind jedoch Eigenschaften mit positiven charakterlichen Merkmalen. Zum Ersten haben wir hier einen exzellenten Lebensstil, das heißt einen besonders guten Geschmack in Sachen

Kleidung, zum Zweiten eine klare Erfolgsstrategie, gepaart mit Ästhetik und Kreativität. Darüber hinaus verfügt er zum Dritten über einen überaus klugen und wachen Verstand, der es dem Waage-Stier-Mann ermöglicht, emotional immer in den Grenzen zu bleiben.

Er hat auch einen besonderen Hang zum Künstlerischen, er ist sehr genussfreudig und in der Liebe überaus sinnlich. Hier finden sich also Voraussetzungen, mit denen man das Leben nicht nur meistern kann, sondern darüber hinaus genügend Reserven hat, auch einmal etwas ganz Besonderes auszuprobieren.

Man kann durchaus sagen, dass der Waage-Stier-Mann auf der Sonnenseite des Lebens geboren ist und mit Talenten und Fähigkeiten ausgestattet ist, die es ihm ermöglichen, in der Gesellschaft leicht im Vorteil zu sein. Dies eröffnet ihm vor allem die Möglichkeit, sich überall gut zu positionieren und seinen Stellenwert deutlich zu machen.

Hier besteht natürlich auch die Gefahr, dass er in manchen Dingen überheblich und unangemessen reagieren kann und somit den Ärger und Verdruss seiner Mitmenschen auf sich zieht. Einmal grundsätzlich gesagt: Ein derartiges Verhalten hat der Waage-Stier-Mann nicht nötig.

Über gute Umgangsformen braucht man mit ihm nicht zu reden, man möchte eher fast annehmen, diese stammen von ihm selbst. Denn hier ist wahrlich jemand nicht nur perfekt, sondern auch stilvoll.

Er erwartet von seiner Umwelt, ob nun im Beruf, in der Freizeit oder auch privat, dass die Spielregeln eingehalten werden und sich jeder an die Abmachungen hält. Abweichler pfeift er gnadenlos zurück und weist sie entsprechend zurecht.

Sein Intellekt ist stark ausgeprägt und es kann schon einmal passieren, dass seine Vorstellungen den Rahmen sprengen und er weit über das Ziel hinaus schießt.

Beruflich ist der Waage-Stier-Mann stark engagiert und in Top-Führungspositionen zu finden. Von seinen Mitarbeitern verlangt er viel, insbesondere Loyalität und Fairplay.

Sein diplomatisches Geschick ist ausgezeichnet, er versteht es, auf die unterschiedlichsten Situationen angemessen und sachlich zu reagieren und den Hausfrieden immer wieder herzustellen.

Seine Familie und seine Kinder bedeuten ihm sehr viel. Er legt großen Wert auf ein friedliches und harmonisches Familienleben. Dafür ist er auch bereit, Opfer zu bringen und die Wünsche und Vorstellungen der Familienmitglieder zu erfüllen, sei es nun, besondere Urlaubsziele anzusteuern oder auch mit den Kindern in den Tiergarten zu gehen oder Museen zu besuchen.

Auch der sportliche Bereich hat bei ihm eine besondere Stellung, das heißt, ihm ist bewusst, dass er zu seinem beruflichen Stress auch einen Ausgleich benötigt, den er sich durch unterschiedliche Sportarten wie Tennis, Golf, Schach usw. holt.

Genauso kommt der Freundeskreis bei ihm nicht zu kurz, er ist ferner auch in diversen Ehrenämtern engagiert, oft auch als Sprecher diverser Organisationen.

Dass er eine geschliffene Rede halten kann, hat der Waage-Stier-Mann in der Vergangenheit oft und hinreichend bewiesen. Als Mann ist er sympathisch, stilvoll und liebenswert, deshalb ist er bei allen Menschen gleichermaßen beliebt ...

SKORPION

Aszendent Stier

Diese beiden Prägungen sind sehr eigen und wenig bereit aufeinander zuzugehen, weil jede für sich ihre eigenen Ideen und Eigenschaften durchsetzen will. Oft steht sich der Skorpion-Aszendent-Stier-Mann deswegen auf den eigenen Füßen herum.

Der Wille, etwas zu bewegen, ist durch beide Richtungen durchaus vorhanden, nur die Vorgehensweise ist völlig unterschiedlich – so muss es zu Konfrontationen und Auseinandersetzungen im Inneren kommen. Und hier liegt auch das Problem bei dem Skorpion-Stier-Mann begründet. Mit mentalem Training, Suggestion und Meditation ist es jederzeit möglich, seine reichlich vorhandenen Talente und Fähigkeiten zu filtern und sie effektiv für sich selbst einzusetzen.

Die Prägung durch den Skorpion ist bei diesem Charakter oft nicht transparent genug; er ist verhalten, unnahbar, nicht berechenbar und kann auch mal zynisch und nicht lesbar daher kommen. Er taktiert und ist oft für viele ein Rätsel. Sein Grundverhalten kann man oft nicht einordnen und zum Teil auch nicht begreifen. Dies wiederum hat etwas mit seiner Sensibilität und seiner Intuition zu tun. Der Skorpion-Stier-Mann erspürt viele Vorgänge, Abläufe und Ereignisse lange im Voraus und vermutet und spürt etwas, wo andere überhaupt noch nicht daran denken. Damit ist auch sein oft undurchsichtiges Verhalten zu erklären.

Sein Selbstwert und sein Selbstbewusstsein ist nicht immer stark ausgeprägt, dadurch kann er unsicher wirken und ein unerklärbares Verhalten aufweisen, obwohl er das eigentlich nicht nötig hätte. Denn aus seiner Stier-Prägung ist er mit besonderen Gaben wie Bodenständigkeit, Kreativität und dem unbedingten Willen zum Erfolg ausgestattet. Natürlich neigt er auch da zu Verletzbarkeit und ist wegen seiner starken Sensibilität nur wenig kritikfähig.

Somit ist sein Hauptproblem in seiner Psyche, sprich Seele zu suchen. Er sollte lernen, viele Dinge lockerer und gelassener anzugehen und sich nicht unter Druck zu setzen. Er sollte vielmehr hin und wieder die Dinge einfach geschehen lassen.

Der Skorpion-Stier-Mann sollte mit sich selbst eine Abmachung treffen, Kritik unter allen Umständen nicht persönlich zu nehmen, sondern dies als Pflasterstein auf dem Weg zum Erfolg zu betrachten. Er wird sehr schnell feststellen, dass er dann seine vorhandenen Potenziale viel besser einsetzen kann und auch leichter und einfacher zu seinen Zielen kommt.

Im Beruflichen ist der Skorpion-Stier-Mann mehr ein Einzelkämpfer als ein Teamarbeiter, oft ist er auch selbstständiger Unternehmer. Denn Kontrolle und Bevormundung ist nicht sein Ding, und unter solchen Bedingungen fühlt er sich auch nicht wohl.

Gegenüber Mitarbeitern oder auch Partnern tritt er – für deren Begriffe – oft zu unnahbar und zu arrogant auf. Auch hier fehlt ihm die schon angesprochene Lockerheit.

Seine Familie, seine Frau und seine Kinder bedeuten ihm sehr viel, was er aber vermissen lässt ist Wärme und Zuneigung, auch hier hält er sich zu stark zurück. Dieser Charakter sollte versuchen, seine Emotionen mehr zu zeigen. Emotionen sind schließlich auch bei ihm 80 Prozent seines Erfolges.

Oft hat er auch viel zu wenig Zeit für seine Familie. Das sollte er ändern, denn was er hier liegen lässt, kann er später nicht mehr korrigieren. Es ist für den Skorpion-Stier-Mann sehr ratsam, sich immer wieder Zeit zu mehr Regeneration und zu mehr Entspannung zu nehmen. Es wird sich für ihn lohnen, denn dann kann er endlich auch einmal das Gespür für die schönen Seiten des Lebens entwickeln ...

SCHÜTZE

Aszendent Stier

Hier treffen Dominanz und Kreativität aufeinander, zwei Prägungen, die sich erst finden und dann verbünden müssen. Die Weltanschauung beider Charaktere ist grundverschieden und deshalb ist ihr Träger auch nicht ganz einfach im Umgang.

Beim Schützen zählt die Devise "Alles oder nichts", beim Stier ist Ausgewogenheit und Sinn vordergründig und spielt auch im Leben eine entscheidende Rolle.

Diese Mischung hat jedoch aus einem ganz bestimmten Grund einen großen Vorteil. Mit dem Stier-Einfluss wird das Risikoverhalten des Schützen stark reduziert und somit können auch die Verluste in Grenzen gehalten werden. Der Nachteil liegt darin, dass der Stier wichtige Entscheidungen oft zu lange zurückhält und dann immer wieder den Zuschlag verpasst.

Die größte Aufgabe eines Schütze-Stier-Mannes besteht darin, die Talente und Fähigkeiten aus beiden Prägungen zu bündeln und dementsprechend einige Muster seines Verhaltens zu korrigieren. Dies kann er durch ein gezieltes mentales Training, Suggestion und Meditation schnell und erfolgreich in den Griff bekommen. Diese Investition in seine Persönlichkeit bringt ihm auf Dauer die meisten Zinsen.

Dass er ein fleißiger und ehrgeiziger und vor allen Dingen zielstrebiger Mann ist, steht außer Frage. Die Frage ist vielmehr: Wie kann er seine vorhandenen Potenziale optimal nutzen und Gewinn bringend einsetzen?

Sein Führungspotenzial ist hoch und sein Anspruch ebenfalls. Von seinen Mitarbeitern erwartet er eigenständiges Denken, Mitverantwortung und Loyalität. Er lebt den Arbeitsstil vor und geht immer als Führer voraus. Es macht ihm überhaupt nichts aus, den Mitarbeitern gewisse Arbeiten vorzumachen und ihnen zu zeigen, wie alles funktioniert. Deshalb erwartet er aber auch Engagement und konzentriertes zügiges Arbeiten. In Druckzeiten erwartet er natürlich auch Überstunden und Leistungen über das normale Maß hinaus. Kritiker und Jammerer mag ein Schütze-Stier-Mann gar nicht und jene haben bei ihm auch wenig Chancen, lange dabei zu sein.

Für ihn ist der Erfolg ein Teil seines Lebens, dafür ist er auch bereit, alles zu geben, nicht nur ein bisschen. Manchmal übertreibt er hier auch und verliert das Maß, was dann immer der Familie und den Kindern zum Nachteil gereicht, da er eben wenig Zeit hat und überwiegend im Geschäft ist.

Der Schütze-Stier-Mann darf nicht vergessen, dass seine Gesundheit sein wichtigstes Gut auf dieser Welt ist, und er sollte vor allen Dingen daran denken, dass Gesundheit das Einzige ist, was er nicht kaufen kann. Hier sind auch ihm Grenzen gesetzt.

Natürlich kann er auch ein Charmeur und ein großer Genießer sein. Auch wenn er wenig Zeit hat, gibt es Momente, in denen er sich schon einmal etwas Schönes gönnt. Gerade beim Essen kann man ihm eine Freude bereiten. Er legt Wert auf Stil und Ambiente, und wenn dann noch toll serviert und zubereitet wird, dann kann man ihn richtig begeistern und auch aus der Reserve locken. Hier kann er dann auch bei einem schönen Glas Rotwein wunderbar entspannen. Nur - er tut dies viel zu wenig, gerade was die Entspannung angeht ...

Dass der Schütze-Stier-Mann auch ein sehr sensibler und feinfühliger Mann ist, vermögen viele nicht zu erkennen. Es ist aber so. Auch wenn dieser Charakter immer Härte und Robustheit demonstriert, ist innen doch ein weicher und verletzbarer Kern. Spätestens dann, wenn man erfährt, dass er ein großes Herz für Schwächere und Hilfsbedürftige hat, wird deutlich, welchen Anteil er am Wohlergehen seiner Mitmenschen nimmt, und das offenbart auch einen wichtigen Teil seines wunderbaren Charakters ...

STEINBOCK

Aszendent Stier

Diese beiden Prägungen können sich gegenseitig durchaus erstaunlich verstärken.

Hier finden wir eine harmonische Verbindung, und sie zeigt sich im Steinbock-Aszendent-Stier-Mann durch enorme Willenskraft, gezielten Ehrgeiz und permanente Ausdauer. Seine besonderen Eigenschaften sind Konzentration, Geduld, Ausdauer, Realitätsbewusstsein, Gründlichkeit und Eitelkeit.

Seine Energien weiß dieser Mann zumeist Erfolg versprechend einzusetzen.

Ehrgeiz und Anspruch ist bei seinem Charakterzug ein sicherer Grundstein für stabilen Erfolg. Er ist ein Mann, der besessen ist vom Erfolg, für den er alles und sogar mehr tut als notwendig ist. Und er demonstriert Erfolg um jeden Preis! Dies beinhaltet natürlich auch eine große Gefahr und kann bestimmte Probleme hervorrufen. "Von nichts kommt nichts" - diese alte Volksweisheit muss ein Steinbock geprägt haben. Oft kann es ihm nicht schnell genug gehen. Vom Tellerwäscher zum Millionär - der Steinbock wird es sicher schaffen. Hindernisse werden von ihm mit Bravour gemeistert.

Die Liebe nimmt er sehr ernst, wie auch den Beruf. Er kann ein treuer Weggefährte sein. Und das ist unmittelbar mit seiner Partnerin verbunden. Im familiären Bereich ist er sich immer seiner Verantwortung bewusst. Zu Kindern im Besonderen hat er eine außergewöhnlich gute Beziehung.

Die Partnerin eines Steinbock-Aszendent-Stier-Mannes muss schön, intelligent und mental stark sein. Sie muss in der Lage sein, dann und wann auch zu widersprechen, denn Ja-Sager sind auf Dauer nicht seine Welt.

Zum einen kann er unnahbar und kühl sein, auf der anderen Seite hat er natürlich einen weichen Kern. Dieser gesamte Bereich "Gefühlswelt" ist ein wirkliches Problem in seinem Charakterzug. Und hier sollte er stark an sich arbeiten. Niederlagen und Kritik kann er nur schwer verarbeiten, denn zu verbissen und zu eng sieht er hier die Dinge. Mehr Souveränität würde ihm hier sehr helfen.

In Gesellschaft muss er sich taktischer, ja manchmal offener verhalten.

Sicherheit und Stabilität sind für ihn lebensnotwendig, dafür ist er bereit, hart zu arbeiten und alles zu geben. Aber hierbei ist es wichtig, sich zu vergegenwärtigen, dass manchmal weniger durchaus mehr ist.

Der Einfluss Stier hat bei ihm sowohl positive wie auch negative Elemente. Er muss lernen zu erkennen, zu welchem Zeitpunkt es wichtig ist, seine Sensibilität richtig einzusetzen, und wann es besser ist, sie zu neutralisieren.

Soziales Prestige befriedigt der Steinbock-Stier-Mann mit sozialem Aufstieg und machtvoller Position. Es geht ihm dabei weniger um den Ruhm als um die Ehre! Mit persönlichem Verantwortungsbewusstsein und Leistungsbereitschaft rechtfertigt er seine öffentliche Stellung vor sich selbst.

Sein Charakter wird eben von zwei Extremen geprägt, zum einen von seiner Bodenständigkeit, zum anderen von seiner hohen Sensibilität. Seine Kreativität und vor allem seine Perfektion runden dieses Erfolgsmodell ab. Wer mit ihm zu tun hat und mit ihm zusammenlebt, ist immer auf der sicheren Seite.

WASSERMANN

Aszendent Stier

Obwohl bei diesen beiden Prägungen recht widersprüchliche Kräfte zusammenwirken, ist dieser Typ Mann sehr beliebt. Der Wassermann-Aszendent-Stier-Mann hat eine enorme Ausstrahlung, ein charmantes Auftreten und eine sehr bodenständige, kreative und auf Stil gerichtete Grundnatur. Er legt sehr viel Wert auf sein Äußeres und auch auf das Äußere der mit ihm zusammenarbeitenden Menschen.

Seine Ehe, Vater und Partnerpflichten erledigt er mit Sorgfalt und Weitsicht. Seine Frau und seine Kinder stehen bei ihm nicht nur an erster Stelle, sondern können sich auf ihn immer und zu jeder Zeit verlassen. Nichts ist ihm zu viel, wenn er in diesem Rahmen (Familie) Probleme lösen muss.

Sein Anspruch ist hoch, und zwar in allen Bereichen des Lebens, was sein Umfeld nicht immer nachvollziehen kann. Eine seiner großen Stärken ist auch seine Strategie, wie er Projekte und neue Ziele angeht.

Problematisch ist lediglich das ausgeprägte Phlegma, das die Energien und Aktivitäten eines Wassermann-Aszendent-Stier-Mannes stören kann. So kann es passieren, dass einige Fähigkeiten und Talente in den Kinderschuhen stecken bleiben, was aber nicht unbedingt sein muss, wenn die notwendigen Veränderungen diverser Grundmuster bewusst eingeleitet werden. Ein weiteres Handicap ist das enorme materielle Sicherheitsbedürfnis, was dann auch die Originalität dieses Wassermannes wesentlich einschränkt.

Was seine Ansprüche an seine Mitmenschen angeht, muss er besonders lernen, Abstriche zu machen und zu begreifen, dass es auch Menschen gibt, die weder sein Niveau haben, noch ihm in irgendeiner Form das Wasser reichen können ... Er sollte sich klar machen, dass diese Menschen auf ihre Art wertvoll sind und für ihn mit Sicherheit wertvolle Dienste leisten, er muss einfach eine Stufe hinabsteigen, und die Menschen dort abholen, wo sie geistig und mental stehen.

Führen ist eine der größten Künste, die es gibt. Führen heißt auch, mit dem Herzen hellsehen, also die Menschen im zwischenmenschlichen Bereich, sprich im Herzen, zu berühren und sie zu großen Taten zu bewegen. Wenn er diese Form der Führung einsetzt, wird er auch spüren, wie dankbar ihm diese Menschen sind und mit welcher Begeisterung sie seine persönlichen Ziele mit umsetzen werden.

Weniger stark ist seine Kritikfähigkeit, hier hat er noch enormen Bedarf an Entwicklung. Kritik ist für ihn etwas ganz Schlimmes und bringt ihn noch zu schnell auf die Palme. Er nimmt einfach vieles zu persönlich und wägt zu wenig ab. Er sollte einfach gelassener und lockerer sein, Kritik als Möglichkeit zu Entwicklung und Wachstum annehmen und an diesem Lernprozess teilnehmen.

Dass er ein Charmeur erster Güte ist, ist jedem, der ihn kennt, hinreichend bekannt. Frauen zieht er magisch an, ohne etwas dafür tun zu müssen – es ist einfach seine Art, sein Aussehen und seine sympathische Art, mit der er diesen tollen Geschöpfen begegnet ... Das hebt ihn auch ein bisschen von den anderen Charakteren ab, und darauf ist er natürlich stolz, was eigentlich jeder verstehen sollte ...

FISCHE

Aszendent Stier

Zwei Prägungen, die sich ausgezeichnet verstehen und ergänzen! Es gibt keinerlei Probleme innerhalb dieser zwei Grundcharakter-Arten. Ein Fische-Stier-Mann ist eine tiefgründige Seele, mit einem großen Verständnis und einer besonderen Güte - dies zumindest behaupten die Menschen, die man nach ihm fragt.

Besonders betont wird in seinem Charakter eine außergewöhnliche Sinnlichkeit. Er ist ein großartiger Genießer und, wenn es um Frauen geht, ein besonderer Charmeur. Hier blüht er auf, mit seinem Feingespür und seiner Intuition gewinnt er schnell die Herzen der Frauen. Es macht ihm großen Spaß, hier seine Stärken und Talente auszuspielen.

Er ist kein großer Redner, zumindest nicht, wenn es um berufliche Belange geht. Anders sieht es aus, wenn er in privater Gesellschaft ist, hier kann er schon einmal aufdrehen, besonders dann, wenn er sich wohl fühlt und eine hohe Resonanz bekommt. Das ist für ihn wichtig und gibt ihm zusätzliche Motivation.

Ein besonderes Talent hat er im musischen Bereich, sehr häufig sind Männer mit seinen Charaktereigenschaften als Sänger oder Musiker tätig. Er ist ein sehr sensibler, kreativer und selbstständiger Mann, dessen Fähigkeiten insbesondere im zwischenmenschlichen Bereich liegen, deshalb ist er auch in Berufen tätig, wo er diese Eigenschaften leben kann.

Hinzu kommt, dass er eine sehr feminine, zarte und feinfühlige Art hat und auch lebt; er ist kein Macher und schon gar kein "Einpeitscher", sondern einer, der humane Vorgehensweisen bevorzugt. Man findet ihn ebenfalls häufig in Berufen wie Design, Grafik oder auch in Lehrberufen.

Was aber auch immer wieder in Erscheinung tritt, ist ein gewisses phlegmatisches Verhalten. Die Fähigkeit, klare Vorstellungen oder Konzepte zu entwickeln, bereitet ihm immer wieder dieselben Schwierigkeiten. Dennoch hat er eine klare Vorstellung, "wie" er arbeiten möchte und wie das in der Realität aussehen muss. Für ihn ist vor allem wichtig, das er eigenständig, möglicherweise in selbstständiger Art arbeiten kann, denn nichts ist für ihn schlimmer, als unter Druck und nach strengen Vorgaben zu arbeiten oder tätig zu sein.

Er will, und das strebt er immer an, sehr wohl an der Spitze sein, aber nicht unbedingt in Verkaufs- und Vertriebsberufen, denn das ist nicht seine Welt und entspricht auch nicht seinen Grundvorstellungen.

Aufgrund all dieser Eigenschaften ist er nicht einfach zu führen; man muss ihn im Herzen berühren, um den Zugang zu seiner Seele zu finden. Gelingt das nicht, gibt es keine Basis der Zusammenarbeit. In dieser Beziehung ist er hart und unnachgiebig, was im Normalbereich bei ihm weniger der Fall ist. Denn eigentlich sind der Ausgleich und der Dialog seine Grundelemente, auf denen er aufbaut und seinen Weg beschreitet.

Er hat auch gelernt, regelmäßig zu regenerieren, seinem Körper die Ruhe und Muße zu gönnen, die er benötigt, um seine Aufgaben erfüllen zu können.

Als Vater, Partner oder auch als Freund ist er sehr beliebt, besonders wegen seiner besonnenen und umgänglichen Art; man schätzt seinen Witz und seinen Charme und vor allen Dingen die Wärme und Zuneigung, die er seinem unmittelbaren Umfeld immer und zu jeder Zeit gerne entgegen bringt – man mag ihn einfach ...

WIDDER

Aszendent Stier

Der Widder-Aszendent-Stier-Mann hat einen kämpferischen, sensiblen und sehr kreativen Grundcharakter, dessen Prägungen sich durchaus widersprechen, sich aber in der Konsequenz hervorragend ergänzen und unterstützen. Denn immer wieder vorkommende Defizite werden von diesem Charakter diplomatisch und clever ausgeglichen.

Er gehört ohne Wenn und Aber zu den charmantesten Widder-Charakteren seiner Zunft. Trotzdem wird auch dieser Mensch ungestüm und dynamisch für seine persönliche und vor allen Dingen materielle Entfaltung agieren. Denn hinter seiner umgänglichen Fassade steckt viel Wille und Kampfeslust. Im Idealfall heißt das: kontinuierlicher Energie-Einsatz.

Der Widder-Stier-Mann ist ein geradliniger, konservativer, ehrgeiziger und hoch sensibler, auf Harmonie bedachter Mann, mit ganz klaren Vorstellungen, wie was im Leben zu laufen hat. Ausgestattet mit großem Ehrgeiz, will er bedingungslos seine Vorhaben in die Tat umsetzen. Dass er dabei oft seine Grenzen überschreitet und auch Mitarbeiter mit in die Tiefe reißen kann, macht ihm nicht so sehr viel aus. Er übersieht dabei jedoch, dass er so an Ansehen und Akzeptanz verliert. Das hätte er eigentlich überhaupt nicht nötig, deshalb ist hier eine persönliche Entwicklung durch mentales Training, Suggestion und Meditation dringend anzuraten. Er kann sich dadurch viel unnötige Energieverluste sparen und gewinnt sehr viele Sympathien zurück, die ihm das Zusammenleben mit anderen wesentlich erleichtern.

Als Führungskraft und Vorgesetzter hat er überdurchschnittlichen Erfolg, weil er zum einen bereit ist, hart zu kämpfen, und zum anderen mit seiner durchdachten Kreativität rasch an Vorsprung gewinnt.

Etwas zu konstruieren bzw. zu entwickeln ist dem Widder-Stier-Mann in die Wiege gelegt, hier partizipiert er an seinen großen Talenten und Neigungen.

Seine große Kraft zieht er aus einer intakten Familie und den dazugehörigen Kindern. Kinder sind für ihn ein ganz wichtiger Faktor in seinem Leben und bedeuten ihm sehr viel. Bei Kindern hat er seltsamerweise die Geduld und Ausgeglichenheit, die man im Beruflichen bei ihm nicht immer erkennen kann.

Das hat wieder damit zu tun, dass er sich dort selbst stark unter Druck setzt und sich somit wenig Spielraum lässt. Er will auch immer als Sieger und erfolgreicher Geschäftsmann auf die Bühne treten, das ist für sein Ego enorm wichtig. Hier könnte er in Zukunft etwas mehr Lockerheit und Gelassenheit gebrauchen.

Er ist der absolute Genießer und Feinschmecker, hat viel Gefühl für Ambiente und schöne Restaurants, dort fühlt er sich wohl und ist unendlich ausgeglichen.

Seine Gäste und Freunde schätzen seinen guten Geschmack und freuen sich, wenn sie mit ihm gemeinsam feiern und genießen können.

Im Sport ist er ein Verrückter, er will immer gewinnen, koste es, was es wolle. Niederlagen kann er nur schwer verkraften.

Die Frau und Partnerin eines Widder-Stier-Mannes kann sich auf ihn verlassen, Versorgung ist für ihn Ehrensache ...

ZWILLING

Aszendent Zwilling

Hier haben wir einen Mann, der immer auf der Suche ist, immer auf vielen Hochzeiten tanzt, also einen so genannten "Tausendsassa", der keine innere Ruhe findet, die er aber so bitter notwendig bräuchte ... Die beiden Prägungen des doppelten Zwilling-Mannes bekämpfen sich natürlich nicht, aber sie unterstützen sich auch nicht, weil sie so ähnlich funktionieren.

Der Zwilling-Zwilling-Mann ist ein sehr fleißiger, auch strebsamer Mann, behaftet mit einem sehr starken Wankelmut. Man könnte das auch Launenhaftigkeit nennen, es ist einfach keine Konstanz in seinem Wirken. Das ist aber auch sein einziges und schwerwiegendstes Problem. Deshalb ist hier ein mentales Training, Suggestion und Meditation dringend anzuraten, um seine Verhaltens- und Gewohnheitsmuster zu überprüfen und sie gegebenenfalls zu verändern. Wenn ihm das gelingt, und das ist bei ernsthaftem Willen relativ schnell möglich, wird dieser Mann eine ganz andere Positionierung im Leben und in der Gesellschaft erreichen, was ihm unterm Strich nur Vorteile bringen wird.

Das Leben des Doppel-Zwilling-Mannes besteht aus dauerndem Interesse und Neugier, aber auch aus Flexibilität und übertriebener Hektik. Dass er ausgesprochen geistreich und schlagfertig ist, muss man diesem Charakter fairerweise bestätigen. Er besitzt einen agilen, spritzigen und unverfälschten Charakter. Wenn es darum geht, persönliche Vorteile zu erkennen oder persönliche Kontakte zu knüpfen, ist dieser Mann einfach einmalig und unschlagbar. Oft ist er schneller als es die Polizei erlaubt, das heißt, er überschlägt sich förmlich und keiner kann hier bei ihm mithalten. Der Zwilling-Zwilling-Mann denkt nicht nur schnell, sondern er handelt auch oft überschnell. Die Gefahr dabei ist einfach, dass er aus dem Bauch heraus entscheidet und oft viel zu wenig prüft. Dadurch fährt er auch eine Menge an Niederlagen ein, die dann immer wieder ein Projekt sterben lassen und ihn somit unter Umständen auch oft viel Geld und Arbeit in den Sand setzen lassen.

Natürlich gibt der Zwilling-Zwilling-Mann nie auf, und es fällt ihm überhaupt nicht schwer, ein neues Projekt anzugehen, aber er hinterlässt dabei verbrannte Erde, und das merken sich seine Freunde und Geschäftspartner. Das heißt, bei einem neuen Projekt sind diese vorgewarnt, und es wird schwer für ihn sein, dort noch einmal erfolgreich zu punkten. Natürlich kann dieser Mann auch über Leichen gehen und es dann eben woanders versuchen, aber gerade das ist sein Problem. Alles, was er verursacht, kommt irgendwann auf ihn zurück, so die Aussage des kosmischen Gesetzes.

Wenn es dem Zwilling-Zwilling-Mann gelingt, seine Fähigkeiten und seine Talente maßvoll zu bündeln und ein hohes Maß an Stetigkeit zu entwickeln dann gehört er mit Sicherheit zu den ganz Großen in dieser Gesellschaft. Dies setzt aber voraus, dass er hart an sich arbeitet, die Fehler und Probleme bei sich abstellt und sich persönlich stark weiterentwickelt.

Dann wird es dem Zwilling-Zwilling-Mann auch gelingen, in seiner Partnerschaft, in seiner Ehe die Konstanz aufzuweisen, die seine Familie sehnsüchtig erwartet ...

KREBS

Aszendent Zwilling

Diese beiden Prägungen sind sicherlich die neugierigsten und aufgeschlossensten Grundcharaktere im gesamten Krebsbereich. Durch den Einfluss aus der Geburtsstunde (Zwilling) wird die Sensibilität bei dem Krebs-Mann mit Aszendent Zwilling leicht verdrängt, dafür aber sein Wankelmut und seine Unbeständigkeit erhöht. Ausgleichen kann dieser Charakter das mit seinem jugendlichen Charme und seiner nie endenden Sympathie.

Die Positionierung des Krebs-Zwilling-Mannes in der Gesellschaft steht und fällt mit seinem dortigen Umfeld. Auszeichnen kann er sich als interessanter Gesprächspartner und perfekter Unterhalter. Geselligkeit und Reiselust sind bei diesem Mann besonders ausgeprägt, er könnte ja etwas verpassen.

Mit der Prägung aus seinem Geburtstag ist der Krebs-Zwilling-Mann ein harmonischer, musikalischer und immer gut aufgelegter, liebevoller Kollege und Partner. Mit dem Einfluss aus seiner Geburtsstunde neigt er zum hektischen, schnellen und oft unüberlegten Handeln, was ihm immer wieder größere Probleme einbringt. Oft will dieser Männertyp vieles zu schnell und zieht es dann mit der Brechstange durch und erleidet meistens Schiffbruch, was ihn unterm Strich dann auch sehr viel Substanz und Energie kosten kann. Der Krebs-Zwilling-Mann sollte zur Überwindung seiner Defizite ein gezieltes mentales Training, Suggestion und Meditation nutzen. Mit dieser Maßnahme hat er die Möglichkeit, seine manifestierten Grundmuster zu erkennen und durch gezielte Maßnahmen effektiv zu verändern. Dadurch erreicht er mehr Ansehen und zugleich mehr Konstanz in seinem täglichen Grundverhalten.

Beruflich ist der Krebs-Zwilling-Mann gespalten, auf der einen Seite möchte er in die Führung und dort Verantwortung übernehmen, auf der anderen Seite wiederum hat er oft Zweifel und geht lieber ins zweite Glied zurück. Fakt ist, dass er wohl die Fähigkeiten und Talente besitzt, um erfolgreich führen zu können, was ihm aber fehlt, ist die Beharrlichkeit und die Fähigkeit, in schwierigen Situationen die Übersicht zu behalten und schwierige Aufgaben souverän zu Ende zu führen. Hier ist Wachstum und Veränderung angesagt.

Am liebsten ist es dem Krebs-Zwilling-Mann, wenn er die Leute unterhalten kann, und da ist er unschlagbar, ob er nun Witze erzählt oder Lieder singt oder sich auch einmal ans Klavier setzt. In diesem Bereich ist er eine Größe, und hier gelingt es ihm spielend, die Menschen nicht nur zu begeistern, sondern sie auch in Hochstimmung zu bringen.

Die Familie spielt eine besondere Rolle in seinem Leben. Auch wenn der Krebs-Zwilling-Mann es nicht immer wahrhaben will, aber die Wärme und Zuneigung innerhalb der Familie ist für ihn enorm wichtig, nicht nur für seinen Selbstwert, sondern auch für seine tägliche Grundstimmung. Dieser Männertyp ist stark stimmungsabhängig. Deshalb ist es immer wichtig, in einem positiven Zustand zu sein.

Als Gesellschaftsmensch ist der Krebs-Zwilling-Mann unersetzlich, er hat weder Berührungsängste, noch Hemmungen vor einer großen Gruppe zu sprechen, dort fühlt er sich zu Hause und kann frei von der Leber weg seine Anekdoten und Sprüche loslassen, es gefällt ihm und macht ihm Spaß, Menschen zum Lachen zu bringen. Nichts macht diesen Mann glücklicher, als zufriedene und positive Menschen um sich herum zu haben.

Der Krebs-Zwilling-Mann ist ein immer gut aufgelegter, vor allen Dingen sehr sympathischer Mann, dem es stets gelingt, die Herzen der Menschen - insbesondere die der Frauen - zu erobern ...

LÖWE

Aszendent Zwilling

Zwei Prägungen treffen bei dem Löwe-Mann mit Aszendent Zwilling aufeinander, die sich zwar nicht bekämpfen, sich aber in ihrer Grundhaltung völlig voneinander unterscheiden.

Grundsätzlich ist der Löwe-Zwilling-Mann extrem erfolgsorientiert und besessen vom Erfolg. Seine enorme Willenskraft, gepaart mit seiner überdurchschnittlichen Intelligenz, macht diesen Charakter zu einer harmonischen Mischung. Er meistert sein Leben energisch und geschickt. Eines seiner größten Talente, das er wie kein anderer besitzt, ist seine außerordentliche Kontaktfreudigkeit in allen Bereichen des Lebens - nicht zuletzt natürlich auch deshalb, weil seine zwischenmenschlichen Beziehungen ja seinem eigenen Vorteil sehr dienlich sein können.

Der Löwe-Zwilling ist nicht nur ein Mann der schnellen Entscheidungen, nein, er ist auch ein Mann von enormer Begeisterungsfähigkeit und unglaublicher Überzeugungskraft. Dieser Charakter arbeitet lange und hart und verlangt ein ähnliches Verhalten von seinen Mitarbeitern. Oft vergisst er dabei allerdings, dass viele Mitarbeiter seiner Geschwindigkeit nicht folgen können und verhält sich dann nicht immer fair und angemessen. Er sollte einfach überdenken, dass er seine Erwartungen an sich selbst nicht mit denen an seine Mitarbeiter gleichsetzen darf. Dieser Mann muss lernen zu differenzieren und auch mal auf die Ebene der Mitarbeiter hinabzusteigen, um sie dort abzuholen.

Ferner ist der Löwe-Zwilling ein sehr eitler Mann und legt sehr viel Wert auf Kleidung, Schmuck und natürlich auf Autos - hier ist er immer noch stark im Kindheits-Ich verwurzelt. Von seiner Umwelt, seinen Mitarbeitern oder auch von seinen Freunden erwartet dieser Mann korrekte und stilvolle Kleidung und ein ebensolches Auftreten. Nicht selten schießt er hier auch über das Ziel hinaus, trifft Entscheidungen, die niemand nachvollziehen kann. Dabei kommt es nicht selten vor, dass er eine Menge Geld unüberlegt und oft auch sinnlos in den Sand setzt. Aber hier ist der Löwe-Zwilling-Mann nicht belehrbar, was ihm natürlich nicht besonders viele Sympathien einbringt. Es wäre angebracht, hier einmal nachzudenken und in Zukunft eine etwas andere Haltung und Einstellung anzunehmen. Natürlich würde sich das auch kurzfristig für ihn lohnen, denn er würde dadurch nicht nur wieder mehr Akzeptanz erhalten, sondern auch mehr Vertrauen würde wieder aufgebaut werden und zu guter Letzt spart er auch noch Geld.

Privat und im Urlaub ist der Löwe-Zwilling-Mann nicht anders als im Geschäft: immer hektisch, immer schnell und immer etwas Besonderes, koste es was es wolle. Es muss immer Action und Bewegung und der Bär los sein. Dieser Mann will etwas erleben und dafür gibt er auch reichlich Geld aus - ob es nun ein schönes Restaurant mit einem besonderem Essen ist, ob er eine ausgiebige Bootsfahrt mit einem gemietetem Schiff macht oder ob er Wasserski fährt, Hauptsache, Spannung und Bewegung ist dabei. Einen Ruhepool gibt es bei ihm nicht, er ist ein ruheloser Wanderer, der nie müde wird und immer wieder zu neuen, ungeahnten Ideen fähig ist.

Natürlich ist es für seine Familie, Kinder und Freunde sehr anstrengend, mit dem Löwe-Zwilling-Mann Schritt zu halten, aber eines ist auch immer sicher: Es wird nie langweilig bei ihm. Kaum ist das eine abgeschlossen, hat er schon wieder etwas anderes im Visier. Achten sollte der Löwe-Zwilling-Mann auf seine Gesundheit und er sollte daran denken, dass auch er nur ein Leben hat - nur mit dem Unterschied, dass dieser Mann zumindest mitentscheidet, wann es zu Ende gehen wird. Er sollte es einfach ein bisschen mehr genießen ...

JUNGFRAU

Aszendent Zwilling

Hier haben wir einen Mann mit großer Individualität und dem Hang zur schnellen Umsetzung. Was heißt das nun? Die beiden Prägungen, sprich Charaktere des Jungfrau-Zwilling-Mannes sind von den Grundmustern her völlig unterschiedlich, es ist aber nicht so schlimm, dass diese sich bekämpfen, sondern es gibt einen sinnvollen Dialog. Die Kunst wird jedoch darin bestehen, die unterschiedlichen Charakteransätze so einzusetzen, dass sie in der Praxis, sprich im Tagesgeschäft, effektiv angewendet bzw. umgesetzt werden können.

Der Jungfrau-Zwilling-Mann besitzt einen besonderen Intellekt und hat ein sehr gut entwickeltes strategisches Denken, was ihm wiederum viele Möglichkeiten eröffnet. Die Grundüberlegungen seines Lebens sind demnach ebenso nützlich wie praktisch und vielfältig. Besonders ausgeprägt ist bei diesem Mann der Umgang mit Worten (Rede und Schrift).

Allerdings ist bei diesem Charakter auch oft eine starke innere Unruhe zu erkennen, was wiederum zu Nervosität führen kann. Dieser Einfluss kommt aus seiner Geburtsstunde (Zwilling). Deshalb ist in seinem Leben das Streben nach einem stabilen Lebensrhythmus die wichtigste Aufgabe. Eine wesentliche Hilfe dabei wäre ein gezieltes mentales Training, Suggestion und Meditation. Mit dieser Unterstützung kann der Jungfrau-Zwilling-Mann seine vorhandenen, manifestierten Grundmuster erkennen und sie entsprechend verändern und dadurch sein Wachstum erhöhen und seine Persönlichkeit stärken.

Denn eines ist sicher, setzt der Jungfrau-Zwilling-Mann seine bereits vorhandenen Talente und Fähigkeiten richtig und effektiv ein, so bringt es ihn weit nach vorne, seine Basisgrundlagen liegen weit über dem Durchschnitt. Mit dem Einfluss Zwilling wird seine Unnahbarkeit und sein zurückhaltendes Wesen enorm aufgelockert und er erfährt zusätzlich Sympathiewerte, die er ohne diesen Einfluss nie erreichen würde. Trotzdem hebt dieser Charakter nicht ab, sondern bleibt auf dem Boden der Tatsachen und hat seine Wankelmütigkeit im Griff, dies wiederum verdankt er der Prägung aus seinem Geburtstag (Jungfrau).

Nachdem sich diese Tugenden so hervorragend ergänzen und ausgleichen, hat der Jungfrau-Zwilling-Mann in der Regel auch guten Erfolg und erhält von seinem Umfeld das notwendige Feedback. Dieser Männertyp ist im Kollegenkreis sehr beliebt und man fragt ihn gerne um Rat, weil er immer vorsichtig, angemessen und fair reagiert. Als Vorgesetzter hat dieser Mann die richtige Mischung zur Führung von Mitarbeitern, nämlich einen ausgeglichenen, zwischenmenschlichen Bereich, der alles das beinhaltet, was notwendig ist, um qualifiziert führen zu können. Grundsätzlich geht der Jungfrau-Zwilling-Mann mit gutem Beispiel voran, macht es vor und leitet die Mitarbeiter vorsichtig und sicher an. Loyalität ist sein wichtigstes Wort im Leben, er lebt sie vor und erwartet sie umgekehrt - mit Recht - von seinen Mitarbeitern.

Als Vater, Partner oder auch als Freund ist der Jungfrau-Zwilling-Mann angenehm liebenswert und immer gut aufgelegt. Seine Familie hat für ihn den größten Stellenwert in seinem Leben, deshalb darf auch keiner seine Familie angreifen oder verletzen, denn dies wäre der einzige Punkt, wo er ausrasten würde und sich dann auch nicht mehr kontrollieren könnte.

Der Jungfrau-Zwilling-Mann gehört wirklich zu den ausgeglichensten Charakteren im Jungfrau-Bereich und darauf sollte er auch ein wenig stolz sein ...

WAAGE

Aszendent Zwilling

Eine wunderbare und witzige Konstellation liegt bei dem Waage-Mann mit Aszendent Zwilling vor. Er ist ein Mann mit Unternehmungsgeist und Einfallsreichtum. Sein Intellekt ist geschliffen, sein Geist ist immer hellwach und in der Umsetzung schneller als es die Polizei erlaubt, manchmal für viele zu schnell.

Der Waage-Zwilling-Mann ist schlagfertig, reiselustig, kontaktfreudig und über die Maßen redegewandt. Seine Ziele und Standpunkte verfolgt er mit äußerster Liebenswürdigkeit und setzt sich bei seinen Geschäftspartnern und Freunden mit einem Lächeln auf den Lippen und mit sachlichen und logischen Argumenten durch. Sein Auftreten, seine sympathische und immer freundliche Art sind die Trümpfe des Waage-Zwilling-Mannes, die er immer und zu jeder Zeit optimal einsetzt. Dieser Charakter ist ein unglaublich positiver Mann, der auch einer Niederlage oder einem schlechten Ergebnis immer wieder etwas Positives abgewinnen kann. Das macht ihn auch sehr erfolgreich und besonders liebenswert. Schlechte Laune oder nicht gut aufgelegt sein, das gibt es bei ihm nicht, er lässt es gar nicht zu, in eine derartige Situation zu kommen. Rechtzeitig baut dieser Mann vor und sucht immer nach Lösungen und nicht nach Problemen.

Viele schauen zu dem Waage-Zwilling-Mann auf und bewundern ihn, weil er natürlich auch in den anderen Bereichen wie Kleidung, Stil und Grundverhalten immer auf dem neuesten Stand ist. Er hat ein besonderes Gefühl für seine Umwelt und für das tägliche Geschäftsleben. Seine positive Ausstrahlung überträgt er auch auf andere, oft wildfremde Menschen. Seine Aura, sein immer leichtes Lächeln und seine fröhliche Art mögen die Menschen, ja es zieht die Menschen an und sie fühlen sich wohl in seiner Umgebung. Der Waage-Zwilling-Mann gehört wirklich zu den ganz wenigen Männercharakteren, bei denen fast ausschließlich nur positive Bewertungen festzustellen sind. Durch die wunderbare Kombination Waage/Zwilling werden die wenigen vorhandenen Defizite aufgefangen und durch den Waage-Charakter oder umgekehrt durch den Zwilling-Charakter neutralisiert und aufgehoben.

Der Waage-Zwilling-Mann ist auf der Sonnenseite des Lebens geboren und zeigt das auch immer. Er besitzt einen derart scharfen Geist und eine derart schnelle Denkweise, das einem zum Teil Angst werden kann. Sein Harmonie- und Wärmebedürfnis auf der anderen Seite zeigt auch klar, dass es ein Teil seines Lebens ist, nicht nur Wärme zu geben, sondern auch regelmäßig Wärme zu empfangen.

Im beruflichen Bereich ist der Waage-Zwilling-Mann ein Macher, der nicht viel redet, aber alles mit Ruhe und Sachlichkeit einfädelt und geschickt umsetzt. Viele bewundern ihn, wie er mit wenig Aufwand viel Ertrag erzielt. Aber das ist sein inneres Geheimnis, eine große Gabe, wie sie nur selten in dieser Form in Erscheinung tritt.

Zu seinen Mitarbeitern und Partnern ist dieser Mann immer fair, angenehm und grundehrlich, auch dann, wenn es einmal weh tut. Aber das wird akzeptiert, weil seine Lebensleistung einmalig ist und kaum übertroffen werden kann.

Der Waage-Zwilling-Mann ist auch ein ganz großer Genießer, ein Charmeur der alten Schule und ein Kunstkenner, der seinesgleichen sucht. Für ein schönes Foto oder Gemälde gibt er schon mal einen beträchtlichen Betrag aus.

Seine Familie ist sein Ein und Alles, zu Hause fühlt der Waage-Zwilling-Mann sich nicht nur wohl, sondern er liebt sein besonderes Heim ...

SKORPION

Aszendent Zwilling

Die beiden Prägungen des Skorpion-Mannes mit Aszendent Zwilling sind so einmalig wie gegensätzlich. Besonders geprägt wird sein Charakter von einer außergewöhnlichen Sensibilität und Feinfühligkeit.

Wer scheut weder Tod noch Teufel und lebt das Leben bis an sämtliche Grenzen? - Der Skorpion-Mann. Dieser Typ Mann will und kann sich durchsetzen. Mit Leidenschaft, Zähigkeit und Ehrgeiz nimmt der Skorpion-Zwilling-Mann jeden Kampf auf. Oft ist er nicht berechenbar und somit für andere - ob Kollegen, Freunde oder Partner - schwer einzuschätzen bzw. zu bewerten oder zu beurteilen. Dies geschieht immer dann, wenn er sich entweder nicht wohl fühlt oder die Personen um ihn herum ihm nicht sympathisch sind. Das kann auch dann passieren, wenn er sich im Konflikt, im Streit befindet. Eine gewisse Lockerheit und Gelassenheit im Detail fehlen diesem Charakter in manchen Bereichen und Vorgängen. Oft wirkt er starr und zu wenig flexibel.

Dafür ist der Skorpion-Zwilling-Mann mit Gaben und Talenten ausgestattet, von denen andere nur träumen können, nur muss er sich auch damit identifizieren und sie zum anderen richtig und vor allem zum richtigen Zeitpunkt einsetzen. Dies schafft der Skorpion-Zwilling-Mann nicht immer.

Er besitzt eine sehr starke Intuition, das heißt, dieser Mann hat Vorahnungen und kann viele Dinge voraussehen. Dies ist übrigens eine besondere Gabe der Skorpion-Geborenen. Damit ist dieser Männertyp vielen seiner Kollegen und Freunden gegenüber im Vorteil. Der Nachteil ist, dass er dadurch oft sehr vorsichtig und kritisch agiert. Dieses Verhalten stößt bei vielen Menschen nicht gerade auf Zustimmung.

Oft ist es schwierig zu erklären, was die Faszination des Skorpion-Mannes ausmacht. Besonders in Sachen Liebe verdreht der Skorpion nicht nur die Köpfe, sondern auch die Herzen der Frauen. Bei aller Intensität, die diesem Charakter zu eigen ist, besteht kein Zweifel, dass auch Gefühle höchst stürmisch und leidenschaftlich geäußert werden. Der Skorpion-Zwilling-Mann liebt mit Haut und Haar und geht nach dem Motto vor: entweder - oder.

Massive Probleme hat der Skorpion-Zwilling-Mann mit Kritik und Niederlagen, weil er sie ausschließlich persönlich nimmt. Durch seine Geburtsstunde wird sein Grundcharakter maßgeblich beeinflusst. Es entwickelt sich zunehmend mehr Lockerheit und Gelassenheit, dafür jedoch verliert er an Entschlusskraft und Tiefgang. Besonders animiert wird sein Wissensdurst, seine Kritikfähigkeit und sein Urteilsvermögen. Oft erkennt dieser Charakter seine Vorteile nicht auf Anhieb, wenn er sie aber erkennt, dann nutzt er sie gezielt. Auf Streitigkeiten sollte man sich mit ihm nicht einlassen, denn dieser Mann hat fast immer Recht.

Wenn es dem Skorpion-Zwilling-Mann gelingt, seine unterschiedlichen Prägungen und Stimmungen einigermaßen zu koordinieren, wird er ein Höchstmaß an Erfolg erzielen. Seine Fähigkeiten sind deshalb auch unbestritten.

Was nicht immer verständlich und nachvollziehbar ist, sind seine Verhaltensformen. Da hat man schon immer wieder den Eindruck, dass er sich auf beiden Füßen steht und nicht genau weiß, was er überhaupt will.

Als Ehemann, Partner und Vater kann man sich auf den Skorpion-Zwilling-Mann verlassen, manchmal muss man mit ihm einfach nur taktisch vorgehen, um seine Ziele zu erreichen ...

SCHÜTZE

Aszendent Zwilling

Bei dem Schütze-Mann mit Aszendent Zwilling treffen zwei widersprüchliche Prägungen aufeinander, bei denen Verstand und Verständnis in Harmonie gebracht werden müssen - und das ist bei seinen Charakterzügen gar nicht so einfach.

Zunächst geht es bei dem Schütze-Zwilling-Mann darum, seine praktisch-nützlichen Seiten zu erfassen und auszunutzen. Auf der anderen Seite muss sein Tun mit tieferem Sinn erfüllt sein und von ihm selbst innerlich akzeptiert und verstanden werden. Das ist durchaus ganz schön problematisch und schwierig - aber jederzeit lösbar. Seine Hektik auf der einen und seine Unentschlossenheit auf der anderen Seite sind das zu lösende, inhaltliche Problem seines Charakters aus der Geburtsstunde (Zwilling). Wenn es diesem Mann gelingt, seine vorhandenen Potenziale zu bündeln und sie wirksam zum Tragen zu bringen, gehört er zu den ganz großen Charakteren. Aber bis dahin ist es noch ein weiter und schwieriger Weg - allerdings ein machbarer Weg. Und das sollte den Schütze-Zwilling-Mann motivieren, alles in seine Persönlichkeit zu stecken, um ein Optimum aus seinen Talenten und Fähigkeiten zu machen. Bei ihm gibt es nur die Frage: entweder - oder. Ist dieser Mann hingegen bereit zur Veränderung, wird er Großes erreichen, ist er nicht bereit, wird er immer kurz vor dem Ziel scheitern. Bei dem Schütze-Zwilling-Mann sind die einzelnen Charakterzüge so differenziert, dass es kein Mittelmaß gibt, dazu ist er noch zu unruhig, oft zu euphorisch und zu wankelmütig.

Im Beruf ist der Schütze-Zwilling-Mann ein Macher, er kann Dinge anpacken und durchziehen, nur gelingt das nicht immer, dazu braucht er auch Unterstützung, nämlich gut ausgebildete und hoch motivierte Mitarbeiter und Kollegen. Doch sein Führungsstil lässt immer wieder etwas zu wünschen übrig: mehr Gelassenheit und mehr Souveränität sind hier gefragt. Viele begreifen seinen Führungsstil nicht oder wollen ihn nicht begreifen, deshalb ist es eminent wichtig für den Schütze-Zwilling-Mann zu lernen, sich auch auf seine Mitarbeiter einzustellen und diese in ihrer eigenen Welt zu begreifen und dort abzuholen. Oft hat er dafür kein Verständnis und verliert auch schon mal einige gute Mitarbeiter durch persönliche Verärgerung, das müsste nicht sein. Mentales Training, Suggestion und Meditation wären für diesen Männertyp wichtige Begleiter. Mit dieser Art Begleit-Coaching könnte er seine vorhandenen Defizite abbauen, seine Persönlichkeit stärken und sein Wachstum angemessen erhöhen. Das bringt ihn weiter - nämlich zu mehr Akzeptanz und zu konstantem Erfolg.

Privat ist der Schütze-Zwilling-Mann wie im Beruf ein Tausendsassa, ein Macher, der immer auf Achse ist, keine Ruhe kennt und immer wieder neue Dinge beginnt, obwohl die alten noch gar nicht abgeschlossen sind. Die Gefahr dabei ist auch, dass er zu wenig regeneriert und somit seinen Körper völlig überfordert, was sich in Aggressionen und schlechtem Auftreten und Verhalten äußert.

Eine seiner ganz großen Stärken und Möglichkeiten ist bei diesem Mann sein Redetalent, das andererseits oft in Monologen langweilt, was er viel zu spät bemerkt.

Seiner Familie und seinen Kindern sollte der Schütze-Zwilling-Mann mehr Beachtung und Zeit schenken, denn was er hier versäumt, kann er nicht mehr nachholen. Seine Familie wird es ihm durch viel Wärme und Zuneigung danken.

Dies wird den Schütze-Zwilling-Mann auch auf Dauer sehr positiv beeinflussen, sein Verhalten stärken und ihm helfen, mehr Überlegenheit zu entwickeln ...

STEINBOCK

Aszendent Zwilling

Hier haben wir einen Mann mit zwei völlig unterschiedlichen Prägungen, die sich jedoch aufgrund seiner unterschiedlichen Talente und Fähigkeiten im Zusammenspiel häufig sehr gut ergänzen. Bestes Beispiel: Formel-1-Fahrer Michael Schumacher, 7-facher Weltmeister, ist ein Steinbock mit Aszendent Zwilling, und seine Erfolge sprechen für sich.

Hier soll nun niemand unter Druck gesetzt werden, aber der Steinbock-Zwilling-Mann könnte sich hiervon zumindest zum Nachdenken bewegen lassen, und vielleicht schafft er ja eine ähnliche Karriere wie Michael Schumacher, muss ja nicht in der Formel 1 sein.

Die größte Stärke des Steinbock-Zwilling-Mannes liegt in seiner Perfektion sowie in seinem unbedingten Willen zum Sieg, dies wird abgerundet mit einer gewissen Lockerheit und Sympathie, die dieser Mann aus der Prägung seiner Geburtsstunde erhält. Durch den Zwilling-Einfluss wird der starre Steinbock aufgelockert und ist nicht so verbissen und kann dadurch seine Potenziale besser zum Ausdruck bringen. Umgekehrt wird der Wankelmut beim Zwilling reduziert und in ein angemessenes Verhältnis geführt. Im Prinzip profitiert dieser Männertyp von jeder Prägung, wenn er sich die positiven Elemente heraussucht.

Um den Steinbock-Zwilling-Mann als Außenstehender zu begreifen, muss man sich näher mit ihm beschäftigen. So ist er zum Beispiel im Umgang mit Menschen zunächst zurückhaltend bis unnahbar. Für viele wirkt er dadurch arrogant und überheblich, was er aber überhaupt nicht ist. Dies hat mit seiner Gefühlswelt zu tun, er ist nicht bereit, immer und bei jedem seine wahren Gefühle zu zeigen, vielmehr möchte er unentdeckt bleiben. Erst wenn dieser Mann die Menschen besser kennt, dann ist er auch bereit, seine Gefühle zu zeigen und seine Unnahbarkeit aufzugeben. Dann kann es aber auch passieren, dass er richtig aufdreht, und die Menschen völlig überrascht sind von seinem neuen Verhalten, weil sie ihn in dieser Form noch nicht erlebt haben. Das wiederum hat mit seiner Zwilling-Prägung zu tun, mit der er normalerweise immer gut aufgelegt und locker drauf ist.

In seinem Job oder in seinem Beruf ist der Steinbock-Zwilling-Mann besessen von seiner Tätigkeit. Egal was er macht, er macht es immer mit mindestens 100 Prozent. Halbe Sachen gibt es bei diesem Charakter nicht. Das hat auch damit zu tun, dass er immer gewinnen und siegen will und dass ein zweiter Platz für ihn schon eine Niederlage ist. Deshalb sind seine Ziele immer hoch und gerade erreichbar, dabei scheut er auch kein Risiko, wenn es dazu beiträgt, erfolgreich zu sein. Der Steinbock-Zwilling-Mann überlässt aber auch gar nichts dem Zufall, sondern trainiert und übt, sooft es eben notwendig ist, auch wenn das Wochenende dafür herhalten muss.

Dies geschieht natürlich zum Leidwesen seiner Familie, denn Frau und Kinder müssen sehr häufig auf den Steinbock-Zwilling-Mann verzichten. "Erfolg hat seinen Preis", dieser Satz könnte von ihm stammen. Auf der anderen Seite verdient er gutes Geld und davon profitiert seine Familie natürlich sehr. Aber wie gesagt, mit Geld kann man vieles, aber nicht alles kaufen. Zum Beispiel die Gesundheit nicht, und ohne Gesundheit ist alles wieder nichts. Darüber sollte dieser Mann einmal in einer ruhigen Minute nachdenken.

Der Steinbock-Zwilling-Mann ist ein großartiger Mann mit einer Präzision und Perfektion, wie es kaum einen zweiten gibt. Deshalb gehört er zu den großen Charakteren im Männerbereich, der seinen Platz unter den TOP TEN von 144 hat, und das ist doch was ...

WASSERMANN

Aszendent Zwilling

Bei dem Wassermann mit Aszendent Zwilling treffen sich zwei Prägungen, die wunderbar harmonieren, sich vorbildlich ergänzen und darüber hinaus noch sehr unterschiedliche Talente und Fähigkeiten einbringen.

Den absoluten Sympathieträger könnte man den Wassermann-Zwilling-Mann nennen, unheimlich offen für alles, sehr strategisch angelegt mit viel Antriebskraft und immer großer Begeisterung, im Prinzip hat dieser Charakter für alles immer eine Lösung. Natürlich ist dieser Mann in der Führung zu Hause, und das auch noch in der obersten Etage, denn mit Kleinvieh möchte er nichts am Hut haben. Er ist ein Macher, auch ein Tausendsassa, ein Charmeur höchster Güte und auch einer, der die Frauen besonders gerne hat.

Übrigens Frauen, das ist für den Wassermann-Zwilling-Mann ein wichtiger Bereich, denn mit Frauen hat er Erfolge ohne Ende, er ist der einzige Charakter überhaupt unter den Männer-Charakteren, der so ein leichtes Spiel mit Frauen hat wie kein anderer. Das liegt daran, dass dieser Mann Frauen aufgrund seiner Aura, seiner Persönlichkeit magisch anzieht und somit auch ungewollt oft zu diesen besonderen Ehren kommt. Aber, wenn er ehrlich ist, gefällt ihm das auch. Natürlich ist es auch oft schwer für ihn, wenn er verzichten muss, weil er ja zum Beispiel verheiratet ist oder gerade in einer festen Beziehung lebt. Aber der Wassermann-Zwilling-Mann findet auch für derartige Begegnungen eine saubere Lösung, die keinem weh tut und trotzdem beide glücklich macht.

Der Wassermann-Zwilling-Mann ist ein Reformer, manchmal aber auch ein Revolutionär, wenn er keine andere Möglichkeit sieht, seine Vorhaben in die Tat umzusetzen. Besonders zu haben ist er für umwälzende Technik, für völlig neue Denkweisen und theoretische Modelle. Wenn dieser Mann eine schwierige Aufgabe übernimmt, dann kann der Plan dazu ruhig ungewöhnlich sein, denn ihn fasziniert es, Unmögliches zu erreichen und an seine Grenzen zu stoßen, um dann mit Brachialgewalt sein Ziel zu erreichen. Für manche Außenstehende wirkt er dadurch oft arrogant und überzogen, aber damit hat er kein Problem, damit kann er durchaus leben.

Ganz wichtig für den Wassermann-Zwilling-Mann ist seine persönliche Freiheit, die er benötigt, um seine tägliche Arbeit perfekt erledigen zu können. Auch im sozialen Bereich ist sein Engagement gefragt, weil er genau weiß, wo es brennt und wo Hilfe dringend erwartet und notwendig ist. Unbürokratisch ist da seine Wesensart.

Was dieser Männertyp überhaupt nicht mag, ist, wenn Geschäftspartner oder auch Mitarbeiter von unwesentlichen Dingen reden und nicht schnell zum

Wesentlichen kommen. Da kann es schon auch einmal passieren, dass er verärgert vorzeitig den Raum verlässt und die Leute sich wundern, was nun passiert ist.

Der Anspruch an die Dinge des Lebens ist bei dem Wassermann-Zwilling-Mann von Grund auf hoch. Niveau und Stil erwartet er, nichts anderes lässt er zu. Sport und Freizeit spielen eine gewichtige Rolle in seinem Leben, denn das ist der Bereich, wo er sich seine Regeneration holt und auch entspannen kann.

Für seine Familie ist der Wassermann-Zwilling-Mann immer und zu jeder Zeit da, seine Kinder liebt er abgöttisch. Für die Familie zu sorgen, damit es ihr gut geht, ist sein höchstes Ziel, nie und zu keinem Zeitpunkt würde dieser Mann seine Familie mit irgendetwas strafen ...

FISCHE

Aszendent Zwilling

Zwei extreme Welten, sprich zwei völlig unterschiedliche Prägungen stoßen bei einem Fische-Mann mit Aszendent Zwilling aufeinander: Tiefgründigkeit und Sensibilität treffen auf Beschwingtheit und Leichtfüßigkeit.

Um es gleich vorweg zu sagen, dieser Mann ist kein typischer Fische-Mann, sein Wesenszug wird stark aus seiner Geburtsstunde dominiert, und das ist auch gut so. Grundsätzlich ist der Fische-Zwilling-Mann ein Macher, ein Kämpfer, ein harter Arbeiter, jedoch mit einem immer wiederkehrenden Wankelmut und der daraus resultierenden mangelnden Konstanz. Wieso ist das bei ihm so? Es ist einfach zu erläutern bzw. zu erklären. Nachdem dieser Charakter ein so genannter Bauchmensch ist, entscheidet er immer sehr intuitiv und instinktiv, ist schnell begeisterungsfähig, aber genauso schnell wieder weg von der Begeisterung. Das hat zur Folge, dass er nicht berechenbar ist, sowohl in seinen Entscheidungen wie auch in seinem Grundverhalten. Und dies wirkt sich auf das Verhalten seiner Mitarbeiter ihm gegenüber und natürlich auch insgesamt auf die Belegschaft oder das Team aus. Dieser Männertyp delegiert zu wenig, will alles selber machen, und wenn er einmal etwas weitergegeben hat, ist er enttäuscht, wenn seine Mitarbeiter die gewünschten Vorgaben nicht erfüllen.

Der Fische-Zwilling-Mann legt grundsätzlich ein hohes Tempo vor und beginnt häufig an mehreren Fronten zu arbeiten, was dann dazu führt, das er unter Druck kommt, seine Felle davonschwimmen sieht und dann richtig Stress verbreitet. Dies lässt er dann häufig die Mitarbeiter spüren und das ist nicht gut.

Aufgrund seiner starken Persönlichkeit wird es auch vorkommen, dass bestimmte Mitarbeiterinnen um seine Gunst buhlen und vielleicht mehr von dem Fische-Zwilling-Mann erwarten, als er zu geben bereit ist. Hier ist er besonders gefragt, denn hier muss er stark sein und diesem Begehren ein klare Absage erteilen. Sollte ihm das nicht gelingen, wird Neid und Missgunst innerhalb des Teams seinen Betriebsfrieden stören. Vor allem kostet ihn das viel Energie, die er für wichtigere Dinge dringend benötigt.

Disziplin, Kontinuität und Stetigkeit sind die Merkmale, die er dringend verbessern muss, um in der Zukunft mehr Souveränität zu erreichen. Dadurch wird sein Unternehmenserfolg auf sicheren und stabileren Säulen stehen.

Was den privaten Bereich angeht, ist das relativ leicht zu erläutern. Der Fische-Zwilling-Mann braucht eine Partnerin oder Ehefrau, die ihm den Freiraum zur Verfügung stellt, den er braucht, die akzeptiert, dass er ein Unternehmensführer ist, der wenig Zeit für das Private hat. Eine Partnerin, die nicht eifersüchtig ist und ihm die Liebe und Zärtlichkeit entgegenbringt, die er braucht, um rundum glücklich zu sein. Wenn es diesem Charakter gelingt, in Zukunft seine Kopflastigkeit zu Gunsten der Gefühlswelt zu ändern und seine Nervosität, Unentschlossenheit und Unbeständigkeit in normale Bahnen zu lenken, wird er eine wesentlich höhere Akzeptanz erreichen und wesentlich beliebter sein.

Der Fische-Zwilling-Mann ist ein wirklich kreativer und harter Arbeiter, der es im Leben oft zu großen Erfolgen bringt, aber oft auch viel verbranntes Land hinter sich lässt und dabei unendlich viel Energien verbraucht, darüber lohnt es sich nachzudenken ...

WIDDER

Aszendent Zwilling

Die beiden Prägungen des Widder-Mannes mit Aszendent Zwilling sind quasi ein unschlagbares Team: geistige und handwerkliche Geschicklichkeit sind stark ausgeprägt. Ideenreichtum und Durchsetzungsvermögen lassen schnelle Erfolge bei ihm entstehen.

Probleme könnte es für den Widder-Zwilling-Mann allerdings bei seiner Ausdauer und seiner Konstanz geben, denn hier ist dieser Mann doch oft zu wankelmütig und zeitweise zu unentschlossen. Hier hat er dringend und nachhaltig Entwicklungsbedarf. Ein weiteres Problem kann sein Hang zur Oberflächlichkeit sein. Doch trotz dieser vorhandenen Probleme ist unterm Strich ein gutes Erfolgsverhalten möglich.

Grundsätzlich ist der Widder-Zwilling-Mann bodenständig und immer dem Erfolg zugewandt. Schnelle und kühne Entschlüsse sind bei ihm eher weniger zu erwarten. Sein Selbstwertgefühl und sein Selbstbewusstsein muss er jedoch besser positionieren: Er sollte hier sein Licht nicht unter den Scheffel stellen. Er sollte lernen, auch ein wenig Geduld zu haben und dann versuchen, seine Ziele planvoll zu erreichen und nicht, wie er es oft tut, auf die Schnelle. Denn das wird meistens nichts und somit ist die Enttäuschung umso größer.

Für Pionierarbeiten ist der Widder-Zwilling-Mann prädestiniert, da ihn alles, was neu ist, reizt und zu Höchstleistungen anspornt. Nur sollte er auch Rückschläge verarbeiten und nicht zu schnell auf andere Baustellen wechseln. Wenn es diesem Männertyp gelingt, Ausdauer und Beharrlichkeit auf ein Mindestmaß zu bringen, werden seine Erfolge langfristig und zuverlässig sein. Mentales Training, Suggestion und Meditation können ihm helfen, die vorhandenen Defizite in den Griff zu bekommen und z. B. einfach nach dem System vorzugehen, eine Aufgabe vollständig zu beenden, bevor mit einem neuen Projekt begonnen wird. Schnell wird sich eine Stetigkeit bei ihm einstellen und seine Mühen werden sich auszahlen.

Auch in seiner Gefühlswelt muss der Widder-Zwilling-Mann Zug um Zug Konstanz aufbauen und dadurch schließlich mehr Stabilität entwickeln. In Sachen Liebe kann dieser Mann kräftig zupacken und vom Flirt bis zur leidenschaftlichen Eroberung ist alles perfekt. Mit der Treue gibt es dann und wann aber einige Probleme, denn - wie auch im beruflichen Leben - ist er hier sehr angreifbar und immer wieder ein wenig unstet.

Mit seiner Geburtsstunde (Zwilling) werden die Stärken aus der Prägung des Geburtstages (Widder) wie Durchsetzungsvermögen und Dynamik etwas reduziert und kommen nicht so zum Tragen wie gewohnt. In der Gesellschaft ist dieser Mann ein beliebter und gern gesehener Gast. Man mag seine offene und sympathische Art sowie seinen Charme und seinen Witz. Frauen suchen seine Nähe, weil er einfach nett, aufgeschlossen und sehr humorvoll ist.

Als Vater, Partner oder auch als Freund ist der Widder-Zwilling-Mann ein immer hilfsbereiter Mensch, der keine Mühen scheut zu helfen und zu unterstützen und der in allen Situationen mit Rat und Tat zur Seite steht. Seine Familie ist sein Schatz und Ruhepol, den er nie missen möchte - vor allem in Stresssituationen.

Wenn es diesem Charakter gelingt, seine Gegensätze Mut (Widder) und Wankelmut (Zwilling) in Einklang zu bringen, wird er auf der Erfolgsspur nicht aufzuhalten sein. Der gewünschte und erwartete Erfolg wird dem Widder-Zwilling-Mann Recht geben und sein oft zögerliches Verhalten auflösen ...

STIER

Aszendent Zwilling

Beim Stier-Mann mit Aszendent Zwilling treffen Bewegung und Bodenständigkeit aufeinander, was im Zusammenleben große Probleme bereitet. Die Forderung nach mehr Beweglichkeit behagt dem Stier überhaupt nicht. Es bedeutet nicht nur eine große Herausforderung, sondern auch ein Aufeinander-Zugehen, um diese beiden Prägungen in Einklang zu bringen und um auch die von beiden Prägungen gewünschten Erfolge zu erreichen. Als Stier-Mann versucht dieser Charakter natürlich die Prioritäten zu setzen, aber auf seine meist sehr überlegte und geplante Art und Weise. Die Zwilling-Seite jedoch will alles schnell und rasch über die Bühne bringen, sodass dann die Konflikte vorprogrammiert sind und es zu heftigen Turbulenzen kommen kann. Hier sollte der Stier-Zwilling-Mann einen Weg der Mitte suchen, um seine Fähigkeiten und Talente sinnvoll und effektiv einzusetzen. Die Fähigkeiten dazu sind ohne Zweifel vorhanden, er muss sie nur taktisch und richtig nutzen. Eine große Hilfe dabei wäre ein gezieltes mentales Training, Suggestion und Meditation, um seine manifestierten Verhaltensmuster zu überprüfen und sie gegebenenfalls anzupassen oder gar zu verändern. Dadurch erreicht dieser Mann mehr Souveränität, mehr Akzeptanz und als Folge natürlich mehr Erfolg.

Veränderung ist immer schwer und erfordert es, neue Wege zu gehen. Es beinhaltet auch automatisch ganz natürliche Risiken. Aber wenn der Stier-Zwilling-Mann sich nicht ändert, dann wird er geändert, und zwar nicht unbedingt in seinem Sinne, sondern dann muss er nehmen, was kommt, und das ist mit Sicherheit nicht sein erklärtes Ziel. Also heißt es für ihn, seine Aktivitäten zu bündeln und seine vielfältigen vorhandenen Möglichkeiten zu seinem Vorteil zu nutzen.

Der Stier-Zwilling-Mann sollte auch lernen, mit Niederlagen umzugehen, denn Niederlagen sind die Pflastersteine auf dem Weg zum Erfolg. Im Beruf sucht er immer die Verantwortung und die Führung eines ausgesuchten Teams. Er geht immer mit gutem Beispiel voran und erwartet dies auch von seinen Kolleginnen und seinen Kollegen. Auf ihn kann man sich verlassen, weil er immer ein loyaler Partner und Freund ist. Lob und Anerkennung sucht dieser Männertyp nicht, aber er freut sich trotzdem, wenn es immer wieder aus verschiedenen Richtungen kommt. Der richtige Ton zum richtigen Zeitpunkt ist für ihn maßgeblich, wer diesen Ton nicht findet, wird zu ihm keinen oder nur wenig Zugang erhalten. Hier ist dieser Mann sehr, manchmal zu empfindlich und lässt dies sein Gegenüber dann auch spüren.

Privat schätzt der Stier-Zwilling-Mann eine gepflegte und gute Atmosphäre, und die wenige Zeit, die er mit seiner Familie verbringt, möchte er in Zweisamkeit und in Ruhe und Frieden verbringen. Seine Kinder sind sein großer Stolz und sein Ruhepol. Es macht ihm Spaß, mit seinen Kindern die Natur zu erkunden oder auch mit ihnen verschiedene Spiele oder sonstige Aktivitäten durchzuführen.

Streit ist für diesen Charakter das Schlimmste, was es gibt, denn hier verliert er die meiste Energie, deshalb arbeitet er immer daran, Streit zu vermeiden, um seine Energien für sich zu behalten und sie anderweitig sinnvoll einzusetzen.

Als Frau oder auch als Partnerin kann man stolz sein, wenn man mit einem Stier-Zwilling-Mann zusammenleben darf, denn seine Kreativität und seine Überraschungen sind immer wieder faszinierend und bringen stets neue Ideen hervor. Seine Auftritte in der Öffentlichkeit dagegen sind zwiespältig, denn sein Geschick ist immer vom Thema abhängig ...

KREBS

Aszendent Krebs

Der Krebs-Mann mit Aszendent Krebs ist jemand, der im Leben immer kämpfen muss und der es aufgrund seiner Doppelprägung nicht leicht hat. Für ihn ist eines ganz wichtig: Er muss bereit sein, seine vorhandenen Muster durch mentales Training, Suggestion und Meditation so zu verändern, dass er Freude und Begeisterung im Leben empfindet. Wenn er das tut, wird er wesentlich glücklicher und zufriedener werden.

Die grundlegenden Schwächen des Krebs-Krebs-Mannes lassen sich wie folgt zusammenfassen: Er ist launisch, schwankend, überempfindlich und teilweise nachtragend. Sein Charakter ist ferner seelischen Eindrücken und Belastungen stark ausgesetzt und somit beeindruckbar und verletzlich. Damit er sich vor derartigen Belastungen schützen kann, baut er zunächst einen Schutzpanzer um sich herum auf, was wiederum zur Folge hat, dass seine Außendarstellung verfälscht zum Tragen kommt und man ihn völlig falsch einschätzt und definiert. Weil der Doppel-Krebs-Mann in der Vergangenheit oft von Menschen enttäuscht worden ist, ist es schwer für ihn, von Anfang an Vertrauen aufzubauen. Er ist unsicher und das spürt auch sein Gegenüber, das sich dann sofort ein Bild, eine Meinung über ihn macht - und die ist nicht immer positiv.

Der Krebs-Krebs-Mann hat wesentlich mehr Potenzial als andere vermuten möchten. Dieser Männertyp muss nur lernen, verstärkt den positiven Gedanken zu leben und mehr Glauben in seine persönlichen Fähigkeiten und Talente zu setzen. Oft ist er zu bescheiden, zieht sich lieber zurück und weicht gerne in die zweite Position aus. Verantwortung zu übernehmen - und diese in der Konsequenz auch zu tragen - ist sein größtes Problem, hier scheitert dieser Mann häufig und benutzt immer wieder die Rückfahrkarte. Das Ganze ist somit eine Geschichte der Einstellung und des Denkens. Druck mag er nicht, im Prinzip will er seine Ruhe und man sollte ihm diese gefälligst auch lassen.

Im Beruf, und dabei ist es egal, was er macht, ist der Krebs-Krebs-Mann immer ein extrem zuverlässiger und auch beliebter und erfolgreicher Mitarbeiter - solange er keine Verantwortung tragen muss. Er macht sein Ding, seinen Job, und den macht er gut. Er ist hilfsbereit und immer für andere da. Zudem ist dieser Mann stets gut aufgelegt und gesellig. In einer harmonischen Gesellschaft blüht er auf, insbesondere dann, wenn Frauen dabei sind. Da holt er schon einmal ein Musikinstrument hervor und spielt und singt, was das Zeug hält. Denn für Musik hat er ein großes inneres Talent, wie kaum ein anderer Charakter im Männerbereich. Der Krebs-Krebs-Mann braucht keine Noten, er spielt rein aus seinem Gefühl, ebenso singt er rein aus dem Bauch heraus. Die Gäste sind begeistert, und jetzt blüht er auf, er spürt die Resonanz und das Gefühl der Anerkennung, welches für diesen Charakter so elementar ist. Ja, er ist ein großartiger Künstler, auf diesem Gebiet gehört der Krebs-Krebs-Mann zu den ganz Großen, hier sollte er auch tätig sein oder tätig werden, denn hier besitzt er die Trumpfkarte und ist anderen um Längen voraus.

Seine Familie, seine Frau und seine Kinder sind der Lebensinhalt des Krebs-Krebs-Mannes, hieraus zieht er seine Kraft und seine Befriedigung für das Leben. Nur auf eines sollten alle achten: Man muss dem Krebs-Krebs-Mann die Freiheit einräumen, die er zum Atmen brauchen ...

LÖWE

Aszendent Krebs

Dynamik und Zurückhaltung könnte man die Grundcharaktere eines Löwe-Mannes mit Aszendent Krebs nennen, ein Spiel der Gefühle und ein Auf und Ab. Es wird viel Mühe und Fleiß notwendig werden, um diese beiden sehr unterschiedlichen Charaktere zu bündeln und ein Höchstmaß an Leistung und Erfolg abrufen zu können.

Man muss sich das bei dem Löwe-Krebs-Mann so vorstellen wie bei einem Tauziehen: An jedem Ende zieht jeder in seine Richtung und versucht die andere Partei über die Linie zu ziehen. Natürlich sind seine besonderen Fähigkeiten und Talente aus dem Charakter seines Geburtstages (Löwe), aber auch der Einfluss aus seiner Geburtsstunde (Krebs) nicht zu unterschätzen. Als Löwe ist dieser Mann ein Macher, ein eitler und dynamischer Mann mit dem Hang zum Überziehen und Übertreiben. Seine Dynamik und seine Aggression sind schon manchmal an der Grenze des Erlaubten. Man könnte ihn durchaus als Machtmenschen bezeichnen, und das ist nicht übertrieben. Sein Aszendent (Krebs) hingegen verfolgt ganz andere Ziele und hat ganz andere Vorstellungen vom Leben. Bei diesem zählt die Gelassenheit, die Ruhe und die Sympathie. Er braucht keine Dynamik und schon gar keine Aggression. Beim Krebs muss es verhalten und ohne Stress ablaufen, ohne großen Aufwand und Wichtigtuerei, sondern stilvoll und mit Niveau.

Wenn es dem Löwe-Krebs-Mann nun gelingt, die beiden sehr unterschiedlichen Grundcharaktere so zum Einsatz zu bringen, dass der eine vom anderen profitiert und von jedem die besonderen Stärken ihren Vorzug erhalten, wird dieser Mann ein herausragendes Grundmuster in der Öffentlichkeit präsentieren, welches kaum zu übertreffen ist. Dass diese Aufgabe nicht einfach sein wird und große Anstrengung bedeutet, liegt auf der Hand. Aber es gibt eine wunderbare Möglichkeit dies zu unterstützen, nämlich ein gezieltes mentales Training, Suggestion und Meditation. Durch dieses Training wird es dem Löwe-Krebs-Mann gelingen, die manifestierten Gewohnheits- und Verhaltensmuster zu erkennen, durch permanentes Training aufzulösen und durch neue Muster zu ersetzen. Dadurch erreicht dieser Charakter eine ganz andere Qualität in seinem Grundverhalten und somit eine optimale Positionierung in der Gesellschaft. Er wird plötzlich eine völlig andere Reputation und eine andere Akzeptanz erhalten, die ihm in seinem täglichen Arbeitsprozess eine große Hilfe sein wird. Auch seine Wortwahl, sein grundsätzliches Auftreten und sein sprachlicher Umgang wird ein Niveau erreichen, mit dem er selbst sehr zufrieden sein kann.

Dass der Löwe-Krebs-Mann nach wie vor ein großer Redner ist und die Menschen mit seiner Art und Weise begeistern kann, setzt der ganzen Sache die Krone auf. Ja, eitel ist dieser Mann auch, doch das ist ja nicht das Schlimmste, denn es kommt ja seinem Aussehen und seinem Auftreten zugute.

In seiner Familie wird er sehr geschätzt, nicht nur weil man sich auf ihn verlassen kann, sondern auch, weil er für alles eine Lösung findet. "Geht nicht - gibt's nicht", doch das ist sein Slogan und den lebt dieser Männertyp täglich. Auch der Genuss geht an ihm nicht vorbei, ob schönes Essen oder guter Wein, oder auch charmante Frauen - alles kann er vorbildlich genießen und erfreut sich an den schönsten Dingen des Lebens.

Der Löwe-Krebs ist ein interessanter Mann mit vielen Facetten und Möglichkeiten, aber auch ein Mann für sozial Schwache und hilfsbedürftige Menschen, und das sollte man hoch bewerten ...

JUNGFRAU

Aszendent Krebs

Beim Jungfrau-Mann mit Aszendent Krebs herrschen zwei Prägungen vor, mit denen es sich sehr gut leben lässt. Dieser Mann ist weder aggressiv noch streitsüchtig. Bei ihm geht es ausgewogen und überwiegend harmonisch zu. Das ist auch in seiner Lebensführung immer sein oberstes Ziel: harmonisch und ausgewogen zu fungieren.

Der Jungfrau-Krebs-Mann ist ein sehr bodenständiger, erdverbundener und sozial eingestellter Mann. Seine intellektuellen Fähigkeiten richten sich nach vernünftigen, methodischen Eckpfeilern. Er ist stark erfolgsorientiert aber auch sehr eigen und individualistisch veranlagt. Manchmal ist es für ihn ein Hindernis, dass er zeitweise zu lange zögert, bis er zur Entscheidung kommt.

Harmonie ist einer seiner bedeutenden Faktoren im Leben. Ohne Harmonie gehen bei diesem Charakter die Lichter aus. Präzision, Gründlichkeit und Zuverlässigkeit spielen bei ihm ebenfalls eine wichtige Rolle. Auch großgeschrieben wird bei dem Jungfrau-Krebs-Mann die Allgemeinbildung und detailliertes Fachwissen.

Er ist fleißig, zuverlässig, jedoch auch bedingt sensibel. Für Luftschlösser und Utopien hat dieser Männertyp so gut wie nichts übrig, dazu ist er einfach zu realistisch, manchmal einen Hauch zu viel.

Themen wie Liebe, Ehe und Partnerschaft werden bei dem Jungfrau-Krebs-Mann nach vernünftigen und wohl überlegten Grundsätzen geregelt. Er hat ein äußerst kritisches Urteilsvermögen, in dessen Rahmen dann und wann auch sehr divergierende Meinungen auftreten und er sich doch auch immer wieder unbeliebt macht. Hier muss er stark an sich arbeiten und einige Gewohnheits- und Verhaltensmuster durch mentales Training korrigieren, um so eine bessere Positionierung zu erreichen. Der Jungfrau-Krebs-Mann neigt zum Festhalten und zum

Besitzen, was jedoch spätestens in der Partnerschaft zu Problemen führen wird. Etwas lockerer und gelassener zu sein, würde ihm hier durchaus gut tun.

Der Jungfrau-Krebs-Mann ist ein geselliger und lebenslustiger Mensch, der sich gerne in der Vorreiterrolle fühlt und sieht. Schöne Frauen bedeuten ihm sehr viel. Als Gast ist er beliebt, weil er durch sein musikalisches Verständnis und das Beherrschen einiger Instrumente die Gäste und Freunde begeistern kann. Hilfsbereitschaft wird bei diesem Mann groß geschrieben, er gibt gerne und viel, manchmal zu viel. Das Maß des Gebens sollte er besser im Auge behalten. Manchmal ist weniger mehr ... Denn dadurch kann auch immer wieder Frustration entstehen.

Die Prägung aus der Geburtsstunde (Krebs) hat einen maßgeblichen Einfluss auf den Grundcharakterzug des Jungfrau-Mannes. Der sehr nüchterne Jungfrau-Zug wird durch den Krebs-Einfluss gefühlsbetonter, empfindsamer, aber auch empfindlicher. Doch mit dieser Mischung lässt es sich wie gesagt gut leben. Es ist aber unbedingt darauf zu achten, dass das eigene Licht nicht unter den berühmten Scheffel gestellt wird. Die geistigen und seelischen Anlagen dieses Mannes sind durch eine gute Harmonie verbunden, was wiederum nennenswerte Leistungen ermöglicht.

Der Jungfrau-Krebs-Mann ist ein liebevoller Mann und Vater, der doch dann und wann seinen Dickkopf und seine Sturheit durchsetzt – nicht immer jedoch zum richtigen Zeitpunkt, darüber sollte er nachdenken ...

WAAGE

Aszendent Krebs

Bei dem Waage-Mann mit Aszendent Krebs treffen zwei solide, liebenswerte Prägungen aufeinander, die sich gegenseitig nichts wegnehmen, aber auch nicht sonderlich viel beitragen, um den anderen Charakterzug zu stärken.

Die Willenskraft der Waage wird durch den Einfluss Krebs keinesfalls gestärkt, eher ist das Gegenteil der Fall. Eine immer wiederkehrende Launenhaftigkeit macht das Leben auch nicht leichter. Auf der anderen Seite wird sehr viel Verständnis und Anteilnahme für die Mitmenschen entwickelt, was mit

Sicherheit immer eine gute Sache ist, wenn es auch dem Waage-Krebs-Mann auf seinem Erfolgsweg keine Hilfe sein wird. Hier muss er selbst Hand anlegen und Gas geben und seinen Wankelmut und zum Teil seine Antriebslosigkeit selbst und eigenständig überwinden.

In seiner Prägung ist Geborgenheit für den Waage-Krebs-Mann ein Grundbedürfnis, aber auch ein Hemmnis, große Taten folgen zu lassen. Deshalb sind seine Frau und seine Kinder für ihn die beste Basis, Kraft zu tanken und Liebe, Wärme und Harmonie zu empfangen. Der Waage-Krebs-Mann ist ein Mensch, für den Wärme und Zuneigung noch eine große und wesentliche Rolle in seinem Leben spielen. Ja, dieser Mann ist abhängig von Harmonie, um gute Leistungen abrufen zu können. Immer dann, wenn es ihm gut geht, sind seine Leistungen und Erfolge entsprechend. Immer dann, wenn er im Streit ist oder nicht glücklich ist, fällt seine Leistung rapide ab und er hat keine Lust mehr, etwas Großes zu bewegen. Deshalb ist es wichtig, den Waage-Krebs-Mann im Gleichgewicht zu halten, seine Sprache nicht nur zu verstehen, sondern ihn auch sprachlich richtig im Herzen zu berühren. Wenn dies geschieht, dann kann man mit diesem Männertyp die so genannten Pferde stehlen, dann ist er bereit, engagiert alle Aufgaben anzugehen und sie auch vorbildlich umzusetzen.

Der Waage-Krebs-Mann gehört nicht zu den Machern, sondern er will in Frieden und mit Freude seine Ziele und seine Aufgaben erfüllen. Druck ist bei ihm fehl am Platze, denn mit Druck erreicht man bei diesem Charakter gerade das Gegenteil, Druck mag er nicht und es löst bei ihm auch keine Motivation aus, sondern lässt ihn in ein Phlegma fallen. Der Waage-Krebs-Mann ist ein sehr intelligenter und eigenständiger Mann, der Wert auf Niveau und Ausstrahlung legt.

Seine besonderen Stärken sind im musikalischen Bereich angesiedelt, dort hat dieser Mann besondere Begabungen für Musik und Gesang. Das ist auch sein Leben, dort bestimmt er die Richtung, die Leute liegen ihm zu Füßen, dies ist Labsal für seine Seele. Dort herrscht Harmonie und Freude. Es macht dem Waage-Krebs-Mann sehr viel Spaß, die Leute glücklich und zufrieden zu machen.

Als Vater, Partner oder auch als Ehemann ist der Waage-Krebs-Mann nicht zu übertreffen. Er ist einer der wenigen Männer, die sich Zeit für die Familie nehmen und immer da sind, wenn es irgendwelche Probleme gibt. Das schätzt seine Familie sehr an ihm und deshalb hat er hier auch einen besonderen Stellenwert. Dass dieser Mann ein Genießer ist, braucht nicht extra erwähnt zu werden, das ist jedem, der ihn kennt, hinreichend bekannt ...

Mit sozialen Organisationen hat der Waage-Krebs-Mann auch ein besonderes Anliegen, immer wenn er Zeit und Muße hat, besucht er derartige Einrichtungen und hilft schon mal aus, wenn es die Situation erfordert.

Die Menschen mögen den Waage-Krebs-Mann, und mit seiner sympathischen Art hat er auch schnell Zugang zu den Menschen. Dieser Charakter muss oft seine Zurückhaltung aufgeben und einfach aktiver und agiler am Geschehen teilnehmen.

SKORPION

Aszendent Krebs

Zwei sehr sensible und tief empfindende Prägungen treffen bei dem Skorpion-Krebs-Mann aufeinander - keine leichte Aufgabe, beide Charakterzüge unter einen Hut zu bringen und sie optimal einzusetzen.

Der Skorpion-Krebs-Mann ist ein Mann von großer Einfühlsamkeit und mit einer sanften Seite, was ihm leider viel zu oft als Schwäche ausgelegt wird. Das muss nicht immer heißen, dass dieser Charakter keine Willenskraft, Durchsetzungsvermögen und Zähigkeit hätte. Er lebt eben anders und es kommt auch anders zum Ausdruck, einfach auf eine gefühlvolle und wärmende Art, was leider von seinen Mitmenschen, Freunden und Kollegen falsch interpretiert wird.

Der Skorpion-Krebs-Mann gehört nicht in ein pauschales Schema, vielmehr ragt er aus dem Normalen und Gewohnten heraus. Er ist einfach anders, seine Denkweise, sein Verhalten entspricht nicht der gewohnten Art, sondern wird getragen von einer Tiefgründigkeit und einer feinen, sehr kreativen und musikalischen Welt. Seine Stärken, wenn sie richtig erkannt werden, sind einzigartig und kaum zu toppen, aber man muss diesen Mann begreifen, verstehen und im Herzen berühren. Seine Prägung hat ein reiches Innenleben, mehr als Außendarstellung, tief greifende, intensive und unergründliche Gefühle. Jeder Versuch, dieses Rätsel zu entschleiern, wird scheitern, denn seine Gedanken sind zu geheimnisvoll. Es sei denn, man schafft es, durch die Berührung des Herzens den Schlüssel für die innere Welt des Skorpion-Krebs-Mannes zu finden, aber dies wird nur ganz wenigen gelingen. Für viele Menschen wird er ein unlösbares Rätsel bleiben, oft weiß man nicht, was dieser Mann denkt und fühlt oder wie er positioniert ist. Dadurch ist seine Außendarstellung oft schleierhaft und nicht transparent - doch das ist auch sein Ziel, denn der Skorpion-Krebs-Mann will gar nicht, dass man ihn durchschaut, im Gegenteil, sein Verhalten ist immer so, dass man nie genau in ihn hineinschauen kann. Manchmal weiß man nicht, ob er Spaß macht oder ernst ist, denn oft spielt dieser Charakter auch mit dem Feuer und bringt die Menschen vollkommen durcheinander ...

Beruflich ist der Skorpion-Krebs-Mann ein kreativer, eigenständiger, meist auch selbstständiger Mann in den Berufen Optiker, Maler, Architekt oder Musiker. Alles was Kreativität und viel Tief- sowie Weitblick erfordert, zieht diesen Männertyp an und motiviert ihn. Er arbeitet sehr ungern untergeordnet, das heißt dort, wo er kontrolliert und auch dann und wann zurechtgewiesen werden könnte. Damit hat dieser Mann ein wirkliches Problem, Bevormundung und Kontrolle mag er nicht, deshalb ist er meistens selbstständig, wo er schalten und walten kann, wie er will und nicht wie andere es vorgeben.

Mit Kritik und Niederlagen hat der Skorpion-Krebs-Mann ein massives Problem. Hier sind ihm dringend mentales Training, Suggestion und Meditation zu empfehlen, um seine manifestierten Gewohnheits- und Verhaltensmuster zu überprüfen und gegebenenfalls auch zu verändern. Lockerheit und Gelassenheit sollten sein wichtigstes Ziel werden, dann wird er auch automatisch mehr Sympathie ausstrahlen und auch mehr Sympathien gewinnen. Oft steht er sich auf den eigenen Füssen herum und ist einfach viel zu passiv innerhalb der Gesellschaft, dadurch wird er oft verkannt und völlig falsch eingeordnet.

Der Skorpion-Krebs-Mann kann seine riesigen Potenziale durch eine größere Offenheit seiner Person zum Tragen bringen, und seine Erfolge werden dann nicht mehr aufzuhalten sein ...

SCHÜTZE

Aszendent Krebs

Die beiden Prägungen des Schütze-Krebs-Mannes ergänzen sich nicht nur, sondern unterstützen sich auch und gleichen kleine Defizite innerhalb der beiden Prägungen aus.

Der Schütze-Krebs-Mann ist ein Mensch, der immer den großen Sinn des Lebens sucht, um sich daran zu orientieren und seine Ziele und Visionen im Fokus zu haben. Er ist sehr glaubensstark, voller Idealismus und ständig "on Tour", also immer unterwegs; die Reise ist ein Teil seines Lebens, stets getragen von der Hoffnung und der Zuversicht, die universellen Zusammenhänge zu enträtseln und zu verstehen. Dieser Mann glaubt immer, eine Mission erfüllen zu müssen, zumindest ist er beseelt von dieser Idee. Ganz wichtig für ihn sind Reisen und die zahlreichen zwischenmenschlichen Kontakte, die sich daraus entwickeln und ergeben. Aber nicht nur geistig, sondern auch seelisch und körperlich ist dieser Charakter ständig in Bewegung. Naturliebe, soziales Engagement und ein stark ausgeprägter Gerechtigkeitssinn sind wesentliche Merkmale seines Grundcharakters.

Ein ganz wichtiger Teil beim Schütze-Krebs-Mann ist sein persönlicher Freiraum - diesen braucht er, um beruflich und privat Höchstleistungen zu erzielen. Einengung und Bevormundung ist zugleich die Beendigung seines Engagements bzw. seiner Tätigkeit. Alle, die versuchen dagegen zu verstoßen, werden ihn nur noch von hinten sehen. Je mehr Entfaltungsmöglichkeiten und Verantwortung dieser Mann hat, desto leistungsfähiger und erfolgreicher ist er. Das wissen auch in der Regel seine Chefs, deshalb wird er oft mit Sonderaufgaben und besonderen Fällen beauftragt. Dies wiederum ist für ihn eine willkommene Herausforderung, die er mit Bravour löst.

Absolut bemerkenswert beim Schütze-Krebs-Mann ist seine hemmungslose Offenheit und Klarheit. Er redet nicht um den heißen Brei herum, sondern legt die Fakten schonungslos auf den Tisch. Oft ist das hart, aber der Erfolg gibt ihm hier Recht. Er hält nie mit seiner Meinung hinter dem Berg, dieser Mann spricht das aus, was andere nur denken, und das ist gut so. Die Prägung aus der Geburtsstunde (Krebs) hat natürlich einen Einfluss auf den Grundcharakterzug des Schütze-Mannes. Zum einen nimmt sie ihm immer wieder den Wind aus den Segeln, zum anderen dämpft sie seinen übergroßen Optimismus und auch seinen Idealismus.

Konflikte gibt es ab und zu zwischen der Reiselust des Schütze-Krebs-Mannes und seiner Sesshaftigkeit. Am Ende siegt meist das Bedürfnis nach Geborgenheit und der häuslichen Familie. Dennoch braucht dieser Charakter einen größtmöglichen Freiraum, sowie immer wieder einmal Impulse von außen, zum Beispiel einen kleinen Tapetenwechsel.

Als Ehemann und Vater ist auf diesen Mann immer und zu jeder Zeit Verlass. Seine Familie ist ihm heilig und ist auch seine große Stütze in der Verwirklichung seiner Pläne und Ziele.

Dass der Schütze-Krebs-Mann darüber hinaus noch ein besonders musikalischer Mann ist, rundet seine Fähigkeiten und Talente ab ...

STEINBOCK

Aszendent Krebs

Eine spannungsreiche Prägung kommt hier zum Tragen, so trifft der reservierte, beherrschte bis misstrauische Steinbock auf einen sensiblen, harmonischen und zurückgezogenen Krebs. Eine Konstellation, die so manche Hürde überwinden muss ...

Es ist klar, dass sich hieraus beim Steinbock-Krebs-Mann ein tief schürfendes und zerrissenes Innenleben ergeben kann. Die Entwicklung führt zwischen Ernst und Launenhaftigkeit zu einem kreativen, sensiblen und stabilen Charakter. Eines ist aber gewiss, diese Steinbock-Konstellation gehört zu den fürsorglichsten unter allen Steinbock-Charakteren.

An erster Stelle steht beim Steinbock-Krebs-Mann der berufliche Erfolg und ein gesichertes Einkommen. Dafür ist er bereit, hart zu arbeiten und seine Aufgaben konzentriert und konstant zu erfüllen. Seine Gefühlswelt lässt immer wieder zu wünschen übrig, das heißt, dieser Charakter versucht häufig, seine Emotionen für sich zu behalten und nicht nach außen zu lassen. Dadurch kann ein falscher Eindruck von ihm entstehen und demnach wird er von seinen

Mitmenschen auch sehr oft falsch gesehen bzw. eingeschätzt. Es liegt also ausschließlich am Steinbock-Krebs-Mann selbst, das zu ändern, um im rechten Licht zu erscheinen.

Im Team zu arbeiten, fällt dem Steinbock-Krebs-Mann sehr schwer, weil er sich sehr ungern unterordnet. Bevormundung und Kontrolle sind Themen, die dieser Männertyp überhaupt nicht leiden kann, weil dadurch auch immer wieder Konflikte entstehen. Dies hat mit seiner grundsätzlichen Sensibilität zu tun und auch damit, dass dieser Mann wenig diplomatisches Geschick hat oder gar nicht haben will. In seinem Grundverhalten ist der Steinbock-Krebs-Mann oft unnahbar und wenig zugänglich, was natürlich sein Ansehen nicht unbedingt erhöht. Außerdem ist er ein Mann, für den Sicherheit ein besondere Rolle spielt. Dies hat mit seiner Grundeinstellung und seinem starken Ego zu tun. Oft wirkt dieser Mann arrogant und überheblich, was natürlich nicht stimmt, er muss sich einfach mehr öffnen, mehr auf die Leute zugehen und gesprächiger sein.

Die harte Schale, die der Steinbock-Krebs-Mann nach außen zeigt, hat in Wirklichkeit innen einen weichen Kern. Um mit ihm in einen vernünftigen Dialog treten zu können, ist es wichtig, dass man ihn sprachlich richtig berührt und so seine Gunst erreicht. Er legt einen gesteigerten Wert auf ein harmonisches Umfeld, vor allen Dingen aber auf ein harmonisches und glückliches Familienleben. Mit seinem Krebs-Einfluss hätte dieser Mann einige Talente und Fähigkeiten, die er aber oft nur bedingt zulässt. So ist er musikalisch, sehr offen und in der Gesellschaft ein gefragter Mann, weil seine freundliche und aufgeschlossene Art bei den Menschen besonders gut ankommt.

In der Liebe und im Freundeskreis ist der Steinbock-Krebs-Mann oft gespalten und sehr wechselhaft. Seine Probleme, im Gefühlsbereich sich nicht so zu zeigen wie er sein könnte, verändern natürlich seine Außendarstellung nicht zum Positiven. Also sollte er hier um eine Veränderung dringend bemüht sein; dies gelingt am besten durch ein gezieltes mentales Training, Suggestion und Meditation. Dadurch kann der Steinbock-Krebs-Mann seine manifestierten Muster ändern und durch neue ergänzen. Dies wird sowohl seine Souveränität wie auch seine Reputation wesentlich erhöhen, und das ist doch ein erstrebenswertes Ziel ...

WASSERMANN

Aszendent Krebs

Bei dieser Konstellation trifft ein strategischer und dynamischer Wassermann auf einen introvertierten, ruhigen und sensiblen Krebs.

Hier kann insbesondere die Krebs-Seite vom Wassermann-Charakter viel profitieren, weil dessen Talente und Fähigkeiten eine andere Dynamik haben als die des Krebs-Charakters. Natürlich hat auch dieser ganz besondere Talente und Fähigkeiten, ganz besonders im musikalischen und im Gesangsbereich. Eines ist auf jeden Fall sicher: Diese beiden Charakterzüge werden sich nicht bekämpfen, sondern werden optimal voneinander partizipieren.

Der Wassermann-Krebs-Mann ist ein äußerst sympathischer und angenehmer Mensch, der mit keinem auf diesem Erdboden besondere Probleme haben wird. Sein Charme, seine Wärme und sehr oft auch sein tolerantes Verständnis mögen die Menschen, deshalb hat er auch, egal wo er auftritt oder arbeitet, immer eine hohe Akzeptanz und ein besonderes Ansehen.

Seine Mitarbeiter und Kollegen mögen die Art und Weise, wie der Wassermann-Krebs-Mann mit ihnen umgeht, und vor allen Dingen wie er sie behandelt. Ganz wichtig bei ihm ist, dass man ihm genügend Freiraum für seine Tätigkeiten einräumt, egal welche Funktionen er innehat. Denn Einengung, Bevormundung und Kontrolle sind Elemente, die dieser Mann zum einen überhaupt nicht mag und vor allen Dingen auch schon gar nicht zulässt. Sollte ihm jemand zu nahe auf den Pelz rücken, wird er ungemütlich und kann auch schon mal bösartig werden.

Im Freundes- und Gesellschaftsbereich führt der Wassermann-Krebs-Mann das Wort, aber nicht, weil er das unbedingt will, sondern weil man ihn darum bittet, denn seine Worte sind geschliffen und rhetorisch perfekt.

Wenn es um Stimmung machen geht, ist der Wassermann-Krebs-Mann auch vorne dabei, weil er dann seine musikalischen Fähigkeiten einbringen kann und entweder ein Instrument spielt oder auch singt und auf alle Fälle die Leute begeistert. Natürlich kann dieser Männertyp darüber hinaus auch wunderbare Witze erzählen und die Leute so richtig in Stimmung bringen. Urlaube verbringt dieser Mann gerne mit Freunden, er liebt die Berge und das Wasser, wandert besonders viel, trinkt dann gerne mal ein Glas Rotwein auf der Hütte und macht wie gewohnt Stimmung für die anwesenden Gäste. Dass dieser Mann ein besonderer Charmeur ist, ist hinreichend bekannt; immer dann, wenn Frauen im Spiel oder dabei sind, wächst er über sich hinaus, verliert aber nie seinen Stil und sein Niveau. Darauf legt er immer einen gesteigerten Wert, dies hat auch damit zu tun, dass er schon eine angeborene Eitelkeit in sich trägt und man das auch immer wieder spüren kann, wenn man mit ihm unterwegs oder zusammen ist.

Seine Familie, insbesondere seine Frau und seine Kinder sind das Heiligtum des Wassermann-Krebs-Mannes, denen keiner zu nahe treten darf. Hier wird er richtig böse und auch aggressiv, wenn es nur einer versuchen würde. Er hat eine besondere Liebe und Zuneigung zu seinen Liebsten aufgebaut, und die lässt er sich auch durch niemanden zerstören.

Ansonsten ist der Wassermann-Krebs-Mann ein Kulturmensch, der aber auch für humanitäre Zwecke immer ein offenes Ohr hat. Gerade sozial Schwache und hilfsbedürftige Menschen unterstützt er oft mit großen Geldspenden, um ihnen den Lebensunterhalt einigermaßen erträglich zu machen. Er hört sich auch gerne deren Sorgen an und hilft, wo er nur kann.

Unterm Strich ist der Wassermann-Krebs ein toller Mann, mit tollen Ansichten und einer menschlichen Größe, egal was da kommt ...

FISCHE

Aszendent Krebs

Die beiden Prägungen des Fische-Mannes mit Aszendent Krebs passen zusammen wie die Faust aufs Auge! Beide sind im Element Wasser zu Hause, und so erweist sich diese Verbindung als ideale Ergänzung zweier sensibler und gefühlvoller Charaktere, ausgestattet mit medialen Gaben und übersinnlichen (intuitiven) Kräften.

Tiefgründig wie das Meer und einfühlsam wie kaum ein anderer Männer-Charakter tritt der Fische-Krebs-Mann auf und ist stolz auf sein Grundverhalten. Mitleid und Mitgefühl sind bei ihm überdurchschnittlich ausgeprägt, wohingegen Disziplin und Selbstbeherrschung für diesen Mann Fremdwörter sind. Er hat große Mühe, sich an bestimmte Vorgaben, insbesondere an pünktliche Verabredungen, zu halten. Das ist ihm auch nicht wichtig und interessiert ihn wenig. Er sollte aber nicht vergessen, dass dadurch ein Bild von ihm entsteht, das für seine Positionierung in der Gesellschaft nicht unbedingt von Vorteil ist. Durch sein egoistisches, teilweise nicht nachvollziehbares Verhalten verliert der Fische-Krebs-Mann nicht nur an Sympathie, sondern auch an Akzeptanz. Schnell bricht man den Stab über ihn, was er aber auch selbst zu verantworten hat. Deshalb sei ihm dringend angeraten, mit mentalem Training, Suggestion und Meditation zu beginnen, um seine Gewohnheits- und Verhaltensmuster zu überprüfen und bei Bedarf zu verändern. Dies bringt ihn ein großes Stück nach vorne und vor allem gewinnt er dadurch verlorenes Land wieder zurück.

Der Fische-Krebs-Mann ist bekannt für seinen gekonnten Umgang mit Menschen, und es ist ebenso unbestritten, dass er sich um deren Probleme kümmert, was eines seiner größten Talente ist, die er besitzt.

Seine Fähigkeit, Menschen zu begreifen, sie zu berühren und ihnen mit seiner Gelassenheit auch zu helfen, zeigt er immer wieder. Wichtig dabei ist allerdings, dass er selbstständig, ohne Druck und Bevormundung agieren kann. Meist ist der Krebs-Fische-Mann daher auch als Selbstständiger tätig, weil er dort keinen Normen und strengen Regeln unterliegt, sondern so arbeiten kann, wie er will und vor allem wann er will. Es ist diesem Männertyp völlig egal, ob er Samstag, Sonntag oder das ganze Wochenende arbeitet, wichtig dabei ist allein, dass er Lust dazu hat. Dass er hier auch keine Rücksicht auf seine Familie oder auf seine Freunde nimmt, hat wiederum mit seinem egoistischen Verhalten zu tun.

Der Fische-Krebs-Mann ist natürlich auch ein großer Charmeur und ein begnadeter Liebhaber – dies sagen zumindest die Frauen von ihm (viele Frauen, die nach solchen Qualitäten befragt wurden, nannten stets diesen Charakter – womit das auch amtlich bestätigt wurde). Seine Beziehungen halten nicht immer besonders lange, doch das hat damit zu tun, dass er ein Genießer und ein gefühlsbetonter Mensch ist, der sich auch das eine oder andere Mal verführen lässt, was er natürlich auch besonders genießt.

Einmal in Fahrt gekommen, kann der Fische-Krebs-Mann die Menschen begeistern. Oft ist er als Musiker oder auch als Sänger unterwegs. Die Frauen liegen ihm dann zu Füßen und er ist dabei sehr glücklich.

Wenn es ihm gelingt, gewisse Verhaltensmuster zu korrigieren, seinen Egoismus zu zügeln und sich ein wenig auf die Gesellschaft einzustellen, wird dieser Mann ein Höchstmaß seiner verborgenen Talente zum Vorschein bringen, seine Akzeptanz und seine Sympathie erhöhen und viel Zugang von anderen Menschen bekommen.

Denn eines ist sicher: Fähigkeiten und verborgene Talente sind bei dem Fische-Krebs-Mann im Überfluss vorhanden, er muss nur in der Lage sein, sie auch nach außen zu transportieren ...

WIDDER

Aszendent Krebs

Der Widder-Mann mit Aszendent Krebs ist wahrlich keine einfache kosmische Zusammenstellung, denn hier sind die Wesenskerne sehr differenziert und sehr unterschiedlich geartet. Es kostet ihn oft viel Mühe, diese beiden Prägungen einigermaßen in Einklang zu bringen und optimale Ergebnisse zu erzielen.

Man kann es in Worten folgendermaßen ausdrücken: Alles, was die Widder-Prägung entwickelt und aufbaut, wird von der Krebsprägung in Frage gestellt und immer wieder in Zweifel gezogen – und somit ist die Umsetzung oft gefährdet. Ganz wichtig ist es beim Widder-Krebs-Mann daher, diese vorhandenen Muster durch Veränderung zu neutralisieren, um ohne Energieverlust seine gewünschten und geplanten Erfolge einzufahren.

Der Widder-Krebs-Mann ist ein bodenständiger und erfolgsorientierter Mann; seine Lebensmaxime ist es, schnelle und kühne Entschlüsse zu fassen. Er neigt immer wieder zu einem überzogenen Selbstwertgefühl und einem stark positionierten Selbstbewusstsein. Er möchte hoch gesteckte Ziele am liebsten im Sturm erreichen, vergisst aber dabei, dass er entsprechende Vorleistungen, Planungen und Zwischenziele einbauen muss.

Der Widder-Krebs-Mann ist oft mehr als risikofreudig, was natürlich auch häufig schief geht. Pionieraufgaben sind eine Spezialität von ihm, das hängt damit zusammen, dass es da immer etwa Neues gibt, und Neues spornt ihn immer an.

Wie kein Zweiter kann dieser Mann sämtliche Energien aus dem Stehgreif mobilisieren. Er gilt als unerschrockener, dynamischer Wegbereiter. Ausdauer hingegen ist nicht seine Stärke. Hier muss dieser Männertyp konstanter und zielorientierter werden. Für stabile und sichere Verhältnisse - oder gar Ordnung und System - ist der Widder-Krebs-Mann keinesfalls prädestiniert. Sein Wankelmut und seine mangelnde Konstanz sind deshalb sein größtes Problem. Er sollte lernen, eine Aufgabe zu Ende zu führen und erst dann mit einer neuen zu beginnen. Wenn dieser Mann sein Leistungspotenzial konzentriert, ist er zu allem fähig.

Auch in der Gefühlswelt muss beim Widder-Krebs-Mann noch Stabilität einkehren. In Sachen Liebe kann er kräftig zupacken. Vom Flirt bis zur leidenschaftlichen Eroberung ist alles möglich. Mit der Treue gibt es dann und wann möglicherweise einige Probleme, aber das muss er selbst wissen, vor allen Dingen auch verantworten.

Die Prägung aus der Geburtsstunde (Krebs) hat bei dem Widder-Krebs-Mann einen enormen Einfluss auf seinen Grundcharakterzug. Hier wird er sehr vorsichtig und zunehmend wankelmütig. Im Klartext: der vorgelebte Elan wird reduziert. Seine Ziele und Pläne werden immer wieder in Frage gestellt und dadurch sehr unsicher. Die impulsive Dynamik aus seiner Geburtstagsprägung (Widder) wird ausgebremst, was dann auch zu persönlichen Differenzen führen kann. Die Gegensätze Mut (Widder) und Ängstlichkeit (Krebs) müssen in Einklang gebracht werden. Wenn ihm dies gelingt, gibt dies als Ergebnis ein zärtliches, sensibles Energiebündel mit seelischem Tiefgang.

Als Partner, Vater oder auch als Freund ist der Widder-Krebs-Mann sehr beliebt, weil seine musikalische und lockere Art bei allen Freunden und Bekannten sehr gut ankommt, und dort fühlt er sich auch wohl und genießt diese Beliebtheit in vollen Zügen ...

STIER

Aszendent Krebs

Zwei Prägungen, die sich weder bekämpfen noch einander besonders motivieren, aber auf jeden Fall ganz gut zurecht kommen ... Eine dynamische

Kombination darf man bei dem Stier-Mann mit Aszendent Krebs nicht erwarten, aber dafür eine sehr gut zu lebende Mischung.

Der Stier-Krebs ist ein bodenständiger, kreativer, sensibler und sehr fürsorglicher Mann. Er genießt es, nicht im Zentrum zu stehen, nicht Mittelpunkt zu sein, und hat überhaupt keine Ansprüche, den großen Führer spielen zu müssen, vielmehr agiert er aus der Distanz, ruhig, gelassen und mit Niveau. Der laute Ton, der übermächtige Druck und die überzogene Dynamik ist nicht sein Ding. Dieser Mann lässt es ruhig und besonnen angehen und besinnt sich auf seine persönlichen Stärken im zwischenmenschlichen Bereich, dort ist er wahrlich stark.

Menschen spielen im Leben des Stier-Krebs-Mannes eine zentrale Rolle, er mag seine Mitmenschen ohne Vorbehalte und die Menschen spüren das auch. Wärme, Liebe und Zuneigung sind keine losen Wörter in seinem Leben, sondern bilden in seinem Charakter das Rückgrat und haben auch für ihn viel Bedeutung. Kein Wunder also, wenn man ihn sowohl in sozialen wie auch in musikalischen Berufen immer wieder findet. Ob er nun als Therapeut oder als Sänger und Musiker tätig ist, unterm Strich kommt es aufs Gleiche heraus: Dieser Mann will Menschen entweder helfen oder ihnen Freude bereiten und sie einfach glücklich sehen. Seine Intuition und sein Feingefühl stellen die Weichen dafür, Menschen näher zu kommen. Der Stier-Krebs-Mann findet immer den richtigen Ton zum richtigen Zeitpunkt, hat immer ein offenes Ohr, besonders für die Schwächeren, und nimmt sich vor allem Zeit für deren Sorgen und Probleme.

Zeit, das ist ein Schlüsselwort in unserer heutigen Zeit, aber der Stier-Krebs-Mann lässt sich hier nichts vorschreiben und hilft anderen, so lange er kann und so lange er will. Besonders ausgeprägt ist auch sein Familiensinn, dieser Männertyp gehört zu den wenigen Charakteren, die sich genügend Zeit für die Familie, Frau und Kinder nehmen. Das schätzt man bei ihm und rechnet es ihm hoch an. Dieser Mann beweist auch in vielen Phasen seines Lebens, dass man mit rücksichtsvollem und gefühlsbetontem Verhalten auch seine Ziele erreicht, wenn es auch unter Umständen etwas länger dauert.

Manchmal ist der Stier-Krebs-Mann zu vorsichtig und zurückhaltend, was ihm von anderen oft als Schwäche ausgelegt wird und wodurch sein Selbstbewusstsein nicht so richtig zum Tragen kommt. Hier sollte er ein bisschen an sich arbeiten und sein Selbstwertgefühl von anderen nicht mit Füßen treten lassen. Dieser Charakter sollte lernen, sich zu wehren und nicht alles zu gelassen und zu locker hinzunehmen. Die Gefahr besteht dabei, dass er ausgenutzt bzw. benutzt wird, und das hat er auf keinen Fall nötig.

Im Umgang mit Frauen ist der Stier-Krebs-Mann großartig, die ruhige Art, das Feingefühl und sein guter Stil kommen sehr gut an. Seine humorvolle und liebenswerte Art zieht Frauen regelrecht an, er versteht es prächtig, dies zu genießen und wird richtig glücklich dabei. Als Mensch hat der Stier-Krebs-Mann eine hohe Akzeptanz und eine besondere Liebenswürdigkeit ...

ZWILLING

Aszendent Krebs

Der Zwilling-Mann mit Aszendent Krebs hat es mit zwei Prägungen zu tun, die sich nicht unbedingt ergänzen, sich aber auch nicht großartig weh tun.

Der Zwilling-Krebs-Mann ist ein absoluter Tausendsassa, äußerst flexibel und schnell. Manchmal sogar so schnell, dass er nicht nur seine Mitmenschen, sondern sogar sich selbst überholt. Er hat viele Talente, praktische, zweckmäßige und vor allen Dingen geistige. Blitzartig kann dieser Mann Vor- und Nachteile durchdenken und schlagfertig argumentieren. Zwilling-Charaktere bringen es fertig, mehrere Dinge gleichzeitig zu tun. Dabei besteht jedoch die Gefahr, dass er sich verzettelt und somit gewisse Vorgänge nicht zu Ende führen kann. Dadurch entsteht natürlich bei Kollegen oder Freunden ein gewisser Unmut, der auf Dauer und bei Wiederholungen zu Irritationen führen kann und wird. Hier muss er noch mehr Souveränität und Kontinuität entwickeln und die Dinge dann auch wirklich umsetzen.

Immer ist der Zwilling-Krebs-Mann in Eile, aber auch stets aufgeschlossen und freundlich. Leider ist er auch immer wieder gefühlsmäßig unverbindlich. Zärtliche Romantiker kommen bei ihm nicht auf ihre Kosten, dies liegt an seiner Grundeinstellung und seinem sehr kritischen Realismus. Seine Liebe wird ausschließlich vom Kopf, weniger von seinem Herzen gesteuert. Das ist natürlich gerade in Bezug auf Frauen oft ein Nachteil und ein Ärgernis. Viele dieser Charaktere sind Junggesellen, vermutlich haben sie keine Zeit zum Heiraten bzw. sie wollen sich nicht fest binden, weil Freiheit für sie von besonderer Bedeutung ist. Der Zwilling-Krebs-Mann muss erst ausprobieren und studieren, bevor er sich für etwas entscheidet. Typisch für ihn ist auch seine Reiselust - den Tourismus müssen Zwilling-Typen erfunden haben.

Seine belebende und spritzig-witzige Ausstrahlung, die jeder Zwilling verbreitet, sorgt für die Beliebtheit des Zwilling-Krebs-Mannes zu jeder Zeit und an jedem Ort. Die Prägung aus seiner Geburtsstunde ist ihm wohl keine große Hilfe, aber zumindest relativiert dieser Charakterzug einiges. Hier ist der Zwilling-Krebs-Mann wesentlich ruhiger und gelassener und sieht die Dinge realistischer und mit größerer Sorgfalt. Dieser Mann ist sehr musikalisch und begeistert sein Umfeld mit tollen Einlagen und einer gekonnten Show.

Druck und besondere Schnelligkeit sind nicht sein Ding. Der Zwilling-Krebs-Mann hat es lieber gemütlich, piano und nicht so hektisch. Stark wird er dann, wenn er eine Tätigkeit verrichtet, die ihm Spaß macht und er damit das Publikum begeistern kann. Als Musiker und Entertainer ist er eine feste Größe und hat damit auch sehr viel Erfolg. Die Anerkennung tut ihm gut und motiviert ihn entsprechend.

Als Mensch ist der Zwilling-Krebs-Mann liebenswert, aber auch manchmal hektisch und ungerecht, was nicht sein müsste, und daran sollte er arbeiten ... Wenn es ihm aber gelingt, seinen Wankelmut in den Griff zu bekommen und seine Tugenden positiv und sinnvoll einzusetzen, wird er sicher auch sehr erfolgreich sein.

LÖWE

Aszendent Löwe

Diese Doppelprägung bedeutet Kraft pur - geballte Kraft ohne Wenn und Aber, eine Linie, die ihresgleichen sucht. Alles geht in eine Richtung. Es gibt keinen Kampf zwischen den Charakterzügen innerhalb der Seele.

Der Löwe-Löwe-Mann ist ein selbstsicherer, stolzer und immer zum Kämpfen aufgelegter Mann, geprägt von einer zum Teil überzogenen Eitelkeit und einem leichten Hang zur Selbstherrlichkeit. "Ich bin der Größte!", dieser Spruch passt wie die Faust aufs Auge zum Doppel-Löwen-Mann.

Er verlangt sehr viel vom Leben, wenn nicht alles. Er ist aber umgekehrt genauso bereit, alles, aber auch wirklich alles zu geben. Erfolg ist für ihn kein Zufall; Erfolg ist für ihn harte und kontinuierliche Arbeit, jeden Tag und immerzu. Manchmal übertreibt er es auch und verärgert dadurch seine Kollegen oder Mitarbeiter. Er sollte lernen, Maß zu halten und den Satz beherzigen "Weniger ist mehr" ...

Ein ganz besonderes Anliegen sind ihm Schwächere, insbesondere Kinder. Hier zeigt er oft Herz, was man so gar nicht von ihm vermuten möchte. Denn er gilt als Hardliner und will auch als solcher gefordert werden. Aber eben bei Schwächeren und Benachteiligten zeigt er sein großes Gönnerherz. Das macht ihn beliebt, und man zollt ihm dafür Hochachtung.

Natürlich ist ihm der Mittelpunkt und die Selbstdarstellung wichtig, das gehört einfach zu seiner Prägung und ist bei ihm nicht wegzudenken. Wenn er jedoch in die Beschützerrolle schlüpft, dann ist ihm der Mittelpunkt überhaupt nicht wichtig, dann hilft und unterstützt er aus seinem tiefstem Herzen und mit einem wirklichen und ehrlichen inneren Bedürfnis.

Selbstvertrauen gehört zu den guten Eigenschaften, aber leider zählt auch Cholerik zu seinen ganz schlechten Eigenschaften.

Im Beruf ist er selbstsicher, besitzt Organisationstalent und besondere Führungseigenschaften, greift zielstrebig nach der Macht, ist entschlussfreudig und geprägt von einem festen Lebenswillen. Tief in seinem Inneren wohnt der Glaube, dass überall so gedacht werden sollte, wie er denkt. Er ist macht- und führungsbesessen, aber auch ein großzügiger Chef.

Solange seine Mitarbeiter getreu seinen Richtlinien arbeiten, gibt es keinerlei Probleme, aber wehe, sie verlassen diese Linie, dann wird's richtig problematisch.

Als Familienvater, Mann, Partner oder auch Freund ist er absolut zuverlässig und verantwortungsbewusst. Dass er ein Macher ist, damit muss sich nicht nur die Gesellschaft, sondern auch seine Familie und insbesondere seine Frau abfinden.

Ihn als Freund zu haben, kann nicht nur viel Freude machen, sondern ist auch eine Bereicherung für das Leben. Denn er ist natürlich auch ein Stimmungsmacher, ein großartiger Charmeur und ein immer positiv gestimmter Mensch. Überall, wo er auftritt, gibt es Stimmung, Optimismus und Lebensfreude.

Der Löwe-Löwe-Mann gehört wirklich zu den TOP TEN unter den 144 Männer-Charakteren und ist innerhalb dieser Gruppe noch ganz weit vorne angesiedelt. Ein bisschen Diplomatie bei ihm macht es ganz schnell möglich, ihn zum Freund zu gewinnen und in seinem Umfeld zu wachsen und sich weiterzuentwickeln, denn eines kann man von ihm lernen, nämlich Erfolg zu haben ...

JUNGFRAU

Aszendent Löwe

Diese beiden Prägungen sind beide stark auf Erfolg ausgerichtet, jedoch in sehr unterschiedlicher Art und Weise. Gemeinsam ist ihnen beiden der Hang zu mangelnder Objektivität. Hier sind beide Prägungen ausnahmsweise einig und sprechen eine Sprache. Beide neigen zur Egozentrik, was ihren Träger natürlich nicht immer sympathisch und schon gar nicht besonders freundlich macht.

Grundsätzlich lässt sich der Jungfrau-Löwe-Mann nichts vormachen; alles, was er erreichen will, schafft er auch, nämlich mit System, klaren Konzepten und einer unglaublichen Willenskraft. Dazu kommt eine besondere Individualität sowie Begeisterungsfähigkeit und Antriebskraft.

Er ist ein aktiver Führer, mit klaren Vorstellungen, wie Mitarbeiter und Kollegen zu funktionieren haben. Alles, was er beginnt, wird, auch wenn es noch so schwer ist, umgesetzt und zum Erfolg gebracht.

Im Umgang ist er nicht leicht, weil er oft eine Art und Weise an den Tag legt, die nicht von jedermann verstanden wird. Das beginnt damit, dass er wenig kritikfähig ist und bei Niederlagen die Schuld nicht bei sich, sondern immer bei den anderen sucht.

Sein Perfektionismus wird ihm ebenfalls immer wieder zum Verhängnis, weil er alles genau nach Plan und System umsetzen will, was natürlich nicht immer gelingt und er dann verärgert und enttäuscht ist. Hier sind mentales Training, Suggestion und Meditation zu empfehlen, um mehr Lockerheit und Gelassenheit zu entwickeln.

Zu seiner Individualität kommt eine enorme Eitelkeit dazu, was ihn auch nicht gerade nahbar und sympathisch macht. In vielen Situationen sucht er den Mittelpunkt, zum einen um aufzufallen, zum anderen um Gehör zu finden. Auch in Gesprächen im Kollegenkreis versucht er das Gespräch an sich zu reißen und die Gesprächsführung zu übernehmen.

Gewisse Verhaltensformen aus der Vergangenheit sollte er wirklich überdenken und sie gezielt verändern, um sein Standing und seine Positionierung zu verbessern. Dadurch würde er sich viele Dinge im täglichen Leben erleichtern und zudem seine Sympathie und sein Ansehen erhöhen.

Sportlich wie auch beruflich ist er ein Draufgänger, der immer gewinnen will und somit auch über die so genannten Leichen geht. Niederlagen sind für ihn immer ein Riss ins Herz und eine Verletzung seiner Seele; in Wirklichkeit hätte er das gar nicht nötig.

Seine Familie ist ihm wichtig, wobei seine Kinder einen ganz besonderen Stellenwert bei ihm einnehmen. Als Vater, Partner oder auch als Freund ist er sehr eigen, zuverlässig und immer hilfsbereit.

Ein besonderes Faible hat er für schönes Essen und einen exzellenten Rotwein dazu - nichts kann ihn glücklicher machen als das.

Dass er auch ein ganz galanter Charmeur sein kann, ist wohl den meisten nicht bewusst, aber Tatsache.

WAAGE

Aszendent Löwe

Dieser Mann ist auf der Sonnenseite geboren und hat mit seinen beiden Prägungen wirklich das große Los gezogen. Da sind zwei Charakterzüge, die sich unglaublich gut ergänzen und so unterschiedlich in ihren Talenten und Fähigkeiten sind, dass nahezu alle notwendigen Potenziale abgedeckt werden.

Die Lebensfreude und Begeisterung, die der Waage-Löwe-Mann an den Tag legt, ist nicht nur beeindruckend, sondern auch nicht zu übersehen. Es gibt kaum einen Tag, an dem er nicht positiv gestimmt und gut aufgelegt ist; er ist immer zu allem bereit.

Er tritt stets souverän auf und hat perfekte Manieren, was natürlich seiner Eitelkeit und seinem sehr gepflegten Stil zuzuordnen ist.

Über Charme braucht man bei ihm nicht zu sprechen, er ist ihm in die Wiege gelegt worden. Egal, wo und wann - er ist auf jede Situation, auf jede Begegnung top vorbereitet und liefert stets eine perfekte Ausstrahlung dazu: Immer ein kleines Lächeln auf den Lippen, immer einen Spruch parat - so kennt man ihn und so liebt man ihn. Diplomatisches Geschick hat er ebenfalls im Rucksack. Dass er den Mittelpunkt sucht und auch braucht, ist für ihn normal und selbstverständlich.

Deshalb wird der Waage-Löwe-Mann auch immer, ob angestellt oder selbstständig, entweder Manager eines Konzerns oder Inhaber einer eigenen Firma sein. Etwas anderes kommt für ihn nicht in Frage, denn er ist geboren zum Führen, zum Begeistern und zum Gewinnen.

Als Führungskraft und Vorgesetzter genießt er hohes Ansehen, Vertrauen und Akzeptanz. Er gehört noch zu den wenigen wirklichen Leadern, die es im Top-Management gibt. Er ist bereit, die Ärmel hochzukrempeln und den Kollegen und Mitarbeitern alles vorzumachen, bevor er es von ihnen verlangt. Und hierfür erfährt er Hochschätzung und Respekt von allen. Das ist eben sein Stil - gerade, diszipliniert und bereit, alles zu geben. Er ist ein großer Motivator und begeistert. Dies überträgt sich durch sein Vorbildverhalten auf seine Mitarbeiter.

Der Waage-Löwe-Mann versteht es auch zu genießen und zu feiern, aber dann wird nicht gekleckert, sondern geklotzt. Das heißt: Alles vom Feinsten, koste es, was es wolle. Hier schaut er nicht aufs Geld, hier will er, dass alle glücklich sind und mit großer Freude daran teilnehmen.

Privat ist er in vielen Ehrenämtern, aber nicht, weil er danach drängt, sondern weil man ihn bittet, das eine oder andere Amt zu übernehmen. Gerade im Bereich der sozial Schwachen hat er ein besonderes Gefühl dafür, wo Hilfe und Unterstützung dringend notwendig sind. Zu gegebener Zeit wird dann schon einmal ein Scheck für diese Zwecke von ihm bereitgestellt.

Seine Familie, seine Frau und Kinder sind sein Ein und Alles, für sie sorgt er nicht nur, sondern er gibt ihnen auch die Wärme und Zuneigung, die sie sich wünschen und die sie glücklich und zufrieden machen.

Er sind ein großartiger Mann mit Niveau und Charme, der immer den Blick nach vorne gerichtet hat, immer den Erfolg vor Augen ...

SKORPION

Aszendent Löwe

Hier haben wir es mit zwei Prägungen zu tun, die das Leben sehr interessant machen, weil zwei völlig unterschiedliche Grundcharaktere aufeinander treffen, die sich nahezu diametral gegenüberstehen, aber in der letzten Konsequenz auch immer wieder stützen und stärken.

Der Charakter des Skorpion-Löwe-Mannes ist faszinierend und dynamisch, sowie aktiv und leidenschaftlich wie ein Vulkan. Allerdings muss er lernen, seine Gefühle und Emotionen zu beherrschen, um in diversen Situationen die Kontrolle zu behalten. Das ist insofern nicht immer leicht, als dass sich die Dynamik aus der Geburtsstunde (Löwe) von der Prägung aus dem Geburtstag (Skorpion) schwer aufhalten lässt. Hier muss er lernen, diese sehr unterschiedlichen Gefühlsbereiche in Einklang zu bringen und sie dann optimal einzusetzen.

Die wichtigsten Lebensziele des Skorpion-Löwe-Mannes sind: Erfolg und Anerkennung im Beruf wie auch in der Öffentlichkeit zu ernten – besonders aber auch in der Liebe. Er neigt leicht zur Eifersucht und zu Besitzansprüchen, wenngleich er das nicht gerne zugibt.

Als Vorgesetzter ist er nicht leicht zu durchschauen, das heißt, man weiß nie genau, wie er denkt oder fühlt, das ist sehr oft von seiner Laune und Stimmung abhängig. Grundsätzlich erwartet er viel von seinen Mitarbeitern und Kollegen, ist aber auch umgekehrt bereit, oftmals weit über die Grenzen hinauszugehen und zu arbeiten. Wenn er im Arbeitsfluss ist, neigt er dazu, unrealistisch lange zu arbeiten, häufig weit über die normale Arbeitszeit hinaus. Da kann es schon vorkommen, dass er am Samstag und Sonntag Zusatzschichten einlegt, natürlich zum Missfallen seiner Frau und seiner Kinder. Ja, er ist ein Workaholic, ein Verrückter, wenn es um die Umsetzung seiner Ziele und Vorhaben geht.

Kritik und Niederlagen sind seine größten Feinde, damit kann er überhaupt nicht umgehen. Man sollte es sich deshalb genau überlegen, ob, wann und wo man bei ihm Kritik anbringt. Keinesfalls sollte dies im Beisein von Kollegen oder Kolleginnen geschehen, denn das könnte bitter für denjenigen ausgehen, der Kritik an ihm übt. Seine Reaktionen können sehr unterschiedlich ausfallen und decken die gesamte Bandbreite von wohlerzogen und human bis brutal und hart ab – das hängt dann eben von seiner momentanen Gefühlssituation ab.

Oft ist er unberechenbar und ungerecht, was man ihm dann auch nicht verzeiht und immer wieder nachträgt. Dadurch verliert er viele Sympathien und viel Akzeptanz; viele seiner Mitarbeiter und Kollegen machen einen weiten Bogen um ihn, um Konflikten mit ihm auszuweichen. Dabei hätte er dies überhaupt nicht nötig. Er sollte lernen, locker und gelassen zu bleiben, regelmäßig zu regenerieren und sich und seinem Körper die verbrauchte Energie zurückzugeben, dann wird er auch ausgeglichener und kann in Konfliktsituationen angemessen und fair agieren.

Seine Familie, seine Frau und Kinder haben es mit ihm nicht leicht. Er ist wohl sehr besorgt, was die Versorgung seiner Familie angeht, da lässt er auch nichts anbrennen, aber dass seine Familie ihn auch gerne und öfter um sich haben und seine Wärme und Zuneigung genießen möchte, das vergisst er leider. Die Familie hat einen Anspruch auf ihn, mehr als er zu glauben vermag – darüber sollte er nachdenken ...

SCHÜTZE

Aszendent Löwe

Diese Kombination ist eigentlich eine Erfolgskonstellation, wie sie in dieser Form kaum noch einmal vorkommt, zwar mit allen Höhen und Tiefen, aber mit großartigen Möglichkeiten, wie sie im Charakterbereich der Männer kaum ein zweites Mal in Erscheinung treten.

Der Schütze-Löwe-Mann strahlt nicht nur Wärme und Selbstsicherheit aus, sondern besitzt auch einen natürlichen, auf allen Ebenen starken Ehrgeiz, sowie anspruchsvolle und soziale Pläne.

Die Ziele, die er sich vorgenommen hat, werden konsequent realisiert und am Ende von allen gewürdigt. Sein Organisationstalent ist nicht nur bemerkenswert, sondern vielmehr übertrifft es alle Erwartungen. Hinzu kommt die Fähigkeit, andere zu begeistern, sie zu überzeugen und sie zu großen Taten und Erfolgen zu führen. Sein Führungsverhalten und sein Führungsstil ist hart, aber herzlich, und niemand stört sich daran, dass sein Ton bestimmt, aber klar ist. Solche Leader sucht das Land! Ja, er ist kein "Manager", sondern ein richtiger Führer, der noch vorangeht und den Mitarbeitern zeigt, wie etwas zu funktionieren hat! Das bringt ihm viele Sympathien und vor allen Dingen viel Akzeptanz ein, die er braucht, um überzeugend und erfolgreich führen zu können. Die Menschen mögen ihn, weil sie an seiner Einstellung zu seinem täglichen Tun partizipieren und dadurch auch viel Motivation mitnehmen können.

Natürlich gibt es auch beim Schütze-Löwe-Mann Schwachstellen. Oft überzieht und übertreibt er sein Engagement, und will zu viel und zu schnell etwas erreichen. Das geht dann schon auch einmal schief. Er sollte mitunter auch abwägen, ob dies oder jenes in der einen oder anderen Form realisierbar ist. Denn dadurch erspart er sich viel Ärger und auch oft viele Kosten. Manchmal ist weniger eben mehr, diesen Spruch sollte er sich einprägen ...

Ein weiterer Punkt ist die oft zu anspruchsvolle Erwartungshaltung an seine Mitarbeiter – wenn sie dann nicht erfüllt wird, ist er enttäuscht. Da sollte er sich einmal Folgendes überlegen: Wenn seine Mitarbeiter genauso gut wären wie er, dann wäre er nicht mehr gut genug. Das heißt, er muss lernen, Abstriche zu machen, denn das Leistungspotenzial seiner Mitarbeiter liegt oft weit unter dem seinen, und das ist normal. Woher dann die hohen Erwartungen?

Im Sport wie auch in anderen gesellschaftlichen Verpflichtungen ist der Schütze-Löwe-Mann auch immer vorne dabei. Es fällt ihm leicht zu siegen und zu gewinnen.

Natürlich ist er auch ein großer Charmeur, ja, ein eitler Mann vom Kopf bis zur Sohle ... Gerade auf Kleidung und Ambiente legt er sehr viel Wert. Im Kreise wunderschöner Frauen fühlt er sich sehr wohl; er besitzt die notwendigen Umgangsformen und das Niveau, das hierfür Voraussetzung ist.

Als Vater, Partner und Freund ist er wunderbar; er besticht durch seine Freundlichkeit, seine Liebenswürdigkeit und seine Aura. Seine Familie ist sein Herzstück und sein großer Reichtum; daraus zieht er seine ganze Kraft für die vielfältigen Aufgaben im täglichen Leben. Seine Frau oder Partnerin ist stolz auf ihn und unterstützt seine Vorhaben mit großer Leidenschaft. Dass er auch für die Armen und Bedürftigen ein großes Herz hat, spüren diese immer wieder durch großzügige Spenden und Hilfsleistungen. Kurzum: seine Charaktereigenschaften sind großartig ...

STEINBOCK

Aszendent Löwe

Diese Prägungen definieren sich aus Ehrgeiz und Anspruch und bilden somit den sicheren Grundstein für stabilen Erfolg. Der Charakter demonstriert den Erfolg um jeden Preis. Dieser bedingungslose Erfolgswillen beinhaltet jedoch auch eine große Gefahr und kann doch einige Probleme hervorrufen.

Die besonderen, hervorstechenden Eigenschaften des Steinbock-Löwe-Mannes sind Konzentration, Geduld, Ausdauer, Realitätsbewusstsein, Gründlichkeit - und Eitelkeit. "Von nichts kommt nichts", diese alte Volksweisheit muss ein Steinbock geprägt haben.

Der berufliche Aufstieg ist das zentrale Thema im Steinbock-Leben. Oft kann es ihm nicht schnell genug gehen. Er sucht den dauerhaften Erfolg und ist bereit, hart dafür zu arbeiten. "Vom Tellerwäscher zum Millionär" - dieses Credo könnte gut zu seinen Prägungen passen. Hindernisse werden von ihm mit Bravour gemeistert. Er versucht immer, alles unter Kontrolle zu halten.

Seine Gefühlswelt ist sehr differenziert: Zum einen kann er unnahbar und kühl sein, zum anderen hat er einen weichen Kern. Dieser Bereich "Gefühlswelt" ist im weitesten Sinne eines seines Kernprobleme. Es fällt ihm zum Teil sehr schwer, seine Gefühle richtig auszudrücken und sie auch klar zu zeigen. Hier sind einfach Blockaden vorhanden, die ihn oft in ein falsches Licht rücken, und dies sollte er rasch ändern, und zwar durch gezieltes persönliches Training.

Mit Niederlagen und Kritik hadert er ebenfalls sehr stark. Es tut ihm unheimlich weh, Kritik zu ertragen und Niederlagen wegzustecken. Aber gerade Niederlagen pflastern den Weg zum Erfolg. Wer keine Niederlagen erfährt, wird auch nur mäßigen Erfolg haben.

Chronische Ja-Sager sind auf Dauer nicht die Welt des Steinbock-Löwe-Mannes. Allerdings muss er in der Gesellschaft lernen, mehr zu taktieren und diplomatischer vorzugehen, um das Bild von sich und seine äußere Erscheinung nicht in Misskredit zu bringen.

Sicherheit und Stabilität ist für ihn lebensnotwendig. Dafür ist er bereit, nicht nur hart zu arbeiten, sondern auch sein letztes Hemd zu geben.

Immer wieder wird ihm Arroganz und Angebertum vorgehalten und unterstellt. Das hat er gar nicht nötig, deshalb ist es auch hier wichtig, dass er sein Verhalten anzupassen lernt und mehr über den Dingen zu stehen beginnt.

Sein Prestige wird mit sozialem Aufstieg und machtvoller Position befriedigt. Es geht ihm dabei weniger um Ruhm als vielmehr um die Ehre. Verantwortungsbewusstsein und Leistungsbereitschaft rechtfertigen seine öffentliche Stellung.

Seine Energien setzt er zumeist gezielt und erfolgversprechend ein.

Die Liebe nimmt der Steinbock-Löwe-Mann genauso ernst wie den Beruf. Er ist ein treuer Weggefährte, jemand, auf den man sich absolut verlassen kann. Das Äußere seiner Partnerin muss passen, und sie muss darüber hinaus intelligent und mental stark sein.

Im familiären Bereich steht er immer seinen Mann, zu Kindern hat er eine sehr gute Verbindung. Seine Familie kann sich blind auf ihn verlassen.

In der Sexualität gehört er zu den ausdauernsten Männern überhaupt.

Sein Charakter gehört ohne Zweifel zu den TOP TEN unter den 144 Männercharakteren. Wo der Steinbock-Löwe-Mann aufkreuzt, ist Bewegung und Erfolg auf der ganzen Linie. Also weiter so und nicht nachlassen, nur das bisschen Veränderung sollte sein Ziel sein ...!

WASSERMANN

Aszendent Löwe

Obwohl diese beiden Prägungen nicht frei von Spannungen (Lernaufgaben) sind, finden wir bei diesem Charakter den Vorkämpfer für soziale Gerechtigkeit und die heile Welt schlechthin. Mit großer Tatkraft setzt der Wassermann-Löwe-Mann Ideale in die Tat um.

An Selbstbewusstsein und Entschlossenheit mangelt es ihm nicht, stattdessen aber an innerer Ausgewogenheit. Manchmal ist ihm auch sein persönlicher Vorteil wichtiger als der allgemeine Fortschritt. Trotzdem ist bei ihm der Schutz und die Fürsorge gegenüber Hilfsbedürftigen und Schwächeren ein großes Thema. Ja, er ist ein Macher, ein großer Führer mit Ambitionen für mehr, für große Dinge. Kleinigkeiten interessieren ihn nicht - das mag arrogant klingen, ist es aber nicht.

Denn dazu muss man seine Talente und Fähigkeiten kennen und einschätzen lernen. Er denkt groß und so tritt er auch auf. Bei ihm ist alles möglich, und wenn das nicht der Fall ist, wird es möglich gemacht: "Nichts ist unmöglich" - das könnte das Motto dieses Mannes sein.

Alles, was er anpackt, setzt er auch um, auch dann, wenn es auf Kosten anderer geht, denn hier kennt er keine Grenzen, sondern ausschließlich seinen persönlichen Erfolg. Er ist ein eitler, auf Stil bedachter Mann mit dem Hang zur Übertreibung. Er fährt schon einmal ein Projekt gegen die Wand, doch wird dies schnell abgehakt, um sofort zur Tagesordnung überzugehen. Ja, es darf keine Kritik aufkommen, denn das könnte bei ihm Aggressionen hervorrufen und ihn zu einem Verhalten anstacheln, das sein Gegenüber so schnell nicht mehr vergessen würde. Hier ist ein Punkt, an dem er Veränderung bzw. Entwicklung nötig hat. Mehr Gelassenheit und mehr Verständnis für die Belange seiner Mitmenschen wären hier angeraten.

Seine besonderen Stärken liegen in seinem ungeheuren Antrieb, in seiner besonderen Strategie und in seiner schnellen, unverwechselbaren Auffassungsgabe. Es gibt kaum einen Charakter im Management, der ihm hier das Wasser reichen könnte. Für ihn zählt nur der Erfolg. Er sucht niemals nach Problemen, sondern ist stets nur an Lösungen interessiert.

Auf viele Menschen, auch auf seine Mitarbeiter, wirkt er arrogant und überzogen, was allerdings überhaupt nicht zutrifft. Er ist einfach im Vergleich zu seinen Kollegen besser ausgestattet mit Fähigkeiten, die ihm ein derartiges, oft schnelles Handeln ermöglichen. Die Dinge gehen ihm eben locker von der Hand, mit denen sich andere bitter herumquälen müssen. Natürlich ist dies oft frustrierend und nicht leicht für sein unmittelbares Umfeld - doch damit hat er selbst überhaupt kein Problem.

Natürlich ist der Wassermann-Löwe-Mann auch ein großer, ja ein sehr großer Charmeur, ein Mann, der die Frauen im Flug erobert. Das bedarf keiner großen Anstrengung bei ihm; die Frauen gehen von sich aus auf ihn zu, lieben seine Aura, seine Art und sein Aussehen. Er genießt das auch, kennt aber auf der anderen Seite klar seine Grenzen - spätestens dann, wenn es um seine Familie, seine Frau und seine Kinder geht. Denn seine Familie ist und bleibt sein höchstes Gut, für das er alles tut und für das ihm nichts zu viel ist. Seine Familie kann sich immer und zu jeder Zeit voll auf ihn verlassen - und das ist ein gutes Gefühl und entschädigt für die Entbehrungen, die seine Familie immer wieder erleiden muss ...

FISCHE

Aszendent Löwe

Zwei Welten treffen in dieser Prägung aufeinander. In dieser Mischung steckt ein großer Widerspruch: Zurückhaltung und Bescheidenheit stehen Glanz und Gloria gegenüber. Ein weiterer Unterschied ist Selbstlosigkeit gegen Dominanz. Gelingt es jedoch, die beiden Pole Fisch und Löwe wirkungsvoll einzubinden, kann etwas Großes entstehen.

Somit lässt sich dann auch der stille und unauffällige Fische-Mann zu großen Auftritten hinreißen. Gelingt es ihm auch noch, innerlich hinter seinen

Zielen und Aufgaben zu stehen, wird symbolisch aus dem "kleinen Fisch" ein "großes Tier".

Wie gesagt, der Fische-Löwe-Mann ist ein Mann, der es in der Hand hat, durch gezieltes mentales Training, Suggestion und Meditation seine Talente, Fähigkeiten und Möglichkeiten optimal zu nutzen und maßvoll einzubringen.

Seine Kreativität, seine Intuition und sein eigenständiges und selbstständiges Handeln verschaffen ihm Möglichkeiten, sowohl im beruflichen wie auch im privaten und gesellschaftlichen Bereich Akzente zu setzen und darüber hinaus mit dem Einfluss Löwe mit Antrieb und Begeisterung Visionen und große Vorhaben in die Tat umzusetzen.

Er muss nur begreifen und lernen, die unterschiedlichen charakterlichen Merkmale zu bündeln und sie dann effizient einzusetzen. Das setzt voraus, dass er diverse Defizite wie Eigensinn, Egoismus und oft unüberlegtes Handeln in den Griff bekommt und er somit sein Auftreten und sein Verhalten in der Öffentlichkeit maßvoll erscheinen lässt. Ebenso sollte er seine Unnahbarkeit und seinen Zynismus verschwinden lassen und die mit ihm arbeitenden Menschen fair und loyal behandeln. Seine Eitelkeit und seine Wichtigtuerei sollte er ebenso reduzieren und auf ein normales Maß zurückfahren.

Bleibe er doch locker und gelassen und nutze er seine einmaligen vorhandenen Talente und Möglichkeiten! Er braucht sich überhaupt nicht anzustrengen; er muss nur diplomatisch und taktisch agieren. Alles andere kommt von selbst.

Auch in der Behandlung von Mitarbeitern, Freunden und Bekannten braucht er nicht den Macho zu spielen - einfach auf dem Boden der Tatsachen bleiben, und die Menschen werden sich ihm von selbst zuwenden! Seine Akzeptanz wird größer, sein Ansehen steigt und seine Souveränität wird reifen. Es reicht vollkommen aus, die vorhandenen Ressourcen mit Anstand und Stil zu nutzen. Kaum jemand wir ihm dann das Wasser reichen können bzw. den Kelch an ihm vorbeitragen.

Dass der Fische-Löwe-Mann ein gefragter Redner ist, ehrt ihn; rhetorisch ist er sensationell, das ist ihm in die Wiege gelegt - abheben muss er deshalb aber nicht. Oft ist weniger mehr, das sollte er sich merken.

Auch Familie und Kinder haben Anspruch auf ihn, deshalb sollte er auch darüber nachdenken, wie er die Zeit und den gemeinsamen Urlaub mit seiner Familie plant. Denn die Arbeit ist zwar wichtig und dient dem Lebensunterhalt, aber auch Regeneration ist essenziell, da sie der Gesundheit dient, und ohne Gesundheit ist alles nichts. Hier übertreibt er es nämlich teilweise maßlos und denkt nicht an die Folgen. Diese können schneller eintreten als er es vermutet, also sollte er diese Dinge ernst nehmen und sich daran halten.

Ansonsten ist er ein erfolgreicher, strebsamer und ehrgeiziger Mann mit dem Hang zur autoritären Führung, was nicht immer besonderen Anklang bei seinen Mitarbeitern und Freunden findet ...

WIDDER

Aszendent Löwe

Dies ist eine Kombination, die es in sich hat. Zwei Prägungen mit Feuer, Dynamik und einem kaum zu überbietenden Selbstbewusstsein sind hier vereint. Ihr Träger gehört zur selbstbewusstesten Widder-Kombination, die es innerhalb dieser 12 Charaktermöglichkeiten gibt. Darüber hinaus gehört er zu den TOP TEN von 144 männlichen Charakteren überhaupt. Also ein hoher Anspruch - und deshalb auch eine hohe Erwartungshaltung an den Widder-Löwe-Mann.

Sein Leben ist geprägt von hohen Ansprüchen, egal, was er tut, und von einer immer hoch angesiedelten Erwartungshaltung. Er verfügt über großen Optimismus und einen andauernden Tatendrang. Eine geborene Führer-Natur schlägt in seinem Herzen. Er setzt sich ohne Zweifel für seine Ziele und Visionen ein, vergisst aber in diesem Zusammenhang nicht die Schwächeren und hilfsbedürftigen Menschen, die es in seinem Umfeld gibt. Gerade für diese hat er immer ein offenes Ohr und greift hier auch stets wieder tief in die Tasche - und das aus tiefstem Herzen.

Die Grenzen zwischen Selbstbewusstsein und Egoismus sind bei ihm fließend; man kann sagen, das hält sich die Waage.

Ingesamt ist der Widder-Löwe-Mann einfach gut positioniert und immer zum Angreifen bzw. Kämpfen bereit. "Geht nicht - gibt's nicht", dieser Satz könnte von ihm stammen. Seine größte Stärke ist seine immer positive Einstellung zum Leben allgemein; er ist stets gut aufgelegt, hat immer eine positive

Ausstrahlung und geht die Dinge zu jeder Zeit so an, wie sie gerade kommen. Ihm ist nichts zu schwer und schon gar nicht zu langwierig. Viele seiner Mitmenschen könnten sich von ihm eine Scheibe abschneiden ...

Jammern gibt es bei ihm nicht; wer nicht mitzieht, der kann gehen. In dieser Hinsicht fackelt er nicht lange, sondern erwartet viel von seinen Mitarbeitern und Kollegen. Er hat kein Verständnis für Ausreden und große Diskussionen; bei ihm wird hart gearbeitet und somit werden die vorgegebenen Ziele immer vorzeitig erreicht.

Ja, er ist ein Macher, geradezu ein Workaholic, zum Teil ein Verrückter ... Aber das ist sein Leben, das ist seine Prägung. Er ist sehr glücklich damit, und das ist das Entscheidende. Natürlich ist er für viele ein rotes Tuch, zum einen, weil sie seiner Schnelligkeit nicht folgen können, zum anderen, weil sie neidisch auf seinen Erfolg sind ... Da trifft der Spruch auf ihn zu: "Erfolg muss man sich erkämpfen, Neid bekommt man geschenkt." Aber er sollte sich nicht beirren lassen und weiter gerade und konsequent seinen Weg gehen!

Was er definitiv lernen muss, ist abzuschalten und zu regenerieren, also auf seine Gesundheit zu achten und auch seine Frau und seine Kinder nicht zu vergessen.

Die Familie hat einen Anspruch auf ihn, und hier gibt es auch nicht die Ausrede "keine Zeit", denn das Leben ist kurz, kürzer als er glaubt, und dann kann es schnell zu spät sein, darüber sollte er einmal nachdenken ...

Dass er ein Genießer ist, hat sich inzwischen auch herumgesprochen, nur das Feinste, nur das Beste – das sind seine Worte. Ein feines Essen mit einem schönen Glas Rotwein, eine feine Zigarre und natürlich hübsche Frauen gehören dazu. Auch Eitelkeit ist bei ihm ausreichend vorhanden, oftmals zu Lasten seiner Familie.

Aber unterm Strich ist er ein großer Gönner, ein erfolgreicher und sympathischer Mann mit Stil und Niveau, einer, der zu den ganz großen in der Männerwelt gehört ...

STIER

Aszendent Löwe

Hier treffen zwei Prägungen aufeinander, die einander "blind verstehen" und zusammen Harmonie, Stärke und Selbstsicherheit, Großzügigkeit und Freundlichkeit vermitteln. Die sehr unterschiedlichen Charaktermerkmale ergänzen und unterstützen sich hier ideal, sowohl in den Defiziten als auch in den vorhandenen großen Talenten. Doch auch die Gefahr der Anmaßung und Selbstüberschätzung ist in dieser Konstellation vorhanden und nicht generell auszuschließen.

Die enorme herzliche Ausstrahlung des Stier-Löwe-Mannes kann Mittel zum Zweck werden, und die Neigung zu persönlichen Wohlstand und Luxus kann - muss nicht - zu Lasten der Menschlichkeit gehen. Die größte Lebensaufgabe bei dieser Prägung besteht darin, die Bereitschaft aufzubringen, in diversen Bereichen zu verzichten und Maß zu halten.

Der Stier-Löwe-Mann ist jemand, der voll im Leben steht und mit Talenten und Fähigkeiten ausgestattet ist, von denen die meisten Männer nur träumen können. Im Prinzip besitzt er fast alles, um erfolgreich zu arbeiten und auch Ansehen und Akzeptanz zu erwerben.

Er ist kreativ, stark erfolgsorientiert, für Neues offen, antriebsstark und bereit, Investitionen zu tätigen, auch mit großen Summen. Er ist dabei nicht nur von seiner Vision überzeugt, sondern er tut auch alles, um sie in die Tat umzusetzen. Dafür arbeitet er hart, diszipliniert und besessen an seiner Strategie und seiner Vorgabe.

Seinen Mitarbeitern, Kollegen und auch Geschäftspartnern verlangt er alles ab, was nur möglich ist. Er erwartet das Gleiche von ihnen wie von sich selbst, nämlich loyales, konstruktives und lösungsorientiertes Denken. Alle, die dagegen verstoßen, können das Unternehmen verlassen. Hier ist er hart und deutlich in der Sache. Er will den unbedingten Erfolg, und dazu müssen alle an einem Strang ziehen, ohne Wenn und Aber.

In den meisten Fällen funktioniert seine Philosophie auch, und dann ist er auch großzügig - entweder schüttet er außertarifliche Prämien aus, oder er gibt schon mal ein Fest der Superlative, und da scheut er auch keine Kosten.

Der Stier-Löwe-Mann ist ein Mann mit Stil und Etikette, hier ist er ein absolutes Vorbild, nicht nur weil er ziemlich eitel ist, sondern auch, weil er es einfach wichtig und notwendig findet, in der Gesellschaft nicht nur ein Mitläufer, sondern ein Leader zu sein. Und das ist er wirklich.

Dass er zudem ein großer Charmeur sein kann und sich auf allen Plattformen dieser Welt vorbildlich bewegt, liegt an seiner exzellenten Prägung.

Dass er auch einmal weit über das Ziel hinausschießt, kommt zwar auch vor, ist aber eher die Seltenheit. Manchmal kann er sich einfach nicht zügeln und will beweisen, was für ein einzigartiger Mann er ist - quasi ein Urinstinkt von ihm.

Seine Familie bedeutet ihm sehr viel; dort findet er Augenblicke der Ruhe und Erholung, die er so oft vernachlässigt. Regeneration ist für ihn nach wie vor ein Fremdwort, sollte aber mehr Gewicht erhalten. Denn die Gesundheit ist das höchste Gut, ohne die kann er alle seine Projekte und Vorhaben in den Wind schreiben, darüber sollte er einmal in Ruhe nachdenken ...

ZWILLING

Aszendent Löwe

Diese beiden Prägungen entwickeln sich zu einer sehr positiven Kombination, denn der quicklebendige Zwilling gewinnt durch die Löwe-Dynamik an Durchsetzungsvermögen und wird darüber hinaus im Gefühlsbereich sicherer und konstanter, was ja in der Zwilling-Prägung ein besonderes Problem darstellt.

Führungsanspruch ist dem Zwilling-Löwe-Mann in die Wiege gelegt, auch wenn seine Führungsqualitäten immer wieder mal Schwankungen unterworfen sind. Aber irgendwie beißt er sich hier stets durch. Er kann es sich leichter machen, wenn er etwas gelassener und weniger euphorisch ans Werk gehen würde. Hier hat er dringenden Veränderungsbedarf: Mehr Gelassenheit und mehr Konstanz müssen mittelfristig aufgebaut werden, um die Schwankungen auszugleichen. Durch mentales Training, Suggestion und Meditation kann er beispielsweise seine alten manifestierten Verhaltensmuster auflösen und somit zu neuen Ufern, zu neuen Möglichkeiten kommen.

Die von ihm angestrebte Karriereleiter wird schnell erstürmt, koste es was es wolle. Doch manchmal ist es dann doch zu schnell und die Rückschläge sind nicht zu vermeiden. Und auch im sportlichen Bereich ist der Zwilling-Löwe-Mann ein Gewinner-Typ, alles andere zählt für ihn nicht. Er will stets und zu jeder Zeit gewinnen.

Antrieb und Begeisterung sind bei ihm stark ausgeprägt und manchmal agiert er sogar so schnell, dass man nicht folgen kann. Seine Gedanken überschlagen sich dann derart, dass er sich selbst in Problemsituationen bringt und ihm niemand mehr folgen kann. Das wiederum wird ihm oft von Kollegen und Partnern als Arroganz ausgelegt, was natürlich überhaupt nicht zutrifft.

Im privaten Leben ist er ein Tausendsassa; überall, wo er ist, ist Leben, Freude und Ausgelassenheit. Ja, er kann ein richtiger Entertainer sein, ob es Musik oder Witze sind – für alles kann man ihn begeistern, und wo er auftritt, ist die Stimmung gesichert. Denn er ist immer positiv eingestellt, auch dann, wenn ihm nicht danach ist, aber seine positive Grundhaltung überwiegt immer. Er ist ein lebensbejahender und fröhlich aufgelegter Mensch, der auch andere Menschen in seinen Bann zieht und sie zur Fröhlichkeit animiert.

Als Freund und Partner ist stets auf ihn Verlass, und wenn er etwas zusagt, dann wird das prompt und ohne Verzögerung erledigt. Er liebt seine Familie und seine Kinder über alles, Einladungen und besondere Feierlichkeiten sind für ihn immer etwas Besonderes, weil er sich zum einen freut, seine Gäste und Freunde wiederzusehen, auf der anderen Seite ist er ein Genießer, für den gutes Essen und eine schöne Flasche Rotwein immer ein besonderer Genuss und auch Anlass ist, die Seele baumeln zu lassen und abzuschalten.

Von Grund auf ist der Zwilling-Löwe-Mann ein Sympathieträger, ein sehr beliebter Mann, der für alles und immer eine Lösung parat hat – dafür genießt er hohes Ansehen, was er wiederum für sein Ego braucht. Denn Eitelkeit und gutes Aussehen ist für ihn genauso wichtig wie Erfolg zu haben. Wenn beides einigermaßen im Einklang ist, dann ist er der glücklichste Mann auf dieser Welt ...

KREBS

Aszendent Löwe

Dieser Mann trägt eine etwas schwächere und eine starke Prägung in sich. Es liegt nun auf der Hand, dass dieser Charakterzug nicht ganz einfach zu leben ist. Man könnte ihn einen "Wolf im Schafspelz" nennen - das wäre eine Bezeichnung für ihn, die den Nagel auf den Kopf treffen würde. Die Kunst dabei wird sein, beide Prägungen optimal zu nutzen und sie hinsichtlich der Schwächen und Stärken aufeinander abzustimmen. Anderseits kann gerade die Prägung aus der Geburtsstunde (Löwe) dazu beitragen, die Träume aus der Geburtstagsprägung (Krebs) zu erfüllen.

Der Krebs-Löwe-Mann ist ein mitfühlender Charakter mit viel Selbstbewusstsein, Verantwortungsgefühl und Beschützerinstinkten. Besonders am Herzen liegen ihm schwache und benachteiligte Menschen sowie Kinder. Er ist daneben auch liebenswert, harmonisch und gefühlsbetont; jedoch auch eitel, egoistisch, aggressiv und manchmal auch ungerecht. Außerdem hat er Probleme mit Kritik und Niederlagen.

Man darf ihn nicht unterschätzen; seine Außenwirkung ist freundlich, sympathisch und nett, aber wehe, wenn er unter Druck gerät! Dann verändert sich seine Außendarstellung sofort, sie schlägt um in Aggression und unberechenbares Verhalten. Es fehlt diesem Charakter der nahtlose Übergang: Bei ihm wird es immer gleich extrem. Beispielsweise wechselt er von "nett" auf "unfreundlich", obwohl es sicherlich besser wäre, von "nett" auf "bestimmt" zu wechseln. Doch dies könnte er durch mentales Training, Suggestion und Meditation gut in den Griff bekommen.

In der gesamten Betrachtung ist der Krebs-Löwe-Mann ein sehr umgänglicher und auch angenehmer Mann. Immer dann, wenn man ihn wirken lässt, ist er ein herausragender Entertainer, ein großartiger Musiker und ein unterhaltsamer Gesprächspartner. Seine Lockerheit und seine Talente, die er dann einbringt, begeistern alle Menschen. Man mag ihn und man schätzt ihn aufgrund seiner vielen Möglichkeiten. Hier fühlt er sich auch wohl, der Mittelpunkt ist ihm schon wichtig, die Anerkennung und ein ehrliches Lob beflügeln ihn. Wo er ist, ist Stimmung, ist Begeisterung und Leben.

Sehr wichtig ist ihm auch die Freiheit, der Freiraum. Nichts ist schlimmer für ihn als Einengung, damit kann und will er nicht leben. Das bekommt auch immer wieder seine Familie zu spüren, nicht immer zur Freude seiner Frau, aber inzwischen hat sie sich daran gewöhnt. Es fällt ihm schon mal spontan am Wochenende ohne Vorankündigung ein, schnell Skifahren zu gehen. Dann müssen alle mitziehen, sonst hängt der Hausfrieden schief.

Natürlich ist er auch ein sehr eitler Mann, der sehr viel Wert auf sein Äußeres legt. Ganz wichtig dabei sind ihm seine Haare, seine Figur und seine Kleidung; manchmal übertreibt er das Ganze, aber das ist ihm egal. Dafür hat er auch genügend Egoismus, um das durchzustehen.

Sein größtes Hobby ist die Musik. Oft ist er auch Musiker, und da kann es schon einmal passieren, dass er seine Ehe für die Musik opfert, das heißt er ist immer auf Achse, nie zu Hause – und das macht die verständnisvollste Frau nun mal nicht mit. Aber mit zunehmendem Alter wird auch er ruhiger und vernünftiger, und dann ist er froh, wenn er von seiner Familie aufgefangen, bekocht und umgarnt bzw. geliebt wird. Dann wird er plötzlich lammfromm werden und das genießen ...

JUNGFRAU

Aszendent Jungfrau

Diese Doppelprägung verstärkt sich vorbildlich gegenseitig und gibt nach außen ein klares Bild ab. Die herausragenden Eigenschaften sind Perfektion, Präzision, Vernunft und Zuverlässigkeit.

Für den doppelten Jungfrau-Mann sind ein geregeltes Leben und geordnete Verhältnisse die Basis für seine Zufriedenheit und somit auch für seinen Erfolg. Dies gilt natürlich in erster Linie auch für seinen Beruf und für seine Herzensangelegenheiten ... Diese Tatsache mag natürlich dazu führen, dass man ihm ein nüchternes und berechenbares Gefühlsleben nachsagt, was auch wirklich den Tatsachen entspricht. Doch wenn er auch nicht der große Redner ist, innerlich kann es bei ihm sehr wohl mächtig brodeln - bis hin zu vulkanischen Ausbrüchen.

Er ist ein großer Individualist mit egozentrischem Einschlag, eigener Vorstellung vom Leben und wie etwas zu funktionieren hat. Hier ist auch häufig sein Problem, nämlich das der Außendarstellung: Viele Menschen ordnen ihn aufgrund seines Verhaltens völlig falsch ein, denn sie bewerten ihn nach seinem Auftreten - und das ist nicht immer positiv. Hier muss er an sich arbeiten und seine vorhandenen Muster ändern, um seine Außendarstellung zu lockern und mehr seinem Inneren gemäß wirken zu lassen. Mentales Training, Suggestion und Meditation helfen dabei, diese Dinge kurzfristig zu verbessern.

Die ungeheure Perfektion des Jungfrau-Jungfrau-Mannes steht ihm häufig im Weg, weil er zu starr agiert. Perfektion im Überfluss wirkt sich meistens negativ aus.

Mit Kritik und Niederlagen hat er seine allergrößten Probleme, weil er damit nicht umgehen kann. Er nimmt alles persönlich, anstatt die Kritik als Entwicklung zu sehen und Niederlagen als Pflastersteine auf dem Weg zum Erfolg. Es gibt einen Spruch: "In der Niederlage siehst du den wahren Charakter eines Menschen" - den sollte er sich zu Herzen nehmen. Niederlagen gehören zum Leben wie die Luft zum Atmen.

Doch der Doppel-Jungfrau-Mann ist ja im Besitz großartiger Talente und Fähigkeiten und sollte diese kleinen Defizite daher schnellstmöglich verändern können.

Er ist eben sehr kritisch in allen Belangen des Lebens, dafür explodiert er im Konfliktfall aber eher selten. Er versucht, sich im Griff zu haben und den Konflikt auf seine Art und Weise zu lösen.

Seine besondere Stärke liegt in seiner methodischen Arbeit, darüber hinaus ist er didaktisch sehr begabt und analytisch gewandt.

Wer in seine Nähe kommen, in seinen Bereich eindringen will, muss ihn wirklich im Herzen berühren und seine Seele gewinnen. Oft wirkt er unnahbar, unfreundlich und arrogant, was aber in Wirklichkeit nicht seinem wahren Wesen entspricht. Das hat einfach mit seiner Kühle und seinem zurückhaltenden Charakter zu tun. Er taktiert und spekuliert, bevor er sich öffnet.

Wenn es etwas zu entwickeln gibt, dann ist er eine erste Adresse. Keiner der 144 männlichen Grundcharaktere hat darin eine vergleichbare oder ähnliche Fähigkeit wie er.

Seine große Individualität und seine überzogene Perfektion kosten ihn dafür oft viel an Sympathien und Akzeptanz. Deshalb sollte er lockerer werden und mehr auf die Menschen zugehen und auch mehr seine Wärme und Zuneigung zeigen. Die Menschen in seinem Umfeld, allen voran Frau und Kinder, werden es ihm danken ...

WAAGE

Aszendent Jungfrau

Die friedvolle und praktische Übereinstimmung von Gefühl und Verstand bestimmt im Wesentlichen diesen Charakter. Er bildet ein Fundament für großartige Möglichkeiten und besondere Fähigkeiten. Die beiden Prägungen bilden eine homogene Einheit und sind jederzeit in der Lage, die vorhandenen Potenziale optimal und effizient zum Zuge kommen zu lassen.

Führung und der Umgang mit Menschen ist dem Waage-Jungfrau-Mann in die Wiege gelegt. Aufgrund seiner sehr differenzierten Betrachtungsweise, die aus den sehr unterschiedlichen Grundcharakteren resultiert, ist es ihm möglich, individuell und angemessen auf alle möglichen Situationen zu reagieren und die Menschen aufgrund seiner feinfühligen Art im Herzen zu berühren. Gemessen an seinen Möglichkeiten wird ihn das zu großen Erfolgen führen.

Die Menschen mögen diesen Mann, weil er nicht pauschal, sondern jeweils auf die Situation bezogen handelt. Erfolg und geradlinige Arbeit ist ihm wichtig und bedeutet für seine Seele die Bestätigung seines Einsatzes und seiner Bereitschaft, Außergewöhnliches erreichen zu wollen.

Disziplin und Loyalität sind seine wichtigsten Eigenschaften, die er umgekehrt auch von allen mit ihm in Kontakt stehenden Menschen erwartet. Dagegen wird bei ihm der Perfektionismus und die Pünktlichkeit zum Teil erheblich übertrieben, und das bringt ihn immer wieder in Konflikte, weil er hier zu wenig Toleranz anbietet. Toleranz ist eben ein wichtiges Wort und dient dazu, auch anderen Menschen die Chance zu geben, im Strom des Lebens mitzuschwimmen. Darüber hinaus hat Toleranz viel mit Verständnis und besonderem Verhalten zu tun. Seine Entschlusskraft und sein Durchsetzungsvermögen werden wiederum oft durch seine Kompromissbereitschaft und seine Anpassungsfähigkeit geschmälert.

In Ehrenämtern und sonstigen Organisationen sucht man dagegen gerne seinen Rat und seine Mithilfe. Oft steht er auch dort an vorderster Front und leitet diese ehrenamtlichen Organisationen.

Ein wichtiger Punkt sind Kritik und Niederlagen: Die tun ihm sehr weh und können nur schwer verarbeitet werden. Wenn ihn ein Mensch einmal sehr schwer enttäuscht und verletzt hat, wird es schwer für ihn, verzeihen zu können; deshalb ist es besser, sich bei ihm die Worte vorher reiflich zu überlegen ...

Außerhalb des Berufes, beispielsweise in der Freizeit oder auch im Sport, ist der Waage-Jungfrau-Mann ebenfalls ein Kämpfer, aber auch, nicht zu vergessen, ein ganz großer Genießer. Ein schönes Essen in einem tollen Restaurant und in einem schönen Ambiente mit einem guten Glas Rotwein lässt ihn alle seine Sorgen und Nöte vergessen ...

Dies ist übrigens eine seiner ganz großen Stärken, nämlich eine ausreichende Regenerationsfähigkeit, indem er seinem Körper durch Massage oder Sauna oder was auch immer etwas Gutes tut.

Insgesamt liebt er einen schönen und ästhetischen Lebensstil - ohne Übertreibung, aber mit einer besonderen Note und mit viel Niveau.

Sein besonderes Interesse gilt seiner Familie und den Kindern. Hierfür ist er bereit, alles zu tun, damit seine Familienmitglieder glücklich und zufrieden sein können. Als Vater, Partner oder auch als Freund ist er sehr fair, ehrlich, hilfsbereit und immer da, wenn man ihn braucht. Seine Familie kann sich immer auf ihn verlassen ...

SKORPION

Aszendent Jungfrau

Hier handelt es sich um eine höchst kritische Konstellation. Zwei Charaktereigenschaften, die überhaupt nicht konform gehen und höchst unterschiedlicher Auffassungen sind, kommen hier zusammen. Der zum Teil sehr überhebliche und sensible Skorpion-Mann hat überhaupt kein Interesse, sich dem individuellen und perfektionistischen Jungfrau-Einschlag anzupassen; vielmehr versucht er, den Skorpion-Einfluss auf der ganzen Linie geltend zu machen. Aber da hat er die Rechnung ohne den Wirt gemacht! Bei diesem Charakter ist es dringend notwendig, an seinem Grundverhalten sowie an seinem Auftreten in der Öffentlichkeit zu arbeiten.

Der Skorpion-Jungfrau-Mann ist weder ein Sympathieträger noch jemand, der große Akzeptanz hat. Wenn er glaubt, er sei das Maß aller Dinge, dann täuscht er sich gewaltig! Die Art und Weise, wie man in der Öffentlichkeit auftritt, ist der Spiegel der Seele. Der Skorpion-Jungfrau-Mann sollte zunächst einmal lernen, Kritik anzunehmen, sie zu verarbeiten und das Positive daraus zu ziehen, bevor er andere verurteilt und bewertet. Denn das Zusammenleben in der Gemeinschaft ist zu 80 Prozent vom zwischenmenschlichen Verhalten abhängig, und hier hat er großen Nachholbedarf. Da sollte er seinen Zynismus und seinen Sarkasmus zurücknehmen und sich gegenüber den Menschen normal verhalten - und er wird auch die Behandlung erhalten, die er sich wünscht.

Er möge doch einmal mehr auf die Prägung aus seiner Geburtsstunde (Jungfrau) zurückgreifen und die dort vorhandenen Potenziale und Fähigkeiten nutzen! Mit diesen Fähigkeiten und Tugenden wird er sich auf die Gewinnerseite schlagen. Seine Individualität, seine Disziplin und sein wohl überlegtes Verhalten, sowie sein diplomatisches Geschick rücken ihn dann in ein gutes Licht. Dann ist weniger Ellenbogenarbeit angesagt und die systematische und analytische Kopfarbeit kommt mehr zum Zuge, was hier durchaus positiv zu verstehen ist. Aufgrund seines fundierten Wissens kann der Skorpion-Jungfrau-Mann es dann schaffen, sehr diplomatisch seine Meinung durchzusetzen, ohne Kritik und Aufbäumen hervorzurufen.

Auch wenn es nicht auszuschließen ist, dass sein Temperament einmal mit ihm durchgeht, so ist der Skorpion-Jungfrau-Mann dennoch in der Lage, seine Emotionen zu beherrschen und sie bewusst zu dosieren.

Er sollte auch lernen, regelmäßig zu regenerieren, um einen optimalen Entspannungszustand zu erreichen, damit er in Stressphasen gelassen und souverän reagieren kann.

Er sollte sich ebenfalls regelmäßig Zeit nehmen, für seine Familie und Kinder da zu sein. Sie werden es ihm danken, indem sie ihm Wärme, Liebe und Zuneigung schenken - Elemente, die er so notwendig für sein inneres Gleichgewicht braucht.

Auch die Freizeit sollte ein Teil seines Lebens werden, denn Freizeit heißt auch, etwas mit Freunden und Bekannten zu unternehmen und neue Kontakte zu knüpfen. Oft zieht er sich frühzeitig zurück und meidet Begegnungen, aus welchen Gründen auch immer. Gerade aber diese Kontakte sind so wichtig für ein glückliches Miteinander. Er sollte versuchen, seine Unnahbarkeit und sein introvertiertes Verhalten aufzugeben und sich auch für andere Menschen zu öffnen. Seine Reputation und Akzeptanz wird sich dadurch merklich erhöhen und die ihm gegenüber entstandenen Vorurteile werden sich in Luft auflösen. Er kann dadurch glücklicher, freier und angenehmer leben und viel mehr Freude für sich empfinden ...

SCHÜTZE

Aszendent Jungfrau

Der Träger dieser Kombination wird mit seinen beiden Prägungen so seine liebe Mühe haben, denn die Prägung aus dem Geburtstag (Schütze) lässt sich mit der Prägung aus der Geburtsstunde (Jungfrau) nur schwer verbinden und auf einen Nenner bringen. Das liegt daran, dass die einzelnen Charakterzüge keinen gemeinsamen Weg beschreiten, sondern von ihren Talenten und Fähigkeiten her völlig unterschiedlich veranlagt sind.

So ist der Schütze-Typ ein Macher, ein Haudrauf und jemand, der schnell – meistens zu schnell – etwas erreichen will. Gänzlich gegensätzlich verhält sich dazu der Jungfrau-Einfluss, der Präzision und Ordnung über alles liebt. Hier sind schon die unterschiedlichsten Auffassungen am Werk, die sich nicht so einfach unter einen Hut bringen lassen.

Der Schütze-Jungfrau-Mann ist hier nun gefordert, durch mentales Training, Suggestion und Meditation die einen oder anderen Verhaltensmuster zu korrigieren, damit er in der Konsequenz die beste Lösung für sein Verhalten und seine Ziele erreicht. Nur wenn es ihm gelingt, jeweils aus beiden Prägungen die effizienten Muster optimal für sich einzusetzen, wird er ein Höchstmaß an Übereinstimmung und dadurch ein optimales Ergebnis erzielen.

Die oft großzügige Lebenseinstellung und sein teilweise überzogenes Verhalten Mitarbeitern, Freunden und Bekannten gegenüber wird dem Schütze-Jungfrau-Mann oft als Arroganz und angeberisches Verhalten ausgelegt und somit negativ bewertet. Dies wiederum schwächt seine Außendarstellung und stellt ihn häufig in einem Licht dar, das ihm nun wirklich nicht entspricht. Aufgrund seiner vielfältigen Talente und Fähigkeiten hat er ein derartiges Verhalten überhaupt nicht nötig. Denn sein Charakter ist aufrichtig, grundanständig und bescheiden, nur meint er immer, ein anderes Verhalten zeigen zu müssen.

Der Schütze-Jungfrau-Mann ist ein Individualist mit sehr eigenen Vorstellungen und sehr egoistischen Zügen. Mit Kritik und Niederlagen hat er seine besonderen Probleme; oft nimmt er alles zu persönlich und belastet sich damit.

Auf viele Menschen wirkt er oftmals unnahbar und arrogant, was ihm natürlich keine besonderen Sympathiewerte einbringt. Durch sein sehr differenziertes und oft nicht nachvollziehbares Verhalten macht er sich ferner das Leben selbst schwer. Warum geht er denn immer den extremen Weg und nutzt stattdessen nicht einmal seine hervorragenden Talente und Fähigkeiten, um am Boden der Tatsachen zu bleiben? Er hat es wirklich nicht nötig, so überzogen und unangemessen zu reagieren. Er könnte ganz normal auftreten, seine Vorzüge und Stärken einsetzen und dadurch auch mehr Akzeptanz und mehr Sympathien erhalten. Er wird dann ganz schnell feststellen, dass er weniger Energien verbrauchen und in der Gesellschaft plötzlich einen ganz anderen Stellenwert einnehmen wird. Die Menschen werden auf ihn zugehen und seinen Rat und seine Unterstützung suchen, und er wird ein gefragter Mann werden – und dies nur, weil er sein Grundverhalten auf ein Normalmaß zurückgefahren hat ...

Seine Familie, seine Frau und seine Kinder werden dann die Auswirkungen seines Verhaltens ebenfalls deutlich spüren. Er wird plötzlich mehr Zeit haben für seine Familie, wird mehr regenerieren und damit auch ausgeglichener und zufriedener sein. Er kann sein Leben ganz anders, nämlich gelassener und souveräner, gestalten. Plötzlich macht es ihm dann Spaß und Freude, im Beruf ohne Druck, aber mit mehr Disziplin Erfolge einzufahren. Seine Mitarbeiter und seine Familie lieben ihn doch ...

STEINBOCK

Aszendent Jungfrau

Hier treffen zwei besonders interessante Prägungen aufeinander, die wohl von ihrer Ausrichtung her sehr unterschiedlich sind, sich aber in ihren Grundanlagen ideal ergänzen und ein Optimum an Effizienz erreichen.

Der Steinbock-Jungfrau-Mann ist äußerst strebsam und verantwortungsbewusst. Arbeit ist für ihn nicht das halbe, sondern das ganze Leben ... Arbeit ist für ihn keine Belastung, eher eine Bereicherung für sein Dasein.

Seine Ordnungsliebe und seine Genauigkeit kommt aus der Junfgrau-Prägung der Geburtsstunde, was natürlich für seinen Grundcharakterzug Steinbock eine tolle und positive Ergänzung darstellt. Er ist ein besonders emsiger, fleißiger und bescheidener Charakter, der es vorzieht, im Hintergrund (erfolgreich) zu wirken. Im Mittelpunkt zu stehen ist ihm nicht wichtig und er braucht das auch nicht für sein Ego.

Sein Übermaß an Pflichtbewusstsein kann dazu führen, dass seine persönlichen Bedürfnisse nicht intensiv gelebt werden können und somit oft in den Hintergrund treten müssen.

Die große Stärke des Steinbock-Jungfrau-Mannes ist die Präzision und die Perfektion – dieser Umstand ermöglicht es ihm, immer vorne dabei zu sein und großartige Erfolge zu erzielen. Erfolge sind für ihn nicht nur schöne Erlebnisse, sondern buchstäblich Wasser auf seine Mühlen ... Er ist regelrecht erfolgsbesessen und tut alles dafür, immer und überall Erfolge zu feiern. Dabei überlässt er nichts dem Zufall, sondern alles wird bis ins Detail geplant, um den Erfolg sicher und bedacht einzufahren.

Als Führungskraft und Leader ist er allerdings schwer zu bestimmen. Denn er redet nicht viel, hat aber immer eine hohe Erwartungshaltung. Mit Lob geizt er, denn für ihn ist alles normal und die erbrachten Leistungen bedürfen keiner großen Erwähnung. Hier liegt er aber leider grundfalsch, denn sein Erfolg würde sich wesentlich leichter realisieren lassen und seine Mitarbeiter würden sich vor allem wohler und glücklicher fühlen, wenn sie von ihm etwas mehr berührt, gelobt und bestätigt werden würden. Mehr Gefühl und Emotionen würden ihm gut tun, denn mit seiner Gefühlswelt hat er so seine Probleme. Er kann seine Emotionen eben nur bedingt zeigen und dadurch leidet er auch oft selbst. Mentales Training, Suggestion und Meditation könnten ihm auf den Weg helfen, sein Herz zu entdecken und dort mehr Gefühle zu finden. Die Kollegen, Freunde und Mitarbeiter würden es ihm danken, und seine Erfolge würde es leichter und schöner machen ...

So aber wirkt der Steinbock-Jungfrau-Mann oft steril und unnahbar - einfach weit weg von der Basis, und das macht ihn nicht unbedingt sympathisch und schon gar nicht beliebt.

Als Vater, Partner oder auch als Freund ist er immer zuverlässig und hilfsbereit. Aber auch hier fehlt oft die Wärme und Zuneigung. Ein bisschen mehr Gefühl in seinen Aktionen statt der gewohnten Starrheit wird ihn auf der Beliebtheitsskala enorm nach oben bringen.

Mit Kritik und Niederlagen hat er enorme Probleme. Er sollte Kritik sachlich betrachten und sie als Anlass für eine Veränderung im Bewusstsein nehmen. Niederlagen pflastern den Weg zum Erfolg. Wer Niederlagen überwindet und sie wegsteckt, wird seine Ziele schnell und gezielt erreichen. Denn der Steinbock-Jungfrau-Mann ist ja von Grund auf ein fähiger und unheimlich fleißiger Mann, der immer seine Ziele vor Augen hat und seine größte Stärke in der Konstanz und in der Beharrlichkeit aufweisen kann.

Ein wenig mehr an Emotionen, und seinem vollkommenen Glück steht nichts mehr im Wege ... dieser letzte Schritt wird ihm gut tun.

WASSERMANN

Aszendent Jungfrau

Hier ist ein Mann, der vom lieben Gott mit zwei besonderen Prägungen bedacht wurde, die in der Kombination ihresgleichen suchen. Bei dieser Kombination kann man wirklich von Ergänzung und Unterstützung sprechen. Er tut sich nicht selbst weh und hat darüber hinaus die Befähigung, souverän zu agieren.

Der Wassermann-Jungfrau-Mann ist sehr wissbegierig und immer bestrebt, seinen Horizont zu erweitern. Geistige und praktische Fähigkeiten wirken bei ihm harmonisch zusammen. Er ist immer neugierig und will stets auf dem neuesten Stand der Entwicklung sein.

Besonderen Wert legt er auf zwischenmenschliche Kontakte. Dabei ist er ein strategisch ausgerichteter Mensch mit einer sehr starken Individualität. Alles, was er tut oder umsetzen will, ist vorher genau geplant und im Detail geprüft, bevor er es freigibt. Seine Ziele sind dabei nicht utopisch, sondern realistisch angelegt (wenn auch im oberen Grenzbereich) und deshalb immer erreichbar - das ist ihm wichtig.

Natürlich ist er prädestiniert dafür zu führen und Leute zum Erfolg zu begleiten. Dabei hat er alles, was er vorgibt und erwartet, selbst durchgeführt und weiß somit, dass es funktioniert. Er ist streng und duldet keine Unregelmäßigkeiten. Alles muss seine Ordnung und einen disziplinierten Ablauf haben. Disziplin, ja das ist ein Schlüsselwort in seinem Leben, ohne Disziplin keinen Erfolg. Diese Erfahrung kennt er und weiß deshalb auch um ihren Stellenwert.

Er legt sehr viel Wert auf Äußeres wie Kleidung, Auftreten und Verhalten. Danach bewertet er die Menschen und deren Chancen. Bei ihm zählen Fakten, Fakten, Fakten - keine großen Reden. Er sagt sich: "Reden können sie alle, nur mit Reden ist noch lange nichts erreicht." Wie gesagt, er ist ein Mann der Tat, und danach bewertet er auch.

Der Wassermann-Jungfrau-Mann hat auch ein besonderes Interesse für die Kultur und Malerei, hierfür gibt er schon einmal reichlich Geld aus ...

Die Familie ist ihm heilig, und deshalb spielt sie in seinem Leben eine herausragende Rolle. Aus einer intakten Familie zieht er die Kraft, die er im beruflichen Alltag und Stress braucht. Aber er braucht auch den Abstand, das heißt, das Flirten und Genießen spielt bei ihm auch eine gewisse Rolle. Bekannt ist er als ein großer Charmeur und leidenschaftlicher Tänzer.

Die Frauen mögen ihn, mögen seine Art, wie er auftritt und vor allem sein Taktgefühl und die Fähigkeit, sich vornehm und souverän auf jedem Parkett zu bewegen.

Also der Wassermann-Jungfrau-Mann ist wirklich und ohne Übertreibung ein großartiger Mann mit mehr positiven als negativen Attributen, ja er gehört zu den TOP TEN unter den 144 Männer-Charakteren, und das kann ja nicht jeder von sich behaupten. Also kann er weiter konsequent und gelassen seinen Weg gehen ...

FISCHE

Aszendent Jungfrau

Hier sind zwei Prägungen im Spiel, die sich leider im Wege stehen und inhaltlich völlig "anderer Meinung" sind. Es wird sehr schwer sein, beide Charakterzüge vollkommen in Einklang miteinander und optimal ins Spiel zu bringen. Es bedarf großer Anstrengungen von Seiten ihres Trägers, diese Vorgaben zu erfüllen.

Aber nichts ist unmöglich, deshalb wird er das auch schaffen! Helfen könnte ihm dabei gezieltes mentales Training, Suggestion und Meditation. Mit dieser Hilfe wird es ihm gelingen, die sehr unterschiedlichen und nicht kompatiblen Muster zu erkennen und diese dann auch entsprechend zu verändern.

Die Vorstellungen aus der Grundprägung (Fische) sind ganz anders als die aus dem Aszendenten (Jungfrau). Ist der Fische-Mann eher locker und weniger pünktlich und sucht seinen sehr eigenständigen Stil und Rhythmus, so ist der Jungfrau-Charakter genau das Gegenteil, denn bei ihm sind Präzision, Perfektion und Pünktlichkeit die große Stärke. Da ist es gar nicht so einfach, diese beiden Charakterstile unter einen Hut zu bringen, um sie dann auch noch zum Erfolg zu führen.

Deshalb muss der Fische-Jungfrau-Mann schon über seinen Schatten springen und einfach Veränderungen zulassen. Warum sollte er nur aus Bequemlichkeit seine Erfolge aufs Spiel setzen? Diese Frage sollte Anreiz genug sein, um unbequemere Wege zu gehen.

Der Fische-Jungfrau-Mann besitzt ganz herausragende Führungseigenschaften mit enorm viel Feingefühl, will aber auf der anderen Seite keinem wehtun. Das geht natürlich nicht, hier muss er Stärke entwickeln. Denn es wird oft vorkommen, dass unpopuläre Entscheidungen zu treffen sind, aber hier muss er einfach konsequent und egoistisch denken und seine bisherige, zum Teil sehr lasche Art beiseite lassen. Im Geschäftsleben und darüber hinaus zählt eben nur der Erfolg, und der Erfolg entsteht aus Disziplin und Leidenschaft und aus einer kämpferischen Haltung. Da nützt es nichts, wenn der Fische-Jungfrau-Mann immer gute Miene zum bösen Spiel macht. Er muss die Ärmel hochkrempeln und seine Fähigkeiten und Talente für seinen Erfolg einsetzen. Das heißt ja nicht, dass er seine Liebenswürdigkeit und seine Hilfsbereitschaft aufgeben muss; er muss nur lernen, die richtige Dosis zu finden, und es dabei vor allen Dingen nicht übertreiben. Das Leben ist ein harter Kampf, und die täglichen notwendigen Veränderungen werden auch an ihm nicht vorbeigehen, deshalb ist ein tägliches Lernen, ein tägliches Weiterentwickeln und ein dauerndes Wachstum nötig, um am Ball zu bleiben.

Doch die Neigungen des Fische-Jungfrau-Mannes sind eben hier oft etwas anders; er lässt es gerne schleifen, hat häufig nicht die notwendige Disziplin, verschiebt gerne mal etwas auf Morgen oder arbeitet eben am Samstag oder Sonntag. Doch da muss er auch an seine Frau, seine Kinder und an seine Freunde denken. Auch die haben einen Anspruch auf ihn und möchten ihn gerne bei sich haben.

Oft gibt es Probleme mit den Kindern, sei es in der Schule oder auch in der persönlichen Entwicklung. Hier ist er aufgefordert, seiner Frau mit Rat und Tat zur Seite zu stehen. Oft kommt sich seine Frau einsam und verlassen vor, nur weil er eben nicht da ist und schon wieder im Geschäft arbeitet.

Um sein inneres Gleichgewicht herzustellen, sollte er auch mehr und öfter regenerieren, entspannen und etwas für seine Gesundheit tun. Denn das höchste Gut auf dieser Welt ist und bleibt die Gesundheit. Daran sollte er immer denken ...

WIDDER

Aszendent Jungfrau

Diese beiden Prägungen haben zwar völlig unterschiedliche Ansätze von ihrer Struktur her, sind aber dennoch gut zu einer Einheit zu führen, wenn ihr Träger bereit ist, die unterschiedlichen Aspekte zusammenzuführen. So kann der Widder-Mann dankbar sein, dass er durch den Jungfrau-Aszendenten weniger stürmisch ist und somit mehr Ausgeglichenheit erfährt; umgekehrt kann der Jungfrau-Zug in ihm dankbar sein, mehr Power und mehr Feuer zu bekommen.

Der Widder-Jungfrau-Mann kann an den Vorteilen beider Prägungen partizipieren, wenn es ihm gelingt, sich mit beiden Seiten zu verbünden und die vorhandenen Potenziale jeder Seite zu nutzen.

Ingesamt ist er eine starke Persönlichkeit mit dem Hang zur schnellen Umsetzung und zur individuellen Handhabung. Seine Vorstellungen setzt er mit großem Engagement und großer Individualität gezielt und rasch um. Es muss schnell und flott gehen bei ihm.

Wichtig dabei ist, dass er frei, ohne Bevormundung und ohne Kontrolle arbeiten kann. Alles andere würde seine Leistung nur schmälern. Er muss ein Vorhaben nach seinen Vorstellungen und Ideen umsetzen können.

Er ist sehr ehrgeizig, vor allem aber willensstark und sehr loyal; dies erwartet er auch von seinen Mitarbeitern oder Kollegen. Entscheidend ist bei ihm die Kompetenz und das Vertrauen, das man ihm entgegenbringt. Fehlt das Vertrauen, kann er seine Leistung nicht abrufen.

Man muss ihn begreifen und ihn auch in seiner Art verstehen: Er ist eben anders als andere, hat andere Vorstellungen vom Leben und tritt somit auch anders auf. Er kann sehr unnahbar sein, wenn er kein gutes Gefühl hat; umgekehrt kann er wunderbar aus sich herausgehen, wenn er sich sehr wohl fühlt.

Seine Emotionen spielen in seinem Leben ein große Rolle. Obwohl er seine Gefühle nicht immer auf dem Präsentierteller vor sich herträgt, sind sie eben doch tief vorhanden. Dann und wann machen sie ihm auch einen Strich durch die Rechnung. Meistens tritt dies auf, wenn es um Beziehung und Partnerschaft geht. Hier ist er oft hin- und hergerissen, was nicht immer ohne Schaden endet. Die Leidtragenden sind dann stets die involvierten Frauen. Da muss er unbedingt lernen, seine Gefühle so zu handhaben, dass er andere damit nicht verletzt. Der Widder-Jungfrau-Mann ist hier zu wankelmütig und zu inkonstant, lässt sich zu stark von seinen Emotionen leiten und ist am Ende dann meistens selbst der Leidtragende. Das müsste nicht sein, wenn er sich mehr öffnen und von Anfang an mehr Klarheit und Transparenz aussenden würde.

Seine Frau und seine Kinder haben in ihm einen treusorgenden Vater, wenn er auch nicht immer die Muße und die Zeit hat, die man sich wünscht.

Finanziell ist die Familie immer abgesichert und muss sich hier keine Sorgen machen. Aber das Finanzielle ist eben auch nur ein Teil im Leben, der andere Teil ist Zuneigung, Wärme und Liebe - und hier besteht ein enormer Nachholbedarf. Er sollte sich nicht schämen, seine Liebe und Wärme, vor allem auch seine Zuneigung weiterzugeben und andere damit glücklich zu machen - es wird sich für ihn lohnen! Sein Ansehen, seine Akzeptanz und seine Persönlichkeit wird dadurch wachsen und er wird einen großen Teil seines Gebens zu Lebzeiten zurückerhalten.

Trotz aller Bemühungen darin wird er sich ohnehin immer seine Individualität bewahren, also ganz für sich erhalten, die einen wichtigen Teil in seinem Leben ausmachen - Dinge, bei denen er sich frei und sicher fühlt und das Gefühl hat, dass sie ihm gut tun. Hier kann er auch gut aus der Distanz die Fäden ziehen, und das gibt ihm Sicherheit ...

STIER

Aszendent Jungfrau

Hier liegen zwei Prägungen vor, die sich herausragend ergänzen und unterstützen und die vorhandene Schwächen sowie Defizite innerhalb der Grundcharakter-Merkmale vorbildlich ausgleichen. Die Stärke dieses Charakters liegt in einem sehr harmonischen, praktischen und bescheidenen Grundmuster.

Der Stier-Jungfrau-Mann ist sehr tüchtig und in allen Belangen sehr vernünftig. Er ist nicht nur ein Lebenskünstler, sondern vielmehr zu einem wahren Lebensmeister geworden. Er hält sehr viel von Prinzipien und erwartet von seiner Umwelt, dass diese auch eingehalten werden.

Ordnung, Präzision und Zuverlässigkeit sind bei ihm selbstverständlich und bedürfen keiner besonderen Erwähnung.

Ein großes Plus, das diesen Charakter besonders auszeichnet, ist seine kritische, aber faire Beurteilung von Dingen und Vorgängen.

Dagegen kommen bei ihm die Sinnlichkeit und das Feingefühl für seine Mitmenschen oft zu kurz. Er misst dem zu wenig Bedeutung bei.

Der Stier-Jungfrau-Mann ist ein kreativer Führer mit dem Hang zur Perfektion, darüber hinaus ist er ein Individualist und manchmal auch Eigenbrötler, der gewisse Vorhaben und Anlässe in Bezug auf die Gesellschaft dann doch übertreibt. Dies wird ihm dann auch kritisch ausgelegt, denn sein oft unverständliches Verhalten ruft seine Kritiker regelrecht auf den Plan. Für die ist das immer ein gefundenes Fressen, und das hat der Stier-Jungfrau-Mann dann aber auch selbst zu verantworten. Hier sollte er wirklich darüber nachdenken, sein Verhalten zu korrigieren, um nicht laufend Zorn und Ärger auf sich zu ziehen. Dadurch könnte er viel Energie einsparen, die er für etwas Sinnvolleres gut einsetzen könnte.

Der Stier-Jungfrau-Mann hat beruflich viel Erfolg und ist als Leader meistens positiv bewertet. Man schätzt seine soliden Kenntnisse und sein kreatives Geschick sehr hoch ein und vertraut auf seine Fähigkeiten. Im Umgang mit Mitarbeitern fehlt dann und wann noch das Feingefühl, das heißt, die besonderen Eigenarten bestimmter Mitarbeiter und auch Kollegen würdigt er oft zu wenig; dadurch entsteht manchmal das Gefühl von Arroganz, das eben seinem ausgeprägten egoistischen Verhalten entspringt. Hier sollte er an sich arbeiten.

In seinem Charakter gibt es auch einen leicht femininen Einfluss, der sich dahingehend auswirkt, die "Mutter der Kompanie" sein zu wollen bzw. im Unternehmen den Patriarchen zu mimen.

Durch seine Bodenständigkeit und seine leicht konservative Haltung neigt er dazu, am Bestehenden festzuhalten und Neuerungen nur bedingt zuzustimmen.

Als Vater, Partner oder auch als Freund kann man ihn immer um Hilfe und Rat bitten, den er dann auch gewähren wird. Es gibt jedoch auch Momente, in denen er unangemessen reagiert, laut und aggressiv wird und ein Bild von sich gibt, für das er sich später selbst schämt und auch bereit ist, sich zu entschuldigen.

Für seine Familie ist er ein treusorgender Vater, für seine Kinder hat er immer Zeit und Muße. Ein wunderbares Essen am Abend mit einem schönen Glas Rotwein am offenen Kamin macht ihn mit seiner Frau rundum glücklich ...

ZWILLING

Aszendent Jungfrau

Der Zwilling-Mann kann mit dem Jungfrau-Einfluss aus seiner Geburtsstunde nur dazugewinnen. Das heißt, seine Prägung aus dem Geburtstag wird in diesem Fall aufgewertet und gestärkt. Der für Zwillings-Charaktere typische Wankelmut und die mangelnde Stetigkeit werden stark reduziert und der Jungfrau-typische Hang zu Beständigkeit und Bewahrung kann leicht an Einfluss gewinnen.

Aus dieser Charakterprägung entsteht ein kluger und weiser Kopf. Seine Gefühle werden allerdings stark reduziert und zum Teil auch verdrängt. Seine Ordnung, seine Systematik dagegen wird zur Methode, ganz zum "Nachteil" des Zwilling-Charakters, der sich gerne lieber herumschummeln würde und spontan und unkompliziert denkt und handelt. Aber in der Konsequenz, für seine Entwicklung und den konstanten Erfolg ist das die beste und effektivste Lösung. Auch wenn er immer wieder in kleine innere Konflikte gerät, sollte er diese Entwicklung annehmen und sie auch umsetzen.

Die Handlungen des Zwilling-Jungfrau-Mannes sind sehr individuell, deshalb werden sie auch von der Öffentlichkeit falsch eingeschätzt: Man bewertet ihn eben nach seinem Auftreten und nach seinem Verhalten. Hier wirkt er oft unnahbar, introvertiert und zurückhaltend, was dann immer wieder den Anschein erweckt, er sei arrogant und überheblich, was natürlich überhaupt nicht zutrifft. Das steht völlig im Gegensatz zu seinem Zwilling-Charakter, der ihn gerade umgekehrt wirken lassen würde, nämlich extrovertiert, überzogen und oft auch hektisch und unruhig. Aber zum Glück kann sich dieser Charakterzug nicht so sehr durchsetzen und der Jungfrau-Charakter überwiegt, was auf Dauer auch wesentlich mehr einbringt.

Mit Kritik und Niederlagen hat der Zwilling-Jungfrau-Mann so seine Probleme, hier sollte er die Veränderung suchen – das kann er durch gezieltes mentales

Training und durch Suggestion und Meditation relativ rasch erreichen. Danach wird er noch mehr Ansehen genießen, wird noch mehr Akzeptanz erfahren und auch mehr Sympathien ernten.

Es liegt also an ihm, seine vorhandenen Stärken, Talente und Fähigkeiten auszubauen, um seine Vorhaben noch leichter umsetzen und zu großartigen Erfolgen kommen zu können.

Er sollte auch versuchen, in diversen Situationen oder bei allen möglichen Anlässen auf die Menschen zuzugehen und das Gespräch zu eröffnen, statt immer zu warten, bis man auf ihn zugeht und ihn auffordert, in das bereits laufende Gespräch mit einzusteigen. Dies könnte ihm nämlich als Arroganz ausgelegt werden, wenn man seinen Charakter nicht kennt, und die meisten Menschen werden sich kaum im Vorfeld mit seinen Prägungen und Neigungen beschäftigen.

Er hat ja unendlich viele Trümpfe in der Hand, nur muss er diese auch ausspielen und auch mal einige kleine Risiken eingehen, denn wie heißt es so schön: "Wer nicht wagt, der nicht gewinnt."

In der Familie setzt er auf Tradition, Ordnung und Disziplin. Er lebt seiner Familie diese Attribute vor, und seine Kinder und auch seine Frau treten in seine Fußstapfen. Etwas anderes lässt er auch nicht zu. Manchmal könnte er schon etwas lockerer und gelassener sein und die Kirche im Dorf lassen ...

Aber insgesamt gesehen ist er ein angenehmer, loyaler und vor allem korrekter und ehrlicher Mann, auf den immer Verlass ist ...

KREBS

Aszendent Jungfrau

Ein durchschnittlicher sowie ein starker Charakterzug treffen hier aufeinander, was in der Konsequenz für den etwas schwächeren Krebs eine große Aufwertung sein kann. Mit dem Einfluss Jungfrau bekommt der Mann mit dieser Prägung Stabilität, Präzision und Zuverlässigkeit.

Sein Grundproblem liegt darin, dass er sich zum einen oft nicht so viel zutraut, obwohl er das sicherlich könnte, auf der anderen Seite mag er aber keinen Druck und muss auch nicht in der ersten Reihe bzw. auf der Pole-Position stehen.

Er ist ein gemütlicher, sympathischer und musikalischer Mann, der seine Stärken und Fähigkeiten nicht unbedingt im Beruf sucht. Er braucht weder den Mittelpunkt noch muss er im Rampenlicht stehen. Vielmehr steht er außen vor, betrachtet die Ereignisse aus der Distanz und schwimmt im Strom mit – sehr zum Leidwesen seiner Frau und auch seiner Kollegen.

Denn bei ihm ist mehr drin; er hat mehr Potenziale, als er nach außen hin zeigt. Aber es fehlt ihm der notwendige Antrieb und die dazugehörende Begeisterungsfähigkeit. Anders wird das, wenn man seine Vorlieben wie Musik, Entertainment und Gesang ins Spiel bringt. Dann wacht er auf, dann ist er in der Regel nicht mehr zu halten. Für Musik und Gesang hat er eine besondere Begabung. Es fällt ihm leicht, durch die Musik die Leute zu begeistern und Stimmung zu verbreiten – ohne sich dabei irgendwie anstrengen zu müssen.

Ebenso ist es in der Unterhaltung. Das sind Bereiche, die ihm liegen und in denen er ohne großen Aufwand viel bewegen kann. Deshalb ist der Krebs-Jungfrau-Mann auch häufig in diesen Bereichen tätig und findet dort auch seine Erfüllung, denn da kann er seine Arbeitszeit so einteilen, wie und wann er will – und das ist der entscheidende Punkt in seinem Leben.

Die berufliche Seite, wo alles seine Regeln hat und man auf den Punkt funktionieren muss, ist einfach nicht seine Welt. Er möchte Auszeiten haben, wann ihm danach ist, und nicht, wann es eben vorgeschrieben wird. Er möchte seinen eigenen Rhythmus bestimmen und nicht abhängig sein von anderen.

Darüber hinaus ist er ein Genussmensch, einer, der zu leben und die schönen Dinge des Lebens zu genießen versteht. Dazu braucht er nur Zeit und Muße, aber wenig Geld und wenig anderen Aufwand. Was das angeht, könnten viele von ihm lernen, nämlich Gelassenheit und innere Ruhe. Hierfür ist er prädestiniert und gibt wirklich ein Vorbild ab ...

Durch den Einfluss aus seiner Geburtsstunde (Jungfrau) wird sein Grundcharakter gestärkt. Er wird zwar sicherlich auch weiterhin auf den großen Antrieb verzichten müssen, aber in puncto Disziplin, Perfektion und Zuverlässigkeit wird er stark dazugewinnen und auch seine Erfolge steigern.

Eine besondere Fähigkeit hieraus ist seine Vermittlerfähigkeit. Er schafft es wie kaum ein anderer Charakter, Menschen zusammenzuführen, ihnen aus Krisensituationen zu helfen, ihnen Wege aus der Krise aufzuzeigen und sie wieder in ruhige Gewässer zurückzuführen. Hier kommt ihm sein Intellekt, sein Feingefühl, seine Individualität sehr zustatten. Dann traut er sich auch mehr zu, wird entscheidungsfreudiger und positioniert sich viel besser im täglichen Leben.

Als Vater, Partner und Freund ist er hoch geschätzt, vor allem wegen seiner Gelassenheit und seiner ruhigen und angenehmen Art und Weise ...

LÖWE

Aszendent Jungfrau

Zwei Prägungen, die sich in jeder Beziehung positiv beeinflussen und jeweils die vorhandenen Schwächen und Defizite der anderen versuchen auszugleichen – somit werden die beiden Grundcharaktere in einen soliden, absolut vertretbaren Einklang gebracht ...

Durch die Prägung aus der Geburtsstunde wird das typische Löwe-Verhalten etwas leiser und bescheidener, was sich im Zusammenleben mit den Menschen als sehr vorteilhaft zeigt, weil dadurch das Gehabe und die Wichtigtuerei des Löwen reduziert wird und somit die Akzeptanz steigt.

Trotz dieses positiven Einflusses hat der Löwe in ihm noch genügend Power und Kraft, sich in den wichtigen Dingen gut in Szene zu setzen und sein Markenzeichen zu hinterlassen. Dennoch ist dieser Charakter sehr bestrebt, seine Energien sinnvoll, kritisch und vernünftig einzusetzen. Die gewohnten lauten Töne sind deshalb nicht mehr nötig.

Kopf und Gefühl versuchen hier, eine Einheit zu bilden und mit minimalem Aufwand einen höchstmöglichen Ertrag zu erzielen. Natürlich gelingt das nicht immer; und auch die Gefühle jederzeit im Zaum zu halten, wäre des Guten zu viel verlangt. Ab und zu bricht die Aggression und die Dynamik des Löwen durch und lässt sich durch nichts, aber auch gar nichts aufhalten.

Die Ernüchterung folgt auf dem Fuß, sobald das ganze Vorhaben gescheitert ist und der Löwe-Jungfrau-Mann feststellen muss, dass er mal wieder überzogen und nicht angemessen agiert hat.

Auf der anderen Seite kann dieser Charakter falsch verstandenen Stolz überwinden und auch einmal, wenn nötig, kleine Brötchen backen – auch wenn's schwer fällt.

Insgesamt ist der Löwe-Jungfrau-Mann ein Mann mit Dynamik, Perfektion und großer Individualität und ist somit mit großartigen Talenten und Fähigkeiten ausgestattet. Ja, er ist ein Macher, aber nicht unbedingt mit den gewohnten lauten Tönen, sondern einer, der aus der Basis mit viel Überlegtheit und Gelassenheit seine Fäden spinnt und dann zuschlägt, wenn er eigentlich nur noch gewinnen kann. Also keiner, der voll ins Risiko geht, sondern eher einer, der zunächst abwägt und taktiert und den richtigen Zeitpunkt abwartet, dann aber kompromisslos zuschlägt.

Da muss einer schon stark sein, um ihm das Wasser reichen zu können, und da gibt es wie gesagt nur wenige, die das können, und noch weniger, von denen er etwas annehmen kann, denn hier ist er eigen und unheimlich von sich selbst überzeugt.

Seine Eitelkeit hält sich in Grenzen, seine Ansprüche an Partner, Freunde und Mitarbeiter jedoch sind immer hoch, manchmal zu hoch. Hierüber sollte er nachdenken!

Seine Familie, seine Kinder und sein persönliches Umfeld bedeuten dem Löwe-Jungfrau-Mann nicht nur viel, sondern das alles gehört zu seinem Lebensmittelpunkt. Harmonie, Wärme und Zuneigung fordert er nicht, aber es tut ihm sehr gut, wenn er diese genießen darf. Auf seine Frau ist er stolz und zeigt dies auch immer wieder mit den unterschiedlichsten Gesten. Er weiß, was sich gehört, insbesondere wenn Frauen im Spiel sind – dann zeigt er sich stilvoll und würdig und von seiner besten Seite. Seine ruhige und souveräne Art wird allseits sehr geschätzt ...

WAAGE

Aszendent Waage

Prägungen in so genannter doppelter Potenz bringen vorhandene besondere Eigenschaften und Charaktermerkmale besonders zum Ausdruck. Hier haben wir also einen ganz besonderen Mann mit Charme, Umsicht und einem sehr starken Harmoniebedürfnis, das darüber hinaus verbunden ist mit einem unverwechselbaren Gerechtigkeitssinn und einem ganz besonderen Lebensstil.

Hinter der eleganten Erscheinung des Waage-Waage-Mannes steckt ein freundlicher, aufgeschlossener und immer hilfsbereiter Mensch mit Humor und Esprit. Natürlich gibt es auch einige Schattenseiten in seinem Grundverhalten; so ist er beispielsweise kein Freund schneller Entscheidungen und oft sogar ein großer Zögerer und Verhinderer von Maßnahmen und durchzuführenden Entscheidungen. Hier hat er einfach Probleme, sich auf das Wesentliche festzulegen und eine spontane Entscheidung zu treffen. Er steht sich vielmehr oft selbst im Wege und ärgert sich auch häufig über sich selbst, dass er hier so arglos und inkonsequent ist. Aber auch dieses Verhalten lässt sich durch ein gezieltes mentales Training, Suggestion und Meditation gut in den Griff bekommen.

Doch kommen wir nun zu den grundlegenden Charaktereigenschaften aus seinen Prägungen. Sein Auftreten, seine Erscheinung, seine Wortwahl und sein Kleidungsstil verraten, dass er hierauf viel Wert legt. Er ist ein Ästhet und möchte auch, dass sich sein Umfeld zumindest anpasst oder sich in diese Richtung bewegt. "Kleider machen Leute", dieser Spruch könnte von ihm stammen, denn er hat einen exzellenten Geschmack, was Garderobe und Kleidungsstil angeht. Daher genießt er es, bei bestimmten Anlässen und Veranstaltungen im Mittelpunkt zu stehen und seine neuen Errungenschaften zu präsentieren. Natürlich freut er sich über Komplimente und positive Anmerkungen bezogen auf seine Erscheinung und sein Auftreten.

Im Beruf steht er an der Spitze, und auch sein Führungsstil ist geprägt von angenehmen Führungsformen und dezentem Verhalten. Genauso trägt sein Büro oder sonstige wichtige Räume seine Handschrift, angefangen von schönen Bildern, tollen Möbeln und immer dazu passenden notwendigen Kleinigkeiten. Die Dinge müssen bei ihm aufeinander abgestimmt sein und harmonieren, denn darauf legt er großen Wert. Stil und Ambiente, wo auch immer, müssen gewährleistet sein, sonst bekommt man Ärger mit dem Doppel-Waage-Mann – hier ist er empfindlich und toleriert keine Nachlässigkeiten.

Auch seine Familie, Frau und Kinder haben sich seinem Stil und seinen Wünschen verschrieben und sind glücklich und dankbar für die vielen Anregungen, die sie von ihm immer wieder erhalten. Selbst wenn es in den Urlaub geht, muss alles sorgfältig und planmäßig ablaufen, denn er gibt sich ungern mit Zwischenlösungen zufrieden. Es muss alles perfekt und stilvoll stattfinden.

Manchmal ist es auch schwierig mit ihm, weil er kaum zu Kompromissen bereit ist. Dies wiederum versteht nicht jeder, und dann kommt es schon mal vor, dass man ihm Arroganz und Überheblichkeit unterstellt, was ihn jedoch völlig kalt lässt. Da steht er darüber und macht sich keine unnötigen Gedanken.

Eines ist jedenfalls sicher: Er ist ein Lebenskünstler, ein großer Charmeur und Genießer und weiß, dass man dieses Leben in vollen Zügen, ohne zu übertreiben, nutzen und schätzen sollte ...

SKORPION

Aszendent Waage

Hier liegen zwei Prägungen vor, die sich gegenseitig positiv beeinflussen und somit die vorhandenen Defizite der Einzelaspekte in Grenzen halten. Dennoch wird die intensive Leidenschaft des Skorpions nicht ganz aufgelöst. Die Waage-Prägung aus der Geburtsstunde hat jedoch einen ausgleichenden Einfluss auf den Skorpion-Typus und macht ihn somit zu einem charmanten, freundlichen und faszinierenden Mann.

Der Skorpion-Waage-Mann verfügt über eine glänzende Ausstrahlung und ein gutes Standing in der Gesellschaft. Es darf aber nicht vergessen werden, dass unter der liebenswürdigen Oberfläche starke und intensive Gefühle brodeln, die gelegentlich zu heftigen Ausbrüchen führen können. Ein besonderes Glück besteht aber darin, dass diese Charaktere eine versöhnliche Ader haben.

Als Vorgesetzter ist er nur schwer berechenbar, weil er sich grundsätzlich bedeckt hält. Dies ist aber so von ihm gewollt und ist eine seiner strategischen

Waffen. Er kann zynisch sein und sein Gegenüber durch bestimmte gewollte Aussagen völlig durcheinander bringen. Manchmal spielt er auch mit den Gefühlen anderer Menschen und macht sich teilweise noch einen Spaß daraus.

Sprache spielt bei ihm eine ganz entscheidende Rolle; wer ihn sprachlich auf dem falschen Fuß erwischt, hat in der Regel verloren, denn er hat da kein Verständnis und gibt dem Kollegen oder Geschäftspartner auch keine Chance mehr.

Oft neigt er auch zu schnellen Vorurteilen, nur weil die Art und das Auftreten des jeweiligen Menschen nicht in seine persönlichen Vorstellungen passen.

Auch wenn er es nicht zugeben möchte: ehrlich gemeinte Anerkennung und Lob bedeuten ihm sehr viel. Mit Kritik und Niederlagen kann man ihm dagegen gründlich die Laune verderben, denn mit diesen Bereichen steht er auf Kriegsfuß. Hier hat er einen enormen Nachhol- und Entwicklungsbedarf. Als Hilfe für die notwendige Veränderung würden mentales Training, Suggestion und Meditation große Dienste leisten. Damit könnte er seine vorhandenen Grundmuster erkennen, verändern und durch neue Muster ergänzen.

Der Skorpion-Waage-Mann ist ein stolzer Mann und legt sehr viel Wert auf seine äußere Erscheinung und auf sein Auftreten. Hier kommt ihm der Waage-Einfluss sehr zustatten, weil dort Harmonie und Ästhetik eine große Rolle spielen.

Eine ganz besondere Begabung ist seine Intuition. Er spürt Ereignisse und Veränderungen sehr frühzeitig buchstäblich mit "Bauchgefühl" voraus.

Privat ist er eher verhalten und introvertiert als nach außen gerichtet. Private Ereignisse möchte er gerne klein halten und keinesfalls an die große Glocke hängen. Er ist nicht der große Gesellschaftsmensch und benötigt auch nicht die üblichen und regelmäßigen Treffen zum Austausch – sehr zum Leidwesen seiner Frau und seiner Kinder. Hier ist er oft zu egozentrisch und nimmt zu wenig Rücksicht auf die Wünsche seiner Familie. Ansonsten kann man sich auf ihn verlassen, egal ob finanzielle oder auch andere Belange: Er regelt das ohne großen Aufwand.

Ein Streittyp ist er nicht, doch wer ihn einmal richtig verletzt, beleidigt oder betrogen hat, wird nie mehr seine Gunst erwerben, das ist so sicher wie das Amen in der Kirche ...

SCHÜTZE

Aszendent Waage

Diese Mischung muss nicht unbedingt automatisch eine Erfolgskonstellation sein, kann es aber werden, wenn sich die vorhandenen Prägungen untereinander einig werden und ihr Träger die besonderen Stärken der beiden Charaktere optimal zu nutzen versteht.

Hier stehen einer Menge von Talenten und Fähigkeiten auch Unbeherrschtheit und Überzogenheit sowie Phlegma gegenüber. Oft fehlt dem Schütze-Waage-Mann die notwendige Durchsetzungskraft, die ihm Führungsqualität verleihen würde.

Doch in einem Bereich ist die Kombination hervorragend, nämlich wenn es um Harmonie geht, und die ist für sein Leistungsverhalten und seine Konstanz unbedingt notwendig. Diese Harmonie strebt der Schütze-Waage-Mann immer an, was ihm bis auf wenige Ausnahmen auch immer gelingt. Oft lebt er in einer Scheinwelt, häufig auch in utopischen Vorstellungen, die er jedoch immer wieder auf den Boden der Tatsachen zurückholt. Wenn er es könnte, würde er die ganze Welt verbessern - solche Vorstellungen sind bei ihm gang und gäbe. Die Neigung zu übertreiben ist bei ihm nicht selten ...

Dass er ein großes Interesse an der Kultur und auch am Künstlerischen hat, ist allseits bekannt; hier ist er auch wirklich ein Fachmann mit einem großen Wissen. Hier kann ihm keiner etwas vormachen, denn diese Kenntnisse sind ihm in die Wiege gelegt ...

Noch ein markantes positives Element kann man ihm ohne weiteres bescheinigen: Sein Charme und seine Freundlichkeit sind unübertroffen. Hier ist er ein Gentleman von Kopf bis Fuß. Angefangen von der Sprache bis hin zum Dinner ist er unschlagbar. Er weiß eben, was sich wann und wie gehört; die Frauen suchen seine Nähe, und natürlich ist er nicht abgeneigt, hier den großen Zampano zu spielen. Das tut ihm sichtlich gut und er schlüpft auch gern in diese Rolle, aber ehrlich gesagt, es gibt auch keinen, der dies besser kann als der Schütze-Waage-Mann ... Da kommt ihm natürlich auch seine Eitelkeit und sein sehr gutes Auftreten zugute; er strahlt einfach Wärme aus und berührt dadurch die Menschen im Herzen, und diese danken ihm das mit dem notwendigen Feedback. Hierauf kann er ohne Zweifel stolz sein, weil er das notwendige Feingefühl entwickeln kann, das ihm beruflich bedauerlicherweise immer noch fehlt ...

Oft möchte der Schütze-Waage-Mann zwar ein Macher sein, aber das gelingt ihm nicht immer so, wie er sich das vorstellt, weil ihm das notwendige Feingefühl und der entsprechende Umgang fehlen. Er will immer alles oder nichts und denkt nicht darüber nach, wie das die Menschen um ihn herum aufnehmen. Durch dieses Verhalten stößt er die Menschen oft vor den Kopf und verliert dadurch an Akzeptanz und Reputation. Bleibe er doch auf dem Boden der Tatsachen, backe er normale und kleinere Brötchen und gebe er sich damit zufrieden! Dann wird er auch zu gegebener Zeit an die großen Brötchen herankommen und sein Ziel sicher erreichen. Manchmal ist weniger mehr - diesen Spruch sollte er sich einprägen, denn er wird ihm in der Zukunft viel bedeuten und ihm viel Ärger ersparen.

Er sollte auch lernen, mit Menschen fair umzugehen, die nicht sein Niveau haben, und die Menschen dort abzuholen, wo sie stehen. Notfalls muss er eben einfach eine Stufe hinbsteigen. Die Menschen, die mit ihm zu tun haben, werden es ihm danken.

Er sollte den Sport nutzen, um seinen Ausgleich zum beruflichem Stress zu erhalten, dadurch wird er auch glücklicher. Seine Familie sollte er ebenfalls in seinem Zeitrahmen ausführlich berücksichtigen, sie wird es ihm danken. Kritik sollte er zunächst bei sich selbst suchen, dann wird für andere nicht mehr viel übrig bleiben. In diesem Sinne wird es ihm gelingen, seine Ziele weiterhin zu verfolgen, sein Leben erfolgreich in ruhige Bahnen zu lenken und ein zufriedener und glücklicher Mann zu werden ...

STEINBOCK

Aszendent Waage

Diese beiden Prägungen tun sich schwer zusammenzufinden, daher ist in dieser Kombination der Einklang nicht so einfach herzustellen. Der ausgeprägte und zum Teil gefühlskalte Lebensernst sowie die freudlose Disziplin des Steinbocks lässt sich schwer von der spielerischen Waage zu mehr Heiterkeit und Gelassenheit führen.

Ehrgeizige und schwierige Projekte wird dieser Steinbock-Typ allerdings niemals aufgeben, sondern mit einem Lächeln auf den Lippen und untermauert mit einer kühlen Arroganz durchsetzen.

Der Steinbock-Waage-Mann ist ein Mann mit einer unglaublichen Präzision, einer enormen Perfektion und einem Siegerwillen, wie ihn kaum ein anderer Charakter zu bieten hat. Aber er geht auch über Leichen, um seine Ziele zu erreichen. Kämpfen und gewinnen ist das Motiv seines Antriebs. Dafür arbeitet er hart, geht oft weit über die normalen Grenzen hinaus und fordert auch seine Gesundheit das eine oder andere Mal heraus.

Niederlagen und Kritik sind für ihn das Schlimmste, das es gibt, denn damit kann er überhaupt nicht umgehen. Es ist für ihn immer wie ein Stich ins Herz, wenn es zu Niederlagen kommt, da er stets auf Sieg programmiert ist – und in der Regel klappt das ja auch. Aber er sollte dabei nicht vergessen, dass er auch nur ein Mensch ist und auch seine Möglichkeiten Grenzen haben, selbst wenn er das nicht immer wahrhaben will.

Durch sein unnahbares, oft auch zurückhaltendes Verhalten stößt er darüber hinaus die Leute häufig vor den Kopf und gewinnt dadurch nicht unbedingt Sympathien. Er sollte stattdessen lieber etwas lockerer und gelassener sein und die Dinge nicht so verbissen sehen. Dann wird er schnell erkennen, dass er mit weniger Aufwand mehr erreichen kann.

Dem Waage-Aszendenten würde eigentlich das Gefühl und das Bedürfnis nach Harmonie, Wärme und Zuneigung entspringen, doch der Stolz der Steinbock-Prägung lässt das oft nicht zu, und so verkrampft sich dieser Charakter leicht und seine Außendarstellung wirkt ganz anders, als er in seinem Herzen tatsächlich denkt. Wenn es ihm gelingt, seine Talente und Fähigkeiten aus der Geburtsstunde (Waage) in sein Gesamtbild einfließen zu lassen, wird er seine Außendarstellung um ein wesentliches Element erweitern und verbessern können, was seine Positionierung stark verbessern und ihm zudem bedeutend mehr Sympathie und Akzeptanz einbringen wird. Eine Hilfe dabei wäre gezieltes mentales Training, Suggestion und Meditation. Mit diesem Training können die derzeitigen Verhaltens- und Gewohnheitsmuster festgestellt werden, die nicht mehr der Zeit entsprechenden Muster herausgelöst und durch neue, effektive Muster ergänzt werden. Das würde den Steinbock-Waage-Mann jedenfalls ein großes Stück nach vorne bringen und seinen Erfolg nochmals steigern.

Als Vater, Partner oder auch als Freund ist er absolut zuverlässig und immer hilfsbereit, auch wenn seine Zeit stets sehr begrenzt ist - besonders seine Frau und seine Kinder leiden darunter. Er sollte daher versuchen, auch seine privaten Belange als wichtig anzusehen und nicht nur den Beruf zu 100 Prozent ernst zu nehmen. Die Familie wird, wenn es ihm einmal schlecht geht, der Ort sein, an dem er aufgefangen wird und an dem ihm geholfen wird. Im Beruf wird er das mit Sicherheit nicht erfahren.

Er sollte in Zukunft auch den Wert der Gesundheit etwas höher gewichten, denn ohne sie ist alles nichts. Mehr Regeneration und mehr Entspannung sind dringend angesagt bei ihm - auch wenn er nichts davon hören möchte. Denn: Nur in einem gesunden Körper steckt ein gesunder Geist. Darüber sollte er nachdenken ...

WASSERMANN

Aszendent Waage

Diese beiden Prägungen sind gezeichnet von Wohltätigkeit und Harmonie. Also haben wir es hier mit zwei Prägungen zu tun, die sich in besonderer Zweisamkeit und Harmonie miteinander verbinden und keinerlei Probleme haben, sich optimal zu ergänzen. Es ist einfach eine Ideallösung, wie sie in dieser Form äußerst selten vorkommt. Darin liegt die besondere Stärke dieses Charakters.

Die Prägung aus der Geburtsstunde (Waage) steht für Anspruch, Niveau und Harmonie; die Prägung aus dem Geburtstag (Wassermann) steht für Antrieb, Begeisterung und strategische Ausrichtung.

Hinzu kommt ein sehr natürlicher Charme, der von allen, ob Männer oder Frauen, gleichermaßen geschätzt wird. Natürlich ist es ihm sehr angenehm, insbesondere von Frauen umschwärmt und umgarnt zu werden. Wenn dies geschieht, läuft er natürlich zur Höchstform auf und zieht alle Register seines Könnens. Seine große Stärke ist deshalb seine natürliche und offene Ausstrahlung, mit der er (fast) alles und alle für sich gewinnt.

Oft hat er natürlich viele Neider, die ihm das nicht gönnen. Doch da sollte er darüber stehen und oftmals gelassener und ruhiger reagieren. Seine Aggression, die er dadurch oft entwickelt, hat er überhaupt nicht nötig. Da sollte er gelassen und ruhig bleiben, denn bis die anderen dort hinkommen, wo er heute schon ist, ist es eben ein langer Weg ...

Im Beruf ist der Wassermann-Waage-Mann deshalb erfolgreich, weil er ein Sympathieträger ist und die notwendige Disziplin und das nötige Können stets unter Beweis stellt. Die Mitarbeiter mögen seine verbindliche sowie umgängliche Art und schätzen ihn sehr.

Ganz besonders schätzt man seine Fairness und seine Loyalität, mit der er immer und zu jeder Zeit auftritt. Entscheidungen werden bei ihm rasch und mit großer Schnelligkeit auf den Weg gebracht. Meist ist er im Führungsbereich tätig; wenn nicht, dann muss man ihm viel Freiraum und Verantwortung einräumen, um ihn auf der Erfolgsspur zu halten. Denn nichts ist schlimmer für ihn als Bevormundung und Kontrolle - das sind zwei Punkte, die er überhaupt nicht mag und auch nicht zulässt.

Ein Wassermann-Charakter liebt außerdem die persönliche Freiheit und hat keine Vorurteile. Besonders ungehalten kann er werden, wenn lange Sitzungen zu absolvieren sind. Das liegt nicht nur an seiner schnellen Auffassungsgabe und dem wachen Geist, der ihn etwas schneller erfassen lässt als seine Teilnehmer, sondern auch an seiner Ungeduld ... Da kann es schon mal vorkommen, dass er einfach aufsteht und sich die Füße vertritt ...

Als Familienvater, Partner und Kollege ist er großartig. Seine Klarheit, Schnelligkeit und Entscheidungsfreude überraschen immer wieder aufs Neue. Im Sport ist er sehr ehrgeizig und Gewinnen steht bei ihm in der Regel auf der Habenseite. Er hat aber auch kein Problem damit zu verlieren; er geht einfach schnell darüber hinweg.

Er ist ein Genießer; schönes Essen und das damit verbundene schöne Ambiente runden meistens die schönen und unterhaltsamen Abende ab.

Besonderes Frauen kommen bei diesen Events und Meetings besonders auf ihre Kosten, weil sie einfach seine Nähe und sein Auftreten schätzen, verbunden mit seinem angenehmen Verhalten.

Ja, er ist ein wunderbarer Mann, nicht nur vom Aussehen her, sondern auch von seiner Art, wie er mit Menschen umgeht, und jede Frau, die ihn kennt, kann sich glücklich schätzen ...

FISCHE

Aszendent Waage

Zwei Prägungen, die durchaus harmonieren und sich auf jeden Fall in allen Bereichen des Lebens gegenseitig eine große Stütze sein können. Das größte Problem, das sich auftun könnte und wo es keine Gemeinsamkeiten gibt, ist der Bereich Disziplin und Konstanz. Hier hat der Fische-Charakter wirklich Lernbedarf und auch dringende Veränderung nötig. Denn oft ist er unentschlossen und nicht berechenbar.

Besondere Stärken hat der Fische-Waage-Mann in puncto Charme und Gefälligkeit, hier ist er nicht zu überbieten. Dafür mangelt es ihm im Beruf an Ehrgeiz und Ellenbogen, aber das wird sich auch langfristig nur schwer ändern. Aber was soll's, er muss sich auf seine Tugenden und Talente konzentrieren und seine Fähigkeiten optimal einsetzen. Mit seiner großen Freundlichkeit und seiner Sympathie gewinnt er immer und hat schnell die Unterstützung von Gönnern und Freunden. Darauf kann er wirklich aufbauen. Außerdem versteht er viel von der Liebe, von der irdischen wie auch von der göttlichen, also sollte seine Konzentration sich dorthin richten.

Der Fische-Waage-Mann ist friedvoll, liebenswert und zwischenmenschlich absolut auf der Höhe. Er trifft im Umgang mit seinen Kollegen und Mitarbeitern immer den richtigen Ton und versteht es, die Menschen im Herzen zu berühren und bekommt dadurch auch immer leicht Zugang zu ihnen. Man schätzt seine niveauvolle und stilvolle Art und kommuniziert auch gerne mit ihm.

Bei Frauen hat er ein besonderes Gespür, ohne aufdringlich zu sein; schnell erkennt er deren Gefühlslage und bekommt dadurch rasch Zugang zu ihnen. Hier kommt ihm zugute, dass er mit seiner besonderen Intuition auch das Feingefühl entwickeln kann, bei schwierigen Charakteren zu "landen".

Er ist nicht unbedingt der harte Führer, vielmehr ist er ein Vermittler mit großer Diplomatie und enormen Grundverständnis.

Auf Auftreten und Aussehen legt er einen gesteigerten Wert; es ist für ihn wichtig, zum jeweiligen Anlass auch die richtige Kleidung zu tragen – hier hat er nicht nur einen guten Geschmack, sondern auch ein besonderes Gefühl für die Dinge.

Er ist ein ganz großer Genießer, und Wärme, Liebe und Zuneigung sind ihm sehr wichtig und er braucht sie auch, um richtig glücklich zu sein.

Er ist ein exzellenter Redner und bekommt schon immer wieder auch den Auftrag, Reden für Vorgesetzte oder auch Freunde auszuarbeiten. Hier ist er einfach sensationell, weil er immer den richtigen Ton trifft und die dazu passenden Sätze findet.

Das Leben muss dem Fische-Waage-Mann Freude bereiten, und dafür ist er bereit, vieles zu tun, um diese Freude auch leben zu können. Für ihn darf das Leben kein Kampf sein, sondern es muss auch Entspannung und Sinn haben.

Seine Familie, seine Frau und seine Kinder sind sein Juwel und sein Hort, in dem er sich glücklich und zufrieden fühlt.

Das Besondere an ihm ist, dass er im Vergleich zu vielen anderen Charakteren die innere Ruhe hat und gelassen agiert. Deshalb ist sein Verhalten nicht ausschließlich auf Erfolg und Gewinn gerichtet, sondern er hat erkannt, dass die Grundwerte im Leben wie Glück, Zufriedenheit, Liebe, Wärme und Zuneigung mindestens eine genauso große Rolle spielen, und deshalb könnten viele Menschen von ihm lernen, es ihm gleich zu tun.

Wenn er auch nicht zu den großen Machern dieser Welt gehört, so ist er dennoch ein Mann, der seinen Weg geht und die Schönheiten des Lebens nicht auf der Straße liegen lässt – und das ist viel wert ...

WIDDER

Aszendent Waage

Der Widder-Waage-Mann hat zwei erfolgreiche Prägungen, wobei die eine aus dem Geburtstag (Widder) entschlussfreudig, impulsiv und spontan ist, während die andere aus der Geburtsstunde (Waage) kompromissbereit und auf Harmonie ausgelegt ist. Es liegt daher ganz klar auf der Hand, dass diese Verbindung eine Reifezeit braucht, bis der Charakter in sich stimmig ist und das Tauziehen überflüssig wird. Wenn er das geschafft hat, gehört er zu den Widder-Typen, die Zugeständnisse akzeptieren, ohne sich dabei selbst zu verneinen, also zu den Menschen, die sowohl abwägen wie auch handeln.

Er ist eine starke Persönlichkeit, die im Führungsbereich zu Hause ist und dort Akzente setzen kann. Er hat eine klare Vorstellung, wie etwas wann und wie zu funktionieren hat. Ein ganz klar vorgezeichneter und bodenständiger Weg ist seine Grundhaltung und somit auch sein Erfolgsrezept. Harmonie und Offenheit sind sein größtes Bestreben, und er tut viel dafür, dass das von allen Kolleginnen und Kollegen auch so umgesetzt wird. Harmonie und Ausgleich sind ihm sehr wichtig für seine eigene Gefühlswelt.

Er ist ein großer Vermittler und ein sehr emotionaler Führer. Kämpfen und Durchhalten sind seine größten Tugenden und sein Credo könnte lauten: "Einmal mehr aufstehen als hinfallen."

Von Mitarbeitern verlangt er viel, aber nicht zu viel; wichtig dabei ist, dass die Mitarbeiter ehrlich und fair mit ihm umgehen. Alles andere würde er weder zulassen noch tolerieren.

Im Beruf hat er überdurchschnittlichen Erfolg, weil er konzentriert und mit klaren Zielsetzungen an seine Aufgaben herangeht. Ziele sind bei ihm immer sehr hoch angesiedelt, aber nicht unerreichbar.

Frauen mögen den Widder-Waage-Mann, weil er Charme und Höflichkeit an den Tag legt und das notwendige Niveau mitbringt. Im Sport ist er eine Größe, Niederlagen gibt es bei ihm so gut wie keine und wenn dann doch einmal eine eintritt, steht er souverän darüber.

Seine Urlaube genießt er in vollen Zügen und kann dabei richtig abschalten vom Arbeitsstress. In der Gesellschaft hat er eine hohe Akzeptanz; die Leute schätzen seine Art, sein Auftreten und sein Verhalten. Als Vater und Ehemann oder auch als Partner ist er gewissenhaft, fürsorglich und sehr zuverlässig. Seine Frau ist stolz auf ihn und natürlich auch auf seine beruflichen Erfolge. Mit seinem Einkommen, bedingt durch seinen Fleiß und sein Engagement, kann seine Familie unbesorgt ein zufriedenes und glückliches Leben führen.

Es gibt auch Momente, in denen er es vorzieht, alleine zu sein und sich mit sich selbst zu beschäftigen. Entweder liest er ein schönes Buch oder spielt eine Runde Golf ganz für sich ...

Bei Einladungen und sonstigen Anlässen ist er ein gefragter Gesprächspartner und Entertainer. Er kann dann sehr humorvoll und lustig sein und auch einmal voll aus sich herausgehen – so, wie ihn eigentlich nur wenige Menschen kennen ...

STIER

Aszendent Waage

Bei der Konstellation dieser beiden Prägungen gibt es überwiegend übereinstimmende Parallelen sowie überaus positive und erfolgreiche Ergänzungen.

Hier handelt es sich um zwei Prägungen, die sich in vielen Dingen gleichen und sehr gezielt und harmonisch miteinander umgehen.

Ihr Träger ist überaus charmant, entgegenkommend und besonders gesellig im Umgang mit Kollegen, Freunden und Bekannten. Überall ist er ein gern gesehener Gast und geschätzter Gastgeber. Er ist offen für die schönen Künste und die damit verbundene Kultur. Es ist ihm zudem immer ein Anliegen, sich hier weiterzuentwickeln, um andere Kulturen zu verstehen. Natürlich ist er auch ein großer Ästhet, der es auch manchmal ein wenig übertreibt und somit das ein oder andere Mal ins Fettnäpfchen tritt.

Seine Liebenswürdigkeit und seine Hingabe dagegen sind durch nichts zu übertreffen. Er ist ein Gefühlsmensch: kreativ, feinfühlig, verletzbar und stark auf Harmonie bezogen.

Erfolg und der Stand in der Gesellschaft sind dem Stier-Waage-Mann wichtig. Das heißt nicht, dass er im Mittelpunkt stehen muss, doch er will auch nicht ganz hinten vergessen werden. Am liebsten ist es ihm daher, knapp neben dem Mittelpunkt zu stehen, mit einer gewissen Distanz zur Basis. Daneben ist es sehr wichtig für ihn, einen gewissen Abstand zu seinen Mitmenschen zu halten. Er will nicht verglichen werden, denn Vergleiche mag er nicht besonders; die lehnt er ab.

Seine Dynamik lässt manchmal etwas zu wünschen übrig, dann und wann sollte er etwas mehr Gas geben - er kann es doch, er muss es einfach nur tun! Er neigt darüber hinaus oft zur Bequemlichkeit, delegiert gerne und betrachtet die Entwicklungen dann mit Argusaugen. Was ihm Spaß und Freude bereitet, tut er dagegen mit Begeisterung, während er, wie gesagt, alles andere schleifen lässt - hier muss man ihm immer einen Schubs geben ...

Die Erwartungen an seine Mitarbeiter sind immer hoch und ohne Verständnis für deren Fehlverhalten. Hier können der Stier-Waage-Mann schon das ein oder andere Mal aus der Haut fahren und sich richtig ärgern. Oft übertreibt er das auch und ist ungerecht gegenüber seinen Mitarbeitern und Kollegen. Dieses Verhalten sollte er rasch ändern, da er dadurch auf Dauer Sympathien und Akzeptanz verlieren wird - die Mitarbeiter vergessen nichts ... Oft lässt er auch seine persönlichen Launen an den Mitarbeitern aus - einen erwischt es dann immer, auch wenn er dafür nichts kann. Hier sind mentales Training, Suggestion und Meditation zu empfehlen, mit denen er seine Muster korrigieren und ein anderes Verhalten entwickeln kann, was ihm dann auch zum Vorteil gereichen und zu mehr Sympathie verhelfen wird.

Kreativität und Einfallsreichtum sind seine bedeutendsten Talente und Eigenschaften. Hier ist er vielen um Längen voraus, und das ist dann auch sein Vorsprung in der Entwicklung seines Unternehmens. Er ist immer auf der Suche nach neuen Möglichkeiten, wofür er notfalls auch Reisen um die ganze Welt in Kauf nimmt. Reisen bildet, und oft gelingt es ihm, Geschäftsreisen mit Privatem zu kombinieren und somit etwas für sein Wohlbefinden zu tun.

Der Stier-Waage-Mann ist ein großer Genießer und ein überaus eleganter Charmeur; er weiß und spürt, was Frauen lieben und wie er Frauen eine Freude bereiten kann.

Seine Familie, seine Frau und seine Kinder sind sein Herzblut und nicht nur ein Teil seines Lebens, vielmehr sind sie sein Lebensinhalt, bei dem er für sein tägliches berufliches Pensum Kraft schöpfen kann. Darüber hinaus ist seine Familie für ihn gleichbedeutend mit Glück, Zufriedenheit, Regeneration sowie Ausgleich für Körper und Seele ...

ZWILLING

Aszendent Waage

Eine homogene und liebenswürdige Prägung erwartet uns hier: Zwei Charakterzüge, die sich blind verstehen und ihre Stärken, Schwächen und Defizite untereinander wunderbar austauschen, ergänzen und stützen. In erster Linie ist es eine harmonische Verbindung, weil die Ansprüche und Gedanken sehr konform gehen.

Die größte Stärke des Zwilling-Waage-Mannes ist seine Ausstrahlung, sein sympathisches und verbindliches Auftreten und seine immer positive Haltung und Einstellung, egal was er tut. Oft genügt schon ein Lächeln, eine kleine Aufmerksamkeit - und das Eis schmilzt dahin.

Bei harten Konfrontationen geht er der Sache mit Diplomatie und Feingefühl geschickt aus dem Wege, ohne davonzulaufen oder zu resignieren. Diplomatie ist ein Schlüsselwort in seinem Leben, kein Männer-Charakter sonst hat dieses Talent und diese Neigung, in den schwierigsten Situationen die Kontrolle zu behalten, souverän zu agieren und am Schluss fast immer als Sieger hervorzugehen ...

Der Stier-Waage-Mann braucht nicht unbedingt den großen Mittelpunkt oder muss als großer Redner auftreten, nein, er macht es auf seine charmante und überzeugende Art, einfach mit viel Intuition und Wärme und lässt den zwischenmenschlichen Bereich eben nicht außen vor.

Natürlich kann er auch aus sich herausgehen und einmal laut werden und den entsprechenden Druck aufbauen, um seine Ziele und Vorhaben durchzusetzen.

Druck als solcher ist nur nicht sein Ziel. Denn er hat relativ früh gelernt, mit seinen Energien zu haushalten und die Regeneration als wesentlichen Bestandteil in seinem Leben zu integrieren.

Übersetzt heißt das, dass er auch genießen und sich erholen kann, um für seine kommenden Aufgaben genügend Kraft zu haben. Er umgibt sich sehr gerne mit wunderschönen Frauen und genießt es, dort der Einzige zu sein. Es kommt nicht selten vor, dass er mit mehreren Frauen unterwegs ist, um entweder schön zu essen oder in die Oper zu gehen oder auch sportliche Veranstaltungen zu besuchen ... Hier kann er seinen Charme und seinen Esprit einsetzen und viel Freude und Begeisterung säen sowie ernten.

Seine künstlerischen und kulturellen Neigungen und Vorzüge sind stark ausgeprägt. Er kann sich auf jeder Plattform bewegen und dort auch überall mitreden.

Auch im sozialen Bereich ist er oft in einem Ehrenamt und hilft gerade bei sozial Schwächeren und Hilfsbedürftigen mit, um deren Lebensbedingungen zu verbessern. Es ist ihm ein großes Anliegen, hier die Augen nicht zu verschließen, sondern mit Rat und Tat zu helfen.

Im Sport ist er ehrgeizig und will immer gewinnen, aber er kann auch verlieren und steht dann dazu.

Als Ehemann, Vater und Freund ist er aufgrund seiner umgänglichen und freundlichen Art äußerst beliebt und gefragt. Man schätzt sein Auftreten, seinen niveauvollen Umgang mit der Gesellschaft und greift gerne auf seinen Rat und sein Wissen bei besonderen Anlässen zurück.

Ja, er gehört wirklich zu den großartigen und erfolgreichen Menschen auf dieser Welt; man kann stolz sein, wenn man ihn als Mann oder auch als Freund hat, denn er ist eine Bereicherung für das Leben. Er sollte seiner Grundhaltung immer treu bleiben ...

KREBS

Aszendent Waage

Die Grundprägung (Krebs) gewinnt eindeutig aus der Prägung durch die Geburtsstunde (Waage). Das kann nur gut sein für die gesamte Positionierung und Darstellung seiner Person. Vom Charakter her ist der Krebs-Waage-Mann ein sehr sensibler, verschlossener und nicht risikobereiter Mann. Mit dem Einfluss Waage erhält er durchaus Dynamik, Durchsetzungsvermögen und Diplomatie.

Die Überbrückung dieser Gegensätze erfordert allerdings einen notwendigen Lernprozess.

An Flexibilität wird es dem Krebs-Waage-Mann nicht mangeln, wohl aber an seiner Entschlusskraft. Daran muss er arbeiten. So kann es schon einmal passieren, dass gute Gelegenheiten verpasst werden.

Als Diplomat oder auch Vermittler ist er dagegen einmalig und unübertroffen. Bei allen Krebs-Exemplaren gibt es nichts Vergleichbares. Also ist er hier schon mal die Nr. 1., ganz zu schweigen von seinem hintergründigen und einzigartigen Charme, den er immer wieder zu besonderen Anlässen in den Ring wirft.

Ingesamt verlässt sich der Krebs-Waage-Mann in der Regel auf sein Gefühl, anstatt sich auf den gesunden Menschenverstand zu verlassen.

Im Beruf wie auch in anderen Bereichen des Lebens schätzt er die familiäre Atmosphäre. Seine Familie und ein gemütlich eingerichtetes Heim ist ihm wichtig und bedeutet ihm sehr viel.

In der Gesellschaft genießt er Ansehen und Akzeptanz, weil man seine Talente und Fähigkeiten hinsichtlich seines Verhaltens und seines stilvollen Auftretens besonders schätzt. Er ist nicht nur ein großer Redner, der viel Sachverstand einbringt, sondern auch einer, der rhetorisch begabt ist und die Themen seines Vortrages eindrucksvoll und verständlich an den Mann bringt.

Dass er darüber hinaus noch ein ebenso begabter wie musikalischer Mann ist, wertet ihn zusätzlich auf. Man ist schon beeindruckt, wenn er sich nach getaner Arbeit an einen Flügel setzen und dann ohne Noten wunderbare Lieder spielen kann ... Musik und Singen ist eine besondere Leidenschaft von ihm, dies ist ihm in die Wiege gelegt und es macht ihm sehr viel Freude.

Seine Gefühlswelt ist tiefgründig, und nur wer tief in ihn eindringt, kann dort die großen Dimensionen kennen lernen.

Schnell erkennt er auch die Notwendigkeit zu helfen, wenn es um Menschen geht.

Er ist prädestiniert dafür, vielen Menschen ihre Sorgen von den Augen abzulesen.

Oberflächlichkeit und riskante Vorhaben sind nicht sein Ding, lieber schlägt er Wurzeln und verzichtet auf ungelegte Eier.

Liebe, Wärme, Zuneigung und Geborgenheit ist für den Krebs-Waage-Mann mehr als ein zentrales Thema, es ist für ihn ein lebenswichtiger Bereich. Nur wenn diese Attribute vorhanden sind, geht es ihm gut und seine Energien können sich entfalten.

In seiner Beziehung heißt das Schlüsselwort "Harmonie", und er ist auch bereit, viel dafür zu tun, damit diese Harmonie langfristig bzw. immer anhält. Denn nichts belastet ihn mehr als Disharmonie; hier verliert er dann einen großen Teil seiner Kraft; es macht ihn mürbe und kaputt; vor allem verliert er sein Glücksgefühl. Deshalb tut er alles dafür, dass dieser Bereich immer Bestand hat, und dafür sind ihm seine Frau und seine Kinder, wie auch Freunde und Bekannte sehr dankbar ...

LÖWE

Aszendent Waage

Hier ist ein Mann mit zwei wirklich sehr gut harmonierenden Prägungen, die es ihm ermöglichen, alle Register des Gesamtcharakters zu ziehen. Ja, er ist auf der Sonnenseite geboren, er gehört zu den geselligsten und harmoniebedürftigsten Charakteren im gesamten Löwe-Clan. Es gibt keine vergleichbare Prägung unter allen Löwe-Kombinationen, die der seinen hier auch nur annähernd das Wasser reichen könnte ...

Schon seine äußere Erscheinung besticht durch Eleganz und Ausgeglichenheit. Er versteht die Lebenskunst und er versteht es auch, sie tagtäglich zu leben. Gelegentlich rückt natürlich auch ein gewisses weltmännisches Gehabe in den Vordergrund - doch wen stört's, man kennt ihn und weiß ihn entsprechend zu nehmen, das hat ein wenig mit seiner Eitelkeit und seinem Grundgehabe zu tun. Dafür ist sein Charme unwiderstehlich und macht alles wett. Und in seiner Brust schlägt ein großes, aber auch weiches Löweherz - nur etwas diplomatischer könnte es manchmal schon sein.

Im Beruf ist er ausschließlich im Führungsbereich tätig und dort ein Ass. Er ist ein Mann mit Format und Stil und dem gewissen Etwas. Egal, wo und wie er auftritt, es ist immer Bewegung, Begeisterung und gute Stimmung mit im Spiel. Negative Elemente lässt er nicht zu, und diese haben bei ihm auch keine Überlebenschance. Er mag keine Negativdenker und schon gar keine inkompetenten und langweiligen Mitarbeiter und Kollegen. Bei ihm wird sehr viel Wert auf ein gutes Betriebsklima gelegt, und dafür werden auch regelmäßig Seminare, Weiterbildungen und auch gelegentlich gemeinsame Essen durchgeführt. Bei ihm gibt es auch keine Probleme, sondern nur Lösungen (das Wort "Problem" hat er für immer aus seinem Wortschatz verabschiedet).

Er ist ein harter Arbeiter, der auch von seinen Mitarbeitern das Äußerste verlangt und einfordert, doch dafür ist er auch bereit, über Tarif zu zahlen und besondere Leistungen zusätzlich zu würdigen. Dies kommt bei seinen Mitarbeitern gut an, und sie zahlen ihm das mit besonderen Leistungen zurück. Das Prinzip "Geben und Nehmen" spielt bei ihm eben eine besondere Rolle.

Gerade im sozialen Bereich ist er immer jemand, der sozial Schwachen, Hilfsbedürftigen und solchen, die unverschuldet in Not geraten sind, hilft und sie tatkräftig unterstützt.

Als Vater, Partner oder auch als Freund ist er einzigartig, immer hilfsbereit und absolut zuverlässig und korrekt. Seine Familie schätzt seinen Fleiß, seine Wärme und Zuneigung, die er insbesondere seinen Kindern und natürlich auch seiner Frau reichlich zukommen lässt. Seine Familie ist stolz auf das, was er bis jetzt geleistet und erreicht hat und unterstützt ihn auch weiter in seinen Zielen und Visionen.

Manchmal muss man ihn auch zur Ruhe und zur Regeneration zwingen, weil er bei wichtigen Projekten oft nicht loslassen kann. Hier ist es seine Frau, der es immer wieder gelingt, ihn mit einem tollen Essen, einem guten Glas Rotwein und einem wunderbaren Nachtisch zu verwöhnen.

Unterm Strich ist er wirklich zu beneiden um seine lebensfrohe und bejahende Art, das Leben zu meistern: immer gut aufgelegt, immer positiv und immer den Blick nach vorne gerichtet ...

JUNGFRAU

Aszendent Waage

Zwei hochkarätige Charakterzüge treffen hier zusammen, zwei Prägungen, die für sich gesehen einzigartig sind, aber im Zusammenwirken nicht den Hauch einer Zweisamkeit haben. Deshalb ist es ein schwerer und langer Weg des Lernens, diese zusammenzubringen. "Vernunft oder Lebenskunst?" ist hier nicht nur eine philosophische Frage, sondern auch ein absoluter Widerspruch im Grundverhalten dieses Charakters, der vereint werden soll.

Beim Jungfrau-Waage-Mann gehen Harmonie und Selbstlosigkeit nicht selten zu Lasten seiner Durchsetzungsfähigkeit. Er ist sehr wohl gutmütig und feinfühlig, wenn er auch zuweilen zur Unentschlossenheit neigt. Doch was soll's? Sein diskreter Charme ist auch nicht ohne, und was er mit diesem Charme nicht bewirken kann, gleicht er mit Fleiß und Ausdauer aus. Natürlich versucht auch die Waage-Prägung aus seiner Geburtsstunde Einfluss auf sein Verhalten zu nehmen, zum Teil gelingt dies auch, aber in der Konsequenz setzt sich bei ihm immer die Prägung aus dem Geburtstag (Jungfrau) durch.

Er neigt sehr stark zur Individualität und auch zum Egozentrischen, auch wenn er es nicht wahrhaben möchte. Dies ist sowohl seine Stärke wie aber auch zugleich seine Schwäche, weil er sich oft eingrenzt und zu wenig offen ist für andere, oder auch gar nicht offen sein will. Das ist hier die entscheidende Schwäche, und diese hat natürlich ihre Ursachen in seiner Denkweise und in seinen Grundmustern.

Er ist ein individueller Führer und hält wenig von großen Reden, sondern arbeitet viel lieber aus der Distanz und der Entfernung. In untergeordneten Arbeitsverhältnissen ist es nicht einfach, mit ihm einen Konsens zu finden; das hat damit zu tun, dass er schwer zu führen ist, weil seine Meinungen und Anschauungen grundsätzlich anderer Natur sind. Schon aus diesem Grund ist er in der Regel am Ruder, das heißt, er ist der Vorgesetzte und in dieser Position fühlt er sich wohl und kann seinen Stil durchziehen. Dieser Stil ist klar diszipliniert, perfektionistisch und sehr bodenständig.

Unpünktlichkeit ist das Schlimmste, was man ihm antun kann, dafür hat er kein Verständnis. Das darf nicht oft vorkommen, sonst hat der Kollege und Mitarbeiter ein massives Problem mit dem Jungfrau-Waage-Mann.

Auf einige Menschen wirkt er arrogant, was natürlich nicht stimmt. Dies hat damit zu tun, dass sein Grundverhalten mehr unnahbar als offen ist und somit dieser Eindruck immer wieder entsteht. Ein wenig mehr Lockerheit und Gelassenheit würde ihm gut tun. Oft ist er zu starr und zu verkrampft.

Dass er auch genießen kann, hat er seinem Waage-Einfluss zu verdanken. Der Waage-Mann legt sehr viel Wert auf Ansehen, steht gerne im Mittelpunkt und lässt sich feiern. Dadurch hat er Stil und ein äußerst gepflegtes Äußeres. Hier ist auch im Gegensatz zum Jungfrau-Zug eine Menge Diplomatie vorhanden, um in schwierigen Situationen die Übersicht nicht zu verlieren.

Die gesellschaftliche Anerkennung ist wichtig und hat für das Wirken im Berufsleben eine zentrale Rolle. Dass er ein großer Charmeur sein kann, zeigt sich immer wieder bei besonderen Anlässen, insbesondere wenn charmante und nette Frauen zugegen sind. Da wächst er geradezu über sich hinaus und zeigt sich von seiner besten Seite. Insgesamt ist er ein großartiger Mann, mit reichlich Talenten und Fähigkeiten ausgestattet, die er aber oft gezielter nutzen sollte ...

SKORPION

Aszendent Skorpion

Hier treffen zwei Prägungen aufeinander, die eine geballte Ladung an Willen, Tatkraft und Ehrgeiz haben. Es sind aber auch zwei Prägungen, die sich extrem verhalten können und oft nicht mehr berechenbar sind.

Manchmal ist ihr Träger ein Buch mit sieben Siegeln, man weiß überhaupt nicht mehr, was man wie und wo und wann tun soll bei ihm. Dieser Charakter kann alles, aber auch wirklich alles durcheinander bringen.

Zunächst ist der Skorpion-Mann ein höchst sensibler, tiefgründiger und kreativ veranlagter Mensch mit einer überhaus hohen Intelligenz. Durch diese Gaben steht er sich aber auch oft auf seinen eigenen Füßen herum, er ist einfach nicht locker genug. Kritik, Bevormundung und Besserwisserei kann er überhaupt nicht leiden und steht mit Menschen dieser Art sofort auf Kriegsfuß. Im Dialog wird er dann zynisch und provoziert den Streit, der meistens bis zum Eklat führt. Dadurch verliert dieser Charakter natürlich an Sympathie und Akzeptanz, was er sich aber nicht eingestehen will. Im schlimmsten Fall wird er dann auch noch gemein und lässt seine Gegner oder Feinde in die Falle laufen, wo er sie noch quält. Kritik, egal in welcher Form, sollte man bei ihm nur sehr behutsam anbringen und auch schon die möglichen Konsequenzen einplanen. Denn mit Kritik hat der Skorpion-Mann seine besonderen Probleme: Er sieht sie immer persönlich und nicht - wie angedacht - als Entwicklung seiner eigenen Persönlichkeit.

Seine größte Stärke ist dagegen nach wie vor seine Intuition, er kann einfach viele Dinge schon lange im Voraus spüren, erkennen und eingrenzen, was ihm einen besonderen Vorteil verschafft, den er auch gnadenlos nutzt.

Grundsätzlich muss der doppelte Skorpion-Mann gewinnen und siegen; und wenn das nicht gelingt, neigt er dazu, schon mal unfaire Mittel einzusetzen, um doch noch zum Sieg zu kommen. Das hätte er eigentlich nicht nötig. Hier ist dringend mentales Training, Suggestion und Meditation nötig, um diese Muster mittelfristig zu ändern.

Menschen, die er lieb gewonnen hat und denen er vertraut, können sich voll und ganz auf ihn verlassen. Andere wiederum müssen sich erst bewähren, bevor er ihnen sein volles Vertrauen schenken kann. Sein Misstrauen ist immer vorhanden, es ist einfach ein Selbstschutz, der ihn vor Niederlagen bewahren soll.

Skorpion-Männer wollen etwas mit Entschiedenheit in Bewegung bringen, auch unter der Prämisse "Koste es, was es wolle". (Luther hat es in der Tat erreicht.) Durch die Umwelt lernt dieser Charakterzug auch noch, dass Angriff die beste Verteidigung ist, denn nach seinem verletzten Innenleben scheint niemand zu fragen.

Intelligenz, schnelle Auffassungsgabe, untrüglicher Instinkt für die Schwächen des Gegenübers machen den doppelten Skorpion-Mann zu einem schlauen, aber auch kühnen Verhandlungspartner, der im rechten Moment auch den Konflikt nicht scheut.

Mit Frauen und Partnerinnen hat er so seine Probleme, nur wenige begreifen seine ungeheure Gefühlswelt. Wenn es dann doch gelingt und sein Herz berührt und begriffen wird, kann er nicht nur ein großartiger Liebhaber, sondern auch ein wunderbarer Partner und Vater sein, der viel Wärme schenken kann ...

SCHÜTZE

Aszendent Skorpion

Zwei besonders eigenständige Charaktere kommen hier zusammen, die auf der einen Seite von Aktivität, Freiheit und Begeisterung geprägt sind, auf der anderen Seite von Leidenschaft, Sensibilität und Kreativität.

Dennoch wird sich der Schütze-Charakter in den wesentlichen Bereichen nicht nur durchsetzen, sondern auch die Fäden in der Hand behalten. Dazu ist dieser Charakter einfach zu stark und zu dominant, wenn auch die Einflüsse aus der Geburtsstundenprägung (Skorpion) immer wieder dazu beitragen, vorgefasste und oft zu schnelle Entscheidungen zu überdenken. In vielen Fällen stellt sich das als positiv heraus und schützt vor Verlusten, die der Schütze-Typ im Übereifer immer wieder verursacht.

Der Schütze-Skorpion-Mann ist ein Macher, ein Leader, der immer an die Grenzen seiner Möglichkeiten geht, kein Risiko scheut und auch schon einmal viel Lehrgeld bezahlen muss. Doch damit hat er kein Problem, denn bei ihm gilt der Satz "Wo gehobelt wird, da fallen Späne", und mit dieser Einstellung hat er meistens und grundsätzlich Erfolg. Er denkt nicht nur schnell, sondern besitzt darüber hinaus eine besonders schnelle Auffassungsgabe und einen sehr wachen Geist.

Oft geht ihm alles zu langsam, dann wird er ungeduldig und auch schon einmal ungerecht. So kann es schon einmal vorkommen, dass er vorzeitig eine Sitzung oder Tagung verlässt, weil ihm die Diskussionen und Vorträge zu lange dauern und er diese kostbare Zeit für etwas anderes benötigt.

Der Schütze-Skorpion-Mann ist ein Workaholic und achtet zu wenig auf seine Gesundheit, was sich dann und wann auch in seinem Verhalten durch Aggression und Unausgeglichenheit widerspiegelt. Durch dieses oft unnötige Verhalten verliert er viele Sympathien, oft auch eine Menge an Akzeptanz und Ansehen. Das wäre nicht nötig, wenn er auch einmal bereit wäre, über seine Strukturen, über sein Auftreten und seine Außenwirkung nachzudenken. Hier neigt er dazu, das alles nicht gerne hören zu wollen, und untermauert dadurch sein arrogantes und oft überhebliches Verhalten, was er im Grunde aufgrund seiner Talente und Fähigkeiten überhaupt nicht nötig hätte.

Er sollte auch daran denken, dass Geld und Geldverdienen nicht alles ist im Leben, es gibt auch noch andere schöne Dinge, wie beispielsweise Familie, Urlaub, Kultur, Theater, um nur einige Beispiele zu nennen. Schließlich haben Familie und Kinder einen Anspruch auf ihn; er sollte sich die Zeit nehmen und mit den Kindern etwas unternehmen ... Auch seine Frau würde sich freuen, wenn er mit ihr einen Theaterbesuch oder auch etwas anderes Kulturelles unternehmen würde ... Er sollte nicht immer alles auf die Arbeit schieben und dann damit begründen, dass er wenig oder gar keine Zeit hätte ... Es glaubt ihm sowieso keiner mehr!

Auch in seinem Urteilsverhalten sollte er mehr Maß anlegen und darüber nachdenken, dass es auch sensible und verletzbare Menschen gibt.

Es sind nicht alle so hart und kompromisslos wie er, vor allem können viele Menschen seinen schnellen Gedanken und Umsetzungen nicht folgen.

Er muss die Tugenden aus seiner Geburtsstunde (Skorpion) nutzen, mehr Verständnis für Menschen entwickeln, die seiner Geschwindigkeit nicht folgen können, und das Gas ein wenig zurücknehmen. Die Menschen in seinem Umfeld werden es ihm danken!

STEINBOCK

Aszendent Skorpion

Zwei bedeutende Prägungen treffen hier aufeinander, die sich keineswegs bekämpfen oder schwer miteinander tun; vielmehr sind es zwei Charakteraspekte, die sich gegenseitig unterstützen und die vorhandenen Defizite des jeweils anderen ausgleichen können. Somit erreichen sie zusammen ein Höchstmaß an Effizienz.

Der Steinbock-Skorpion-Mann ist ein Mann, der zielstrebig und kompromisslos das alltägliche Leben annimmt und es auch bravourös meistert.

Er ist ein Kraftpaket mit einem leidenschaftlichen Willen, einer Perfektion und einer Disziplin, die ihresgleichen sucht. Erfolg ist für ihn kein Zufall, sondern entsteht aus einer perfekten Planung, einer eisernen Disziplin und einem absolut funktionierenden Team.

Bei ihm wird nichts dem Zufall überlassen, sondern es wird alles minutiös und transparent durchgeplant.

Seine Gefühle sind tief greifend und intensiv, oft wird er von ihnen stark berührt und auch entsprechend betroffen gemacht. Diese Eigenart ist eine Tugend aus seiner Geburtsstunde (Skorpion), die der Grundcharakter (Steinbock) niemals hätte. Denn der Steinbock ist da schwach strukturiert, hat oft Gefühlsprobleme, kann diese meist nicht so zeigen, wie sie im Herzen vorhanden sind und wirkt dann in seiner Außendarstellung völlig anders als es im Inneren aussieht. Aber dieses Problem hat der Steinbock-Skorpion eben nicht. Er ist ein Mann, der den Erfolg gebucht hat und dafür alles gibt, was in seinen Mächten und Möglichkeiten steht. Im Steinbock-Bereich ist diese Konstellation die erfolgreichste von allen.

Die absolute und unerreichte Fähigkeit dieses Charakters liegt in der Entwicklung von neuen Projekten. Das ist für ihn nicht nur eine große Herausforderung, sondern spornt ihn derart an, dass er oft über sein eigenes Ich hinauswächst.

Sein Ideenreichtum ist unerschöpflich, und seine Präzision und Perfektion ist faszinierend. Das liegt einfach in seiner Prägung und ist somit ein Geschenk Gottes.

Natürlich hat er viele Neider, nicht nur, weil er derart erfolgreich ist, sondern auch weil er sehr unnahbar sein kann, wenn es ihm danach ist. Das äußert sich so, dass er ganz kurz angebunden sein kann und den Dialog nicht sonderlich pflegt bzw. sich auch ganz zurückziehen kann, was man ihm dann als Angabe oder Arroganz auslegt. Für ihn ist jedoch nicht der Mittelpunkt wichtig, sondern dass er in Ruhe und ohne großes Aufsehen seine Arbeit verrichten kann.

Im Freundeskreis sieht dies wiederum ganz anders aus: Wenn er dann Abstand von der Arbeit oder seiner Tätigkeit gewonnen hat, kann er auch ganz entspannt agieren. Das kommt allerdings selten vor, weil seine Arbeit ein großer Teil seines Lebens ist und er nichts lieber macht, als Erfolge zu produzieren. Die geben ihm sehr viel Genugtuung und vor allen Dingen Antrieb und Motivation für seine kommenden Aufgaben.

Des Weiteren ist er ein Sicherheitsfanatiker und geht so gut wie keine Risiken ein. Er verabscheut unausgegorene Objekte und beteiligt sich nicht an solchen. Er sagt sich: "Lieber etwas konservativ, aber dafür sicher" - das ist sein Weg und auch sein konstanter Erfolg.

Seine Familie und auch seine Kinder können sich auf der sicheren Seite fühlen; das Geld wird ihnen nie ausgehen, dafür sorgt der Steinbock-Skorpion-Mann durch diverse sichere Anlageformen. Dafür hat er ein besonderes Händchen. Mit Geld geht er gerne und vernünftig um. Manchmal sagt man ihm jedoch auch Geiz nach, was tatsächlich auch ein wenig zutrifft ...

WASSERMANN

Aszendent Skorpion

Wir haben es hier mit einer hoch explosiven Mischung zu tun. Die beiden Prägungen tendieren von ihrer Auffassung und von ihrem Grundverhalten her in grundverschiedene Richtungen. Der Skorpion macht den Wassermann zum bedingungslosen Einzelkämpfer.

Das Hauptproblem besteht darin, dass bestimmte Vorstellungen zu fixen Ideen werden können, die dann auch unter allen Umständen, koste was es wolle, realisiert werden sollen. Unter diesen genannten Umständen ist es dem Träger dieser Prägungen anzuraten, mehr Selbstkritik bei sich anzusetzen und auch seine Flexibilität zu verbessern. Das sind zumindest die wichtigsten Lernaufgaben. Eines muss man ihm aber bestätigen und auch hoch anrechnen: dass er stets ein fairer Gegner und Mitstreiter ist.

Die Charakteranlagen aus dem Wassermann sind sehr gut, wenn er sich nur nicht dauernd von seinem Skorpion-Einfluss anstecken lassen würde. Denn hier sind die vorhandenen Merkmale wesentlich kritischer zu sehen. Der Skorpion ist unnahbar, egozentrisch und schwer zu lesen. Man weiß nie genau, woran man bei ihm ist bzw. wie er reagiert. Durch die starke Intuition ist er natürlich allen gegenüber sehr empfindlich, launisch und rechthaberisch. Der Wassermann-Charakter ist ansonsten strategisch aufgestellt, sehr humorvoll und als großer Charmeur bekannt.

Die Charakterzüge des Wassermann-Skorpion-Manns sind dann so einmalig wie gegensätzlich. Er legt großen Wert darauf, seine Unabhängigkeit zu erhalten, und arbeitet sehr ungern in einem Angestelltenverhältnis. Er ist wenig teamfähig und ist auch nicht bereit, sich an die dort notwendigen Spielregeln zu halten.

Um seine Akzeptanz und seine Reputation zu erhöhen, ist ihm zu empfehlen, ein mentales Training zu absolvieren, damit er seine manifestierten Grundmuster überprüfen kann und sie bei Bedarf verändern kann. Er macht sich sonst das Leben in der Gesellschaft unnötig schwer, vergeudet seine Energien für nichts und ist darüber hinaus auch noch schlecht aufgelegt. Besser ist, er nutzt seine besonderen Talente aus und lernt aus seinen Erfahrungen.

Die Prägung aus dem Geburtstag (Wassermann) macht aus ihm einen besonders intelligenten und erfolgreichen Partner. Man kann mit ihm Kompromisse schließen und sich an seinen besonderen Fähigkeiten orientieren. Begriffe wie Freundschaft und Partnerschaft bedeuten ihm sehr viel. Die vorhandene Toleranz ist übrigens eine echte Wassermann-Qualität. Dass er auch ein großer Charmeur sein kann, hat er vielfach und bei diversen Anlässen immer wieder bewiesen.

Seine Familie bedeutet ihm sehr viel und hat bei ihm auch den notwendigen Stellenwert, auch wenn er oft nur wenig Zeit für Frau und Kinder aufwenden kann. Das sollte er aber schnellstens ändern, denn die Kinder wachsen schnell aus den Kinderschuhen heraus, und ehe er sich's versieht, hat er die schönste Zeit mit seinen Kindern nicht wahrgenommen, was er ja in keinem Fall wiederholen kann.

Sein Leben besteht aus oft utopischen Vorstellungen und Zielen, die nie und nimmer erreicht werden können. Da müsste man ihm sagen: "Schuster bleib bei deinem Leisten." Er sollte lernen, die Kirche im Dorf zu lassen und sich auch einmal mit kleinen Brötchen zufrieden geben - es wird ihn auf Dauer wesentlich glücklicher machen ...

FISCHE

Aszendent Skorpion

Diese beiden Prägungen haben Tiefgang; besonders kennzeichnend für sie sind ihre Vorausahnungen sowie ihre sehr tiefe Sensibilität. Heraus kommt ein Charakter, der in dieser Eigenschaft unter allen vorhandenen Männer-Charakteren als einmalig bezeichnet werden muss, denn keiner ist so undurchschaubar wie er. Oft scheiden sich bei ihm die Geister, weil man ihn häufig weder begreifen noch sein Verhalten nachvollziehen kann. Dennoch ist er ein ganz besonderer Mann, mit enorm viel Intuition, verbunden mit einer Kreativität, die ihresgleichen sucht.

Dynamik und bedingungslose Durchsetzungskraft gehören nicht zu den besonderen Eigenschaften des Fische-Skorpion-Mannes. Er hat diese Eigenschaften auch gar nicht nötig, da seine persönlichen Stärken in anderen Bereichen liegen. Seine feminine Art, sein Einfühlungsvermögen und sein sicherer Instinkt sind vielmehr seine hervorstechenden Eigenarten.

Ganz wichtig ist ihm dabei eine selbstständige Tätigkeit, bei der er seine Fähigkeiten optimal einbringen kann. Sein todsicherer Instinkt, sein Weitblick und seine Hellsichtigkeit sind seine größten Trümpfe.

Im Beruf baut er ausschließlich auf sein Gefühl. Ehrgeiz ist und war nie sein Schlüsselwort, er kompensiert dies mit Spielraum und Kreativität, denn ohne Freiraum ist bei ihm keine Entfaltung möglich.

Auf Druck reagiert er höchst allergisch und unangenehm - wenn es sich jemand bei ihm verscherzen will, dann kann er das mit Druck sicher erreichen. Lob und Streicheleinheiten zum richtigen Zeitpunkt dagegen sind für ihn die beste Motivation, insbesondere dann, wenn es ehrlich gemeint ist.

Mit der Prägung aus der Geburtsstunde (Skorpion) wird der Fische-Charakter in einigen Bereichen massiv beeinträchtigt und verändert. So wird zwar seine Sensibilität erhöht, die Kritikfähigkeit jedoch eingeschränkt und sein Verhalten dadurch oft undurchsichtig. Manchmal ist es sehr schwierig, ihn zu begreifen und ihn zu lesen, oft tappt man bei ihm im Dunkeln und weiß überhaupt nicht mehr, was er denkt.

Vieles legt er auf die Goldwaage und nimmt alles zu persönlich. Ein bisschen mehr Lockerheit und Gelassenheit würden ihm hier gut tun. Das Tauziehen zwischen ideellem Einsatz einerseits und "Über den Dingen stehen" andererseits wird sonst zur Belastung.

Mit Vorliebe schmiedet er Pläne, die dann immer wieder im Sande verlaufen, da es ihm hier an der notwendigen Konsequenz und Ausdauer fehlt.

Ferner ist er vielseitig, diskutiert jedoch oft zu lange und zu umfangreich. Er muss lernen, lieber zum Wesentlichen zu kommen, anstatt seine Kraft mit unwesentlichen Dingen zu vergeuden. Dies ist auch der Grund, weswegen er nur selten zur Ruhe und in der Regel auch erst nach mehreren Anläufen zum Ziel kommt.

Eines ist jedoch so sicher wie das Amen in der Kirche: Kein Normalsterblicher wird wohl je hinter die Fische-Skorpion-Kulissen schauen können. Dieser Mann wird immer ein Geheimnis bleiben, und das kann eine ungeheuer faszinierende Wirkung haben.

Als Partner, Ehemann oder auch als Freund ist es oft wunderschön mit ihm, solange er im Gleichgewicht ist. Wehe jedoch, wenn das nicht so ist, dann ist er regelrecht ungenießbar ...

WIDDER

Aszendent Skorpion

Es handelt sich hier um eine höchst explosive Kombination: Zwei Prägungen mit völlig unterschiedlichen Vorstellungen und Auffassungen vom Leben treffen hier aufeinander. Hier ist Dynamik und Kampf im Spiel. Es gibt klare Vorstellungen, die auch ohne Rücksicht auf Verluste realisiert werden, angetrieben von überdurchschnittlichem Ehrgeiz und eisernem Willen - das kann bis an fanatische Grenzen gehen. Deshalb kann man auch davon ausgehen, dass der Widder-Skorpion-Mann nicht unbedingt zu den bequemsten Zeitgenossen gehört.

Die wichtigsten und vordringlichsten Aufgaben bei ihm sind, Umsicht zu üben und Toleranz zu lernen. Wenn ihm das gelingt, wird sein Stellenwert und seine Reputation einen großen Sprung nach vorne machen. Eine sinnvolle und nachhaltige Möglichkeit wäre mentales Training, Suggestion und Meditation, um die Grund- und Verhaltensmuster zu analysieren, die alten manifestierten Muster zu löschen und neue Muster zu entwickeln.

Beim Widder-Skorpion-Mann ist der Wille zum Erfolg und zum Sieg wichtiger als das, was mit den Menschen rundherum passiert, das heißt, für ihn ist der Erfolg wichtiger, auch wenn Menschen, Mitarbeiter und Kollegen darunter leiden und verzweifelt sind.

Ihm fehlt einfach das Feingefühl dafür, dass Erfolg und Sieg nicht alles im Leben sind. Er sollte vielmehr den Menschen mehr Beachtung schenken und sie als wichtigen Bestandteil in seine Überlegungen und Vorhaben mit einbeziehen. Dadurch erhält er mehr Ansehen, Akzeptanz und Sympathie. Wenn er das begriffen hat, wird er spüren, dass sich dann der Erfolg leichter entwickeln lässt, weniger Menschen gedemütigt werden und er wesentlich entspannter und zufriedener seine Aufgaben erfüllen kann.

Er muss auch lernen, mit Kritik umzugehen und sachliche Kritik als Hilfe auf dem Weg zum Erfolg zu sehen. Er sollte nicht alles auf die Goldwaage legen, sondern gelassen sein und zu erkennen versuchen, dass auch andere Menschen gute Ideen haben und er davon profitieren kann.

Auch verzeihen können und Nachsicht üben gehört zu den Fähigkeiten eines Führers, der er ja immer sein möchte. Oft erdrückt die Dominanz des Widder-Skorpion-Mannes die Menschen um ihn herum: Ein bisschen mehr Toleranz kann diese Situation entschärfen und dazu beitragen, mehr Verständnis zu entwickeln. Er sollte versuchen, ein Energiehalteprogramm zu entwickeln, zu dem ausreichend Entspannung und Regeneration gehören. Darüber hinaus sollte er regelmäßigen Sport in seine tägliche Terminplanung mit einbauen. Durch diese Maßnahmen wird er ausgeglichener in seinen Handlungen werden. Dies wiederum wirkt sich positiv auf sein Auftreten und sein Verhalten in der Öffentlichkeit aus. Er wird es selbst spüren, mit welcher Sicherheit und Gelassenheit er seine Aufgaben nun angehen wird und wie sich die Menschen ihm zuwenden und auf ihn zugehen werden.

Seiner Familie, seiner Frau und seinen Kindern sollte er auch mehr Zeit zubilligen und sie auch seine Wärme und Zuneigung spüren lassen. Oft ist er hier zu oberflächlich und zu wenig kommunikativ. Er sollte immer versuchen, im Rahmen seiner vielfältigen Möglichkeiten einen Konsens zu finden, der es ihm ermöglicht, auf alle Situationen angemessen und maßvoll zu reagieren - dann wird er ein erfolgreicher, glücklicher und zufriedener Mann sein ...

STIER

Aszendent Skorpion

Bei diesen beiden Prägungen handelt es sich um eine spannungsgeladene Kombination mit sehr unterschiedlichen Gefühlsbereichen. In beiden Prägungen sind extrem starke Gefühle vorhanden, nur die Ansätze und die Anwendung wird sehr differenziert gehandhabt, und somit entstehen unwillkürlich erhebliche Konflikte.

Um diese manifestierten Grundmuster in Einklang zu bringen, wäre ein mentales Training, Suggestion und Meditation sehr förderlich. In beiden Prägungen sind bestimmte Leidenschaften vorhanden, und die in den Griff zu bekommen ist ein langer, zäher Weg.

Fixe und unrealistische Vorstellungen sind hier keine Seltenheit, und der von der anderen Seite her unbeugsame Wille führt dabei immer in die Kompromisslosigkeit.

Die Konsequenz ist Streit, Akzeptanzverlust und natürlich auch Sympathieverlust.

Kann man sich das auf Dauer und für die Zukunft leisten? Oft wird der gewählte Kurs bedingungslos verfolgt, ohne Rücksicht auf Verluste ...

Der Stier-Skorpion-Mann hat sehr viele Talente, Fähigkeiten und Neigungen. Seine größte Stärke ist seine Intuition. Hier ist er den meisten Charakteren überlegen; er spürt Dinge lange vorher, bevor andere überhaupt daran denken; er ist sehr kreativ, sehr feinfühlig und sehr empfindsam – alles Elemente, die im täglichen Zusammenspiel mit Menschen eine große Rolle spielen.

Er kann aber auch unnahbar, arrogant und überzogen auftreten. Immer dann, wenn ihm jemand unsympathisch erscheint, kann er ironisch und nicht greifbar auftreten und sich dann auch so verhalten. Sein Gegenüber weiß dann nicht mehr, wie er sich verhalten soll bzw. was sein Auftreten nun zu bedeuten hat. Aber dem Widder-Skorpion-Mann macht das Spaß und er hat seine Freude daran.

Mit Kritik und Niederlagen dagegen trifft man ihn hart, weil er damit überhaupt nicht umgehen kann. Er nimmt das oft alles persönlich und zieht sich dann einen Schuh an, der ihm überhaupt nicht gehört.

In Gesellschaftskreisen gelingt es ihm immer wieder, Feuer zu legen und Streit zu entfachen. Ja, er ist ein streitbarer und oft nicht belehrbarer Mann. Wer ihn zudem einmal tief verletzt hat, hat bei ihm für immer verloren. Vergeben und Verzeihen muss er schnellstmöglich lernen. Denn das ist der einzige Weg, die eingerissene Brücke wieder aufzubauen.

In den meisten Fällen ist der Widder-Skorpion-Mann Unternehmer, weil er untergeordnet als Mitarbeiter einfach Probleme hat, sich anzupassen. Er hat meistens ein Geschäft, bei dem Kreativität und Sensibilität eine entscheidende Rolle spielen. Oft ist er in der Modebranche, als Grafiker oder auch als Therapeut tätig.

Mit Menschen, die Hilfe brauchen, kann er vorbildlich umgehen. Schwierig wird es nur bei Menschen, die ihm häufig widersprechen. Hier hat er dann rasch einen Konflikt, der auch bis zum Eklat ausgetragen wird. Dann ist die Verbindung beendet, und zwar für immer.

Seltsamerweise ist er in der Familie lammfromm, das heißt, sein Verhalten gegenüber Frau, Partnerin und Kindern ist vorbildlich und liebenswert. Er gibt viel Wärme und Zuneigung weiter und erhält ebenso viel zurück. Wärme und

Zuneigung sind zwei ganz wichtige Elemente in seinem Leben, wenn er es auch nicht unbedingt zugeben möchte ... Wenn er sich darauf besinnt, diese Werte auch im Berufsleben erfolgreich einzusetzen, lohnt es sich für ihn ganz bestimmt ...

ZWILLING

Aszendent Skorpion

Diese beiden Prägungen sind völlig unterschiedlich und ihre Grundanlagen ergänzen sich nicht, vielmehr weisen sie in zwei unterschiedliche Richtungen. Die Prägung aus dem Geburtstag (Zwilling) weist Wankelmut und ein instabiles Nervenkostüm auf, während die Prägung aus der Geburtsstunde (Skorpion) wiederum versucht, diese Defizite zu kompensieren, indem sie Stärke und die Neigung zeigt, sich um alles kümmern zu müssen.

Insgesamt ist der Zwilling-Skorpion-Mann also schwer zu durchschauen. Mit Schläue und List will man versuchen, hinter die Kulissen zu blicken, sodass Nackenschläge nicht ausbleiben. Doch was soll's, sein eiserner Wille und seine Zähigkeit machen ihn zum Stehaufmännchen. Seine Direktheit sorgt wohl für klare Verhältnisse, wobei Taktgefühl bei ihm absolute Mangelware ist.

Der Zwilling-Skorpion-Mann ist ein fleißiger und umtriebiger Mann mit dem Hang, schnell begeistert zu sein und schnell etwas bewegen zu wollen. Der Wille ist immer da, nur die Konstanz lässt oft zu wünschen übrig. Seine schnelle Begeisterung, die er einer neuen Aufgabe entgegenbringt, flacht auch genauso schnell wieder ab, und oft wendet er sich dann neuen Aufgaben zu, ohne die vorherige beendet zu haben – und da liegt auch sein Grundproblem.

Die Enttäuschung bei solchen Unternehmungen ist natürlich vorprogrammiert, und wenn dann noch Kritik an ihm laut wird, kann er zynisch, übersensibel und unangemessen reagieren. Dies wiederum macht ihn dann unsympathisch und unnahbar, sodass sich sowohl Mitarbeiter und Kollegen als auch Freunde von ihm abwenden. Hier sollte er einfach ansetzen, seine Gewohnheits- und Verhaltensmuster zu ändern, um eine höhere Grundresonanz zu erhalten. Dabei helfen können ihm mentales Training, Suggestion und Meditation. Damit kann er seine manifestierten Verhaltensmuster erkennen, korrigieren und neu gestalten. Dies wiederum hilft ihm, seine Defizite in den Griff zu bekommen und sein großes Potenzial an Talenten und Fähigkeiten zu Tage zu bringen.

Eine besondere Stärke sollte man bei diesem Charakter nicht vergessen: Das ist sein wacher Geist und sein schneller Verstand. Kein Charakter im Männerbereich hat nachweislich so eine schnelle Aufnahmefähigkeit, wie er es hat. Man nennt ihn auch "Schnelldenker", der in einem Team, das in der Entwicklung arbeitet, einen allerersten Platz hat. Wichtig dabei ist aber, ihn immer unter Kontrolle zu haben, denn er schießt auch gerne über das Ziel hinaus.

Oft leidet er selbst unter seinem sprunghaften Verhalten und sehnt sich nach Ruhe und Geborgenheit - in der Partnerschaft wie auch im Beruf. Aber schon während sich die Ruhe einstellt, keimt in ihm die Unruhe, ob er nicht draußen in der Ferne oder in einem anderen Beruf oder Tätigkeitsfeld etwas verpassen könnte ...

Seine innere Unruhe wird, wenn es ihm nicht gelingt, dies in den Griff zu bekommen, immer ein Problem für ihn sein. Dabei ist er wirklich ein Tausendsassa, ein Gesellschaftsmensch, der Leute begeistern und motivieren kann. Es ist bei ihm nichts Außergewöhnliches, in zweiter oder dritter Ehe zu leben, denn wie im Beruf liebt er auch hier den Wechsel - auch wenn das nicht immer im Sinne seiner Frau ist ...

KREBS

Aszendent Skorpion

Hier treffen zwei außergewöhnliche, besonders sensible Prägungen aufeinander, die sich keinesfalls wehtun, sondern sich sehr unterstützen und zum Teil auch ergänzen. Wer ein echter Krebs ist, der ist auch ein sensibles Seelchen, hier allerdings zusätzlich stark aus der Geburtsstunde (Skorpion) geprägt.

Wir haben es hier mit einem empfindsamen, empfänglichen und schnell beeindruckbaren Mann zu tun. Eine besondere Stärke weist er auf der psychischen Seite auf: In seinem Leben ist er vorsichtig und zurückhaltend. Im Umgang mit Menschen ist er gemütvoll und feinfühlig. In einer oft äußerlich rauen Schale befindet sich also ein leicht verletzbarer, zarter Kern.

Grundsätzlich verlässt sich der Krebs-Skorpion-Mann auf sein Gefühl, anstatt den gesunden, durchaus vorhandenen Menschenverstand einzusetzen. Natürlich wird er immer wieder Enttäuschungen erleben, aber damit muss er lernen umzugehen.

Seine Belastungs- und Kritikgrenze ist nicht sehr hoch, weil er sich durch seine feine Art und Sensibilität das Leben oft selbst schwer macht. Etwas mehr Lockerheit und Gelassenheit sind deshalb angesagt. Oft steht er sich hier selbst im Weg und ist nicht flexibel genug.

Liebe und Harmonie sind ein elementarer Bestandteil in seinem Leben. In Sachen Hingabe, Zärtlichkeit und Romantik können höchstens Fische-Männer den Krebs-Kollegen noch Konkurrenz machen. Natürlich leidet der Krebs-Skorpion-Mann auch oft, weil er mit seinem Herz auch seine Seele verschenkt ...

Wer in der Lage ist, sich in ihn hineinzuversetzen, wird eine tiefschichtige Gefühlswelt in ganz anderen Dimensionen kennen lernen.

Er ist sehr hilfsbereit und dazu prädestiniert, seinen Mitmenschen alles von den Augen abzulesen.

Ein gemütliches Heim und ein harmonisches Familienleben ist für ihn der Schlüssel zum Erfolg. Wichtig ist auch ein sicherer Hort, wo man die raue Welt vergessen und ausspannen kann.

Er ist ein treuer, vor allen Dingen aber auch anhänglicher Partner und Freund. In einer Beziehung erwartet er viel Zuneigung, Anerkennung und vor allem viel Wärme. Deshalb ist für ihn die richtige Partnerin von besonderer Bedeutung. Oberflächliche oder riskante Abenteuer lehnt er ab; er schlägt lieber Wurzeln, wo er sich heimisch fühlt.

Im Beruf und am Arbeitsplatz ist für ihn die familiäre Atmosphäre sehr wichtig. Er ist ein kreativer, gestaltender Mitarbeiter, der nicht unbedingt die Führung anstrebt. Gerne arbeitet er auch als zweiter Mann und auch ohne Probleme untergeordnet, wenn die Sprache und die Führung stimmt.

Der Skorpion-Einfluss aus der Geburtsstunde stärkt den Krebs-Charakter. Was daraus entsteht, ist aber auch eine immer wiederkehrende Unberechenbarkeit. Das heißt, in gewissen Situationen kann man sein Verhalten nicht voraussehen und oft nicht nachvollziehen. Aber das ist eben das Geheimnis des

Skorpions. Er kann taktieren, manchmal zynisch agieren und auch Menschen verletzen, je nach Situation und Laune.

Er ist ein scharfer Beobachter, dessen kritischen Augen nichts entgeht. Niederlagen und Kritik können nur schwer verarbeitet werden, weil er oft vieles zu persönlich sieht.

Wer ihn als Mann begreift, ihn sprachlich in der Seele berührt, seine Talente und Neigungen fördert, wird viel Freude mit ihm haben; wer es nicht schafft, diesen Weg zu gehen, wird eine ganz andere Seite von ihm kennen lernen ...

LÖWE

Aszendent Skorpion

Zwei unglaublich starke, aber von der Anlage her unterschiedliche Prägungen treffen hier aufeinander. Es wird ganz schwierig sein, die sehr differenzierten Charaktere zusammenzuführen und deren Potenziale optimal zu nutzen. So ist der dynamische und über die Maßen ehrgeizige Löwe kaum zu bremsen, der sensible und oft sehr eigensinnige Skorpion ist weder zu Kompromissen bereit noch möchte er sich dem Naturell des Löwen unterordnen, was aber auf Dauer nicht zu verhindern sein wird.

Wenn es nicht gelingt, in diesen Prägungen einen Konsens zu finden, werden viele Energien sinnlos verpuffen und unterm Strich wird nichts Fruchtbares dabei herauskommen. Also ist es an der Zeit, Möglichkeiten und Lösungen zu suchen, die beiden Charaktere zu bündeln und sie zu einer Einheit zu entwickeln. Jede der beiden Charakterseiten muss einen Schritt auf die andere zu gehen und sich den Gedanken und Vorgaben der "anderen Hälfte" anschließen, damit der Löwe-Skorpion-Mann sich dann geschlossen mit einer Meinung und einem Gedanken präsentieren kann. Oft bekämpft er sich selbst und macht sich hier das Leben schwer. Sein Egoismus und seine Sturheit schaden ihm selbst am allermeisten. Dadurch verliert er an Durchsetzungskraft, aber vor allem an Reputation.

Im Beruf ist der Löwe-Skorpion-Mann ein Macher, teilweise unnahbar und exzentrisch und oft auch sehr unsympathisch. Dass er eine geschliffene Zunge hat, ein großes Mundwerk, das muss er nicht mehr extra demonstrieren, das ist allen Beteiligten hinreichend bekannt.

Sein scharfer Intellekt und seine starke Intuition bringen ihm eigentlich sehr viele Vorteile, nur sollte er sie auch diplomatisch nutzen und nicht immer wieder alles selbst zerstören.

Er sollte auch wissen, dass 80 Prozent seines Erfolges aus der Gefühlswelt kommen, und die lässt aber immer wieder zu wünschen übrig. Man kann nicht alles mit Druck und Härte erledigen, vielmehr ist der zwischenmenschliche Bereich gefragt, dort kann man die Menschen berühren und abholen.

Beschäftigen sollte er sich auch mit Kritik und Niederlagen, das sind die Bereiche, die er am wenigsten verkraften und verarbeiten kann. Er sollte vielmehr die Fehler bei sich statt bei anderen suchen.

Seine Auffassungsgabe ist sensationell, auch seine Umsetzung ist fantastisch: über die Maßen fleißig und schnell. Er muss aber auch lernen, Menschen, Mitarbeiter und Partner zu akzeptieren, die nicht seiner Meinung sind und vor allem seiner Schnelligkeit nicht folgen können. Da heißt es, eine Stufe herabzusteigen und die Menschen dort abzuholen, wo sie stehen – sie werden es ihm danken!

Wenn er den zwischenmenschlichen Bereich häufiger und gezielter einsetzt, wird er auch eine positive Resonanz verspüren ... Die Menschen werden dadurch mehr Zugang zu ihm finden und ihn wesentlich positiver und fairer bewerten.

Wichtig ist beim Löwe-Skorpion-Mann auch, dass er mehr regeneriert und sich mehr Auszeiten gönnt, dadurch kann er seinen Akku wieder aufladen und bei bestimmten Vorgängen und Abläufen souveräner reagieren. Im Urlaub sucht er immer die sportliche und totale Herausforderung, es macht ihm sehr viel Spaß, an seine Grenzen zu gehen. Dass er ein eitler Mann und großer Genießer ist, müsste nicht unbedingt erwähnt werden ...

JUNGFRAU

Aszendent Skorpion

Es handelt sich hier um zwei Prägungen, die sich nicht groß im Wege stehen und sich in den meisten Fällen positiv und erfolgreich ergänzen, wenn es auch dann und wann leichte Unmutsäußerungen geben kann – aber damit kann ihr Träger leben.

Er ist ein bodenständiger, erdverbundener und sehr sensibler Mensch mit enormem Tiefgang. Als Einzelgänger, Individualist und Analytiker ist er in der Gesellschaft bekannt, bei diversen Anlässen blitzt immer wieder ein gewollter Zynismus bei ihm auf. Wer fair mit ihm umgeht, kann auch 100 Prozent Fairness erwarten, ansonsten aber kann der Jungfrau-Skorpion-Mann recht unbequem werden.

Wer versucht, ihn zu betrügen bzw. zu hintergehen, hat bei ihm für immer verloren, so etwas kann und will er nicht vergessen.

Harmonie und Anerkennung ist für ihn ein ganz wichtiger Faktor, wenngleich er das auch nicht immer wahrhaben will.

Er braucht Freiraum, um Potenziale zu entwickeln und in Szene setzen zu können. Bevormundung und Kontrolle wirken sich bei seinem Charakter eher negativ aus, bzw. er verliert dann das Vertrauen in die jeweilige Person oder den Vorgesetzten.

Erfolg ist für ihn sehr elementar und für sein Ego sehr wichtig.

Er ist äußerst kritisch in seinem Urteilsvermögen und hat eine bestimmte Art, gewisse Dinge und Abläufe vorauszuahnen. Er hat eine starke Intuition und kann die Dinge sehr gut gefühlsmäßig erfassen, einordnen und erkennen.

Als Mitarbeiter sollte man ihn nicht pauschal beurteilen, geschweige denn pauschal führen, das könnte ins Auge gehen. Er ist extrem empfindsam und reagiert bei Unregelmäßigkeiten sehr empfindlich.

Der Jungfrau-Skorpion-Mann hat eine raue Schale, die nicht leicht zu durchdringen ist. Sein Wesenskern jedoch ist sehr gefühlsbetont und mitfühlend. Ja, er ist gesellig und lebenslustig, wenn die richtigen Leute am richtigen Ort sind.

Natürlich wird er insgesamt von der Prägung aus der Geburtsstunde maßgeblich beeinflusst: Man könnte ihn auch einen Jungfrau-Typ mit Stachel nennen, der nicht nur scharf rechnen, sondern auch heftig kritisieren kann. Dieser Typus beobachtet seine Mitmenschen genau und erkennt sofort den wunden Punkt. Dieses Talent dient ihm natürlich auch bei seinen privaten und beruflichen Erfolgen.

Schwierige Aufgaben löst er in der Regel souverän, insbesondere dann, wenn Kreativität gefragt ist.

Und im Gefühlsbereich? Wer Jungfrau-Typen für spröde hält, sollte mit diesem Exemplar Bekanntschaft schließen, um diesen (leidenschaftlichen) Irrtum aufzulösen.

Als Ehemann, Partner oder auch als Freund ist er nicht unbedingt leicht im Umgang - man muss eben seine Art, sein Verhalten in bestimmten Situationen locker und die ganze Angelegenheit nicht persönlich nehmen, dann hat man überhaupt keine Probleme mit ihm (wenn nicht, wird es schwierig und nicht sehr erfolgversprechend). Dennoch ist auf ihn absolut Verlass, wenn die Verbindung oder Beziehung schon etwas länger besteht. Neukontakte müssen sich bei ihm erst bewähren, das ist sein Prinzip, und damit fährt er gut ...

WAAGE

Aszendent Skorpion

Hier haben wir es mit einer hochinteressanten wie auch schwierigen Mischung zu tun. Es gibt wenig Gemeinsamkeiten, deshalb kommt es auch immer wieder zu Problemen, sowohl in der Außendarstellung wie auch in der Denkweise und im Umsetzen von Zielen und Projekten.

Der Skorpion-Einfluss hat in den meisten Fällen keine positive Wirkung auf den Waage-Charakter. Zu unterschiedlich sind die beiden Prägungen in ihren Denkprozessen. So legt der Waage-Charakter Wert auf Harmonie und Diplomatie; der Skorpion will umgekehrt immer seinen Kopf durchsetzen, ist wenig zu Kompromissen bereit und ist sehr schnell verletzt und beleidigt. Dies wiederum hat mit seiner Tiefgründigkeit und seiner Sensibilität zu tun. Diplomatie ist ein Fremdwort für diesen gesamten Charakterzug, darüber hinaus ist er egozentrisch und rechthaberisch, alles Elemente, die nicht zur Sympathie und schon gar nicht zur Akzeptanz beitragen.

Also wird es ein großer Entwicklungsprozess werden, diese nicht gerade berauschenden Tugenden zu korrigieren und ein angemessenes Verhältnis zum Waage-Charakter zu erreichen. Denn was Sympathie, Reputation und Akzeptanz angeht, sind diese im Waage-Charakter bestens verankert, und der Waage-Mann hat dort auch seine klaren Erfolge.

Allerdings wird alles nicht so heiß gegessen wie es gekocht wird, deshalb steckt hinter der rauen Schale des Skorpions auch ein freundlicher und kompromissbereiter Kern. Voraussetzung hierfür aber ist, den Zugang zum Herzen zu finden - und das ist nur über die Sprache möglich. Wem es nicht gelingt, diesen Charakter im Herzen zu berühren, wird kaum Möglichkeiten erhalten, an diesen zum Teil unnahbaren und schwierigen Charakter heranzukommen.

Oft steht er sich auch selbst im Wege, indem er glaubt, er habe die ganze Welt erfunden. Da muss er sich einmal mehr mit den Menschen insgesamt beschäftigen und begreifen lernen, dass es außer ihm auch noch viele andere interessante Charaktere gibt, die auch etwas können und auch eine eigene Meinung haben dürfen. Kein Einzelner ist das Maß aller Dinge. Wenn der Waage-Skorpion-Mann das begreift und auch bereit ist, täglich an sich zu arbeiten, die Veränderung anzunehmen, wird er in seinem Umfeld rasch eine andere Situation erleben. Die Menschen werden mehr auf ihn zugehen, seine Akzeptanz wird sich erhöhen und seine Reputation wird einen anderen Stellenwert bekommen. Das Leben wird leichter und angenehmer und seine Energien bleiben bei ihm und werden nicht sinnlos vergeudet. Er kann ja auch sehr charmant und mit Stil auftreten, wenn er damit einen gewissen Zweck erreichen möchte.

Dass er tatsächlich ein ehrlicher und vor allen Dingen direkter und offener Mann ist, bekommt die Gesellschaft immer wieder deutlich zu spüren ... Er steht zu seinen gemachten Aussagen, auch dann, wenn es ihm zum Nachteil gereicht - das ist eine seiner größten Stärken. Man kann ihn schon eine Persönlichkeit nennen, wenn auch manchmal sein Verhalten nicht zu begreifen ist, aber das liegt in der Natur beider Prägungen.

Als Vater, Partner oder auch als Freund ist auf ihn immer Verlass, wenn auch seine Ironie und sein Sarkasmus immer wieder stark zum Tragen kommen, womit viele seiner Freunde und Partner die größte Mühe haben. Wenn es ihm gelingt, ein wenig an seinem Grundverhalten zu feilen, und er auch bereit ist, Veränderungen anzunehmen, wird der Waage-Skorpion-Mann davon nur profitieren, denn seine Talente und seine Fähigkeiten sind unbestritten. Darüber sollte er intensiv nachdenken ...

SCHÜTZE

Aszendent Schütze

Diese Kombination ist von Erfolg und von hohen Zielen geprägt; die beiden Charakteraspekte ergänzen sich und animieren sich gegenseitig dazu, immer mehr erreichen zu wollen ... Das kann dann auch mal zu Abstürzen führen, getreu dem Sprichwort: "Wer hoch steigt, fällt tief." Hierüber sollte der Mann mit dieser Prägung grundsätzlich in seinen Unternehmungen nachdenken.

Die Suche nach den großen Wahrheiten des Lebens wird ihn bis ins Rentenalter beschäftigen. Er besitzt einen starken Glauben an das Gute im Leben, und vermutlich ist das der Hauptgrund dafür, warum er immer aktiv und engagiert sein muss.

Seine größte Stärke ist seine kompromisslose Offenheit und Direktheit. Viele Menschen haben damit ein massives Problem, aber das interessiert ihn natürlich überhaupt nicht. Er sucht die Wahrheit nicht nur, sondern er findet sie auch.

Zu ihm passt das Wort "Macher" wie die Faust aufs Auge. Denn so einer ist der doppelte Schütze-Mann: "Alles ist möglich!" - dieser Spruch könnte von ihm sein. Es gibt wenige Charaktere mit seiner Einstellung: immer positiv, immer nach vorne schauend, niemals negativ, denn diese Einstellung gibt es bei ihm nicht.

Er ist ein Leader, einer der wenigen, die es noch gibt, weil er auch bereit ist, die Dinge nicht nur beim Namen zu nennen, sondern sie auch zu tun.

Der Schütze-Schütze-Mann ist sich nicht zu schade, etwas vorzumachen und seinen Mitarbeitern zu zeigen, wie es geht. Umgekehrt hat er dann aber auch kein Verständnis, wenn es bei den Mitarbeitern nicht klappt oder sie nicht zurecht kommen. Dann erwartet er, dass die Mitarbeiter an ihre Grenzen gehen und bereit sind, Außergewöhnliches zu leisten, um ihre Aufgaben zu erfüllen.

Ja, er kann ein unangenehmer und harter Chef sein; auf der anderen Seite aber auch einer, der ohne große Rückfragen in die eigene Tasche greift und hilft.

Arbeit ist sein Leben und manchmal auch sein Problem, denn ab und zu übertreibt er auch sein Engagement und geht an seine gesundheitlichen Grenzen, indem er mehrfach seine körperlichen Ressourcen ausbeutet und dadurch Krankheiten ins Spiel bringt. Das muss er dringend lernen: Wer viel arbeitet, muss auch regenerieren und den Akku wieder aufladen. Der Samstag und Sonntag sollte der Familie gehören; das wäre ein guter Gedanke, hier mal anzusetzen.

Es kommt auch vor, dass der Schütze-Schütze-Mann auf zu vielen Hochzeiten tanzt und somit schon mal ein Geschäft oder einen Auftrag an die Wand fährt - und somit auch viel Geld in den Sand setzt ...

Bei aller Liebe zur Arbeit muss er lernen zu dosieren und auch zu taktieren. Etwas mehr Ruhe und Gelassenheit würden ihm gut tun. Er sollte auch daran denken, dass er eine Familie hat und die Kinder ihren Vater auch einmal zu Gesicht bekommen möchten. Denn man kann das Rad nicht zurückdrehen, und seine Kinder wie auch seine Frau werden es ihm danken - mit viel Wärme, Liebe und Zuneigung.

Wenn es ihm gelingt, seine Aktivitäten zu kontrollieren und einigermaßen im Gleichgewicht zu halten, ist er als Charakter unschlagbar. Er sollte aber auch bitte immer daran denken, dass es viele Menschen gibt, die ihm weder das Wasser reichen können, noch seinen Schritt mithalten können und die dennoch großartige Mitstreiter sein können. Der Doppel-Schütze muss einfach eine Stufe herabsteigen, und alles wird einfach und gut mit den Mitmenschen ...

STEINBOCK

Aszendent Schütze

Zwei absolute Erfolgsprägungen treffen hier aufeinander - nur mit dem Unterschied, dass beide in getrennte Richtungen denken und auch von ihren inneren Einstellungen her nicht harmonieren. Somit sind Probleme und Schwierigkeiten vorprogrammiert: Der realistische und unnahbare Steinbock trifft auf den lebendigen und dynamischen Schützen. Der Mann mit dieser Kombination hat die Möglichkeit, die vorhandenen Talente und Fähigkeiten sinnvoll und effektiv einzusetzen, wenn er bereit ist, Grundhaltungen und Muster zu Gunsten des eigenen persönlichen Erfolges aufzugeben.

Erfolg und höhere Werte spielen bei diesen Charakterprägungen eine ganz entscheidende Rolle. Denn der Sinn des Lebens liegt nicht nur im Materiellen oder in öffentlicher Anerkennung, vielmehr spielt die Moral und der Ethos eine tragende Rolle. Diese beiden Punkte sind eigentlich die Triebfedern des Handelns.

Der Steinbock-Schütze-Mann ist ein Mann mit außergewöhnlichen Eigenarten und Fähigkeiten, die man begreifen muss, um seine Handlungen zu verstehen.

Die Worte “Erfolg” und “Gewinnen” sind ihm in die Wiege gelegt. Dafür arbeitet er hart und präzise; ihm ist nichts zu viel, er gibt immer alles und erreicht auch immer alles. Er geht oft weit über seine Grenzen, reizt die Situationen aus bis zum allerletzten Punkt und geht in der Regel als Gewinner hervor.

Seine Erwartungen an seine Mitarbeiter und sein Team sind mehr als hoch - sie sind zum Teil unmenschlich, manchmal unerträglich. Aber man kann ihm keinen Vorwurf machen, da er immer als Vorbild vorausgeht und die Dinge, bevor er sie von seinen Mitarbeitern verlangt, immer zuerst selbst vormacht und zeigt. Deshalb ist er auch ein anerkannter Führer.

Auch wenn er nicht der große Redner ist, lässt er grundsätzlich Taten folgen, die die Gesellschaft doch immer wieder überraschen, sodass man sich die Frage stellen muss: “Wie macht der das bloß?” Nur dass der Steinbock-Schütze-Mann eben keine Antwort darauf gibt und sich mit derartigen Fragen nicht aufhält.

Es kann bei ihm schon vorkommen, dass er mal ein Projekt an die Wand fährt und möglicherweise viel Geld in den Sand setzt. Aber darüber verliert er auch keine großen Worte, höchstens den Satz: “Wo gehobelt wird, da fallen auch Späne.”

Niederlagen, vor allen Dingen Kritik, tun ihm sehr weh und kratzen stark an seinem Ego. Hier hat er noch einen enormen Lern- und Veränderungsbedarf. Aber so, wie er gestrickt ist, schafft er das mit links. Natürlich gibt es auch in seinem Umfeld eine Menge Neider, Menschen, die auf seine Niederlagen warten, Menschen, die ihm den Erfolg nicht gönnen, aber damit kann er leben.

Mittelpunkt und große Auftritte sind nicht unbedingt sein Ding; wenn es sein muss, ist er natürlich bereit, seine Aufgaben zu erfüllen oder den Wünschen diverser wichtiger Personen nachzukommen. Lieber arbeitet er aber aus dem Hintergrund, aus der Basis heraus, anstatt vorne den Clown zu spielen. Oft ist er in seiner Kritik hart und nicht maßvoll gegenüber seinen Geschäftspartnern, manchmal auch gegenüber seinen Freunden. Das sollte er überprüfen und ein bisschen besser dosieren!

Seine Familie bedeutet ihm sehr viel, vor allem seine Kinder und seine Frau sind seine wichtigsten Bezugspunkte in seinem Leben. Dort kann er auch mal seine wirklichen Gefühle zeigen, was er im Geschäftsleben nur sehr ungern tut. Dort hält er sich lieber bedeckt. Er sollte generell darüber nachdenken, seine Regeneration und Erholung mehr zu berücksichtigen.

WASSERMANN

Aszendent Schütze

Zwei außergewöhnliche Prägungen bestimmen diesen idealistischen Grundcharakter. Freiheitsliebe und Menschlichkeit sind die beiden herausragenden Charaktereigenschaften, die diesen Typ auszeichnen. Mit dieser kosmischen Mischung lässt sich's gut leben, weil er das hat, was man eine persönliche Note nennt. Als starke Persönlichkeit pfeift der Wassermann-Schütze-Mann darauf, was der Zeitgeist sagt - er prägt ihn!

Dieser Mann ist sehr unabhängig, aufrichtig und sozial, human und stets engagiert. Seine positive, optimistische Ausstrahlung ist mehr als ansteckend. Er ist ein Mann, mit dem man die berühmten Pferde stehlen kann. Ja, er gehört wirklich zu den großen Charakteren auf dieser Erde. Seine unglaublichen Fähigkeiten und Talente sind fantastisch, hinzu kommt sein Instinkt und sein scharfer Geist, sowie seine strategische Ausrichtung und sein besonderer Intellekt. Egal was, wo und wann er etwas tun, es wird immer gut und erfolgreich erledigt.

Manchmal stellt man sich schon die Frage, wo er diese Cleverness und diese Routine her nimmt, aber wenn man ihn länger und genauer kennt, stellt man diese Fragen nicht mehr. Es liegt ganz einfach an seiner Kombination, die reich an Fähigkeiten und Möglichkeiten ist, die ihr Träger professionell und klug zum Ausdruck bringen kann. Er ist ein Macher, und als solcher ist er hinreichend bekannt. Er macht aus Dreck wunderbaren Sand und aus Sand einfach Gold. Wie er das macht, wird immer sein Geheimnis bleiben ...

Ob im Geschäft oder privat, er ist bereit, hart zu arbeiten, viel zu investieren und nie aufzugeben. "Geht nicht - gibt's nicht", dieser Spruch könnte von ihm sein, oder auch "Alles ist möglich". Seine immer positive Haltung und Ausstrahlung ermöglichen ihm nahezu alles. Was immer er in die Hand nimmt oder beginnt - er weiß schon lange im Voraus, dass es gelingen wird, und setzt es dann einfach in die Tat um.

Viele Menschen beneiden ihn, viele schätzen ihn, aber einige bekämpfen ihn auch, weil sie es nicht wahrhaben wollen, dass er immer als Gewinner vom Platz geht. Aber das stört ihn nicht; da steht er drüber und verschwendet keinen Gedanken an solche unfairen Neider.

In der Gesellschaft oder auch in Organisationen kommt man gerne auf ihn zu, bittet um seinen Rat und schätzt seine Ausgewogenheit und seine Persönlichkeit. Er muss sich nicht profilieren, er gewinnt schon mit seiner Anwesenheit. Seine Ausstrahlung und sein Auftreten haben nicht nur Stil und Format, sondern sind einfach etwas ganz Besonderes.

Frauenherzen schlagen höher, wenn der Wassermann-Schütze nur in unmittelbarer Nähe ist. Er selbst kann nichts dafür und kann dies auch nicht näher beschreiben oder begründen. Doch natürlich genießt er diesen Umstand und freut sich darüber. Seine Frau und seine Familie haben dennoch den größten Stellenwert in seinem Leben. Für seine Lieben würde er alles tun, immer und zu jeder Zeit, egal was es kostet, denn von ihnen bezieht er die notwendige Wärme und Zuneigung, die er für seine Arbeit und sein Leben täglich braucht. Auf sein tägliches Tun und Verhalten kann er wirklich stolz sein ...

FISCHE

Aszendent Schütze

Diese beiden Prägungen beherbergen besondere Tücken; es gibt hier nur wenig Ergänzungen, jede Prägung hat ihre besonderen Eigenarten und somit ist es nicht ganz einfach, sie beide unter einen Hut zu bringen. Oft geht es darum, eine Richtung beizubehalten bzw. eine andere Richtung einzuschlagen. Das Tauziehen zwischen ideellem Einsatz einerseits und dem "Über den Dingen stehen" andererseits wird zur Belastung.

Der Fische-Schütze-Mann ist oft der große Meister, der Pläne schmiedet, sie aber dann nicht umsetzt, sodass alles im Sand verläuft. Natürlich hat er eine große Vielseitigkeit, ist diskussionsfreudig und kommt dadurch selten zur Ruhe. Aber wenn man dann die Effizienz betrachtet, ist unterm Strich wenig erreicht.

Er sollte sich wirklich mehr auf das Wesentliche konzentrieren, statt mit unwesentlichen Dingen zum einen seine kostbare Zeit zu vergeuden und zum anderen wenig damit zu erreichen.

Der Fische-Schütze-Mann ist sensibel und bescheiden und darüber hinaus introvertiert. Dynamik und bedingungslose Durchsetzungskraft gehören nicht zu seinen herausragenden Eigenschaften. Er glaubt dies nicht nötig zu haben, weil seine persönlichen Stärken in anderen Bereichen liegen. Dies sind vor allem Kreativität, Einfühlungsvermögen und selbstständiges Arbeiten. Er hat darüber hinaus einen todsicheren Instinkt, eine starke Intuition sowie eine Weit- und Hellsichtigkeit. Die Fantasie ist bei ihm überproportional ausgeprägt, wesentlich stärker als bei vergleichbaren Charakteren.

Im Beruf und auch in Gesellschaftskreisen baut der Fische-Schütze-Mann ausschließlich auf sein Gefühl. Ehrgeiz ist nicht sein Schlüsselwort; räumt man ihm aber einen großen Spiel- und Bewegungsraum ein, bringt er seine Leistung auf seine unnachahmbare Art. Denn Freiraum ist das, was er dringend braucht; Einengung belastet ihn.

In der Liebe ist er zärtlich, romantisch und sucht den Tiefgang in einer Beziehung. Auf Druck, egal von woher, reagiert er grundsätzlich allergisch. Druck mag er nicht und lässt ihn auch nicht zu.

Für ehrliche Mitmenschen ist er bereit, alles zu geben, zu helfen und sie zu unterstützen.

Lob und Streicheleinheiten zum richtigen Zeitpunkt sind für ihn sehr wichtig und stacheln ihn zu Höchstleistungen an.

Als Partner, Vater oder auch als Freund neigt er immer ein bisschen zum Übertreiben. Das sollte er nicht tun, denn darunter leidet seine Sympathie und seine Akzeptanz, die er so einfach nicht verspielen sollte.

Mit seinem Einfluss aus der Geburtsstunde (Schütze) verändert sich der Fische-Wesenskern. Hier entsteht schon ein geballte Motivation und Antriebskraft, nur leider wird sie nicht in vollem Umfange umgesetzt und vor allen Dingen nicht durchgehalten. Immer wieder beginnt der Fische-Schütze-Mann mit neuen Anläufen, ist zunächst begeistert, lässt aber dann stets wieder rapide nach. Und hier sollte er sich gezielt mentales Training, Suggestion und Meditation gönnen und seine schwankenden Verhaltensmuster stabilisieren, um zu konstanten Erfolgen und Ergebnissen zu kommen. Das Können ist nicht die Frage, wichtig ist vielmehr der richtige Einsatz der Talente und Fähigkeiten, von denen er eine Menge hat.

WIDDER

Aszendent Schütze

Eine feurige, aber sehr harmonische Verbindung trifft hier aufeinander, nämlich zwei Charaktere, die nicht nur Feuer und Begeisterung einbringen, sondern auch noch bereit sind, über die Grenzen hinaus zu agieren, zu kämpfen und niemals aufzugeben.

In der Gesellschaft, im Beruf, oder wo der Widder-Schütze-Mann sonst auftritt oder tätig wird, versprüht er Optimismus, Begeisterung und positive Lebensfreude. Er verfügt stets über sehr gute Vorsätze und hat immer ideelle Ziele vor Augen.

Ansonsten ist bei ihm alles im Überfluss vorhanden und wird gern auf Reisen, im Sport oder im Geschäftsleben Gewinn bringend eingesetzt. Sein Mut und seine Entschlossenheit gehen einher mit seiner Moral und seinem Gerechtigkeitssinn. Er glaubt immer an sich und an die gute Sache im Leben, insbesondere sieht er im Menschen ausschließlich das Positive.

Oft ist dieser Charaktertyp in der Politik oder auch in anderen wichtigen Funktionen tätig. Er hat es sich zur Aufgabe gemacht, die Welt ein Stückchen zu verbessern und dadurch die Lebensbedingungen zu erhöhen.

Gern geht er schwierige Projekte an, es ist der große Reiz für ihn, missionarisch vorzugehen, Lösungen zu suchen und besondere Aufgaben zu erfüllen.

Ja, manchmal übertreibt er auch, er geht oft ein hohes finanzielles Risiko ein, und es kommt dann schon vor, dass er ein Projekt in den Sand setzt, das heißt, dass er auch viel Geld dabei verliert. Aber seine Devise ist hier: "Wer nicht wagt, der nicht gewinnt." Er ist allerdings keiner von denen, die dann jammern, sondern er beginnt von vorne und hat den Mut, das Gleiche noch einmal durchzuziehen - und dann gelingt es meistens auch. Hierauf ist er stolz, und das motiviert ihn, immer wieder das Gleiche zu tun ... Er braucht diesen Kick, das ist sein Leben und das macht ihn auch glücklich und zufrieden. Sein Leben muss immer in Bewegung sein, Stillstand bedeutet bei ihm Rückschritt, und Rückschritte sind nicht seine Welt.

Diese Einstellung erwartet er umgekehrt auch von seinen Mitarbeitern und Kollegen und stellt entsprechend hohe Anforderungen. Dafür ist er dann auch bereit, tief in die Tasche zu greifen und übertariflich zu zahlen. Oft überfordert er aber auch einen Teil seiner Belegschaft, sodass auch einmal Missstimmung aufkommt. Hier sollte er nachdenken und auch überlegen, ob er von jedem diese hohen Ansprüche verlangen kann. Manche sind damit überfordert und zum Teil auch verzweifelt. Er sollte sich vor Augen führen, dass nicht alle sein Niveau und seine Fähigkeiten besitzen, deshalb sollte er auch hier Verständnis zeigen und akzeptieren, dass seine Wünsche und Ansprüche nicht immer so erfüllt werden können, wie er es sich vorstellt.

Auch privat und im Sport ist er immer in Bewegung und aktiv. Hier holt er sich den Ausgleich für den beruflichen Stress – und das beherrscht er großartig. Er versteht es, im richtigen Moment abzuschalten und zu genießen, besonders dann, wenn Frauen im Spiel sind. Dann ist er zugleich Charmeur, Beschützer und galanter Gesprächspartner. Auf sein Aussehen, insbesondere auf seine Kleidung legt er einen gesteigerten Wert, nicht zuletzt weil er seine Eitelkeit gar nicht verbergen will ...

Im Charaktervergleich unter den Männern gehört der Widder-Schütze-Mann ohne Wenn und Aber zu den TOP TEN. Eine Auszeichnung, die er sich wirklich verdient hat ...

STIER

Aszendent Schütze

Diese beiden Prägungen lassen sich gut in Einklang bringen und bekämpfen sich keinesfalls gegenseitig. Es sind wohl sehr unterschiedliche Charaktereigenschaften vorhanden, aber das Schöne dabei ist, dass der eine Charakter-Aspekt die Mängel des anderen ausgleicht, und das verleiht dem Gesamttyp schon eine besondere Note. Hinzu kommt noch, dass dieser bei den Talenten und Neigungen aus dem Vollen schöpfen kann – und wer kann das schon von sich behaupten?

Der Stier-Schütze-Mann ist ein besonderer Mann, der die Lebens- und Liebeskunst perfekt beherrscht. Er ist charmant, gefühlsbetont, zwischenmenschlich auf der Höhe und natürlich auch stark auf Harmonie bedacht.

Bodenständigkeit und Freundlichkeit sind sehr gut ausgeprägt. Ein stabilisierender Faktor ist seine Gefühlswelt.

Auf ihn kann man sich grundsätzlich in allen Bereichen des Lebens verlassen. Ganz wichtig ist bei ihm die finanzielle Sicherheit, sie hat absoluten Vorrang;

alles andere lässt er nicht zu. Auch Eigentumswerte strebt er an und erreicht sie nach klaren Vorgaben und selbst entwickelten Grundsätzen.

Zufälle oder so etwas Ähnliches gibt es bei ihm nicht, bei ihm ist alles geplant und wird zielstrebig umgesetzt.

Familiensinn und Fürsorglichkeit haben bei ihm einen hohen Stellenwert, das heißt, die Familie, insbesondere seine Kinder sind ihm heilig. Ein gesunder Ehrgeiz, verbunden mit einem daraus resultierenden Erfolg im privaten wie auch im beruflichen Bereich, steht beim Stier-Schütze-Mann ganz vorne.

Als Liebhaber ist er nahezu perfekt. Er ist sinnlich, zärtlich und romantisch veranlagt. Gerne lässt er sich auch verführen, anstatt selber die Zügel in die Hand zu nehmen. Er genießt das von ganzem Herzen.

Als Ehemann, Vater oder auch als Partner ist er absolut fürsorglich, strebsam und immer für seine Frau, seine Familie und seine Kinder da. Es gibt aber noch eine Rolle, in der er unübertrefflich ist, nämlich als Gastgeber ... Seine Ideen und seine Einfälle begeistern die eingeladenen Gäste und Freunde immer wieder aufs Neue. Ganz besonders pflegt er die häusliche Idylle und lässt auch andere großzügig daran teilhaben.

Natürlich hat die Prägung aus der Geburtsstunde (Schütze) auch einen enormen Einfluss auf den Grundcharakterzug (Stier): Idealismus und Realismus lassen sich beim Stier-Schütze-Mann großartig vereinbaren. Dennoch kann es nicht schaden, darauf zu achten, dass keine Hirngespinste, sprich utopische Ziele, verfolgt werden. Das ist nämlich ein besonderer Punkt, der bei ihm immer wieder in Erscheinung tritt: Oft will er einfach zu viel und ist schwer zu beeinflussen, dann gibt's hin und wieder auch einmal einen Absturz, der ihn dann viel Kraft und Energie kostet.

Ein besonderes Faible hat er zur Natur und zur Kultur. Er ist sehr belesen in diesen Bereichen und kennt sich insbesondere auch in der Geschichte sehr gut aus.

Natürlich gehört der Stier-Schütze-Mann zu den Männern, die zu Höherem berufen sind; wichtig dabei ist aber für ihn, nicht den Boden unter den Füßen zu verlieren.

ZWILLING

Aszendent Schütze

Hier haben wir es mit zwei Prägungen zu tun, die sich sozusagen zwischen Himmel und Erde bewegen, also völlig differieren in ihren Talenten und Fähigkeiten. Beide ziehen nicht an einem Strang und führen zu völlig unterschiedlichen Anschauungen vom täglichen Leben. Es ist schwer, aber nicht unmöglich, diese beiden Charaktere in Einklang zu bringen - doch dafür muss man extrem viel tun.

Zunächst muss der Zwilling-Schütze-Mann seine persönliche Entwicklung vorantreiben und sein Wachstum steigern, was er mit mentalem Training, Suggestion und Meditation erreichen kann. Voraussetzung hierfür ist, dass er seine Gewohnheits- und Verhaltensmuster auf den Prüfstand stellt, die manifestierten Muster aus der Vergangenheit löst und durch neue Muster ersetzt. Dies gelingt ihm, wenn er dazu bereit ist und die Veränderung einleitet. Mit Sicherheit ist es ein schwerer und langer Weg - aber ein Weg, der sich lohnt und der dann die vielfältigen Talente und Fähigkeiten zu Tage fördert.

Ansonsten ist der Zwilling-Schütze-Mann ein Macher, ein fleißiger und über die Maßen strebsamer Mann, der nur in seiner Umsetzung zu oberflächlich, zu schnell und oft zu unüberlegt handelt und somit auch viel zerstört und kaputtmacht. Das müsste nicht sein. Doch dies hängt mit seiner Prägung zusammen: Er neigt dazu, sich schnell begeistern zu lassen, überlegt jedoch dabei nicht, welche Kosten bzw. welche Konsequenzen daraus entstehen, und erleidet so häufig eine Bruchlandung. Oft führt er auch angefangene Arbeiten oder Tätigkeiten nicht zu Ende, weil ihm das neu Angebotene wichtiger erscheint; dann ist es so, dass er auf mehreren "Baustellen" gleichzeitig tätig ist und keine zu Ende bringt. Das Ergebnis ist natürlich meist frustrierend: viel gearbeitet, viel investiert - und nichts geerntet.

Oft überschätzt er auch seine eigenen Fähigkeiten, geht ans Limit seiner körperlichen Leistungsfähigkeit und wird so immer wieder mit gesundheitlichen Problemen konfrontiert. Regeneration ist für ihn sowieso ein Fremdwort, sollte aber in seinen Überlegungen immer mehr Gewicht erhalten, denn man muss wissen: Unser höchstes Gut auf dieser Welt ist unsere Gesundheit! Mit nichts, aber auch gar nichts kann man sich diese erkaufen. Man muss sie durch ausreichend Schlaf, regelmäßige Erholung und eine gesunde Ernährung erhalten.

Das sollte sich der Zwilling-Schütze-Mann unbedingt dick an seine Pinnwand schreiben. Wenn es ihm gelingt, seine Ideenwelt mit Sinn zu erfüllen, seine Umsichtigkeit und seine Schnelligkeit zu drosseln, wohl überlegt zu handeln und gelassen zu agieren, vor allen Dingen aber auch bei einer Sache zu bleiben und sie zu beenden, bevor er etwas Neues beginnt, dann wird er große Erfolge erzielen und große Anerkennung und Resonanz erfahren.

Dass er reden und begeistern kann, ist jedem hinreichend bekannt, und dass er darüber hinaus auch ein großer Charmeur und Verehrer der Frauen ist, weiß auch jeder, also braucht er zu seinem Glück nur noch Diplomatie, Souveränität und ein gewisses Maß an Transparenz und Lockerheit.

Seine Familie, seine Frau und seine Kinder haben es mit ihm nicht leicht, weil er so gut wie nie zu Hause ist - auch das sollte er in Zukunft mehr berücksichtigen. Natürlich wird man ihm dann auch gerne seinen Freiraum einräumen, den er braucht wie die Luft zum Atmen ...

KREBS

Aszendent Schütze

Hier treffen zwei Prägungen mit zwei völlig unterschiedlichen Seelen aufeinander, die sich im Grunde fremd sind. Bis hier der harmonische Mittelpunkt gefunden wird, kann es so manche seelischen Schmerzen geben.

Um den Weg zu beschleunigen und einen einigermaßen vertretbaren Konsens zu finden, rate ich zu mentalem Training mit Suggestion und Meditation. Durch dieses Training können die manifestierten und nicht harmonierenden Muster herausgelöst werden und mit neuen verständnisvollen Mustern ergänzt werden. Sobald der Krebs-Schütze-Mann hier im Einklang ist, kommt sein gefühlsbetonter Idealismus und sein soziales Engagement ans Tageslicht.

Grundsätzlich ist er ein sehr reiselustiger Mensch, verreist also viel und gerne, kommt aber auch immer wieder gerne nach Hause zurück. Denn er wird nie vergessen, wo seine Wiege stand. Er ist stark mit seiner Heimat verbunden. Bei allem Drang nach Freiheit und Weite braucht er doch die häusliche Wärme und das sichere Gefühl, gut behütet zu sein.

Wie ist nun die Grunddisposition? Nach seiner Geburtstagsprägung (Krebs) ist er ein ruhiger, musikalischer und zuverlässiger Charakter mit dem Hang zur Sicherheit und mit normalen durchschnittlichen Talenten und Fähigkeiten. Er liebt das Gemütliche und mag keinen Druck und vor allen Dingen keine Verantwortung, die mit Risiken verbunden ist. Auf der Seite seiner Geburtsstundenprägung (Schütze) sieht es ganz anders aus, dort neigt er zu Risiken, will schnell handeln und dynamisch und leicht aggressiv agieren. Da er den schnellen Erfolg will, geht er dem entsprechende Risiken ein und stürzt schon auch einmal ab. Er will oft zu viel und das zu schnell, wechselt daher öfter das Pferd und reitet in eine andere Richtung. Für seine Mitarbeiter oder auch Kollegen ist das oft nicht nachvollziehbar. Er neigt auch dazu, ein wenig zu übertreiben; dies wiederum bringt ihm keine Sympathien und schon gar keine Akzeptanz ein. Viele wenden sich von ihm ab, zum einen weil sie seine Geschwindigkeit nicht mitgehen können, zum anderen weil sie seine Handlungen nicht tolerieren können und auch wirklich nicht gut finden. Für einen Teil der Gesellschaft wirkt er dann auch wie ein Angeber und Wichtigtuer.

Gerade diese unterschiedlichen Merkmale in seinen Charakterzügen machen es dem Krebs-Schütze-Mann sehr schwer, einen geeigneten Mittelweg zu finden, der ihn zufrieden und glücklich macht. Dabei ist er mit vielen Talenten und Fähigkeiten ausgestattet. Er muss nur lernen, bei der Anwendung sachlich und souverän vorzugehen und seine Möglichkeiten ruhig, gelassen und überlegt anzuwenden und einzubringen.

Nutze er doch seine herausragenden musikalischen Möglichkeiten, vor allen Dingen sein Entertainment und seinen Gesang! Hier ist er prädestiniert, große Erfolge zu erzielen, ohne Druck machen zu müssen und sich laufend im Mittelpunkt zu bewegen.

Seine Familie, seine Kinder und seine Freunde schätzen ihn und seine außergewöhnliche Befähigung, nicht umsonst wird er immer bei besonderen Anlässen engagiert und bringt Stimmung, Laune und Freude in die Runde. Wenn er sich auf seine Tugenden besinnt und nach dem Spruch "Schuster, bleib bei deinem Leisten" vorgeht, ist das sein Weg ...

LÖWE

Aszendent Schütze

Hier treffen zwei Machtprägungen aufeinander, die sich gegenseitig motivieren und immer wieder weit über das Ziel hinaus schießen. Es ist eine geballte Kraft an Energie, an Disziplin und Ehrgeiz vorhanden, sodass auch in kritischen Situationen immer wieder Land gewonnen wird.

Die größten Tugenden des Löwe-Schütze-Manns sind seine Leidenschaft, sein unbedingter Wille, das große Rad zu drehen und auch in ausweglosen Situationen nie aufzugeben.

Er ist ein Kämpfer und Macher zugleich; nichts kann ihm schnell genug gehen, am liebsten würde er alles sofort erreichen. Oft äußert sich dies auch negativ, indem er nicht nachvollziehbare Erwartungen an seine Mitarbeiter oder auch Kollegen stellt.

Er sollte da lieber am Boden bleiben und seine fixen Vorstellungen überdenken, bevor er loslegt und alles rebellisch macht. Dadurch verliert er eine Menge an Sympathien in seinem Umfeld und bei den Mitarbeitern. Kein Wunder, wenn sich dann die Leute von ihm abwenden und ihn auch schon mal einen Spinner oder einen Verrückten nennen.

Oftmals wird ihm auch Arroganz und Überheblichkeit nachgesagt, was allzu verständlich ist. Er muss lernen, ruhiger und gelassener zu werden; er sollte seine Talente und Fähigkeiten sinnvoll und angemessen nutzen - da wird er genauso viel Erfolg haben wie vorher, nur mit dem Unterschied, dass man ihn ganz anders wahrnimmt.

Eine zusätzliche Hilfe wäre für den Löwe-Schütze-Mann ein gezieltes mentales Training, Suggestion und Meditation. Damit bekommt er seine defizitären Verhaltensmuster gut in den Griff und erreicht obendrein noch mehr Souveränität.

Von seinen Möglichkeiten her gehört der Löwe-Schütze-Mann zu den ganz großen Charakteren im Männerbereich, nur muss er die richtige Dosis finden, um effizient zu wirken und sein Auftreten angemessen zu platzieren.

Keiner, aber auch gar keiner kann seine Geschwindigkeit mitgehen, er ist von Natur auf rasch in der Auffassungsgabe, schnell in der Umsetzung und hat keine Geduld für langsame Angelegenheiten. Aber in der Ruhe steckt die Kraft, das sollte er sich merken, und oft ist weniger mehr.

Seine Regenerationsfähigkeit lässt auch zu wünschen übrig, er regeneriert zu wenig bzw. überhaupt nicht, was natürlich in seinem Verhalten oft durch Gereiztheit und Aggression zum Ausdruck kommt. Da muss er einfach öfter an seine Gesundheit, an seine Familie und nicht zuletzt an seine eigene Person denken. Denn ohne Gesundheit ist alles nichts. Also: Öfter oder regelmäßig Sport treiben, um den Ausgleich zum beruflichen Stress zu erhalten. Oder mit den Kindern und der Ehefrau häufiger etwas unternehmen; sie werden es ihm danken, denn sie kommen sowieso zu kurz bei ihm, da er ja nie Zeit hat.

Insgesamt ist der Löwe-Schütze-Mann wirklich ein Mann der Superlative, mit unglaublichen Fähigkeiten und Möglichkeiten. Es ist nicht leicht, ihn im Detail zu bewerten, weil er im Prinzip auf alles eine Lösung weiß. Nur über eines sollte er nachdenken, nämlich wie er künftig seine Potenziale einsetzt und mit welchem Aufwand er seine Aufgaben und Vorhaben angeht. Da sollte er versuchen, ein bisschen mehr in zwischenmenschliche Bereiche einfließen zu lassen - und die Menschen werden ihm zu Füßen liegen ...

JUNGFRAU

Aszendent Schütze

Diese Prägung birgt eine recht schwierige kosmische Aufgabe. Der zweckgebundene, überlegte und praktisch veranlagte Jungfrau-Charakter soll sein Leben nach den spontan-idealistischen Schütze-Gesichtspunkten gestalten - ein Wunsch, der sich so mit Sicherheit nicht erfüllen lässt.

Es steht ohne Wenn und Aber fest, dass beide Prägungen gespickt sind mit Talenten und Fähigkeiten, nur die Ansätze und die Denk- und Vorgehensweisen sind völlig unterschiedlich. Hier muss ein Konsens gefunden werden, der beiden Prägungen gerecht wird. Auf Grund der hohen Intelligenz, die beide Charaktere haben, ist das auch ohne große Schwierigkeiten möglich.

Es ist hier schließlich nicht so, dass ein schwacher und ein starker Charakter vorherrscht, sondern es geht hier um unterschiedliche Umsetzungsstrategien. So trifft der individuelle und unnahbare Jungfrau-Charakter auf den stürmischen und antriebsstarken Schütze-Aszendenten, der darüber hinaus auch immer wieder die Grenzen auslotet und dadurch auch abstürzen kann, was zu erheblichen Verlusten führt und ganz und gar nicht im Sinne der Jungfrau-Grundhaltung liegt. Also muss der Träger dieser Kombination seine Fähigkeiten bündeln lernen, um ein Optimum an Erfolg daraus zu entwickeln. Dies geschieht in erster Linie durch ein gezieltes mentales Training, durch Suggestion und Meditation, was ihm ermöglicht, seine alten, manifestierten Grundmuster zu erkennen und durch neue, positive Muster zu ergänzen. Dass dies kein einfacher Prozess ist, liegt auf der Hand, denn über Jahrzehnte lang angewandte Muster sind nur durch permanentes Training herauszuarbeiten. Aber das ist zu schaffen. Es wird den Jungfrau-Schütze-Mann ein großes Stück nach vorne bringen. Er wird ein besseres Gefühl für Diplomatie entwickeln seine Reputation wird sich wesentlich erhöhen und seine Sympathiewerte werden enorm steigen.

Die Präzision und Disziplin des Jungfrau-Schütze-Mannes sind schon faszinierend gewesen. Seine Ziele verfolgt er mit größter Anspannung und großem Engagement. Er überlässt nichts dem Zufall und plant alles vorbildlich, sodass immer ein produktives Ergebnis herauskommt.

Von seinen Mitarbeitern erwartet er Loyalität und die Bereitschaft, Außergewöhnliches leisten zu wollen. Dafür ist er bereit, tief in die Tasche zu greifen und übertariflich zu zahlen. Langweiler und Kritiker haben bei ihm keine lange Überlebenschance. Kritik ist ein ganz wunder Punkt in seinem Leben, damit hat er beträchtliche Probleme und kann nur schwer damit umgehen. Deshalb sollte man bei ihm zumindest in diesem Bereich vorsichtig sein und die Kritik entweder überhaupt nicht anbringen oder die richtigen Worte finden. Ansonsten ist er hilfsbereit und auch zu sonstigen Unterstützungen immer ansprechbar.

Die Schnelligkeit spielt auch eine besondere Rolle, es muss bei ihm flott gehen und es muss immer Aktivität im Spiel sein.

Was er lernen muss, ist mehr Regeneration, mehr Ruhe und Gelassenheit. Rom ist auch nicht an einem Tag erbaut worden. Seiner Familie, insbesondere seinen Kindern, sollte er mehr Zeit widmen, denn was hier versäumt wird, kann nicht mehr nachgeholt werden. Arbeit und Geld sind nicht alles. Es gibt auch noch wichtigere Dinge im Leben. Darüber sollte er nachdenken. Ansonsten ist er ein großartiger Mann mit der Neigung zur Perfektion und dem Hang, immer das große Rad drehen zu müssen. Aber das wird sich auch nie ändern, und das ist gut so ...

WAAGE

Aszendent Schütze

Bei dieser Kombination wird es keine Schwierigkeiten geben, einen guten Einklang herzustellen. Die Grundmuster sind wohl sehr verschieden, ähneln sich aber in vielen Bereichen und stellen somit eine Stärkung der jeweiligen Charaktermuster dar.

Der Anspruch, den ihr Träger an sich selbst stellt, ist immer sehr hoch, ebenfalls der Anspruch an seine Umwelt, an seine Mitarbeiter und nicht zuletzt an seine Freunde.

Der Waage-Schütze-Mann ist ein Mann des Ausgleichs, der Harmonie und des gezielten Erfolges. Wo er ist und wo er arbeitet, ist grundsätzlich mit Erfolg zu rechnen. Etwas anderes lassen seine Grundmuster und seine Einstellung zu seinem täglichen Tun nicht zu.

Auch wenn er immer wieder den Schub aus seiner Geburtsstunde braucht, ist er recht flott unterwegs. Der Schütze ist und bleibt sein Motor. Die Waage ist der so genannte Treibstoff, und mit diesen beiden hervorragenden, sich ergänzenden Elementen steht der Waage-Schütze-Mann mitten im Leben.

Ja, er ist ein Macher, einer, der gerne in der Mitte steht, der den Mut zu Veränderungen hat und sie auch konsequent umsetzt; einer, der nicht immer beliebt ist, weil er auch unpopuläre Entscheidungen treffen kann, die oft in Mark und Bein gehen. Aber er sagt sich einfach, dass das Leben nun mal kein "Wunschkonzert" ist, es ist harte Realität. Und der Erfolg gibt ihm auf der ganzen Linie recht.

Im Auftreten wie auch im Verhalten hat der Waage-Schütze-Mann eine sehr sympathische Art; man mag ihn und man schätzt ihn, nicht zuletzt aufgrund seiner konstanten Erfolge. Natürlich gibt es auch eine Handvoll Neider, aber das ist immer so im Leben: "Erfolg musst du dir erarbeiten, Neid bekommst du geschenkt." Aber das berührt ihn nicht, da steht er drüber.

Eine besondere Stärke in seinem Leben ist seine klare und deutliche Linie. Er trennt ganz klar das Wesentliche vom Unwesentlichen und verschwendet keine Energien für unausgereifte Vorhaben.

Höhenflüge unternimmt er gerne, im Prinzip ist das oft der Auslöser, um Großes zu erreichen. Er lässt aber auch seine Mitarbeiter teilhaben an seinen Erfolgen und ist nicht so vermessen, alles alleine machen zu wollen.

Von seinen Mitarbeitern verlangt er Höchstleistungen und duldet weder Ausreden noch lapidare Entschuldigungen; da ist er hart, zum Teil zu hart - hier sollte er öfter einmal abwägen und dosierter vorgehen.

Dass er auch ein galanter Herr und großer Charmeur ist, ist der Gesellschaft nicht verborgen geblieben. Das kann er perfekt, sowohl im Auftreten wie auch im Kleidungsstil und auch, was die Etikette angeht. Er hat Niveau und tritt auch entsprechend auf. Auch auf der großen Bühne ist er zu Hause, ob als Redner oder auch als Entertainer: beides kann er ausgezeichnet.

Sportlich ist er sehr ehrgeizig, ob Golf, Tennis oder auch andere Sportarten: Er macht alles mit Begeisterung und auch immer mit dem notwendigen Erfolg. Erfolg ist sowieso sein Schlüsselwort. Erfolg ist für ihn nicht nur ein Wort, sondern ein Anreiz, das Vorgegebene immer erreichen zu wollen. Ja, es ist Labsal für seine Seele, für sein Gleichgewicht, für sein Glück und seine Zufriedenheit.

Seine Familie, allen voran natürlich seine Frau und seine Kinder, sind sein größtes Glück auf dieser Welt, auf sie ist er mächtig stolz. In seinem Büro wird man immer ein Bild seiner Liebsten stehen sehen. Er ist ein wirklich großartiger Mann, mit einzigartigen Talenten und Fähigkeiten - einer der ganz Großen, und darauf kann er auch stolz sein ...

SKORPION

Aszendent Schütze

Diese beiden Prägungen haben einen schweren Stand miteinander, weil die Prägung aus der Geburtsstunde (Schütze) sehr viel Dominanz und Aktivität einbringt, was die Prägung aus dem Geburtstag (Skorpion) sehr belastet. So bleibt dem Skorpion keine andere Wahl, als in die zweite Reihe zurückzutreten, was aber nicht immer leicht ist. Daher kommt es innerhalb der Prägungen zu großen Konflikten, die immer auf Kosten der Energie und der Substanz gehen. Um diese unterschiedlichen, nicht besonders harmonischen Muster in den Griff zu bekommen, ist ein mentales Training, Suggestion und Meditation unumgänglich.

Nach außen hin wirkt der Skorpion-Schütze-Mann ausgesprochen großzügig, tolerant und sehr beweglich. Freiheit und Individualität verkörpert er perfekt. Auf Grund seines Auftretens und seiner Begeisterungsfähigkeit zieht er andere unwillkürlich in seinen Bann und motiviert sie, auch große Ziele anzugehen.

Er ist sehr zielbewusst und strebt geistige Ideale an, wobei sich ganz nebenbei auch der gewünschte Erfolg einstellt.

Natürlich ist er auch sehr eigennützig und egoistisch, was seiner Glaubwürdigkeit manchmal schadet.

Er ist immer wieder bereit, für seine Vorhaben alles auf eine Karte zu setzen und auf volles Risiko zu gehen. Sehr häufig hat er damit Erfolg, wenngleich er auch immer wieder Rückschläge hinnehmen muss, die ihn nicht nur belasten, sondern auch schon mal an den Rand des Ruins bringen können. Nicht selten kommt es vor, dass er durch entsprechende Niederlagen und Einbrüche hohe finanzielle Verluste einfährt und auch andere mit hineinreißt. In diesem Falle kann er dann auch noch arrogant und überzogen auftreten und alles klein reden.

In Verhandlungen, egal welcher Art, kann er zynisch und unberechenbar wirken, das heißt, sein Gegenüber wird entweder über den Tisch gezogen oder es weiß überhaupt nicht mehr, was es denken soll. Der Skorpion-Schütze-Mann hat die außergewöhnliche Begabung, mit enormer Überzeugung und trotz aller Bedenken seiner Partner, sein Vorhaben durchzuziehen und die notwendigen Unterschriften vorbehaltlos zu erhalten. Seine starke Intuition und sein Vorausgefühl ist ihm hier oft eine große Hilfe, mit der er anderen Partnern um Längen voraus ist.

Diese Fähigkeiten nutzt er auch zu jeder Gelegenheit kompromisslos aus: Dadurch gewinnt er natürlich nicht nur Freunde, sondern macht sich auch viele Feinde. Das macht das Leben nicht immer leicht, weil sich das natürlich auch herumspricht und dadurch sein Ruf leicht angekratzt wird.

Warum gibt es so viele Neider, die ihm seinen Erfolg nicht gönnen? Oder anders gefragt: Wie kommt er zu seinem Erfolg? - Dass hier Fleiß, Disziplin und viel Aufwand dahinter stecken, das sehen die Leute nicht; und dass er Samstag und Sonntag im Büro sitzt, das sieht auch keiner. Aber er muss bitte auch daran denken, dass Arbeit und Geld nicht alles ist. Er sollte an seine Gesundheit denken, an seine Regeneration und insbesondere an seine Familie. Frau und Kinder haben einen Anspruch auf den Mann und Vater, und es sollte nicht sein, dass die Kinder später "Onkel" zu ihm sagen. Darüber sollte er in Ruhe nachdenken ...

Nachwort

Sehr verehrte Leserinnen,
sehr verehrte Leser,

nachdem Sie mein Buch, hoffentlich mit Freude und Begeisterung, gelesen haben und mit Sicherheit einen tiefen Einblick in die Charakterwelt erhalten haben, möchte Ich Ihnen die drei weiteren Bausteine meines Lebenswerkes

PQS®
Personality Qualification Systems

nicht vorenthalten.

Der Charakter ist das Fundament eines Menschen, also die Basis für eine stabile Entwicklung von Geburt an. Doch für eine solide, persönliche Entwicklung sind drei weitere Bausteine notwendig. Zum einen ist es das **Dominanzverhalten**, das aus den drei Gehirnen Stamm-, Zwischen- und Großhirn gebildet wird. Dieses angewandte Dominanzverhalten ist zuständig für Ihre Positionierung im täglichen Leben.

Des Weiteren ist es Ihre **Persönlichkeitsstruktur,** die sich wiederum aus dem Kindheits-Ich, Eltern-Ich und Erwachsenen-Ich entwickelt und somit die

Basis für Ihr Leben darstellt. Hier werden Ihre Gebrauchs- und Verhaltensmuster entwickelt und im Unterbewusstsein manifestiert.

Diese Muster in ihrer täglichen Anwendung bestimmen Ihren Stellenwert im Leben in Bezug auf Sympathie, Akzeptanz und Kompetenz; darüber hinaus sind sie mit entscheidend für Ihr Auftreten und Ihre Souveränität.

Zu guter Letzt ein wichtiger Baustein: die **emotionale Intelligenz.** 80 Prozent Ihres Erfolges werden aus diesem Baustein realisiert. Insbesondere zeigt sie, wie Sie mit Ihren Emotionen umgehen, wie Sie Ihre Emotionen einsetzen und wie Sie insgesamt damit zurecht kommen.

Mit den 4 Bausteinen

Charaktereigenschaften

Dominanzverhalten

Persönlichkeitsstruktur

emotionale Intelligenz

bin ich in der Lage, durch wissenschaftliche Tests Ihren Ist-Zustand zu ermitteln, um Sie dann in den gewünschten Soll-Zustand zu führen.

Mit der PQS®-Erfolgsmethode habe ich viele Menschen aus der Krise geführt, sie persönlich gestärkt und ihrem Leben wieder einen Sinn gegeben.

Die PQS®-Erfolgsmethode ist unabhängig von Status und Herkunft. Jeder Mensch, der den Wunsch hat, sich weiterzuentwickeln, zu wachsen und die Herausforderungen des Lebens sowie die Veränderung anzunehmen, kann dieses Individual Coaching für sich in Anspruch nehmen.

Sollten Sie Interesse haben oder Informationen wünschen, dann wenden Sie sich an die folgende Adresse:

Management & Sport
Consulting

Walter Rotter
Postfach: 1129
90608 Winkelhaid

Info@walterrotter.com
www.pqs-system.de

Ich wünsche Ihnen eine gute Zeit, immer beste Gesundheit und sonnige Stunden ...

Ihr
Walter Rotter

Hinweis zur Aszendenten-Tabelle:

Suchen Sie in der oberen Leiste zunächst Ihren Geburtsmonat, anschließend gehen Sie dort in die Spalte mit den Datumsangaben, die Ihrem Geburtstag entspricht. Schließlich müssen Sie in dieser Spalte nur noch Ihre Geburtszeit heraussuchen, und schon können Sie auf der linken Seite der Tabelle Ihren Aszendenten ablesen.
Einige Geburtsdaten sind allerdings Grenzfälle, für die andere Regeln gelten.

Beispiel: Sie sind am 22. Januar um 11.15 Uhr geboren: Da Ihre genaue Geburtszeit in dieser Spalte nicht auftaucht, müssen Sie nun innerhalb Ihrer Monatsspalte (!) nach links rutschen, um nach Ihrer Geburtszeit zu suchen. In unserem Beispiel wäre das Spalte 2 im Januar, daraus ergibt sich der Aszendent "Widder".

Aszendenten-Tabelle

MONAT	JANUAR			FEBRUAR			MÄRZ		
VOM BIS	1. 10.	11. 20.	21. 31.	1. 10.	11. 20.	21. 31.	1. 10.	11. 20.	21. 31.
Widder	11:50 12:25	11:10 11:45	10:30 11:05	09:50 10:25	09:10 09:45	08:30 09:10	07:55 08:30	07:15 07:50	06:35 07:10
Stier	12:45 13:30	12:00 12:50	11:20 12:05	10:45 11:30	10:00 10:45	09:30 10:10	08:45 09:35	08:05 08:50	07:25 08:15
Zwillinge	13:55 15:10	13:20 14:25	12:35 13:50	11:55 13:10	11:15 12:30	10:35 11:55	10:05 11:15	09:20 10:35	08:40 09:55
Krebs	15:50 17:30	15:10 16:50	14:30 16:10	13:50 15:30	13:10 14:50	12:40 14:20	11:55 13:35	11:15 12:55	10:35 12:15
Löwe	18:20 20:15	17:40 19:35	17:00 18:55	16:20 18:25	15:40 17:35	15:10 17:00	14:25 16:20	13:45 15:40	13:05 15:00
Jungfrau	21:00 22:55	20:20 22:15	19:40 21:35	19:00 20:55	18:20 20:15	17:45 19:35	17:05 19:00	16:30 18:20	15:45 17:50
Waage	23:50 01:45	23:10 01:05	22:30 00:25	21:50 23:45	21:10 23:05	20:30 22:30	19:55 21:50	19:15 21:10	18:35 20:30
Skorpion	02:30 04:25	01:50 03:45	01:10 03:05	00:30 02:25	23:50 01:45	23:20 01:10	22:35 00:25	21:55 23:50	21:15 23:05
Schütze	05:20 07:00	04:40 06:20	04:00 05:40	03:20 05:00	02:40 04:20	02:05 03:45	01:20 03:05	00:45 02:25	00:05 01:45
Steinbock	07:50 09:05	07:10 08:25	06:30 07:45	05:50 07:05	05:10 06:25	04:35 05:45	03:55 05:10	03:15 04:40	02:35 04:15
Wassermann	09:40 10:25	09:00 09:40	08:20 09:05	07:40 08:25	07:00 07:40	06:20 07:10	05:45 06:30	05:05 05:50	04:25 05:10
Fische	11:00 11:35	10:15 10:50	09:35 10:15	09:00 09:35	08:15 08:50	07:45 08:15	07:05 07:40	06:20 06:55	05:45 06:20

Aszendenten-Tabelle

Monat vom bis	April 1. 10.	11. 20.	21. 31.	Mai 1. 10.	11. 20.	21. 31.	Juni 1. 10.	11. 20.	21. 31.
Widder	05:55 06:30	05:15 05:50	04:30 05:10	03:55 04:30	03:15 03:50	02:30 03:10	01:55 02:30	01:15 01:50	00:30 01:05
Stier	06:45 07:35	06:05 06:50	05:30 06:10	04:45 05:30	04:05 04:50	03:30 04:10	02:45 03:30	02:05 02:55	01:20 02:05
Zwillinge	08:00 09:15	07:20 08:35	06:35 07:55	06:00 07:15	05:20 06:15	04:35 05:55	04:00 05:15	03:20 04:35	02:35 03:50
Krebs	09:55 11:35	09:15 10:50	08:40 10:20	07:55 09:35	07:15 08:50	06:40 08:15	05:55 07:35	05:15 06:50	04:30 06:10
Löwe	12:25 14:15	11:40 13:40	11:10 13:00	10:25 12:20	09:40 11:40	09:05 11:00	08:25 10:20	07:40 09:40	07:00 08:55
Jungfrau	15:05 17:00	14:30 16:20	13:45 15:35	13:05 15:00	12:30 14:20	11:45 13:35	11:05 13:00	10:30 12:20	09:40 11:35
Waage	17:55 19:50	17:15 19:10	16:30 18:30	15:55 17:50	15:15 17:05	14:30 16:30	13:55 15:50	13:15 15:10	12:30 14:25
Skorpion	20:35 22:25	19:55 21:50	19:20 21:10	18:35 20:25	17:50 19:45	17:20 19:10	16:35 18:25	15:55 17:10	15:10 17:05
Schütze	23:32 01:05	22:45 00:25	22:05 23:45	21:20 23:05	20:40 22:20	20:05 21:45	19:20 21:05	18:00 20:10	17:45 19:45
Steinbock	01:55 03:10	01:15 02:30	00:35 01:45	23:55 01:10	23:10 00:25	22:35 23:45	21:55 23:10	21:20 22:30	20:30 21:45
Wassermann	03:45 04:30	03:05 03:50	02:20 03:10	01:45 02:30	01:05 01:50	00:20 01:10	23:45 00:30	23:05 23:50	22:20 23:05
Fische	05:05 05:40	04:20 04:55	03:45 04:15	03:00 03:35	02:20 02:55	01:45 02:15	01:00 01:35	00:20 00:55	23:40 00:15

Aszendenten-Tabelle

MONAT	JULI			AUGUST			SEPTEMBER		
VOM BIS	1. 10.	11. 20.	21. 31.	1. 10.	11. 20.	21. 31.	1. 10.	11. 20.	21. 31.
Widder	23:50 00:25	23:10 23:45	22:30 23:05	21:50 22:25	21:10 21:45	20:20 20:55	19:45 20:20	19:05 19:40	18:20 18:55
Stier	00:45 01:30	00:00 00:45	23:20 00:05	22:40 23:25	22:00 22:45	21:15 22:05	20:40 21:25	19:55 20:40	19:15 20:00
Zwillinge	01:55 03:10	01:15 02:30	00:35 01:50	23:55 01:10	23:15 00:30	22:35 23:45	21:50 23:00	21:10 22:25	20:25 21:40
Krebs	03:50 05:30	03:10 04:50	02:30 04:00	01:50 03:30	01:10 02:50	00:25 02:05	23:40 01:25	23:05 00:50	22:20 00:05
Löwe	06:20 08:15	05:40 07:35	05:00 06:55	04:20 06:15	03:40 05:35	02:55 04:45	02:15 04:10	01:40 03:30	00:55 02:45
Jungfrau	09:00 10:55	08:20 10:15	07:40 09:35	07:00 08:55	06:20 08:15	05:30 07:30	04:55 06:50	04:15 06:10	03:30 05:25
Waage	11:50 13:45	11:10 13:05	10:30 12:25	09:50 11:45	09:10 11:05	08:30 10:20	07:45 09:35	07:05 09:00	06:20 08:15
Skorpion	14:30 16:25	13:50 15:45	13:10 15:05	12:30 14:25	11:50 13:45	11:05 13:00	10:20 12:25	09:45 11:40	09:00 10:55
Schütze	17:20 19:00	16:40 18:20	16:00 17:40	15:20 17:00	14:40 16:20	13:55 15:30	13:10 14:55	12:35 14:15	11:50 13:30
Steinbock	19:50 21:05	19:10 20:25	18:30 19:45	17:50 19:05	17:10 18:25	16:20 17:35	15:45 17:00	15:05 16:20	14:20 15:35
Wassermann	21:40 23:25	21:00 21:45	20:20 21:05	19:40 20:25	19:00 19:45	18:10 18:55	17:35 18:20	16:55 17:40	16:10 16:55
Fische	23:00 23:35	22:15 22:50	21:40 22:10	21:00 21:35	20:15 20:50	19:30 20:05	18:50 19:25	18:15 18:50	17:30 18:05

Aszendenten-Tabelle

MONAT	OKTOBER			NOVEMBER			DEZEMBER		
VOM BIS	1. 10.	11. 20.	21. 31.	1. 10.	11. 20.	21. 31.	1. 10.	11. 20.	21. 31.
Widder	17:45 18:15	17:00 17:35	16:20 16:55	15:45 16:20	15:05 15:40	14:25 15:00	13:45 14:20	13:05 13:40	12:30 13:05
Stier	18:30 19:20	17:55 18:40	17:15 18:00	16:40 17:25	16:00 16:45	15:15 16:05	14:40 15:25	14:00 14:45	13:20 14:05
Zwillinge	19:50 21:00	19:05 20:20	18:25 19:40	17:50 19:00	17:10 18:25	16:35 17:45	15:50 17:00	15:10 16:25	14:35 15:50
Krebs	21:40 23:20	21:00 22:40	20:20 22:05	19:40 21:25	19:05 20:50	18:25 20:05	17:40 19:25	17:05 18:50	16:30 18:10
Löwe	00:20 02:05	23:30 01:25	22:55 00:55	22:05 00:10	21:40 23:30	20:55 22:45	20:15 22:10	19:40 21:30	19:00 20:55
Jungfrau	02:50 04:45	02:10 04:05	01:30 03:25	00:55 02:50	00:15 02:10	23:30 01:30	22:55 00:50	22:15 00:10	21:40 23:35
Waage	05:45 07:35	05:00 06:55	04:20 06:15	03:45 05:35	03:05 05:00	02:30 04:20	01:45 03:35	01:05 03:00	00:30 02:25
Skorpion	08:20 10:15	07:40 09:35	07:00 08:55	06:20 08:15	05:45 07:40	05:05 06:55	04:20 06:15	03:45 05:40	03:10 05:05
Schütze	11:10 12:50	10:30 12:10	09:50 11:30	09:10 10:55	08:35 10:15	07:50 09:30	07:10 08:55	06:35 08:15	06:00 07:40
Steinbock	13:40 14:55	13:00 14:15	12:20 13:35	11:45 13:00	11:05 12:15	10:20 11:35	09:45 11:00	09:05 10:20	08:30 09:45
Wassermann	15:30 16:15	14:50 15:35	14:10 14:55	13:30 14:20	12:50 13:40	12:10 12:55	11:35 12:20	10:55 11:45	10:20 10:05
Fische	16:50 17:25	16:10 16:45	15:30 16:05	14:50 15:25	14:15 14:50	13:30 14:05	12:50 13:25	12:15 12:50	11:40 12:15

528 Seiten, gebunden
ISBN 978-3-89845-075-1
€ [D] 29,90

Franziska Krattinger

Pentagramm des Lebens

Das Leben verstehen – das Schicksal neu bestimmen

Die Pentagramm-Analyse nach F. Krattinger ist eine gänzlich neue Methode, um unsere wesentlichen Verhaltensweisen und deren Folgen für uns zu erkennen, die völlig ohne komplexe astrologische oder numerologische Berechnungen auskommt. Vielmehr handelt es sich hierbei um ein revolutionäres, auf dem Pentagramm basierendes Konzept, das dem Leser alles an die Hand gibt, was er wissen muss, um sein unbewusstes Programm umzuschreiben, die "schicksalhafte Fügung" aufzuknacken. Denn indem die Schattenwelt im Inneren durchdrungen wird, nehmen wir unser Schicksal endlich selbst in die Hand ...

160 Seiten, broschiert
ISBN 978-3-89845-054-6
€ [D] 9,90

Franziska Krattinger

Erfolgsrezepte

Greife nach den Sternen, wenn du wachsen willst

Menschen leben in ihren Gewohnheiten und sie wiederholen sich ständig. Um seine Gewohnheiten, die allein aus fixiertem Denken entstehen, zu ändern, muss der Mensch zuerst auf andere Gedanken kommen. Denn andere Gedanken bringen neue Vorstellungen und neue Vorstellungen bringen neue Lebenssituationen. Die richtige Einstellung macht jeden Menschen zum Gewinner! Franziska Krattinger hilft den Menschen, auf andere Gedanken zu kommen und so ihr Leben mit wahrer Freude, tiefer Liebe und verstärktem Bewusstsein dauerhaft zu verändern und sich so den Weg durch den Alltag zu erleichtern.

168 Seiten, broschiert
ISBN 978-3-89845-152-9
€ [D] 10,90

Franziska Krattinger

Ein Wort genügt!

... sich einfach umprogrammieren

Schalten Sie einfach um! – Manchmal genügt ein einziges Wort, um verborgene Haltungen ans Licht zu bringen oder Einstellungen zu ändern. Dabei gibt es spezielle Worte, die gleichsam eine magische Wirkung haben, da sie die Schlüssel zu unserem Unterbewusstsein sind: Schaltworte.

„Schalten auch Sie einfach um“ – und beobachten Sie die Veränderungen in Ihrem täglichen Leben, ohne dass Sie bewusst daran denken oder eine Vorstellung der Lösung haben müssen. Nutzen Sie die Kraft, eine Situation augenblicklich im besten und idealen Sinn zu verändern

Doppel-CD, je ca. 60 Min.
ISBN 978-3-89845-116-1
€ [D] 24,90

Franziska Krattinger

Neues Leben

Der Anfang jeder Manifestation, jeder tatsächlichen Realität wurzelt in einem Gedanken. Doch welche Wirklichkeit entsteht durch welche Gedanken? Welche Bedeutung hat das persönliche Gefühl dabei? Wie programmiert man eine ganzheitliche, optimale Lebensqualität?
Hier finden Sie die Anleitung für eine selbst-bewusste und dadurch dauernde Lebensveränderung! Die Ursache liegt immer bei uns selbst. Erleben Sie selbst, welche Macht Sie durch Ihr eigenes Denken haben!

168 Seiten, broschiert
ISBN 978-3-932781-67-6
€ [D] 12,90

Beate Bock

Un-Mögliches möglich machen

Ein Übungsbuch

Dieses Buch ist für Menschen geschrieben, die ihr Leben in einfacher Weise positiv verändern wollen. Beate Bock stellt Übungen vor, die im alltäglichen Leben mit erstaunlicher Leichtigkeit anzuwenden sind. Jeder kann die für ihn passenden Übungen wählen, um sein Leben einfach und vergnüglich positiv zu verändern.

232 Seiten, broschiert
ISBN 978-3-89845-154-3
€ [D] 14,90

Vadim Zeland

Transsurfing

Realität ist steuerbar

Dieses Buch löste in Russland eine wahre Revolution aus. Die Realität ist steuerbar! Wir alle glauben, wir seien abhängig von den äußeren Umständen – dabei ist es genau umgekehrt! Ihre innere Wirklichkeit kreiert die äußere Realität. So erfüllen sich Wünsche, Träume verwirklichen sich …
Transsurfing ist eine mächtige Technologie zur Realitätssteuerung. Alle, die sich mit Transsurfing beschäftigen, erleben eine Überraschung, die an Begeisterung grenzt. Die Umgebung eines Transsurfers verändert sich beinahe augenblicklich auf eine unbegreifbare Weise.
Das hat nichts mit Mystik zu tun. Das ist real.

152 Seiten, broschiert
ISBN 978-3-89845-234-2
€ [D] 11,90

Kurt Tepperwein

Mentaltraining für Fortgeschrittene

Ein neuer Weg zur Persönlichkeitsentfaltung

Mentaltraining ist ein moderner Weg der Persönlichkeitsentfaltung, der überliefertes Wissen mit wissenschaftlichen Erkenntnissen verbindet. Dieses Buch stellt die Techniken des Mentaltrainings vor und zeigt, wie man diese in seinen Alltag integrieren kann. Schritt für Schritt erfährt der Leser, wie es ihm mit einfachen, aber wirksamen Methoden gelingen kann, sein Leben nach eigenen Wünschen zu gestalten. Nach der Lektüre werden Sie in der Lage sein, Ihr Meisterbewusstsein zu erwecken, mit Freude zu leben und Probleme mit Leichtigkeit zu lösen! Fangen Sie noch heute an mit Ihrem persönlichen Seminar "Mentaltraining für Fortgeschrittene" - und Ihr Seminarleiter ist Professor Alltag...

240 Seiten, gebunden
ISBN 978-3-89845-051-5
€ [D] 15,90

Kurt Tepperwein

Leben im höchsten Bewusstsein

Lassen Sie sich mit Gott und der auch in Ihnen wohnenden Göttlichkeit verbinden!
Denn „Leben im höchsten Bewusstsein" heißt auch: Leben in und mit Gott. Prof. Dr. Kurt Tepperwein wird Ihnen zeigen, dass Sie als Teil Gottes im eigentlichen Sinn ja auch Gott sind. Stufe für Stufe werden Sie von ihm mittels praktischer Ratschläge und Übungen zu diesen höheren Erkenntnissen geführt.
Machen Sie von Ihrer so erkannten Göttlichkeit Gebrauch, indem Sie den Willen Gottes zum Ausdruck bringen. Doch vergessen Sie nie: Es geht auch darum, Gott in allem und jedem zu erkennen und zu respektieren.

208 Seiten, broschiert
ISBN 978-3-89845-205-2
€ [D] 14,90

Bijan Anjomi

Mühelos reich!

Alles ist möglich

Mit 30 einfachen Lektionen führt Bijan den Leser Schritt für Schritt zu vollkommener Gesundheit, Lebensfreude und unbegrenztem Wohlstand. Im Vertrauen auf unsere Höhere Führung werden sich uns Tag für Tag mehr Wunder in unserem Leben erschließen. Wir lernen, unser Ego und seine Verblendungen abzulegen, ganz im Hier und Jetzt zu leben und das Leben in seiner wahren Schönheit zu genießen. Indem wir unser Herz öffnen, uns mit all unseren Sinnen völlig dem Augenblick hingeben und nach Frieden, Licht und Liebe streben, eröffnet sich uns unser wirklicher innerer Reichtum – und das Füllhorn des Universums wird sich über uns ergießen.